GESCHICHTEN VON DER
QUARTERLIFE CRISIS

Maja Roedenbeck

GESCHICHTEN VON DER QUARTERLIFE CRISIS

Junge Erwachsene zwischen 20 und 30 erzählen
über Träume, Lebensentwürfe und Entscheidungen

Schwarzkopf & Schwarzkopf
Verlag

IHR SEID NICHT ALLEIN

Vorwort von Maja Roedenbeck

Ich weiß nicht mehr, wie vielen Menschen ich in den vergangenen Monaten die Frage gestellt habe: »Sagt dir der Begriff *Quarterlife Crisis* etwas?« Es ist in der Tat ein Experiment mit ungewissem Ausgang, jemandem auf den Kopf zuzusagen, dass die negative Grundstimmung, die ihn momentan beherrscht, einen Namen hat und eine dazugehörige Definition. Einen Anfang und ein Ende. Dass zwischen den chaotischen Fragen und Gedanken, die ihm seit Wochen oder Monaten unaufhörlich und nervtötend im Kopf herumschwirren, ein Zusammenhang besteht. Nicht leicht und vielleicht auch nicht fair, diesen jemand dann auch noch zu bitten, die Geschichte seiner *Quarterlife Crisis* für die Veröffentlichung in diesem Buch zu erzählen, bevor er überhaupt die Zeit hatte, die Information von der Existenz einer solchen sacken zu lassen und sich damit auseinander zu setzen. Mein außerordentlicher Dank und mein Respekt gilt deshalb den Frauen und Männern in diesem Buch, die sich vorbehaltlos auf dieses Wagnis eingelassen haben.

Zwei typische konträre Reaktionen löste die Konfrontation mit dem Phänomen der *Quarterlife Crisis* im Verlauf meiner Arbeit an diesem Buch immer wieder aus. Manch ein Betroffener tauchte fasziniert oder gar dankbar in das Thema ein: »Ja genau, so geht's mir auch! Ich bin also nicht allein?« und bedankte sich für mein Interesse. Von anderer Seite bekam ich zu hören: »*Quarterlife Crisis*? Was soll denn das nun schon wieder sein!? Muss denn jede Grundsatzfrage, die einem einige Nächte lang den Schlaf raubt, jede Phase, in der jemand psychisch zeitweise ein wenig aus dem Gleichgewicht geraten ist, gleich zur *Sinnkrise* stilisiert werden? Jedes Alter, jeder Lebensabschnitt bringt schließlich Herausforderungen mit sich, das liegt doch in der Natur der Sache. Warum können wir das nicht einfach als gegeben hinnehmen und damit umgehen lernen? Wenn man's genau nimmt, besteht das Leben an sich doch eigentlich in nichts anderem als im Meistern dieser immer neuen Herausforderungen!«

Ein berechtigter Einwand. Andererseits: Nennen wir sie optimistisch *Herausforderungen* oder dramatisch *Sinnkrisen*, nennen wir sie *Kindheit*, *Pubertät*, *Adoleszenz*, neuerdings *Quarterlife Crisis*, *Midlife Crisis* und *Alter* oder nennen wir diese Aneinanderreihung von Sinnkrisen oder Herausforderungen einfach *das Leben* – welchen Unterschied macht das? Letztendlich geht es doch nicht um die Begrifflichkeiten, sondern um die Beschreibung und das Ernstnehmen einer Entwicklungsphase, die offenbar verbreitet mit gewissen Selbstzweifeln verbunden und erst vor knapp zwei Jahren in den Mittelpunkt des Interesses gerückt ist. Es handelt sich um den ersten Lebensabschnitt, den ein junger Erwachsener komplett eigenverantwortlich gestaltet, für den die Journalistin Alexandra Robbins und die Webdesignerin Abby Wilner in ihrem 2001 in den USA erschienenen Buch – dem ersten zu diesem Thema – den Begriff *Quarterlife Crisis* geprägt haben.

Die beiden Amerikanerinnen definieren die *Quarterlife Crisis* als Übergangsphase zwischen dem geregelten, fremdbestimmten, beschützten Leben im Elternhaus, in der Berufsschule oder Universität und der Realität der Erwachsenen, in der jeder auf sich selbst gestellt ist und es keine klar vorgezeichneten Wege und Ziele mehr gibt. Diese Übergangsphase beziehungsweise die Erkenntnis dieses Zwiespalts erreicht junge Menschen abhängig von ihrem individuellen Lebenslauf irgendwann zwischen zwanzig und Mitte dreißig, meist jedoch in den Mittzwanzigern, weshalb Robbins und Wilner sich auf die Terminologie »*Twentysomethings*« als Synonym für die Betroffenen geeinigt haben. Genauso wird im Deutschen und im Englischen das Wort »*Quarterlifer*« benutzt, im Deutschen auch »Mittzwanziger« oder »*Quarterlife Crisis*-Betroffene«.

In dieser Übergangsphase kommt es jedenfalls häufig zu gravierenden Veränderungen der Lebensumstände. Und viele Mittzwanziger reagieren darauf mit dem unvermittelten Infragestellen ihrer Vergangenheit, ihrer gegenwärtigen Persönlichkeit und der Entscheidungen für ihre Zukunft, die sie bereits getroffen haben oder im Begriff sind zu treffen. In dieser Zeit endet auch oft der Lebensentwurf, den man während der *Pubertät* und *Adoleszenz* für sich kreiert hat.

Alle die damit zusammenhängenden Vorstellungen scheinen plötzlich verwirklicht und die Zukunft als großes schwarzes Loch. In knapp zweihundert Einzelinterviews mit jungen Amerikanern und Amerikanerinnen sind Robbins und Wilner diesem Phänomen auf den Grund gegangen. Folgende Kernaussagen kristallisierten sich bei der Auswertung heraus:

1. »Ich bin angeblich in der *Blüte meines Lebens*, habe einiges erreicht, liebe Menschen um mich herum, könnte eigentlich glücklich sein – und bin es doch irgendwie nicht. Ich bin mir plötzlich nicht mehr sicher, ob das Leben, das ich lebe, das Leben ist, das ich leben will.«

2. »Die vielen Möglichkeiten, die ich habe, mein Leben zu gestalten, überfordern mich: Kind? Karriere? Beides? Wie kriege ich das unter einen Hut? Welche Karriere? Auswandern? Reisen? Sozial engagieren? Heiraten? Serielle Monogamie? Die sichere Stabilität zurückerobern oder die grenzenlose Freiheit konservieren?«

3. »Ich fühle mich von meinen Eltern, von meinen Altersgenossen, von der Gesellschaft und/oder von den Medien unter Druck gesetzt, jetzt sofort die beste Entscheidung treffen zu müssen. Die Erwartungshaltung beinhaltet auch, dass ich es einerseits lieben und mich damit identifizieren muss, was ich tue, andererseits keine übersteigerten Vorstellungen von der Zukunft haben soll. Das lässt sich für mich nicht unter einen

Hut bringen. Außerdem habe ich Angst, die falschen Entscheidungen zu treffen, die sich nie wieder korrigieren lassen.«

4. »Ich will nicht durchschnittlich, nicht langweilig sein, nicht in der Masse untergehen, sondern etwas Besonderes sein und zustande bringen, das meinem Leben einen Wert gibt.«

5. »Ich würde gerne die Zeit zurückdrehen, dann würde ich einiges anders machen.«

6. »Ich kann meine Wünsche, Ziele und Träume gar nicht klar definieren, kann nicht angeben, welcher Lebensentwurf Priorität hat, bin nicht sicher, ob ich den für mich perfekten Lebensentwurf überhaupt schon in Betracht gezogen habe.«

7. »Ich fühle mich körperlich unwohl, leide unter Schlaflosigkeit, Kopfschmerzen, Schwindel, Übelkeit, völliger Energielosigkeit oder sogar Depressionen.«

8. »Ich habe das Gefühl, meinem Umfeld mit meiner ewigen Unzufriedenheit und meinen quälenden Fragen furchtbar auf die Nerven zu gehen. Ich habe keine Lust mehr auf gute Ratschläge und gleichzeitig Angst, meine Freunde zu verlieren, wenn sich meine Laune nicht bald bessert.«

9. »Ich bin unsicher in meiner Beziehung oder ich habe keine Beziehung, weil ich so unsicher bin. Wie kann mein/e Partner/in mich bloß ertragen? Ist er/sie der/die Richtige? Wenn ich schon nicht sicher bin, was ich von mir selbst erwarte, wie soll ich dann erst herausfinden, was ich vom perfekten Partner erwarte?«

10. »Ich habe das Gefühl, andere Altersgenossen, Freunde, ehemalige Klassenkameraden, mein/e Partner/in haben ihr Leben viel besser im Griff als ich.«

All diese und noch einige weitere »Symptome« der *Quarterlife Crisis* fassen Alexandra Robbins und Abby Wilner in ihrem Buch zusammen, untermauern sie mit Fallbeispielen aus ihren zahlreichen Interviews und bieten auch Lösungsansätze an, oft aus dem Erfahrungsschatz der Betroffenen. Unter anderem heißt es:

1. »Akzeptiere, dass es das Phänomen der *Quarterlife Crisis* gibt und dass du diese Entwicklungsphase gerade durchlebst. Verstehe, woher sie kommt, sieh ein, dass du mit diesem Problem nicht alleine dastehst.«

2. »Mach dir klar, dass kaum eine Entscheidung absolut endgültig und nie wieder rückgängig zu machen ist, sollte sie sich als Fehler erweisen. Nachzujustieren oder sich später möglicherweise auch in die völlig entgegengesetzte Richtung zu orientieren, ist nicht nur möglich, sondern unumgänglich. Schließlich verändern sich Leidenschaften, Träume und Ziele ständig mit den neuen Erfahrungen, die jeder einzelne Tag mit sich bringt.«

3. »Lass dich nicht von dem breiten Spektrum an Möglichkeiten einschüchtern. Wer verschiedene Wege ausprobiert, wird möglicherweise einige Male versagen, scheitern oder in die Irre gehen, aber irgendwann auf dem richtigen Weg landen. Wer sich lähmen lässt, findet den richtigen Weg garantiert niemals.«

4. »Weigere dich nicht, Kompromisse und Abstriche zu machen oder die eigenen Ansprüche herunterzusetzen. Wer bereit ist, Opfer zu bringen, kommt auf lange Sicht besser weg, als wer nach dem Motto ›alles oder nichts‹ lebt und allen Gesetzen der Wahrscheinlichkeit nach am Ende tatsächlich mit nichts dasteht.«

5. »Orientiere dich nicht an anderen, sondern finde deinen eigenen Weg. Es gibt keine allgemeingültige Patentlösung, sondern nur individuelle Möglichkeiten der idealen Lebensgestaltung.«

6. »Der Weg ist das Ziel. Versuche nicht, die *Quarterlife Crisis* so schnell wie möglich hinter dich zu bringen, denn dann findest du dich plötzlich zehn Jahre älter wieder und die *Midlife Crisis* steht bald vor der Tür. Begreife die *Quarterlife Crisis* als Herausforderung und stelle dich ihr.«

In den USA hat das Buch *Quarterlife Crisis* von Alexandra Robbins und Abby Wilner seit seinem Erscheinen für großen Wirbel gesorgt. Pole Position in den Bestsellerlisten, ausführliche Reportagen in führenden Medien wie der *New York Times*, Themenschwerpunkt bei der unangefochtenen US-Talk-Queen Oprah Winfrey. Tausende junger Leute offenbaren sich plötzlich als Betroffene. Ein Jahr später schwappt das Phänomen – beziehungsweise das daran erwachte Interesse – aus den USA herüber nach Deutschland. Seit dem Sommer 2002 war die *Quarterlife Crisis* Thema unter anderem in der *Süddeutschen Zeitung,* in *Allegra, Freundin, Woman,* auf *Spiegel Online* und *Amica Online,* im Frühjahr 2003 erschien die Übersetzung des US-Buches. Den deutschen Mittzwanzigern scheinen die Gefühle und Gedanken, die Selbstzweifel und die Identitätskrise, die Robbins und Wilner beschreiben, nicht fremd zu sein. Nicht umsonst treffen sich Gleichgesinnte im Internetforum *www.quarterlifecrisis.de,* um sich über ihre persönlichen Krisen auszutauschen. Nicht umsonst wird die Klientel in den Praxen der Psychologen immer jünger.

Auch Christiane Papastefanou, Familienpsychologin an der Universität Mannheim, stellt fest: »Es muss etwas dran sein an dem Phänomen *Quarterlife Crisis,* denn seit ich mich damit beschäftige und eine entsprechende Umfrage durchgeführt habe, melden sich immer häufiger junge Leute bei mir, die sich offenbar angesprochen fühlen. Das ist sicher eine Konsequenz aus der Tatsache, dass das Kind nun einen Namen hat.« Ob es sich dabei um einen erst in der aktuellen Generation von Mittzwanzigern aufgetretenen und in sich abgeschlossenen Seelenzustand handle, bleibe allerdings dahingestellt: »Mir scheint, die *Quarterlife Crisis* ist eigentlich nichts anderes als die Ausdehnung der Pubertät. Aufgrund der heutzutage vergleichsweise langen Ausbildungs- und Studienzeiten, die zum Teil auch in der Angst davor begründet sind, nach dem Abschluss keinen Job zu finden, ergibt sich eine zeitliche Verschiebung des Erwachsenwerdens nach hinten. So kann die *Quarterlife Crisis* auch als verlängerte Jugendidentitätskrise betrachtet werden.« Jedenfalls stehe fest, so die Familienpsychologin Christiane Papastefanou weiter, dass die *Quarterlife*

Crisis nicht als universelle Krise angesehen werden kann, sondern dass sie sich in Abhängigkeit von der Persönlichkeit und den äußeren Umständen entwickelt.

In diesem Buch erzählen nun zwanzig junge Erwachsene mit unterschiedlichsten Persönlichkeiten, geprägt von den unterschiedlichsten äußeren Umständen ihre Geschichten von der *Quarterlife Crisis*. Sie stammen aus Deutschland und Österreich, sind im Alter zwischen zweiundzwanzig und dreißig Jahren und ohne Ausnahme sympathische Menschen, die ich selbst angesprochen oder während des Gedankenaustausches auf *www.quarterlifecrisis.de* kennen gelernt habe, die mir über Kollegen und Bekannte vermittelt wurden oder die Interesse und Redebereitschaft anmeldeten, nachdem ihnen mein Projekt über verschlungene Pfade zu Ohren gekommen war. Menschen, die auch ohne einen Anlass wie diesen bemüht sind, in sich hineinzuhorchen, um das subjektiv Erlebte objektiv zu hinterfragen. Menschen, die bereit sind, Entscheidungsschwächen, Zweifel und sogar Fehler einzugestehen, über Sackgassen, in die sie geraten sind, und Umwege, die sie nehmen mussten, zu berichten. Menschen, die uns an ihren Träumen teilhaben lassen. Viele der Interviews entwickelten sich zu wunderschönen Gesprächen über das Leben, und alle, die in diesem Buch ihre Geschichte erzählen, sind mir ans Herz gewachsen.

Eine Anmerkung am Rande: Auch wenn hier keinesfalls ein Klischee bedient werden soll: Es fällt doch auf und muss Erwähnung finden, dass Frauen selbstverständlicher bereit waren, mit mir offen über ihre Lebensgeschichten und Sinnkrisen zu sprechen als Männer. Letztere winkten zum Teil gleich ab, als das Wort *Quarterlife Crisis* fiel: »Krise? Hab' ich nicht!« Manche zeigten Interesse, zogen sich dann aber wieder hinter Sprüche wie: »Warum nehmt ihr bloß euer Leben so wichtig und so schwer?« zurück. Wieder andere gaben zu, dass das ein oder andere »Symptom« der *Quarterlife Crisis* möglicherweise auch auf sie zutreffe, waren aber unter keinen Umständen bereit, ausführlicher zu werden, was ich ihnen nicht verübeln kann.

Darum bin ich ganz besonders stolz auf diejenigen Männer, die Mut bewiesen haben, indem sie uns auch an ihrer Sicht der Dinge teilhaben lassen.

In den zwanzig Lebensberichten, die in diesem Buch zusammengetragen sind, bestätigen sich die Thesen von Alexandra Robbins und Abby Wilner deutlich. Ganz egal, entlang welchem roten Faden sich die Unsicherheiten und Zweifel aufreihen, in jeder Geschichte finden sich mehrere »Symptome« der *Quarterlife Crisis*, die ich weiter oben zusammengefasst habe. Auch wenn der Begriff *Quarterlife Crisis* vielen Betroffenen vor ihrer Teilnahme an diesem Projekt nicht geläufig war, löste meist schon die Zusammenfassung, die ich als Leitlinie und Denkanstoß einige Tage vor dem jeweiligen Interview verteilt habe, eindeutige Reaktionen aus: »Stimmt genau!«, »Ich erkenne mich absolut darin wieder!« oder »Dazu habe ich auch einiges zu erzählen!«

Während der Interviews bewerteten die Betroffenen ihre individuellen Probleme und Fragestellungen nach völlig verschiedenen Maßstäben. Dabei fiel der *Quarterlife Crisis* eine Bedeutung irgendwo zwischen chronischer Depression, ausgedehnter Sinnkrise, Übergangsphase und gewöhnlichem Lebensabschnitt zu. Familienpsychologin Christiane Papastefanou bestätigt: »Mit der *Quarterlife Crisis* ist es ähnlich wie mit der *Midlife Crisis*, beide treffen höchstens zwanzig Prozent der Gesellschaft, nehme ich an. Wobei es sich bei dieser Zahl um reine Spekulation handelt, denn gesicherte Erkenntnisse gibt es dazu noch nicht. Jedoch stürzt bei weitem nicht jeder Mittzwanziger in das große schwarze Loch und nimmt bei weitem nicht jeder Mittzwanziger die gegenwärtige Lebensphase als Krise wahr. Die *Quarterlife Crisis* hat schließlich keinen Krankheitswert, sie ist nicht klinisch relevant. Es handelt sich in den meisten Fällen lediglich um eine verhältnismäßig normale Reaktion auf bestimmte Umstände.« Jedoch berichteten auch die Interviewpartner, deren Geschichten ich in dieses Buch aufgenommen habe, obwohl sie sich *nicht* eindeutig zu einer *Sinnkrise* bekannt haben, von »Symptomen«, die als typisch für die

Quarterlife Crisis betrachtet werden. Angesichts der Tatsache, dass es mir eher auf die Beschreibung der entsprechenden Lebensphase als auf die Begrifflichkeiten ankommt (siehe oben), stehen diese Geschichten völlig gleichwertig neben den Interviews mit jungen Menschen, die sich als Betroffene der *Quarterlife Crisis* sehen.

Die Einschätzung der Intensität der persönlichen Krise durch die Männer und Frauen in diesem Buch erfolgte übrigens unabhängig davon, als wie extrem oder vermeintlich alltäglich die zu verarbeitenden oder bevorstehenden Erlebnisse, Einflüsse und Entscheidungen der jeweiligen Person einzuordnen waren. Konkret heißt das: Wenn jemand mit einem komplizierten, vielschichtigen Problem konfrontiert ist oder schreckliche Erfahrungen aus seiner Vergangenheit zu verarbeiten hat, nimmt ihn die daraus resultierende Krise nicht automatisch mehr mit als jemanden, der »nur« eine zweidimensionale Entscheidung zu treffen hat. Im Gegenteil, so Familienpsychologin Christiane Papastefanou: »Ich erlebe es in meiner Praxis immer wieder, dass Menschen, die wirklich Schlimmes erlebt haben, Lebensphasen wie die *Quarterlife Crisis* oder die *Midlife Crisis* als nicht so dramatisch erleben wie diejenigen, die bisher zum Glück von größeren Schicksalsschlägen verschont geblieben sind.« So beginne die individuelle Definition einer »Krise« für manche schon bei der Führerscheinprüfung, den Abiturklausuren oder dem Tod eines Haustieres. Andere führten Gewichtsprobleme, die Angst vor Krankheiten, den Druck der Medien oder (auffallend häufig) die Scheidung der Eltern und den Verlust eines Familienmitglieds als Grund für ihre Krise an.

Um mehr über die Bewertung der eigenen Krise zu erfahren, stellte Christiane Papastefanou in ihrer Umfrage auch die Frage: »Hat es die Generation der Mittzwanziger heute schwerer als frühere Generationen von Mittzwanzigern?« Mit anderen Worten: Ist die *Quarterlife Crisis* ein Phänomen der heutigen Zeit oder hat es sie schon immer gegeben?« Rund ein Drittel der Befragten gab an: »Nein, wir haben es nicht schwerer als frühere Generationen von Mittzwanzigern. Jede Generation hatte ihre eigenen Probleme.« Zwei Drittel der Befragten antworteten allerdings: »Ja, wir haben es heutzutage schwerer.« Sie nannten als Gründe vor allem Sorgen um die berufliche Zukunft (auf die später noch einzugehen sein wird) sowie Orientierungsschwierigkeiten in dem Meer von Möglichkeiten, mit denen ein komplexer Entscheidungsdruck einhergeht.

Des Öfteren ist mir aufgefallen, dass die Betroffenen während des Interviews in eine Art unbeschwerte Erzählstimmung gerieten und in lockerem Ton über ihre *Quarterlife Crisis* berichteten. Obgleich sie im selben Atemzug betonten, wie schwer ihnen die Situation im Magen läge, formulierten sie ihre Erlebnisse wie Anekdoten, die bei einer gemütlichen Zusammenkunft die Runde erheitern sollen. Zum Teil gar spöttisch und belustigt erzählten sie von ihren Fehlschlägen, Entscheidungsschwächen und Weinkrämpfen, als sei die Hauptperson ihrer Geschichten ein mir unbekannter Dritter, dessen Verhalten ein gewisses Maß an Absurdität aufweist. Ich schätze Selbstironie, denn nur wer sich nicht zu wichtig nimmt und über sich lachen kann, ist in der Lage, sein Leben objektiv – oder wie Michèle es treffend nennt: »aus der Vogelperspektive« – zu reflektieren. Dennoch: Warum bringen wir Menschen unser Gegenüber zum Lachen in einem Moment, in dem wir unsere innersten Zweifel und Unsicherheiten vor ihm ausbreiten? Aus Gefühlen der Peinlichkeit? Aus Selbstschutz, um der Offenheit eine Barriere entgegenzusetzen? Aus Galgenhumor, um zu verbergen, für wie hoffnungslos wir unseren Fall halten? Familienpsychologin Christiane Papastefanou vermutet hinter diesem Verhalten tatsächlich eine so genannte »Übersprungsreaktion« aus einem gewissen Schamgefühl heraus: »Natürlich kommt es einem Mittzwanziger, dem es eigentlich gut geht, der keine existentiellen Sorgen hat, ein wenig übertrieben vor, von seiner ›Krise‹ zu berichten. Zumal ältere Generationen gerne belustigt nachhaken: ›Was für eine Krise soll das denn sein?‹ Den Betroffenen ist dadurch nur allzu bewusst, dass sie mit ihrem Problem nicht wirklich für voll genommen werden, obgleich subjektiv dennoch ein Leidensdruck empfunden wird.« Christiane Papastefanou rät deshalb, die *Quarterlife Crisis* zwar nicht überzubewerten, aber dennoch ernst zu nehmen: »Wir müssen den Mittzwanzigern schon zugestehen, dass das Erwachsenwerden tatsächlich schwieriger geworden ist. Nicht umsonst höre ich immer wieder von älteren Generationen, sie wollten nicht mit der Jugend von heute tauschen. Und das, obwohl sie einem unglaublichen Jugendwahn und -neid verfallen sind. Paradox, nicht?«

Mein Anliegen ist es nun, mit diesem Buch einen Beitrag dazu zu leisten, dass das Thema *Quarterlife Crisis* weiter in der Öffentlichkeit diskutiert wird, um den Betroffenen zu signalisieren, dass sie durchaus ernst genommen werden. Damit sich kein *Quarterlifer* mehr schämen muss, darüber zu sprechen. Damit sich kein *Quarterlifer* mehr einreden muss, er hätte gar kein Problem. Und vor allem, damit sich kein *Quarterlifer* mehr isoliert fühlen muss. Alle zwanzig Personen in diesem Buch haben mir die Erleichterung bestätigt, die mit der Erkenntnis einhergeht, dass ihre Krise einen Namen hat und ein verbreitetes Phänomen ist. Allein diese neue Perspektive im Zusammenhang mit unserem Gespräch bewirkte das Gefühl, Probleme sortiert und in Angriff genommen zu haben.

An dieser Stelle ist es wohl angebracht zuzugeben, dass auch ich die *Quarterlife Crisis* am eigenen Leib erfahren habe. Dass auch ich neun oder zehn Monate lang an dem vielschichtigen und verstrickten Gedankenwust, der die *Quarterlife Crisis* ausmacht, beinahe erstickt wäre, wohl wissend, dass ich doch eigentlich keinen Grund zur Klage habe. Bis mir das Werk von Alexandra Robbins und Abby Wilner in die Hände fiel und mich zu dem vorliegenden Buch inspirierte. Ein Projekt, das einen neuen Abschnitt meines Lebens einleitete.

In den Interviews, aus denen die vorliegenden Geschichten entstanden sind, haben sich aufbauend auf Wilner und Robbins noch weitere Gemeinsamkeiten zwischen den individuellen Ausprägungen der für Mittzwanziger typischen Sinnkrise ergeben. Diese könnten als Anhaltspunkte für eine spezifizierte Definition des Phänomens *Quarterlife Crisis* sowie für die weiterführende Forschung im diesem Bereich dienlich sein.

So hat beinahe jede *Quarterlife Crisis*, von der in diesem Buch berichtet wird, einen beruflichen Hintergrund, einen beruflichen Schwerpunkt oder zumindest einen beruflichen Aspekt. Familienpsychologin Christiane Papastefanou: »Die *Quarterlife Crisis* setzt ganz klar ein, wenn der Wechsel in die ›nackte Berufswelt‹ bevorsteht oder gerade vollzogen wurde. Die Ausbildung oder das Studium sind als eine Art ›Schonraum‹ zu betrachten, man könnte genauso gut von einer verlängerten Schulzeit sprechen. Unter anderem wird den jungen Menschen finanziell der Rücken durch die Eltern oder das Bafög freigehalten, eigene Zuverdienste können meist in ›Luxus‹ investiert werden. Danach erwartet die Mittzwanziger allerdings unvermittelt eine Realität, die sich heute noch härter und deprimierender gestaltet als früher: Niemand kann mehr davon ausgehen, dass er sofort einen Job finden und dann auch noch einen hoch dotierten, unbefristeten Arbeitsvertrag zur Unterschrift vorgelegt bekommen wird. Die Sorgen vor der Arbeitslosigkeit oder davor, dass man nicht in der Branche unterkommen wird, für die man sich hat ausbilden lassen, stehen ganz klar im Vordergrund. Immer wieder heißt es auch, wie schon von Alexandra Robbins und Abby Wilner festgestellt: ›Ich fühle mich überfordert von der Vielzahl der Möglichkeiten‹. Tatsächlich sind die Erwartungen an die jungen Leute heutzutage sehr hoch.«

Doch hinter der beruflichen Zukunftsangst steckt noch mehr, nämlich die große Frage: *Welche Tätigkeit könnte mich erfüllen?* Das Motto der Mittzwanzigergeneration von heute ist nicht mehr nur: »Mein Job muss mich (und möglicherweise meine Familie) die nächsten vierzig bis fünfzig Jahre *ernähren*.« Sondern: »Mein Job muss mich die nächsten vierzig bis fünfzig Jahre ernähren *und erfüllen.*« Der Konflikt entwickelt sich aus diesem doppelten Anspruch heraus, der verschiedene Ursprünge hat sowie verschiedene Konsequenzen nach sich zieht. Isabell will ihren Eltern beweisen, dass sie der Beruf, den sie sich entgegen aller vernünftigen Ratschläge ausgesucht hat, erfüllt, sieht sich aber gleichzeitig gezwungen, die gute Bezahlung in den Vordergrund zu stellen, um ihren eigenen Kindern künftig das gleiche sorgenfreie Leben ermöglichen zu können, das ihre Eltern ihr selbst ermöglicht haben. Lizzy fühlt sich dem Druck der Gesellschaft ausgesetzt, in der heutzutage nicht mehr besteht, wer einen Job hat, sondern wer seinen Job *liebt*. Christian weiß, dass *kein* Job ein Leben lang erfüllen kann. Und Christoph plädiert genau aus diesem Grund dafür, nicht nach *dem einen* Job zu suchen, der für einen geschaffen ist, sondern bewusst und mit voller Absicht verschiedene Karrieren auszuprobieren, wie es in den USA zum Teil bereits üblich ist. Familienpsychologin Christiane Papastefanou erklärt den Grund dafür, dass der berufliche Aspekt der *Quarterlife Crisis* oft im Vordergrund steht: »Die berufliche Basis will erst geschaffen sein, bevor die Umsetzung der Zukunftsvorstellungen im privaten Bereich in Angriff genommen werden kann. Männer werden dabei immer noch von dem traditionellen Gedanken geleitet, dass sie ein geregeltes Einkommen und sichere Karriereperspektiven bieten müssen, bevor sie eine Familie gründen können. Wobei dieser Gedanke in einer Zeit, in der die Arbeitslosigkeit jeden unverhofft und plötzlich treffen kann, nicht mehr altmodisch, sondern im Gegenteil sogar sehr modern erscheint. Frauen müssen sich nach wie vor zunächst mit der Frage ›Kind oder Karriere‹ auseinandersetzen. Und da der Job für viele inzwischen unverzichtbar zur Selbstverwirklichung gehört, steht auch für sie vor der privaten die berufliche Zukunftsentscheidung an.«

Alle Geschichten von der *Quarterlife Crisis*, die in diesem Buch die berufliche Orientierungslosigkeit in den Vordergrund stellen, haben jedoch neben dem beruflichen gleichzeitig einen privaten Aspekt. So horcht Linda in sich hinein, inwiefern ihre Wünsche nach Veränderung aus ihr selbst heraus entstehen oder inwiefern sie möglicherweise durch ihren Freund angeregt werden. Christian fühlt sich durch seine Unentschlossenheit in Sachen Karriere derart überfordert, dass er sich nicht in der Lage sieht, sich gleichzeitig mit seiner Sehnsucht nach einer Frau auseinanderzusetzen. Simone hat die berufliche Rastlosigkeit in die Niederlande verschlagen, wo sie sich zwar wohl fühlt, aber ihre Freundinnen vermisst.

Umgekehrt enthält dieses Buch auch Geschichten, die private Zweifel, Unsicherheiten oder Erlebnisse in den Vordergrund stellen, wobei die jeweilige *Quarterlife Crisis* dennoch immer auch einen beruflichen Aspekt hat. Dorothea, die als allein erziehende Mutter den Sohn ihres ehemaligen Lehrers und Geliebten großzieht, muss dabei zwischen der Rolle einer Mutter und der Rolle einer Studentin hin- und herschalten. Charlotte, die mit zweiundzwanzig schwanger geworden ist, muss sich zwischen ihrer gerade begonnenen Karriere beim Radio und einer Mutterschaftspause entscheiden. Laut Familienpsychologin Christiane Papastefanou wurde im privaten Bereich die Angst, nicht den richtigen Partner zu finden, von den befragten Mittzwanzigern häufig als Grund für eine Krise angegeben. Während Frauen inzwischen noch eher in der Lage sind, frei mit einer Trennung umzugehen, weil sie nicht mehr wie frühere Generationen auf ihren Partner angewiesen sind, entsteht bei den Männern eine regelrechte Bindungsangst: »Gerade Männer trauen sich nicht, eine feste, langfristige Beziehung einzugehen, weil sie praktisch an die Sache herangehen und befürchten: ›Erst heirate ich und werde Vater, dann kommt es wie in so vielen Fällen zur Scheidung und ich muss mein Leben lang zahlen!‹«, so Christiane Papastefanou. Ein weiterer verbreiteter Grund für eine *Quarterlife Crisis* mit dem privaten Aspekt im Vordergrund sei der ›Liebeskummer aufgrund der Trennung nach der ersten bedeutungsvollen, mehrjährigen Beziehung‹. Eine Partnerschaft aus der Schulzeit lässt sich eben nicht so leicht in die neue Lebensphase und das neue Lebensumfeld Universität oder Ausbildungsstätte hinüber retten (dazu hat Helene einiges zu erzählen). Genauso wenig wie eine Beziehung, die während des Studiums oder während der Ausbildung eingegangen wurde, sich problemlos in die Arbeitswelt einfügt. Häufig kommt den Liebenden die räumliche Trennung durch einen Ortswechsel in die Quere – Leana und Simone haben das am eigenen Leib erfahren –, in anderen Fällen entwickeln sich die Tagesabläufe (siehe Lindas Geschichte) oder die Interessen auseinander. Nicht selten geht der neue Lebensabschnitt mit der Lust einher, Neues auszuprobieren, wobei das Bewährte dabei als beengend empfunden wird. Eine Geschichte wie die von Helene, die nach vierjähriger Trennung sowie einigen Irrungen und Wirrungen am Ende doch ihre Schulliebe Marco heiratet, ist sicher nicht die Regel, klingt eher nach einem Märchen.

Die *Quarterlife Crisis* kann, so scheint es mir nach der Auswertung der vorliegenden Geschichten, auch eine Vielzahl privater Krisen auslösen, verstärken oder ans Tageslicht bringen, die nicht unter das Dachgebilde *Quarterlife Crisis* im eigentlichen Sinne fallen, aber doch in enger Relation dazu stehen. In diese Kategorie fällt auch die Geschichte von Jochen, der im Alter von fünfundzwanzig Jahren noch nie mit einer Frau geschlafen hat und an seiner unerfüllten Sehnsucht nach einer idealen Beziehung verzweifelt. Manche Betroffenen berichten davon, dass im Zuge der *Quarterlife Crisis* zum Teil längst verdrängt oder verarbeitet geglaubte Erlebnisse oder Traumata aus der Vergangenheit unvermittelt wieder zutage getreten sind und nun parallel zu den aktuellen Problemstellungen bewältigt werden müssen. In anderen Geschichten handelt es sich um Krankheiten, mit denen sich die Betroffenen längst abgefunden hatten, bis die Selbstzweifel, die anstehenden Zukunftsentscheidungen oder ganz allgemein der Zustand der Angst, Melancholie oder Isolation in der *Quarterlife Crisis* es verlangten, sich erneut damit auseinanderzusetzen. So erzählt uns Anna von ihrer Bulimie, Sandra von der Krebserkrankung ihrer Mutter. In manchen Fällen waren die seelischen Narben so frisch und tief wieder aufgebrochen, dass es sich als viel zu früh oder zu unangenehm für die Betroffenen herausstellte, das Erlebte in unserem Interview in Worte zu fassen, geschweige denn in diesem Buch davon zu lesen. Der oder die Betroffene und ich entschieden uns von Fall zu Fall, diese Dinge entweder völlig auszublenden, da sie ohnehin nur indirekt mit der *Quarterlife Crisis* als Auslöser in Verbindung stehen, oder nur so ausführlich oder andeutungsweise aufzunehmen, wie es den Betroffenen möglich war, darüber zu sprechen. So erfahren wir erschüttert, dass Michèle sexuell missbraucht wurde und dass ihre Mutter vor einigen Jahren einen Selbstmordversuch unternommen hat. So erfahren wir manches andere aber auch nicht.

Genauso wie sich die beruflichen von den privaten Aspekten der *Quarterlife Crisis* abgrenzen lassen, kann auch die praktische von der philosophischen *Quarterlife Crisis* unterschieden werden. Dieser Ansatz lässt sich am besten an einigen Beispielen verdeutlichen. So schlägt sich Linda gleich mit drei praktischen Entscheidungen herum: Soll sie mit ihrem Freund zusammenziehen oder nicht? Soll sie studieren oder weiter in ihrem Bürojob arbeiten? Soll sie in der Großstadt bleiben oder in eine ländlichere Umgebung ziehen? Die schwangere Charlotte grübelt über praktische Fragen der Organisation und der Flexibilität nach: Wie kann ich mir meine Freiräume und meine Unabhängigkeit trotz Kind bewahren? Ganz anders klingen die philosophischen Diskussionen in einer Reihe von Geschichten, die auf dem Weg zur Selbstfindung der Mittzwanziger eine nicht minder bedeutende Rolle spielen. So sucht Sven die gesunde Balance zwischen dem *Idealismus*, ohne den die Gesellschaft nie zum Besseren verändert werden kann, und dem *Pragmatismus*, ohne den im Alltag niemand überlebt.

Christoph hingegen versucht, den Unterschied zwischen *Glück* – nach dem er strebt – und *Zufriedenheit* – mit der er sich nicht abspeisen lassen will – zu definieren. Charlotte trägt einen anderen Aspekt zu dieser philosophischen Diskussion bei, indem sie

Zufriedenheit als *Vorstufe* zum Glück bezeichnet und sich sehr wohl darüber freuen kann. Christian beschäftigt im Rahmen seiner Selbstreflexion das mangelnde Gleichgewicht von Rationalität – deren Nutzen er nicht abstreiten kann – und Emotionalität – die er an sich schätzt.

Philosophische Selbstreflexion oder praktische Kalkulation: Bei der *Quarterlife Crisis* scheint es sich genau um den Punkt im Leben eines jungen Erwachsenen zu handeln, an dem zum ersten Mal abgerechnet und abgeglichen wird. Nur geht die Soll-/Haben-Rechnung – »Was wollte ich erreichen?« und »Was habe ich erreicht?« – selten auf. Schon allein deshalb, weil die eigenen Ziele und Zukunftsvorstellungen verwischen und das Erreichte nicht respektiert, sondern infrage gestellt wird. Haben wir als Kinder noch leidenschaftlich auf Sommerferien und Weihnachtsgeschenke hingefiebert, konnten wir es als Jugendliche kaum erwarten, endlich erwachsen zu sein, unseren Führerschein sowie unseren Schulabschluss in der Tasche zu haben und endlich zu Hause auszuziehen, funktioniert dieses Denkschema als Mittzwanziger plötzlich nicht mehr, die Dimensionen sind unüberschaubarer geworden. Angesichts der Ungewissheit der Zukunft kommt keine rechte Vorfreude mehr auf. Niemand weiß: Wo führt mein Lebensweg eigentlich hin?

Dorothea beschreibt eindrücklich die Erkenntnis, dass Lebensträume nicht in Erfüllung gehen, bloß weil wir uns ganz fest wünschen, dass sie in Erfüllung gehen. Und woher bitte soll die Motivation kommen, Zukunftsentscheidungen zu treffen, wenn wir den Ausgang dieser Partie ohnehin nicht in der Hand haben? Woher bitte soll die Motivation kommen, Zukunftsentscheidungen für das eigene kleine Leben zu treffen, wenn nicht einmal die weisen Regierenden unseres Landes wissen, wie sie die Wirtschaftskrise in den Griff bekommen oder auf welches Boot sie angesichts der schwierigen weltpolitischen Lage aufspringen sollen? Lohnt sich die Kraftanstrengung überhaupt? Isabell, der zu Beginn ihres Studiums versprochen wurde: »Mit dem Magister in der Tasche steht dir die Welt offen!«, fühlt sich jetzt um die Einlösung dieses Versprechens betrogen. Nadja zieht ihre ganz eigene Konsequenz: Warum soll sie sich die Mühe machen, Entscheidungen zu treffen, wenn das Schicksal ihr doch bisher immer ganz gut über die Runden geholfen hat? Lizzy geht einer Zukunftsentscheidung aus dem Weg, indem sie das Denkschema aus Kindheit und Jugend weiter anwendet. Hieß es als Teenager: »Wenn ich erst einmal den Schulabschluss geschafft habe, dann werde ich mir meine Träume erfüllen!«, so heißt es jetzt für sie: »Wenn ich dieses und jenes hinter mich gebracht habe, werde ich mich um meine Zukunft kümmern.« *Warteräume* nennt Lizzy diese Pufferzonen zwischen der Realität und der Zukunft, deren Beginn sie um jeden Preis verhindern will. »Noch muss ich nicht erwachsen sein«, redet sich mancher *Quarterlife Crisis* Betroffene ein, um sich für seine vermeintlichen Fehler und Schwächen sowie seine Unentschlossenheit zu entschuldigen und um dem Rechtfertigungsdruck zu entgehen. Es ist nicht leicht, Verantwortung für das zu übernehmen, was man tut.

Auch Helene kennt das Pufferzonen-Phänomen: »Wenn ich einmal groß bin ...« träumt sie, nur um im selben Atemzug zu fragen: »Oder bin ich vielleicht schon groß? Ist der Tag der Abrechnung nicht schon längst gekommen?« Welch schockierende Erkenntnis: Plötzlich bin ich erwachsen, plötzlich vergeht die Zeit schneller, plötzlich siezen mich die Jugendlichen, zu denen ich doch selbst noch bis vor kurzem gehörte. Aber *fühle* ich mich erwachsen? Der Erwachsenenwelt gewachsen? Nein, gibt Isabell zu und bedauert: »Am Ende bin ich doch immer noch das kleine Mädchen, das um einen Lolli bettelt.« Sven und Charlotte dagegen fühlen sich bereits *zu* erwachsen. Empfinden die Reduzierung des Privatlebens auf die Zweisamkeit einer Beziehung als spießig. Und hatten sie sich nicht vor ein paar Jahren noch geschworen: »Ich will niemals so spießig sein wie die Erwachsenen!«?

Die Welt aus Kinder- beziehungsweise Teenagersicht und die Welt aus Erwachsenensicht prallen in der *Quarterlife Crisis* aufeinander. »Ich habe mir einen *Kindheitstraum* erfüllt, indem ich in einem Musical mitgespielt habe«, sagte die Hollywood-Schauspielerin Catherine Zeta-Jones kürzlich in einem Stern-Interview anlässlich der Premiere ihres Films »Chicago«. Offenbar funktioniert das für den Durchschnitts-Mittzwanziger, der kein Durchschnitt, sondern etwas Besonderes sein möchte, nicht so einfach. Immer wieder stieß ich in den Gesprächen, aus denen dieses Buch entstanden ist, auf das Thema Verwirklichung von Kindheitsträumen. Wenn Mädchen den Traum vom Prinzessinnenkleid und Jungs den Traum vom Spiderman-Kostüm hinter sich gelassen haben, entwickeln sich Zukunftsvorstellungen, die weniger wirklichkeitsfremd sind, sich aber dadurch nicht automatisch leichter umsetzen lassen. Jugendliche wollen Journalist, Bänker oder Friseur werden, verfolgen diesen Wunsch nach ihrem Schulabschluss unbeirrt weiter, ohne ihn noch einmal an der Realität oder der sich ständig weiterentwickelnden Persönlichkeit zu messen. Dem ist der Kindheitstraum häufig nicht gewachsen. In manchen Fällen verläuft er im Sande. Nadja, die sich immer eine Zukunft als Kindergärtnerin ausgemalt hatte, musste während eines Praktikums einsehen, dass Basteln, Singen und Kinderhüten doch nicht ihr Ding ist. In anderen Fällen verpufft der Kindheitstraum einfach. So beschreibt Linda den Realitätsschock, der sich einstellt, als sie nach dem Schulabschluss nicht mehr drauflos träumen kann, sondern ihre Zukunftsvorstellungen Fragen wie: »Kann ich damit meinen Lebensunterhalt sichern?« unterwerfen muss. In wieder anderen Fällen macht die knallharte Realität dem Kindheitstraum den Garaus. Helene wollte so gern als Richterin oder Anwältin für Gerechtigkeit in der Welt sorgen, seit ihr Konfirmationsspruch ihr Jura als Berufung mit auf den Weg gegeben hatte. Während des Studiums musste sie dann leider ziemlich schnell feststellen, dass Rechtsprechung mit Gerechtigkeit oft nichts zu tun hat. Marias Wunsch war es hingegen, Designerin zu werden. Kreativität auf Knopfdruck konnte und wollte sie dann allerdings doch nicht bringen.

Helene und Maria haben wie viele andere Altersgenossen ihren Kindheitstraum bedenkenlos in einen Erwachsenentraum umgemünzt. Oft stellt sich erst während der *Quarterlife Crisis* heraus, dass ein Kindheitstraum inzwischen nicht mehr aktuell ist, weil die eigene Persönlichkeit, die eigenen Interessen und Vorlieben sich verändert haben, ohne dass der Traum an diese Veränderungen angepasst worden wäre. Oder es stellt sich heraus, dass der Kindheitstraum von unschuldiger Naivität geprägt war und mit dem realen Berufsalltag reichlich wenig zu tun hat. Viele der Betroffenen in diesem Buch erklärten im Gespräch, dass sie diese Erkenntnisse möglicherweise um einiges früher gewonnen hätten, wenn sie kurz nach dem Schulabschluss dazu angehalten worden wären, ihre Kindheitsträume mit Erwachsenenaugen zu betrachten und zu verifizieren. Nur gönnt sich diesen Moment des Innehaltens kaum ein Schulabgänger, wenn er – den Lernstress gerade hinter sich – die ehemaligen Klassenkameraden mit großen Zielen und vermeintlich noch größeren Schritten ihre Karrieren in Angriff nehmen und an sich vorbei preschen sieht. »Mithalten!«, lautet die Devise, »Weiterstolpern!« – lieber mit Vollgas ins Ungewisse durchstarten als gar nicht. Ein paar Jahre später erst geht der Fuß vom Gaspedal, weil das Ziel partout nicht näher rücken will. Oder der Fuß traut sich – wie im Fall von Isabell – gar nicht erst auf die Bremse, aus Angst vor den Erkenntnissen, die das Hinterfragen des eigenen Handelns wohl bringen mag. Oder Thomas. Er geht nicht mehr joggen, weil er beim Joggen denken und beim Denken Angst vor der Erleuchtung haben muss, dass radikale Veränderungen unumgänglich sind. Man nennt dieses Stadium auch *Quarterlife Crisis*. Natürlich gibt es Menschen, die schon mit zehn Jahren im Minikittel und mit Spielzeugstethoskop ihren Tanten die Hände abgehorcht haben und zwanzig Jahre später tatsächlich als erfüllte Ärzte ihr Geld verdienen. Oder Menschen wie Catherine Zeta-Jones, die Schauspielerin sein und als solche in einem Musical mitspielen wollte und nun tatsächlich über den roten Teppich zur Premiere von »Chicago« schreitet.

Kindheitsträume sind nicht grundsätzlich unbrauchbar oder unerfüllbar. Aber sie funktionieren im Arbeitsalltag ganz offensichtlich nicht für jeden.

Genauso wenig wie Leidenschaften und Interessen, die unvermittelt vom Status einer Freizeitbeschäftigung in den Status eines Jobs erhoben werden. Nicht selten werden Hobbys in dieser Welt der unendlich vielen Möglichkeiten zur Grundlage von Berufsentscheidungen. Welche Hilfsmittel hat ein Schulabgänger auch sonst, die Vielzahl an Optionen einzugrenzen? Einblicke in den Berufsalltag der Eltern, möglicherweise ein oder zwei Pflichtpraktika während der Mittelstufe, die Erfahrung aus Schülernebenjobs – und eben die persönlichen Neigungen. Als Nadja auf dem Arbeitsamt nach ihren Hobbys gefragt wird und mit »Keine« antworten muss, fällt auch der Sachbearbeiterin nichts Besseres ein, als den Zufall bei der Stellenauswahl walten zu lassen. Dabei ist es erstens nicht verwunderlich, wenn neben dem Lernstress für den Schulabschluss keine Zeit für Hobbys bleibt und zweitens auch nicht automatisch Erfolg versprechend, eine Berufsentscheidung auf der Basis einer Freizeitbeschäftigung zu treffen. Dorothea wünscht sich, sie hätte etwas Handfestes gelernt und ihre Liebe zur Natur lieber nach Feierabend ausgelebt. Maria brach ihr Designstudium ab, wird jetzt Lehrerin und entwirft nur noch in ihrer Freizeit, nachdem sie merkte, dass sie dem Druck nicht gewachsen war. Isabell musste feststellen, dass die Umstände auf dem Arbeitsmarkt sie lediglich in die Nähe ihrer Leidenschaft geführt haben und ihr der Schichtdienst kaum noch Zeit und Kraft für die tatsächliche Ausübung lässt. Christoph stellt die Grundsatzfragen: »Ist es wirklich so erstrebenswert, sein Hobby zum Beruf zu machen? Verliert es dadurch nicht seinen Anreiz? Kann ein Hobby noch seinen Zweck erfüllen, mir Ablenkung zu verschaffen, wenn ich es unter dem Zwang ausübe, damit Geld verdienen zu müssen?«

Auch hier gilt: Natürlich gibt es Menschen wie Christian, der schon als Kind in der Waldorfschule gerne mit Holz gearbeitet und zu Hause Geschenke für seine Freunde geschnitzt hat und nun in seinem Beruf als Schreiner zumindest für den Moment gut aufgehoben ist. Nur geht die Rechnung »Hobby plus Ausbildung gleich erfüllender Beruf« nicht zwangsläufig auf – berichten die Mittzwanziger in diesem Buch.

In etlichen Interviews kam es auch zu folgendem, immer gleichen Szenario: Frage: »Wie sieht dein absoluter Traumjob aus?« Antwort: »Keine Ahnung.« Frage: »Und wenn du wirklich einfach nur ins Blaue träumen darfst, völlig losgelöst von irgendwelchen gesellschaftlichen oder finanziellen Zwängen?« Nun sprudelte die Antwort nur so hervor: »Ich möchte meine Kreativität ausleben auf diese oder jene Weise, *aber das ist doch eine brotlose Kunst.*« Schriftstellerin, Theaterschauspielerin, Journalistin, Bildhauer – alles wunderbar erfüllende Träume und doch nichts als brotlose Kunst!? Der Konflikt der Betroffenen besteht darin, dass sie sich weder für etwas Solides entscheiden möchten, weil sie tief in ihren Herzen den Traum von der Kreativität tragen, noch für etwas Kreatives, weil sie ebenso gut wissen, dass sie vorrangig ihren Lebensunterhalt verdienen müssen. Aus diesem Wechselspiel heraus resultiert oft die Entscheidungsschwäche, die so kennzeichnend für die *Quarterlife Crisis* ist. Vielleicht lässt sich der notwendige, rationale, erwachsene Schritt ja noch ein wenig hinauszögern!? Vielleicht kann der Traum von der Kreativität noch ein wenig länger aufrecht erhalten werden!? Die solide Karriere jedenfalls erscheint wie ein Verrat an den Träumen des Herzens. Wer sich mit dem nahe Liegenden zufrieden gibt, sagt Christoph, ist bereits gescheitert: »Wenn es so etwas wie das jüngste Gericht gibt, möchte ich lieber vor Gott treten mit den Worten ›Ich hab meine Träume zwar nicht erreicht, aber, hey, ich hab's zumindest probiert!‹ als mit den Worten: ›Träume? Ja, hab' ich mal gehabt, aber ich hab's nicht gleich geschafft, sie zu verwirklichen, also hab ich's lieber ganz sein lassen.‹«

Auffällig ist, dass die *Quarterlife Crisis* offenbar auch (psychosomatische) körperliche Beschwerden beziehungsweise Symptome hervorrufen kann. Leana berichtet von Migräneanfällen und einem Magengeschwür, die in direktem Zusammenhang mit ihrer Krise auftraten. Anna erzählt von ihrer Bulimie, die sie zwar mittels Therapie zumeist im Griff hat, die sich während eines seelischen Tiefs aber doch immer wieder zurückmeldet. Isabell leidet an totaler physischer Erschöpfung, obwohl sie ihren Körper weder im Beruf, noch in der Freizeit überanstrengt. Sandra erinnert eindrucksvoll zwei Erlebnisse ihren Körper betreffend, die ihr die Notwendigkeit einer Veränderung ihrer Lebensumstände erst vor Augen führten: erstens eine schwindelige Orientierungslosigkeit bis hin zum Blackout und zweitens eine intensive Abneigung dagegen, von ihrem Mann berührt zu werden. Michèle bemerkte, dass sie im Begriff war, einen falschen Weg einzuschlagen, als ihr die Stimme buchstäblich wegblieb. Und Jochen beschreibt, wie aus mangelnden Gelegenheiten, mit einer Frau zu schlafen, langsam aber sicher Panik vor der Impotenz wird.

Wie auch immer die individuelle *Quarterlife Crisis* geartet ist – was hilft bei ihrer Bewältigung? Einige Tipps aus den Interviews mit den jungen Amerikanern und Amerikanerinnen, die Alexandra Robbins und Abby Wilner durchgeführt haben, habe ich weiter oben bereits zusammengefasst. Diese Hinweise erweisen sich vor allem für Betroffene als hilfreich, die aus welchem Grund auch immer aus eigener Kraft Auswege aus ihrer *Quarterlife Crisis* suchen und finden müssen oder wollen. Die von Familienpsychologin Christiane Papastefanou befragten Mittzwanziger gaben dagegen zum Großteil den Partner oder die Eltern als ersten Ansprechpartner im Falle einer Sinnkrise an. Wobei sich in den Gesprächen, die ich geführt habe, das Verhältnis zu den Eltern oft als gespalten darstellte. Häufig kämpfen die Betroffenen mit dem Konflikt, den Eltern einerseits dankbar sein zu müssen (Leana) oder wirklich dankbar zu sein für das, was sie ihnen mit auf den Weg gegeben haben, ihnen aber andererseits eine gewisse Mitschuld an der gegenwärtigen Krise geben (Thomas) oder ihren Rat nicht mehr wollen oder brauchen (Sven). Christiane Papastefanou berichtet von einer Befragten, die zu Protokoll gab: »Man muss heutzutage *mindestens* so gut sein wie die eigenen Eltern.« Auch Isabell will ihren Kinder später *mindestens* das Maß an Liebe und finanzieller Sicherheit zurückgeben, das ihre Eltern ihr selbst gegeben haben. »Auch in Sachen Karriere wird den Eltern nachgeeifert«, so Christiane Papastefanou. Der Leistungsdruck, der aus diesem Anspruch entsteht, ist natürlich enorm. »Früher war es der übliche Lauf der Dinge, dass ein junger Erwachsener seine Eltern bald an Wissen, Ausbildung und Einkommen übertrumpfte«, verdeutlicht die Familienpsychologin, »heute dagegen sind die Eltern des durchschnittlichen *Quarterlife Crisis*-Betroffenen selbst gut gebildet und finanziell zumindest recht gut gepolstert. Vor diesem Hintergrund kann man die Quarterlife Crisis durchaus als *Luxuskrise* bezeichnen. Dabei wissen die Eltern durchaus, dass sich die Chancen für ihre Kinder momentan nicht gerade blendend gestalten, und machen sich Sorgen wegen der düsteren Perspektiven.« Aber sie *wünschen* sich natürlich das Beste für ihren Nachwuchs, und das empfindet so mancher Sprössling bereits als Erwartungsdruck.

Ob nun der Eltern-Kind-Konflikt selbst Teil der *Quarterlife Crisis* ist oder ob er die Betroffenen nur davon abhält, ihre Eltern in der Sinnkrise um Rat zu fragen – die tief verwurzelte Liebe der Betroffenen zu ihren Eltern war so groß, dass teilweise entsprechende Passagen wieder aus den hier aufgezeichneten Geschichten gestrichen wurden. Niemand wollte seine Eltern mit der noch so vorsichtig formulierten eigenen Sicht verletzen, besonders wenn es um die schmerzhafte Erkenntnis ging, dass die eigenen Eltern unaufhaltsam dem letzten Drittel ihres Lebens entgegenstreben.

Sollte die *Quarterlife Crisis* aus eigenem Antrieb oder mithilfe der Eltern oder des Partners nicht zu bewältigen sein, empfiehlt Christiane Papastefanou eine *Beratung zur Krisenintervention*, die in den meisten Fällen den Betroffenen bereits helfe. Eine Therapie sei nur in schweren Fällen beziehungsweise bei massiven Problemen notwendig. »Pauschalratschläge für Auswege aus der Krise kann ich schlecht geben«, so Christiane Papastefanou, »Nur eine individuelle Betreuung, in der der Betroffene bei der Bewältigung seiner Krise begleitet wird, in der es um Fragen wie ›Wo liegen meine Interessen, meine Stärken, meine Schwächen?‹ oder ›Was könnte zu mir passen?‹ geht, ist Erfolg versprechend.« Dennoch ein allgemeingültiger Tipp von der Familienpsychologin für Betroffene, die unter dem beispielsweise durch einen Ortswechsel bedingten und durch die *Quarterlife Crisis* verstärkten Gefühl der Isolation leiden: »Festigen Sie Ihr soziales Netz! Das funktioniert mit ganz einfachen Mitteln. So kann ein Student zum Beispiel einen Zettel an das Schwarze Brett hängen: ›Suche Interessierte für Arbeitsgruppe zum Thema xy‹.« Für sinnvoll zur Vermeidung der Verwirrung, die viele junge Menschen bei der Berufswahl erleben, hält Christiane Papastefanou die Einführung von »Mentoren«, die den ersten Schritt in die Arbeitswelt erleichtern, indem sie möglicherweise viel ausführlicher, als es derzeit geschieht in den Schulen, Berufe vorstellen und die Realität des Berufsalltags verdeutlichen. »Ich finde es deprimierend«, so die Familienpsychologin, »dass die jungen Leute so häufig ihre beruflichen Ziele ändern. Aber dieser Effekt ist die natürliche Konsequenz daraus, dass den Schulabgängern heutzutage gesagt wird: ›Probier ruhig aus, was zu dir passt!‹ Bis zu einem gewissen Grad stimme ich dem zu. Nur irgendwann wird die Selbstverwirklichung zum Selbstläufer.«

Einige der Betroffenen in diesem Buch sehen überhaupt noch keinen Ausweg aus ihrer persönlichen *Quarterlife Crisis*. Andere folgen den Ansätzen einer Idee. So haben Michèle und Sandra beschlossen, sich einfach die Zeit zu geben, den notwendigen Orientierungsprozess auszuleben, ohne sich weiter unter Druck zu setzen oder setzen zu lassen. Wieder andere setzten auf kleine Erfolgserlebnisse durch Zwischenziele. So freut sich Thomas darüber, dass er beruflich inzwischen in ein anderes Projekt eingebunden ist, das seinen Fähigkeiten viel ausführlicher gerecht wird.

So ist Isabell glücklich über ihre Traumwohnung, in die sie inzwischen mit ihrem Mann gezogen ist. Und so hat Leana sich inzwischen bei den Weight Watchers angemeldet und seitdem kontinuierlich abgenommen.

So scheinbar banal wie der Auslöser für eine Sinnkrise sein kann, so einfach oder nahe liegend kann sich auch der Ausweg daraus gestalten. Manchmal bedarf es nur einer minimalen Änderung der Grundsituation, eines winzigen Fingerzeigs oder eines Sonnenstrahls, der den Weg weist und das Gefühl vermittelt, sein Leben wieder in die eigene Hand genommen zu haben. Maria erzählt uns eine solche Geschichte der Selbstfindung. Nach Monaten der seelischen Qual sah sie eines Tages keinen anderen Ausweg mehr, als aktiv, mutig und allein aus ihrem festgefahrenen Weg auszubrechen und ihre *Quarterlife Crisis* hinter sich zu lassen, indem sie ins Ungewisse fuhr. Auf dem Jakobsweg in Spanien fand sie ihre Mitte wieder.

Einen solchen Ausgang wünsche ich allen Betroffenen, die mir für dieses Buch ihr Innerstes offenbart haben und denen dieses Buch in die Hände fällt. Schreibt mir, was ihr denkt und empfindet: *maja.roedenbeck@schwarzkopf-schwarzkopf.de*

Berlin, im Sommer 2003   Maja Roedenbeck

WAS SOLLEN NUR DIE ANDEREN
VON MIR DENKEN?

Mir ist dieser Artikel in der *Woman* in die Hände gefallen. »Interessant«, habe ich gedacht, »das Spektakel kennst du doch. *Quarterlife Crisis* sagt man also dazu.« Spätestens nach dem ersten Klick auf die Internetseite war mir dann klar: »Treffer! Genauso geht's mir auch.« Allerdings hat mir der Austausch im Forum nicht wirklich geholfen. Mit gesichts- und stimmenlosen »Nicknames« mein Gefühlschaos zu diskutieren, das ist mir dann doch zu anonym. Das sind doch keine *Menschen*, mit denen man da kommuniziert! Außerdem erzählen sie zwar alle von ihren ganz persönlichen Sinnkrisen, die meiner nicht unähnlich sind, *aber keiner kann mir sagen, wie ich aus dem Loch wieder herauskomme*, und das drückt mich nur noch tiefer runter. Die schlechten Phasen häufen sich in letzter Zeit, irgendwie ist absolut kein Land in Sicht. Ich kann nicht mehr, ich will nicht mehr! Aber ich weiß auch, dass Jammern nicht hilft. Der einzige Weg aus der *Quarterlife Crisis* heraus ist, aus eigener Kraft auszubrechen. Wenn ich das nicht schaffe, werde ich mich nie besser fühlen.

Quarterlife Crisis ist allerdings ein komisches Wort. Es klingt mir zu sehr wie *Midlife Crisis*, dabei sind das doch zwei völlig verschiedene Paar Schuhe. Natürlich vom Alter, aber auch vom Auslöser her. Beides sind Krisen in einer ganz bestimmten Lebensphase, aber während die *Midlife Crisis* von *inneren*, also körpereigenen hormonellen Schwankungen ausgelöst wird, ist die *Quarterlife Crisis* doch auf *äußere* Veränderungen der Lebensumstände zurückzuführen. Deshalb erscheint mir die Wortwahl nicht ganz richtig. *Midlife Crisis*, da denke ich gleich an Mittvierziger, die plötzlich anfangen zu spinnen und glauben, ihre Jugend zurückholen und Spaß haben zu müssen, eben weil die Hormone spinnen. Die *Quarterlife Crisis* dagegen, die kann einen irgendwann zwischen fünfzehn und fünfunddreißig umhauen, manche haben sie sogar die ganzen zwanzig Jahre lang. Und wann sie einen auch immer trifft, sie hat ganz sicher nichts mit Spaß zu tun, im Gegenteil: mit Depressionen. Bei mir zumindest.

Die Ansprüche der Gesellschaft an meine Generation sind einfach zu hoch. Ehrgeiz, dauergute Laune, Höchstleistung, all das wird von mir erwartet – nonstop. Und wie kann ich beweisen, dass ich den Erwartungen entspreche? Mit Geld und Statussymbolen. Bisher habe ich in dem Spielchen immer ganz gut mitgehalten. Ich war eine gute Schülerin, hatte immer gute Noten, und das auch noch relativ mühelos. Den Stoff, den meine Freunde tagelang für eine Klausur paukten, hatte ich dank meiner guten Auffassungsgabe in einer Stunde drauf. Alle fanden mich toll, wie ich mit meinen Eltern umging, wie ich es locker schaffte, nebenbei zu jobben. Aber die Kummerwolken, die sich hinter der Fassade zusammenbrauten, sah keiner. Dass ich auch mal (und immer häufiger) seelisch labil sein könnte, war einfach undenkbar. Als ich dann die ersten Klausuren versemmelte, war das für alle der Riesenschock, ein völlig überraschender Weltuntergang. Niemand unterstützte mich.

Leider kam es zum Ende meiner Ausbildung hin immer häufiger vor, dass nicht mehr alles so locker wie früher lief, dass ich versagte. Solange ich seelisch ausgeglichen war, war in der Berufsschule alles in Butter, der Durchschnitt auf meinem Abschlusszeugnis ist ja mit 1,8 auch nicht schlecht. Mein Ausbilder sagte immer bewundernd zu mir: »Leana, Sie sind so ehrgeizig!« Ach ja? Danke für die Blumen. Aber ich weiß, ich hätte es besser gekonnt. Als eine schlechte Note nach der anderen unter meinen Klausuren stand, dachten sämtliche Kollegen mit Sicherheit: »Mann, ist die blöd.« Diese Befürchtung trug nicht unbedingt dazu bei, meine Laune zu heben. In letzter Zeit sind mir die Erwartungen einfach über den Kopf gewachsen, in letzter Zeit geht es mir nicht mehr so gut. Wie soll ich stolz auf meine Abschlussnote sein, wenn ich doch schon längst das Interesse an der Ausbildung *und damit mich selbst* verloren habe?

Richtig aggressiv bin ich geworden. Kann keinen Menschen mehr um mich herum ertragen. Alles widert mich an. Ich kann mich auf nichts mehr konzentrieren, will nur raus. Aber wohin? Da fehlt mir die Idee, also habe ich die letzten paar Monate ziemlich ausschließlich vor dem Fernseher in meinem Kinderzimmer bei meinen Eltern verbracht, bis es ordentlich knallte. So sauer habe ich meine Mutter schon lange nicht mehr gesehen. Geholfen hat ihr Gezeter jedenfalls auch nicht, stattdessen wurde ich krank: Migräneanfälle, ein Magengeschwür. Und obwohl ich mich ständig erbrechen musste, nahm ich extrem zu – vier, fünf Kilo die Woche.

Das ist umso furchtbarer, weil ich doch früher immer so schön schlank war. Und meine Freundinnen sind auch alle richtig dünn. Mann, ist mir das peinlich, mit denen auf der Straße gesehen zu werden! Die Leute müssen doch denken: »Was wollen denn die hübschen jungen Leute da drüben mit der Tonne!?« Was das angeht habe ich inzwischen echt Halluzinationen und Paranoia. Zumal meine beste Freundin in letzter Zeit soviel abnimmt, immer mehr, dass es schon fast an Magersucht grenzt. Sie braucht mich bloß anzugucken, dann denke ich gleich: »Wenn die sich selber schon dick vorkommt, was hält sie dann erst von mir?« Klar habe ich versucht, mit ihr darüber zu reden. Aber sie sieht noch nicht einmal irgendein Problem zwischen uns.

Wenn ich schon mit meiner besten Freundin, mit der ich früher über *alles* gesprochen habe, auf keinen grünen Zweig mehr komme, wie soll ich dann erst mit anderen Leuten klarkommen? Ich traue mich ja kaum noch unter Leute, so unwohl fühle ich mich in meinem Körper. Richtig scheu bin ich geworden. Es ist mir eben schrecklich unangenehm, richtig erdrückend, wenn meine Freunde mitkriegen: »Die Leana kommt ja doch nicht mit jeder Herausforderung klar.« Also verstecke ich mich sogar vor ihnen.

Einerseits sagen sie, sie hätten kein Problem mit meinem Überge-
wicht, andererseits nehmen sie mich aber auch nicht ernst und
lassen stattdessen dumme Sprüche los. »So schlimm kann das doch
nicht sein«, sagen sie, »dass du dick bist, dass du nicht mehr gut
bist.« Es ist aber schlimm für mich! Bitte, bitte lass mich wieder
schlank sein! »Dann nimm halt ab«, sagen sie, »wenn du nicht soviel fressen würdest, könntest du deine schöne Figur von früher
auch wieder haben.« Das Gemeine ist, dass sie Recht haben, Abnehmen ist nicht unmöglich. Da macht man eine Diät und hält
die durch. Trotzdem könnten sie sich ihre Sprüche kneifen, denn
damit erreichen sie nur, dass ich die nächstgelegene Chipstüte suche. Warum ich mir so etwas von meinen Freunden gefallen lasse, warum ich überhaupt noch mit ihnen befreundet bin? Tja, Sa-
domaso fürs Ego, ich weiß auch nicht. Ich rege mich auf, schreie
herum, bin launisch, aber ich lasse es mir gefallen. Vielleicht, weil
ich unbewusst gerne so sein will wie sie. (Manchmal aber auch
nicht.) Da rührt sich Neid in mir auf meine Freunde, auf das, was
sie haben, darauf, dass sie alles besser im Griff haben als ich, und
darauf, dass sie es fertig bringen, sich selber zu motivieren. Woher nehmen die bloß die Kraft, den ewigen Ärger zu Hause zu ertragen oder sich einfach davon freizumachen? Woher nimmt meine Kollegin aus der Berufsschule, *deren Vater in ihren Armen erstickt ist*, die Stärke, in der Öffentlichkeit ihre Trauer zu verstecken und ihr eigenes Leben trotzdem in Angriff zu nehmen?
  Ich hoffe, dass ich mich bis April wieder halbwegs gefangen und
etwas Kraft getankt habe, denn dann fängt mein Jura-Studium an.
Klar habe ich einen Job, könnte mir meinen Lebensunterhalt verdienen und endlich auf eigenen Beinen stehen. Sparen und mir
mit siebenundzwanzig eine Eigentumswohnung, ein Auto und jedes Jahr einen Urlaub auf Mallorca leisten. Ich beneide meine
Freunde, die zum Teil jetzt schon soweit sind und damit den Erwartungen der Gesellschaft entsprechen, während ich immer noch
bei Mama und Papa wohne und im Begriff bin, ein Studium anzufangen, das unendlich lange dauern und mir am Ende auch nicht

mehr als ein weiteres Blatt Papier mit einer Abschlussnote darauf bescheren wird. Warum ich trotzdem unbedingt Jura studieren will? Tja, ich will es halt versuchen, für mich selber, damit ich mir hinterher nichts vorwerfen kann. Außerdem habe ich doch nichts zu verlieren. Selbst wenn ich abbrechen muss, geht es irgendwie weiter, dann werde ich eben als Versicherungskauffrau arbeiten. Auf meiner Ausbildung baut das Jurastudium ja auch auf, darum habe ich mir das Fach ausgesucht. Ich habe gelernt, mit Paragraphen umzugehen, und Spaß daran gefunden.

Andererseits hat Jura auch mit Prestige zu tun, ein Jura-Examen ist genauso ein Statussymbol wie ein dickes Auto. Damit würde ich den Erwartungen der Gesellschaft wieder entsprechen. Meine Freunde würden sehen, dass ich immer noch die gute Leana von damals bin. Meine Eltern könnten stolz auf mich sein. »Wir hatten damals nicht die Chancen, die du jetzt hast«, drängen sie mich immer, »also mach was draus.« Leider haben sie damit Recht, und darum bin ich leider verpflichtet, ihnen – auch gegen meinen Willen – dankbar zu sein. Eine Freundin von mir studiert Ägyptologie, einfach so, weil sie Lust darauf hatte, ohne zu wissen, was sie damit später machen will. »Mal schauen«, meint sie, »was draus wird.« Ich beneide sie, finde ihre Entscheidung bemerkenswert, aber für mich käme so etwas nicht infrage. Irgendetwas studieren, ohne zu wissen, wo das hinführt. Dabei haben doch so viele Leute, die heute in angesehenen Berufen erfolgreich sind, kuriose Dinge studiert. Aber wenn *ich* meinen Eltern eröffnen würde, dass ich Ägyptologie studieren möchte, würden sie fragen: »Mädchen, wo ist dein Verstand geblieben? Wofür haben wir eigentlich so geschuftet?« Es ist wirklich unmöglich, sich davon nicht einschüchtern zu lassen und ihnen geradeheraus ins Gesicht zu sagen: »Aber ich interessiere mich nun einmal für etwas ganz anderes als das, was ihr von mir erwartet!« Also bleibt es wohl bei Jura, das ist für meine Eltern *und* für mich akzeptabel.

Wenn ich ganz ehrlich bin, ist das Studium auch eine Flucht. Eine Flucht vor den Umständen, die mich momentan so unglücklich machen, aber eine Flucht nach vorn. Denn ein anstehender Neustart ist für mich immer mit der Hoffnung verbunden, dass die Depressionen bald ein Ende haben werden, dass mein Leben bald schöner werden wird, richtig schön. Zwei Monate hält die Euphorie in der Regel, dann ist alles wieder vorbei. Dann hat das Neue seinen Glanz und seinen Reiz verloren, meine Hoffnungen nicht erfüllt. Dann kommt die Angst vor dem Scheitern und dem Ausgelachtwerden zurück. Wenigstens habe ich den Ehrgeiz, dann trotzdem zu Ende zu machen, was ich angefangen habe. Das macht mich stolz, aber längst nicht glücklich.

Die Leute bewundern mich: »Ich wäre froh, wenn ich hätte, was du hast! Mutig, dass du dich traust, Jura zu studieren!« und bemerken wieder einmal nicht, dass sie sich von einer Fassade täuschen lassen. Ich trete stark auf, weil es mir peinlich ist, Schwäche zuzugeben. Aber unter der Oberfläche steckt die Leana, die nicht weiß, ob sie wirklich Jura studieren will, oder ob sie das nur tut, um anderen zu imponieren. Die überhaupt nicht weiß, was sie will. Die weder zufrieden ist mit dem, was sie in ihrem Leben bisher gemacht hat, noch mit dem, was sie für ihr Leben geplant hat. Die nicht weiß, was sie ändern soll. Selbst wenn ich jenseits der Grenzen des Machbaren, des Bezahlbaren versuche, einfach so ins Blaue zu träumen, fehlt mir jede Vorstellungskraft. In meinem Hirn nichts als totales Ödland, nichts als die totale innere Leere. Ich bewundere Menschen, die alles dransetzen, um ihre Träume zu verwirklichen. Aber was soll ich verwirklichen? Es gibt kein Ziel, auf das ich hinarbeiten könnte. Ein paar Jahre zurück, so in der zehnten Klasse, war das anders, da hatte ich noch Visionen, jede Menge Vorstellungen und Pläne: Leana mit Abiturzeugnis in der Hand, Leana an der Seite eines hübschen Mannes vor dem Traualtar, Leana mit einem Baby auf dem Arm. Mittlerweile denke ich nicht einmal mehr ans Heiraten, wenn's passiert, passiert's halt. Aber nicht vor achtundzwanzig, im Moment bin ich einfach nicht reif für so einen Schritt. Mal ganz abgesehen davon, dass mir der richtige Mann fehlt. Meine Freunde stecken alle in

Beziehungen, auf die ein oder andere Hochzeit im Freundeskreis war ich auch schon eingeladen. Da sitze ich dann mitten im Trubel und denke: »Was machst du eigentlich hier?«

Wo soll ich einen Mann hernehmen, so eingeigelt wie ich zurzeit lebe? Unzufrieden mit meinem Körper, zu schüchtern, um mich auf einen Typen einzulassen. Wenn die mich sehen, *müssen* die doch denken: »Mann, ist die ekelig!« Und da habe ich wirklich keine Lust drauf. Also ziehe ich mich zurück, ertrage niemanden mehr, gehe nicht mehr ans Telefon, merke, wie sich mein Freundeskreis zusehends minimiert, weil ich sowieso nicht will, dass sich das schöne Bild, das sie von der guten, hübschen, erfolgreichen Leana hatten, noch weiter verzerrt. Aber selbst als ich noch die gute, hübsche, erfolgreiche Leana war, habe ich mich nicht so ohne Weiteres auf jemand neues eingelassen. Dazu habe ich schon immer sehr viel Zeit gebraucht. Gefühle zeigen ist erst recht nicht mein Ding, da komme ich nach meiner Mutter, die es als Hindu gewohnt ist, Stimmungen zu verbergen. Ich wünschte, sie hätte mir beigebracht, Gefühle zu zeigen! Ich wünschte, ich hätte einen Freund, der mir ein Stück Hoffnung zurückgeben könnte darauf, dass sich mein Leben wieder normalisieren wird!

Es ist so schön zu wissen, dass jemand für einen da ist, ich habe diese Nähe gekannt. Und ich sehne mich danach, mich einmal wieder so geborgen zu fühlen, allerdings nicht bei meinem Exfreund. Er ist Türke und seine Eltern wollen, dass er eine Türkin heiratet. Anfangs waren sie nett zu mir, von Hochzeit war ja auch nie die Rede. Dann zog er weg, und wir hielten die Long Distance Beziehung nicht lange aus. Klar kann man telefonieren und klar kann so etwas gut gehen, für ein paar Monate. Aber dann lebt man sich unweigerlich auseinander. Offiziell trennten wir uns deswegen nach zwei Jahren Beziehung. Inoffiziell war seine Mutter schuld. Als sein bester Freund plötzlich Hochzeitspläne schmiedete, befürchtete sie nämlich, bei uns würden auch bald die Glocken läuten. Und da ich ja nun einmal keine Türkin war, sabotierte sie uns. Mein Freund stand plötzlich nicht mehr zu mir, hörte nur noch auf seine Mutter. Als sie dann eines Tages anrief und er leugnete, dass er bei mir war, war die Sache für mich gelaufen. Ich erwarte, dass ein Mann zu mir steht, sonst muss ich ihn verlassen, egal wie groß die Liebe ist. Aber was mich an dieser Geschichte am meisten verletzt hat, ist die Tatsache, dass ich dafür bestraft wurde, *zu deutsch* zu sein. Das ist mir vorher noch nie passiert. Ich bin Halbinderin, sehe indisch aus. Wenn ich vorher wegen meiner Herkunft Probleme hatte, und das ist nicht selten der Fall gewesen, dann, weil ich *nicht deutsch genug* war. Wie paradox. Seit unserer Trennung vor zwei Jahren habe ich mich auf keine neue Beziehung eingelassen. Keiner hat mir seitdem auch nur annähernd soviel bedeutet wie dieser Mann. Es gab ein paar andere Männergeschichten, fünf, um genau zu sein, aber dazu ließ ich mich eher überreden, als dass ich wirklich eine Beziehung gewollt hätte. Mehr als Sympathie hatte ich für die Typen nie übrig, ich geriet mehr oder weniger unfreiwillig in diese Sachen hinein. Ein typisches Beispiel: Meine Freunde zettelten aus Jux eine »Hochzeit« am Lagerfeuer für mich und einen Typen an. Ganz romantisch mit Plastikring aus dem Kaugummiautomaten. Das war mir so peinlich, aber was blieb mir denn anderes übrig, als »Ja!« zu sagen? Noch im selben Moment dachte ich bei mir: »Wie wirst du den Typen jetzt am schnellsten wieder los?«

Eine Weile lang hielt ich mich mit One-Night-Stands über Wasser, schließlich brauchen auch Frauen Sex. Aber nach einigen Versuchen war klar, dass mir flüchtige Abenteuer nichts bringen. Währenddessen hatte ich zweifellos Spaß, merkte aber gleichzeitig, dass mir nicht nur geistig, sondern auch körperlich eine gewisse Empfindsamkeit fehlt, wenn keine Liebe im Spiel ist. Spätestens am nächsten Morgen überfiel mich ein unangenehmes Gefühl. Ernüchterung, Einsamkeit, innere Leere. Zumal ich die Typen, mit denen ich geschlafen habe, ganz gut kenne und ihnen darum von Zeit zu Zeit begegne. Bei einem völlig Fremden könnte ich mich niemals soweit fallen lassen, dass es für Sex reicht, obwohl die Angelegenheit natürlich unkomplizierter ist, wenn man den Mann nie wieder sieht. Einer meiner One-Night-Stands rückt mir immer noch auf die Pelle, wenn wir uns über den Weg laufen. Erst letztens bot er an, mich nach Hause zu begleiten, nur um mich dann zu drängen, noch einmal mit ihm zu schlafen. Ich bin fast sicher, dass es ihm um mehr geht als nur um Sex, obwohl er das leugnet. Wie auch immer, ich werde nicht mit ihm ins Bett gehen, weil er eine Freundin hat. Schließlich will ich auch nicht betrogen werden. An dem Tag, als es passiert ist, hatte er noch keine Freundin. Und bei mir war alles schief gelaufen, ich hatte Zoff mit meiner Freundin und brauchte einfach Nähe, um zu vergessen, mich nicht so alleine zu fühlen und zu entspannen. Zwischen uns sprang kein Funke über, ich hatte einfach nur Lust auf Sex. Er fing an, mich zu küssen, ich ließ ihn gewähren, dachte nicht weiter darüber nach. Und der Sex war ganz gut, um die Emotionen herauszulassen, hat Spaß gemacht. Aber am nächsten Tag holte mich ein weiteres Mal dieses widerlich angespannte Gefühl ein. In solchen Momenten muss ich allein sein, darum verbringe ich auch nach einem One-Night-Stand nie die Nacht mit dem Typen.

Der einzige One-Night-Stand, der mir am nächsten Morgen keinen Kater bescherte, war der Sex mit meinem Ex an Weihnachten. Zwar hat auch er inzwischen eine Neue (nebenbei bemerkt eine Türkin, worüber seine Eltern glücklich sein dürften), aber diesmal dachte ich nur: »Soll er halt allein mit seinem schlechten Gewissen klarkommen. *Ich* betrüge ja niemanden.« Außer mich selbst mit dieser Ausrede, denn wenn ich seiner Freundin ins Gesicht schauen müsste, würde ich mich in Grund und Boden schämen. Andererseits hat er sie sicher auch schon mit anderen Frauen betrogen oder wird davor nicht zurückschrecken, wenn er sich schon so mir nichts, dir nichts auf mich eingelassen hat. Aus meiner Perspektive war die Entscheidung, noch einmal mit ihm zu schlafen, brillant. Als wir ineinander versanken, wurde mir bewusst, dass ich ihn in meinem Kummer zu einem Helden hochstilisierte, der er nicht ist. Körperlich mag er noch eine Anziehungskraft auf mich ausüben, aber Liebe empfinde ich nicht mehr für ihn. Der Sex war gut, aber längst nicht so gut wie während unserer Beziehung. Damals war es im Bett einfach wunderschön mit ihm, meinem ersten Mann. Wir ließen es ganz, ganz langsam angehen, erforschten einander vorsichtig, bis wir genau wussten, was der andere genießt und was uns beiden gefällt. Aber *damals war damals und heute ist heute.* Nur ein Andenken hat er zurück-gelassen: Jedes Mal, wenn mich jetzt ein Mann seinen Eltern vor-stellen will, kriecht die Panik in mir hoch, dass meine Herkunft wieder einmal alles kaputtmachen wird. Diesmal aber, weil ich *zu indisch* bin.

Meine Mutter stammt aus Indien, mein Vater ist Deutscher. »Al-les klar, die Aufenthaltsgenehmigung lässt grüßen«, kriege ich im-mer wieder zu hören, wenn jemand die Geschichte zum ersten Mal hört, das nervt. Ständig muss ich meine Mutter, ihre Liebe zu meinem Vater und meine eigene Herkunft verteidigen. Stän-dig muss ich Witze über das Sexleben meiner Eltern ertragen, An-spielungen auf das Kamasutra: »Na, hat sich dein Vater mal wie-der im Bett die Beine verrenkt?« Ewig diese Vorurteile. Nur we-gen meines exotischen Aussehens spüre ich ständig diese gewisse Abneigung der Deutschen. Dabei bin ich in Deutschland geboren, kann kein Wort indisch sprechen, war bloß ein paar Mal mit mei-ner Familie in Indien im Urlaub. Heutzutage hat doch jeder Mensch ein paar Prozent fremdländische Einflüsse im Blut. Aber es gibt einfach so viele sture, ignorante Leute auf der Welt, die das nicht kapieren, die mir als Mischling das Leben schwer machen.

»Was für ein asoziales Etwas«, denken sie, »klaut uns die Jobs.« In unserem Dorf kennen sie unsere Familie, da hält sich dieses Verhalten noch in Grenzen. Es sind besonders die reichen Leute aus der Stadt, die ausländerfeindlich sind und mich echt für blöd halten. Irgendwann ist es einem egal, irgendwann ignoriert man diese Idioten. Nur wenn ich sowieso mitten in einer Depri-Atta-cke stecke wie jetzt, dann kommt die Verzweiflung darüber zu-sätzlich wieder hoch.

Noch schlimmer hatte ich aber als Kind mit meinem Anderssein und mit den Vorurteilen zu kämpfen. Kinder sind wirklich grausam, und obwohl ich weiß, dass ich es ihnen nicht vorwerfen kann, ließ ich zu, dass sie mich verletzten. Mir wollte einfach nicht einleuchten, warum denen nicht einmal auffiel, dass ich zur Hälfte Deutsche bin. Wenn ich deshalb weinte, waren die Worte meiner Mutter nicht wirklich ein Trost: »Du bist nicht wie die anderen Kinder und deshalb musst du, um akzeptiert zu werden, härter arbeiten als sie.« Auf eine Weise behielt sie damit Recht, wahrscheinlich war ich deshalb immer so fleißig, ehrgeizig und gut und kämpfte darum, von allen geliebt zu werden. Nur funktionierte es bei weitem nicht immer. Als Teenager ging ich auf eigenen Wunsch hin eine Zeit lang auf eine angesehene Schule zwei Dörfer weiter. »Eine gute Schule mit einem guten Ruf, da gehöre ich hin«, dachte ich, »und meine Eltern werden stolz auf mich sein.« Außerdem wollte ich andere Leute kennen lernen, meinen Horizont erweitern, statt immer nur im selben Dorf zu hängen. Die Idee stellte sich dann aber schnell als nicht so klug heraus, denn meine neuen Mitschüler, deren Eltern alle Ärzte waren und ordentlich Schotter hatten, ließen mich jeden Tag spüren, dass ich nicht zu ihnen gehöre, dass ich nicht reich bin, dass ich *anders* bin. Nach eineinhalb Jahren gab ich auf. Inzwischen bin ich ein paar Jahre älter und von der Leana von damals ist fast nichts übrig geblieben. Außer der Frage: *Warum bin ich bloß so anders als alle anderen, warum kann ich nicht sein wie sie?*

Wo gehöre ich eigentlich hin? Ich bin doch nichts Halbes und nichts Ganzes! Die zwei Kulturen, die indische und die deutsche, haben mich schon immer verwirrt. Aufgewachsen in Deutschland, aber doch auch stark durch die Einflüsse meiner Mutter geprägt, bin ich hier *nicht deutsch genug* und dort *zu deutsch*. Zum Urlaubmachen ist Indien wunderschön, obwohl mir alle drei Jahre Indien irgendwann auch auf den Nerv gegangen ist. Die Hindu sind ein strenges Volk, und wenn man mit ihren Regeln und Traditionen nichts anfangen kann oder sie infrage stellt, nehmen sie einen nicht als einen der ihren auf. Und mir sind nun einmal viele typisch hinduistische Eigenschaften zuwider. Dass ich nicht damit klarkomme, meine Gefühle nicht zeigen zu dürfen, nicht zeigen zu können, habe ich ja schon erzählt. Außerdem leben sie nur für die Arbeit. Und das Schlimmste für einen Hindu ist es, sein Gesicht zu verlieren. Ständig muss ich extrem vorsichtig sein, meine Mutter nicht zu blamieren, nicht bloßzustellen. Dabei ist das doch totaler Blödsinn, welches Gesicht soll sie denn schon verlieren? Was soll das ewige Meditieren bringen? Der Hinduismus ist schon eine Religion, aus der ich einiges für mich ziehen kann, aber dieses verlogene, heuchlerische Beten kann ich nicht leiden. Sie sündigen und sündigen und sündigen, dann beten sie und sündigen weiter – abscheulich. Aber wenn ich mich dagegen sträube oder mit meiner Mutter über diese zwielichtige Moral sprechen will, wird sie zur Furie.

Wir haben ohnehin nur Probleme miteinander, auch jenseits der Herkunftsfrage. Ich kann überhaupt nicht mit ihr reden, sie ist unglaublich stur. Ständig muss ich den Papierkram für ihren hinduistischen Verein erledigen, ständig muss ich einkaufen, die Handyrechnungen meiner Mutter bezahlen. Das bringt mich zur Weißglut! Aber das Fass zum Überlaufen brachte der Tag, als ein hinduistischer Priester bei uns zu Besuch war und über Nacht bleiben wollte. Klar habe ich Verständnis dafür, dass man einem Priester Respekt zollt, und dass er seines Glaubens wegen am höchsten Punkt des Hauses und damit in meinem Bett unter dem Dach schlafen musste, hätte ich ja auch noch hingenommen. Aber dass meine Eltern, ohne mich zu fragen, mein ganzes Zimmer ausräumten und sogar die getrockneten Rosen von meinem damaligen Freund wegwarfen, das war wirklich eine Unverschämtheit. Sie zerstörten mein Reich, und seitdem fühle ich mich zu Hause nicht mehr zu Hause.

Mir ist klar, dass es höchste Zeit für mich ist, zu Hause auszuziehen. Ich rede mir ein, ich hätte kein Geld dazu, aber damit betrüge ich mich selbst, denn meine Freunde kommen doch auch alle alleine klar. Wenn man Angst vor einer Entscheidung hat, schiebt man immer irgendwelche Gründe vor. Ehrlich gesagt habe ich ein schlechtes Gewissen, meinen Vater und meine Schwester mit meiner Mutter alleine zu lassen. Für mich selbst wäre es tatsächlich das Beste, zum ersten Mal in meinem Leben ins Ungewisse zu rennen, das könnte mir nicht schaden. Abitur, Ausbildung, Studium – bisher ist immer alles nach einem klaren Plan gelaufen, immer hat es Regeln gegeben und Erfolg. Aus diesen Zwängen auszubrechen würde mir richtig gut tun, selbst wenn ich dabei auf die Nase fallen sollte, gerade dann, denn ich kenne das Gefühl zu scheitern überhaupt nicht. Dabei gehört auch das zum Leben dazu, auch damit muss ich lernen klarzukommen. Darum habe ich mir jetzt vorgenommen, endlich zu Hause auszuziehen, auch wenn meine Eltern sagen: »Du hast es doch gut bei uns!?«, auch wenn ich Angst davor habe, auf eigenen Beinen zu stehen.

Auch wenn ich Angst davor habe, Entscheidungen zu treffen, die vielleicht nicht immer vernünftig sind und den Erwartungen der Gesellschaft nicht entsprechen, und dazu auch zu stehen. Zum Beispiel würde ich so gern erst im Oktober mit meinem Jura-Studium anfangen und mir nach der ganzen Lernerei in der Ausbildung eine Pause gönnen. Ans Meer fahren. Oder ein soziales Jahr bei irgendeinem Hilfsprojekt der EU absolvieren, einfach jenseits von allen Zwängen gegen Kost und Logis anderen Menschen helfen. Aber sobald ich mich traue, in diese Richtung zu denken, kommt die Angst zurück. Ich kann doch nicht einfach ein Jahr weggehen, dann werde ich ja noch später mit meinem Studium fertig, dann bin ich ja schon dreißig, *was werden dann die anderen von mir denken?* Es wird doch heutzutage von einer jungen Frau Anfang zwanzig erwartet, dass sie arbeiten geht, Geld verdient. Wenn ich diesen Erwartungen nicht entspreche, kann ich auch nicht stolz auf mich sein, selbst wenn ich in diesem Hilfsprojekt Gutes tun würde. Vor allem fehlt mir aber der Mut dazu, mich ganz auf mich allein gestellt auf etwas völlig Neues einzulassen.

Aber wenigstens merke ich, während ich erzähle, dass ich tatsächlich ein paar Vorstellungen davon habe, was mich zufrieden machen könnte. Obwohl ich doch eigentlich bis jetzt der festen Überzeugung war, dass ich absolut keine Wünsche formulieren kann und absolut nicht weiß, was gut für mich ist. Es gibt mir für den Moment ein wenig Auftrieb, träumen zu können. Aber ich mache mir da keine Illusionen, von meinen Freunden werde ich mich wieder einschüchtern lassen. Die Wut wird zurückkommen, genau wie das Gefühl, schlapp und energielos zu sein, und die Angst, keinen Studienplatz zu bekommen und völlig ohne Ziel dazustehen. Wenn alles gut geht, wird mich hoffentlich das Studium aus diesem Tief reißen, mich herausfordern und stark machen. Zum ersten Mal auf mich allein gestellt, niemand wird mich an die Hand nehmen, niemandem wird auffallen, ob ich anwesend bin oder nicht. Ich werde meinen Weg alleine finden, ich werde mich aus eigener Kraft beweisen müssen. Denn eins ist mir klar: Nur wenn ich es selber schaffe auszubrechen, wird diese *Quarterlife Crisis* endlich ein Ende haben. Wenn alles so läuft, wie ich es mir vorstelle, werde ich mich im ersten Semester orientieren, im zweiten wieder Teilzeit arbeiten gehen. Ich werde mein neues Leben an der Universität als Chance betrachten, meinen Kommilitonen eine neue Leana zu präsentieren, die mit sich zufrieden ist. Ich werde dieses Studium nicht mit dem Ziel angehen, hinterher bei einer Versicherung Verträge auszuhandeln, sondern mit dem Ziel, als Anwältin oder Richterin etwas Gutes zu tun und anderen Menschen beizustehen. Ich werde mich bei den Weight Watchers anmelden, lernen, für mich selber zu sorgen, und das wird mich selbstbewusst und stark machen. Und dann werde ich mich fragen, warum ich mich eigentlich die ganze Zeit schlechter gemacht habe, als ich bin. Dann werde ich endlich stolz auf mich sein, ohne mich darum zu kümmern, was die anderen von mir halten!

ICH WILL MEINE FREIHEIT NICHT AUFGEBEN!

Musik ist mein Leben. Musik zu machen und damit meinen Lebensunterhalt zu verdienen ist mein größter Traum. Ich werde ihn nie aufgeben, bin aber andererseits realistisch genug, um mich nicht darauf zu versteifen. Schließlich sitze ich beim Radio direkt an der Quelle und sehe, wie viele Menschen denselben Traum träumen wie ich und wie wenige ihn tatsächlich verwirklichen können, wie wenige genug Talent haben, um *besondere* Musik von emotionaler Qualität zu machen. Meine Musik ist nicht so leicht in einem Wort zu beschreiben: melancholische deutsche Texte, unterlegt mit Piano, Akustikgitarre, Cello und Bass, klingt ein bisschen wie eine Mischung aus Keimzeit und Grönemeyer-Balladen. Meist verarbeite ich in Sloganform meine eigene Emotionalität und die meiner Umwelt, mal selbstkritisch, mal romantisch. Dabei lässt die Inspiration an Tagen, an denen ich weder besonders glücklich, noch besonders traurig bin, sondern mich einfach nur »normal« fühle, zu wünschen übrig. Die besten Ideen für meine Songs kommen mir, wenn ich mich intensiv mit einem bestimmten Problem oder einem konkreten Gefühl auseinandersetze.

Meine Oma spielt in einigen meiner Songs eine große Rolle, weil ich sehr an ihr hänge. Sie zog mich mit groß, nachdem meine Mutter mich schon mit achtzehn bekam. Zwar bereute Mutti weder, mich bekommen zu haben, noch war sie überfordert mit einem Kind. Im Gegenteil, sie war immer für mich da, wenn ich sie brauchte. Aber meine Oma und meine Uroma räumten ihr dadurch, dass sie auf mich aufpassten, die Möglichkeit ein, ihre Jugend noch etwas auszukosten. Ich war ein Unfall, der leider zu spät entdeckt wurde. Hätte sie die Schwangerschaft früher bemerkt, hätte meine Mutter wahrscheinlich anders gehandelt. Sie und mein Vater hatten sich zu dem Zeitpunkt längst getrennt. Mir zuliebe versuchten sie es noch einmal miteinander – ohne Erfolg. Schließlich ging mein Vater zur Armee und sie einigten sich darauf, dass es besser wäre, wenn meine Mutter die einzige Bezugsperson für mich bliebe, bis eventuell ein »Ziehvater« in mein Leben träte, zu dem ich dann ein enges Verhältnis aufbauen könnte. Aus der Idee wurde leider nichts, denn mein »Ziehvater« war ein ziemlich unangenehmer Typ. Inzwischen kenne ich meinen richtigen Vater und begreife, warum meine Mutter und er sich trennen mussten. Die beiden passen ja überhaupt nicht zusammen! Ich verstehe mich richtig gut mit ihm. Doch vor allem hat sich durch die ganze Geschichte ein sehr enges Verhältnis zwischen mir und meiner Oma entwickelt.

Im Winter vor drei Jahren, als sich mein Onkel das Leben nahm, wurde meiner Oma sehr viel Schmerz zugefügt. Und mich erschütterte weniger die Trauer um meinen Onkel, als vielmehr die Trauer um das gebrochene Herz meiner Oma. Ich hatte Angst, dass sie keinen Weg finden würde, mit ihrer Trauer umzugehen, ich hatte Angst, dass sie sich aus dem Leben und von den Lebenden zurückziehen und mir dadurch verloren gehen würde. Wenn wir einen geliebten Menschen auf so tragische Weise verlieren, tendieren wir Menschen dazu, die schönen Seiten des Lebens und den Rest der Familie völlig zu verdrängen, anstatt Trost darin zu suchen. Ich hatte mit meinen Befürchtungen nicht Unrecht, und sogar heute, drei Jahre später noch, ist meine Oma zwischen Weihnachten und Ende Januar in sich gekehrt und angespannt, und wir alle wissen, dass sie ihren Erinnerungen an meinen Onkel nachhängt, obwohl sie nach außen hin versucht, sich zusammenzureißen und so zu tun, als ob nichts geschehen wäre. Meine eigene Trauerphase und die Songs, die ich währenddessen geschrieben habe, sind darum nicht meinem Onkel, sondern meiner Oma gewidmet. Oft klingen die Texte nach traurigen Liebesliedern für einen Mann: »*Weites Land im Nebel, eine Welt für dich allein, du fängst mich, lähmst mich, sollst es jetzt nur sein, der Gedanke, für den Moment bei dir zu sein.*« »*Wenn es regnet*« heißt der Song, und oft lasse ich das Publikum, wenn ich ihn bei einem Auftritt singe, in dem Glauben, er sei für einen Mann. Doch letztens habe ich leicht plump und mit ein wenig Humor angekündigt: »Der Song ist für meine Oma.« Das lockerte die Stimmung und ich konnte mit einem weinenden und einem lachenden Auge damit leben. Der Versuch, in ein paar Sätzen zu erklären, welche extrem wichtige Rolle meine Oma in meinem Leben spielt, wäre ohnehin zum Scheitern verurteilt. Wesentlich einfacher ist es zu sagen: »Dieser Song spricht für sich.« Und darum sind das die Worte, die ich auf der Bühne meist benutze.

Meine erste Gitarre bekam ich vor vierzehn Jahren. Eigentlich hatte ich mir ein Keyboard gewünscht, aber meine Mutter konnte den synthetischen Klängen nichts abgewinnen und sagte: »Lern etwas Handgemachtes, Charlotte!« Aber ich fand den Gitarrenunterricht schon nach kurzer Zeit langweilig und verbannte meine Gitarre drei Jahre lang in die Abstellkammer. Erst kurz vor dem Abitur wurde es schick, bei Partys auf der Gitarre herumzuklimpern, und weil ich meinen Klassenkameraden in nichts nachstehen wollte, kramte ich mein Instrument wieder hervor. Und plötzlich begann mich die Musik zu faszinieren, genauer gesagt: Sie haute mich um. Ein paar Jahre lang spielte ich in einer relativ erfolgreichen Mädchenband Bass, danach fing ich an, eigene Songs zu schreiben und sie auch zu singen, allerdings eher im stillen Kämmerlein.

Bis ich eines Tages im vergangenen Sommer mit ein paar Leuten aus dem Team eines Ostberliner Jugendclubs für ein Wochenende in die Nähe der polnischen Grenze fuhr und mich einer der Jugendleiter, der mich noch von unserer Mädchenband her kannte, fragte: »Machst du eigentlich noch Musik?« Kurz darauf stand der Termin für meinen ersten Auftritt seit Monaten und vor allem für meinen ersten Auftritt allein und als Sängerin. Plötzlich wurde ich skeptisch und rief Leon an, einen Typen, der zu der Clique vom Jugendclub gehörte, der auch bei unserem Wochenende dabei gewesen war, den ich dort allerdings ziemlich doof gefunden hatte. Aber ich wusste, dass er auch Musik machte, und so hingen wir die nächsten drei Wochen jede freie Minute aufeinander und probten Tag und Nacht, bis aus meinen vier halbfertigen Songs elf publikumsreife Stücke geworden waren. Und obwohl ich mit Leon vorher überhaupt nichts hatte anfangen können, obwohl ich ihn vorher nicht im Entferntesten in die engere Wahl genommen hätte, sah ich das plötzlich ganz anders. Die Nähe, das intensive Kennenlernen in einer so kurzen Zeit, das harmonische gemeinsame Arbeiten und dazu die Leichtigkeit des Sommers – irgendwo dazwischen muss ich mich verliebt haben. Sicher spielte dabei auch die Musik eine große Rolle, denn es ist mir wichtig, mich mit einem Partner auf musikalischer Ebene zu verstehen. Musik sagt soviel über die Emotionen aus. Wenn wir dieselbe Musik mögen und in denselben Momenten dieselbe Musik hören, ist das als Grundvoraussetzung schon schön. Aber mit einem Mann zusammen Musik zu *machen*, das bringt eine unglaubliche Nähe, die mir soviel wert ist! Meine Empfindungen in solchen Momenten sind schwer zu beschreiben und noch schwerer nachzuvollziehen für jemanden, der noch nie Musik gemacht hat. Aber wenn Leon in die Tasten greift und einfach eine Folge loser Akkorde spielt, dann fliegt ihm mein Herz entgegen!

So auch bei unserem ersten gemeinsamen Konzert, das nun schon ein dreiviertel Jahr her ist. Ein komisches Gefühl, dort auf der Bühne zu stehen, nachdem ich mich mit vierzehn kaum in den Jugendclub hineingetraut hatte. Die Leute dort erschienen mir so cool und ich so uncool. Inzwischen hing ja schon fast die nächste Generation Punks im Club herum und Leon hatte Kontakt zu einigen von ihnen. Unser Auftritt kam erstaunlich gut an, obwohl ich es nicht für möglich gehalten hätte, dass *Punks* mit unserer Musik überhaupt etwas anzufangen wissen. Nachdem Leon und ich unser Konzert erfolgreich hinter uns gebracht hatten, kletterten wir runter von der Bühne, wechselten den Rest des Abends aus irgendeinem Grund kein einziges Wort mehr miteinander und fuhren auch getrennt nach Hause.

Erst zwei Tage nach dem Auftritt kam es zu einem schüchternen Wiedersehen bei einem extrem verlegenen Spaziergang. Das Prickeln zwischen uns war offensichtlich, nur konnten wir uns ja nun nicht mehr hinter unseren Instrumenten verstecken. Irgendwann hätten wir das auch nicht mehr gewollt. Ich, die ich ihm gegenüber sonst immer kühl und kontrolliert aufgetreten war, kannte mich plötzlich selbst nicht wieder. Während vorher immer Leon die Unsicherheit in Person gewesen war, brachte diesmal ich kaum ein Wort heraus. Irgendwann kamen wir an einer Stelle im Park vorbei, an der ich ihn einmal sehr verletzt hatte, mit den Worten: »Ich finde es furchtbar, wenn ein Mann so offensichtlich seine Gefühle zeigt. So einer ist für mich sofort gestorben.« Nicht besonders freundlich und auch nicht wirklich ehrlich, denn ich fasste es insgeheim als Stärke auf, Gefühle zeigen zu können, ganz besonders Gefühle des Begehrens. Ich selber bin kein Meister in dem Fach. Leon zog mich während unseres Spaziergangs jedenfalls mit dieser Geschichte auf, spielte mit meiner Unsicherheit. Knuffte mich an besagter Stelle, nahm mich kurz in den Arm. Und er roch so gut! Spätestens dann war uns beiden klar, dass wir die Nacht nicht alleine verbringen würden. Und so gingen wir stumm zu mir, legten uns auf mein Bett. Er berührte mich ganz zart, sodass mir fast das Herz stehen blieb. Ungelogen eine Stunde lang war ich weder in der Lage, einen Ton herauszubringen, noch mich zu bewegen. Knallrot und supernervös entschuldigte ich mich für meine Erstarrung: »Totaler Kontrollverlust über meinen Körper.« Er entgegnete: »Ich habe genug Zeit mitgebracht.« Irgendwann in dieser Nacht gelang es mir dann doch, mich zu entspannen, und wir schliefen miteinander. Der Moment, in dem wir ein Paar geworden sind, war so wunderschön, dass ich mich bis ins kleinste Details, daran erinnere, und das ist wohlgemerkt einer der wenigen Momente, von dem ich so etwas behaupten kann.

Von jetzt auf gleich fand ich nicht nur Leons musikalische Ader, sondern seine gesamte Art sehr spannend. Hatte ich ihn anfangs noch für seine Ehrlichkeit verarscht, mochte ich ihn plötzlich genau für diese Eigenschaft. Leon ist viereinhalb Jahre älter als ich, ein praktisch veranlagter Mensch, der keine Klischees erfüllt und überhaupt nicht auf Coolness bedacht ist. Er lebt auf seinem eigenen Planeten, der Lichtjahre von meinem entfernt ist und mich an manchen Tagen genauso sehr fasziniert, wie er mich an anderen Tagen in den Wahnsinn treibt. Besonders anfangs hatte ich Schwierigkeiten, mit diesen aufeinander prallenden Welten umzugehen. Gerade durch meinen Job beim Radio kann ich gar nicht verhindern, dass ich über die Trends, Charts und Szenenews immer auf dem aktuellsten Stand bin. Leon dagegen interessieren Markenklamotten oder Chartmusik überhaupt nicht. Letztendlich habe ich mich damit arrangiert, weil ich mit topmodern angezogenen Aufreißern und Sprücheklopfern sowieso nichts anfangen kann und weil Leon trotz all seiner Weltfremdheit durchaus nicht grün hinter den Ohren ist.

Leon ist mein dritter fester Freund, und ich will keine der beiden Beziehungen vor ihm wiederholen. Im Gegenteil, ich bin froh, dass ich mich daraus lösen konnte, auch wenn es beide Male ziemlich lange gedauert hat. Nur manchmal tut es mir leid, dass mein Exfreund so darunter leidet, dass ich mit einem anderen Mann mein Glück gefunden habe. Er ist sechsunddreißig und hat drei Jahre seines Lebens umsonst darauf gewartet, dass ich mich für ihn entscheide. Ich habe auch wirklich lange mit mir gerungen, denn wir haben uns blind verstanden. Aber ich habe ihn nicht begehrt. So hat er einen Teil der Ansprüche, die ich an einen Mann habe, zu hundertzehn Prozent erfüllt, einen anderen wichtigen Teil aber eben gar nicht. »Wie schön wäre es doch, einen Partner zu haben, bei dem alles stimmt«, habe ich immer gedacht und bin diesem Ideal mit Leon wesentlich näher gekommen. Alles, was ich bei meinen beiden Exfreunden vermisst habe, kann er mir bieten: Er ist einfühlsam, engt mich nicht ein, verlangt nicht von mir, Rechenschaft abzulegen über das, was ich tue. Wenn ich mit anderen Männern flirte, ist er zwar eifersüchtig, nimmt es aber mit Humor. Versucht nicht, mit linken Tricks etwas über andere Männer in meinem Leben herauszubekommen. Er ist rücksichtsvoll, macht die Dinge selten komplizierter, als sie sind. Sieht nicht in all meinen Ideen ein Problem. Er nimmt die Menschen in seiner Umgebung ernst, ist logisch, gefasst und innerlich ruhig. Er ist emotional, löst Probleme aber meist rational. Verliert selten den Blick fürs Wesentliche. Er ist kein Schwätzer, sondern ein Macher und kann mit Kritik umgehen. Ich bewundere sein Talent als Handwerker und seine Begabung für Zahlen. Vor allem aber hält bei ihm mein Begehren viel länger an als bei allen Männern vorher. Klar ist der Sex am Anfang einer Beziehung immer genial, um nach einiger Zeit dann abzuflauen, aber wenn ich schon nach vier Monaten merke, dass ich nach dem Motto: »Der macht das schon!« immer weniger von mir selbst gebe, stimmt doch etwas mit der Beziehung nicht. Wenn ich denke: »Klar ist es nett, mit dir zu schlafen, aber quatschen wäre genauso nett.« Bei Leon ist mein Begehren bis jetzt ungebrochen. *Wenn* einer von uns beiden keine Lust hat, mit dem anderen zu schlafen, dann liegt das höchstens daran, dass wir todmüde und überarbeitet sind.

Seit ich mit Leon zusammen bin, ist die Musik leider ziemlich in den Hintergrund gerückt, während andere Dinge zwischen uns jetzt wichtiger geworden sind. Die Angst vor genau dieser Entwicklung hatte mich immer zögern lassen, wenn ich mir während der Proben eine Beziehung mit Leon ausgemalt hatte: »Fang bloß nichts mit ihm an, da würde garantiert die Musik drunter leiden!« Und das tut sie. Zwei Musiker, zwischen denen die Funken sprühen oder die sich aneinander reiben, sind gemeinsam einfach produktiver als zwei Partner, zwischen denen die Fronten geklärt sind und alles seinen gewohnten Gang läuft. Das ist ganz einfach eine Frage der Inspiration. Wovon sollen denn die Songtexte handeln, wenn alles okay ist? Trotzdem haben Leon und ich die Musik nicht ganz aufgegeben und gerade unser Demoband aufgenommen, das wir jetzt an ein paar Plattenfirmen schicken wollen. Ich werde mich darum kümmern, wenn unser Baby auf der Welt ist. Ja, Sie haben richtig gehört: ich bin schwanger. Da bin ich wohl vorbelastet durch meine Mutter, die mich wie gesagt mit achtzehn bekommen hat. »Ich will auch früh Kinder haben und eine junge Mutter sein«, habe ich schon immer überall herumerzählt, obwohl diese Einstellung in die heutige Zeit scheinbar nicht hineinpasst. »Selbst wenn ich ungeplant schwanger werden würde, würde ich niemals abtreiben!« In dem Moment, in dem ich von dem positiven Testergebnis erfuhr, war meine erste Reaktion dann doch völlig abwehrend: »Ich *muss* abtreiben! Ein Baby? Das geht im Moment *auf keinen Fall*, das wirft ja all meine Pläne über den Haufen!«

Kurz nach dem Abitur war ich überzeugt, dass ich nicht genug Talent besitze, um mir mit der Musik meine Brötchen zu verdienen, und entschloss mich darum, stattdessen im Hintergrund des Musikgeschäftes zu arbeiten. Das hatte ich ohnehin schon während der Schulzeit in der Musikagentur eines Freundes getan. Tonstudio, Eventagentur, Musikverlag, Radiopromotion-Agentur, eigentlich hatten wir überall unsere Finger im Spiel. Schon damals wusste ich, dass die Musik auch nach meinem Abitur einen zentralen Stellenwert in meinem Leben einnehmen würde. Zwar absolvierte ich zur Orientierung zunächst eine neunmonatige Ausbildung in der computergestützten Medienarbeit und lernte dabei, mit dem Rechner umzugehen. Aber schon das Pflichtpraktikum führte mich wieder in die Musikagentur, und nach einem weiteren Praktikum beim Radio wurde ich schließlich als Volontärin übernommen.

Kurz vor dem errechneten Geburtstermin im Sommer läuft mein Volontariat aus, eigentlich passt also alles ganz gut zusammen. Im ersten Moment dachte ich natürlich anders darüber. Ich heulte eine komplette Woche lang aus purer Verzweiflung. Leon und ich waren uns überhaupt nicht einig: Wenn ich das Baby behalten wollte, wollte er nicht, wenn er wollte, wollte ich nicht. Noch drei Wochen bevor wir von meiner Schwangerschaft erfuhren, hatte ich zu ihm gesagt: »Ich will möglichst früh Kinder haben!«, woraufhin er antwortete: »Ich könnte auch ohne auskommen!«

Die lebhafte Erinnerung an dieses Gespräch überzeugte mich plötzlich: »So schlimm ist es auch wieder nicht, eine allein erziehende Mutter zu sein, das haben schon andere vor dir auf die Reihe gekriegt.« Also sagte ich zu Leon: »Wir kennen uns längst nicht gut genug, um mit dieser Herausforderung klarzukommen, wir sollten uns lieber trennen.« Dieser Gedanke war mir schon seit einiger Zeit im Kopf herumgespukt, wenn sich die Unterschiede zwischen uns mal wieder besonders deutlich aufdrängten. Leon ist ein Einzelgänger, ich bin ein Gesellschaftsmensch. Ich bin einfach nicht bereit, schon mit zweiundzwanzig mein Leben nur noch auf uns beide zu reduzieren, das ist eindeutig zu früh! Ich sehnte mich nach mehr Kontakt zu anderen Menschen, schaute mich sogar nach anderen Männern um und packte schließlich meine sieben Sachen. Aber wohl fühlte ich mich mit dieser Entscheidung auch nicht, schließlich war Leon der erste Mann, den ich seit sehr langer Zeit wirklich begehrte. Wollte ich das einfach so wegwerfen? *Was ist auf Dauer erfüllender: eine funktionierende Partnerschaft in harmonischer Zweisamkeit oder die Freiheit, jederzeit tun und lassen zu können, wonach mir ist? Lässt sich beides denn nicht verbinden?* Mitten in diese Grundsatzdiskussion hinein fiel die Erkenntnis, dass ich schwanger bin.

Es gab auch Momente, in denen bei der Vorstellung, bald mein Kind in den Armen zu halten, ein wunderschönes Glücksgefühl durch mich hindurch lief. Es gab auch eindeutige Zeichen dafür, dass ich mich innerlich nie gegen mein Kind entschieden habe. Beispielsweise hörte ich sofort auf zu rauchen und hatte dabei weder Schwierigkeiten, noch empfand ich Bedauern. Im Gegenteil, mir ging auf, wie ignorant Raucher sich verhalten, indem sie sich das Recht herausnehmen, ohne Rücksicht auf andere ihrem Genuss zu frönen. Ich schließe mich da selbst nicht aus, war aber geschockt, als ich zu hören bekam: »Rauch und trink und feier mit uns, du hast dich doch gegen das Kind entschieden!« Nein, hatte ich nicht. Nicht ernsthaft. Ich schaute mich stundenlang im Spiegel an – einer dieser erzpeinlichen Momente, in denen man sich nie erwischen lassen sollte – und versuchte mir vorzustellen, ob ich mich als Mutter verändern würde. Meine geliebte Oma war geschockt von der Neuigkeit, allerdings aus purer Sorge um mich, einen Vorwurf machte sie mir nie. Auch meine Mutter war zwar überrascht und nicht sonderlich glücklich, aber nicht wütend auf mich. Als ich den Termin für den Schwangerschaftsabbruch festmachte, redete sie mir sogar gut zu, das Baby doch zu behalten. Wahrscheinlich, weil sie mich trösten wollte, denn meine Tränen flossen haltlos. Erst als ich mich nach drei Schlüsselerlebnissen in den kommenden Tagen *für* das Kind entschied, wurde ihr plötzlich mulmig.

Zuerst dieser Termin bei der Frauenärztin, der letzte übliche Check vor dem Abbruch. »Mit ihrem Baby ist alles in Ordnung«, sagte sie. »Was heißt ›in Ordnung‹?«, wollte ich wissen. »Ich sehe einen Herzschlag.« Da überkam mich ein zärtliches Gefühl und ich wurde neugierig. Ein komischer Moment, das bisschen Eidotter und die paar Zellen auf dem verschwommenen Ultraschallbild anzuschauen. Besonders angesichts der Tatsache, dass jede dritte erste Schwangerschaft als Fehlgeburt abgeht, bevor das kleine Herz des Embryos nach etwa acht Wochen zum ersten Mal schlägt. Bei dem Gedanken daran, dass ich dieses Geschenk ausschlagen wollte, wurde mir ganz anders.

Ein paar Tage später meldete sich Leons Schwester, die ich bis dahin eigentlich kaum kannte: »Darf man gratulieren?« Als ich zögerte, begann sie zu erzählen. Von ihren zwei Fehlgeburten, von den Risiken eines Abbruchs und von den Schmerzen danach. Und davon, wie schön eine Schwangerschaft sein kann, wie wohl sie sich gefühlt hatte, als es beim dritten Versuch endlich klappte. Und während sie erzählte, wurde ich plötzlich euphorisch: Lass uns dieses Baby bekommen! Warum eigentlich nicht? Wir sind weder zu jung, noch sozial schwach. Ich hatte mich viel zu sehr beeinflussen lassen von den blöden Sprüche aus den Mündern von so genannten Freunden, die gar keine Erfahrung mit Kindern hatten: »O Mann, jetzt ist dein Leben vorbei!« Ach ja? Das werden wir ja sehen! Alle Elternpaare, mit denen ich mich austauschte, sagten mir ihre Unterstützung zu und machten mir Mut: »Wir schätzen Leon und dich so ein, dass ihr es schaffen werdet.« Seine Schwester war derselben Meinung. Und so entschied ich mich noch während des Telefonats mit ihr endgültig für unser Kind. Als ich aufgelegt hatte, fand ich Leon im Wohnzimmer, von wo aus er uns belauscht hatte. Da saß er und weinte hemmungslos vor Freude. Wir fuhren dann nicht mehr zur Voruntersuchung für den Abbruch in die Klinik.

Obwohl ich nun voll hinter meiner Entscheidung stand, zögerte ich ewig, bis ich mich endlich traute, meinen Chef einzuweihen. Einerseits war es mir natürlich peinlich, andererseits befürchtete ich, in dem Moment, wo ich mein Geheimnis aussprach, meine Karriere endgültig zu ruinieren, noch bevor sie überhaupt richtig begonnen hatte. Erst kurz vorher hatte ich mehr Verantwortung und neue Aufgaben im Sender übertragen bekommen, an denen ich wirklich Spaß hatte. Die Chancen, nach meinem Volontariat übernommen zu werden und weiterzukommen, standen gut. Aber die Entscheidung war getroffen, und so konnte ich das Gespräch mit meinem Chef irgendwann nicht mehr vor mir herschieben. »Herzlichen Glückwunsch!«, sagte er, und: »Es ist nie falsch, sich für Kinder zu entscheiden.« Totale Erleichterung meinerseits! Er bot mir dann an, nach der Geburt erst einmal ein paar Wochenend- und Vertretungsschichten als freie Mitarbeiterin zu schieben und nach einem Jahr noch einmal darüber zu reden, ob ich wieder voll einsteigen wollte. Faire Sache! Und dann sagte mein Chef noch etwas Kluges: »Manche Frauen machen Karriere, bis sie dreißig sind, und bekommen dann Kinder, andere kriegen früh Kinder und sind mit dreißig schon wieder aus dem Gröbsten raus. Natürlich sind Kind und Karriere vereinbar!« Und das aus dem Mund eines Mannes! Mein Glück war wahrscheinlich, dass er selber gerade Vater geworden war und ehrliches Verständnis für meine Situation aufbrachte. Seit unserem Gespräch lächelt er mir immer verschworen zu, wenn wir uns zufällig auf dem Flur begegnen, und fragt, ob meine Schwangerschaft denn normal verlaufe.

Sie verläuft normal, und vieles andere läuft sogar besser, seit ich schwanger bin. Die Schwerpunkte und Prioritäten in meinem Leben haben sich total verschoben. Ich lebe intensiver und genieße den Moment mehr, weil das vorläufige Ende meiner Freiheit absehbar ist. Ich gehe vorsichtiger und spezieller mit dem Wort »Freunde« um und gebe nichts mehr auf Leute, die mir jetzt erzählen wollen, worauf ich während meiner Schwangerschaft achten muss, während sie anfangs gerufen hatten: »Wie kannst du nur in diesem Alter ein Kind bekommen!?« Ich lerne, echte von falschen Freunden zu unterscheiden. Auch die Beziehung mit Leon läuft wieder wundervoll, obwohl er zurzeit arbeitslos ist und sich nicht so wohl in seiner Haut fühlt. Wir reden viel mehr miteinander als früher. Leon ist ein Mensch, der trotz seiner Emotionalität und Sensibilität viele Probleme mit sich selber ausmacht und sie sogar mir verschweigt, weil er sie für banal hält. Ich dagegen bin immer bestrebt, auch über scheinbare Lappalien zu reden, weil sich dahinter oft die wichtigen Themen verbergen. Ich tausche mich gern über Beobachtungen und Alltagsdetails aus. Inzwischen sind wir beide offener für die Art des anderen geworden und kommen uns bis zur Mitte entgegen.

Wenn ich abends nach Hause komme, hängt er stundenlang an meinem Bauch und spricht mit unserem Kind. Mir gegenüber ist er extrem fürsorglich: »Hast du deine Vitamine genommen? Du hast doch nicht etwa wieder in einem verrauchten Raum gesessen?« Manchmal muss ich ihn bremsen: »Hey, ich bin doch keine Oma!« Unser Sex hat sich sehr verändert, seit ich schwanger bin. Erst kommt eine richtig heiße Phase, die dann aber abflaut. Zurzeit will ich lieber kuscheln und reden, obwohl ich gelesen habe, dass es gut für das Kind sein soll, wenn man während der Schwangerschaft oft mit seinem Vater schläft, weil sich dann eine enge Verbindung zwischen den beiden aufbaut. Fragt sich, zu welchem Teil des Vaters das Baby eine Verbindung aufbauen soll.

Jetzt, wo mein Bauch langsam wächst, habe ich Angst davor, dass das Kind keine Luft kriegen könnte, wenn Leon auf mir liegt. Er hält das natürlich für eine Ausrede. Ist es aber nicht. Ich habe auch Angst davor, dass mir jemand aus Versehen beim Schwimmen in den Bauch tritt. Und seit wir letztens einen Autounfall hatten, habe ich erst recht furchtbare Angst, dass unser Kind noch mehr Stöße abbekommen könnte.

Obwohl man sich der Liebe eines Mannes nie zu sicher sein soll, bin ich bei Leon sehr zuversichtlich, dass er sich nicht aus dem Staub machen und mich mit dem Kind alleine lassen wird, dazu ist er einfach zu solide und bodenständig. Er gibt mir totale Kraft, bestärkt mich jeden Tag aufs Neue in meiner Entscheidung. Ich bin so froh, dass ich sie getroffen habe, denn unser Baby gibt meinem Leben einen völlig neuen und viel tieferen Sinn! Es ist Unsinn zu glauben, dass ich mit Kind komplett isoliert in meinen vier Wänden leben und vollkommen auf die Gesellschaft anderer Menschen verzichten müsste. Eine begeisterte Partygängerin, die jedes Wochenende bis in die frühen Morgenstunden feiert und danach hundert neue Leute kennt, bin ich sowieso nie gewesen, das wäre eher ein Stressfaktor für mich. Ich genieße es – und das werde ich auch mit Kind noch können –, nachmittags im Café zu sitzen und einen Kakao zu trinken oder spontan bei jemandem vorbeizuschauen. Bloß nicht so spießige Erwachsenenverabredungen für Freitag in drei Wochen, abends Punkt halb acht zum Essen, auf jeden Fall genug Zeit, sich darauf einzustellen. Worauf denn? Letztens hat Leons Schwester uns zu so einem »netten« Pärchenabend eingeladen, viermal zwei Turteltauben hielten nebeneinander auf der Couch Händchen. Mir wurde schlecht, und Leon bekam vor lauter Panik einen Asthmaanfall.

Ich brauche Freiheit und Spontaneität in meinem Leben und werde darum immer bemüht sein, neben dem Kind einen Ausgleich zu schaffen. Zum Glück habe ich eine große Familie mit vielen freiwilligen Babysittern. Die Freiheit, mich auf andere Männer einzulassen, die habe ich freilich eingebüßt. »Schade«, habe

ich kurz gedacht, aber inzwischen interessieren mich wesentlichere Dinge, wie meine drei besten Freundinnen und die Vorstellung,
wie das Leben von Leon, mir und unserem Baby aussehen wird.
Immer wieder male ich mir aus, welche schönen Momente da auf
uns zukommen, und lasse mich von diesen Träumen beflügeln.
Ein Strampler in meinen Händen kann mich unglaublich motivieren. Andererseits: Wer weiß, wie ich in drei Wochen dazu stehen
werde? Nennen Sie es *Quarterlife Crisis* oder Stimmungsschwankungen, manchmal überkommt mich schon furchtbare Panik. Panik davor, meinen Freundinnen mit meinem endlosen Babygerede auf den Nerv zu gehen und sie dadurch zu verlieren. Sie haben alle zurzeit ihr Studium im Kopf und wollen laut eigenen Aussagen frühestens mit achtundzwanzig an Kinder denken. Vielleicht verbindet uns schon bald überhaupt nichts mehr, wenn sie
in der Mensa über die Prüfungsordnung und wir Muttis beim Babyturnen über Schnuller diskutieren werden? *Aber am meisten Panik habe ich vor der Spießigkeit.* Einerseits fühle ich mich reif und
erwachsen genug, die Verantwortung für ein Kind zu übernehmen, andererseits plagt mich furchtbare Angst davor, mich viel zu
früh wie eine typische Erwachsene zu benehmen.

Wie es nach der Geburt weitergehen soll? Ich will unbedingt
wieder Songs schreiben, denn im Moment gehen mir zu viele Gedanken ungeordnet durch den Kopf, um sie filtern und verarbeiten zu können. Ich will meine kleinen Kontakte zur Musikbranche nutzen, die ich durch meinen Job beim Radio aufbauen konnte, und versuchen, doch noch einen Fuß in die Tür zu bekommen.
Leon und ich träumen davon, wenn unser Kind vier oder fünf
Jahre alt ist, für mindestens ein Jahr ins englischsprachige Ausland zu gehen, damit es sehr früh in Kontakt mit anderen Kulturen kommt. Auf jeden Fall will ich wieder arbeiten, vielleicht beim
Radio, vielleicht auch bei einer Plattenfirma. Egal wofür ich mich
entscheiden werde, fürchte ich, dass ich unruhig werden könnte,
weil ich ab jetzt immer warten muss, bis mein Kind alt genug ist,
um in meine Pläne zu passen. Es ist ein innerer Drang von mir,

meine Vorstellungen und Träume immer sobald wie möglich in die Tat umzusetzen. Wenn sich die Entwicklungen so lange hinziehen, werde ich unzufrieden und ungeduldig. Dieser Ehrgeiz bei der Umsetzung von Zielen hat seinen Ursprung in meiner Angst vor Zweifeln an mir selbst und an meinem Selbstwertgefühl.

Womöglich werde ich lernen müssen, mit meiner Ungeduld umzugehen, denn es ist mir auch wichtig, dass unser Baby ein Geschwisterchen bekommt, und zwar möglichst bald. Spätestens mit fünfundzwanzig möchte ich wieder schwanger sein, ohne jedoch meine Karriere und mein Leben aufzugeben. Diese beiden Wünsche müssen doch irgendwie vereinbar sein!? Wahrscheinlich spricht da noch die Ostmentalität aus mir, im Osten hieß es immer: »Nimm nach einem Kind so schnell wie möglich dein normales Leben wieder auf!« Westdeutsche sind da anderer Meinung: »Du musst auf jeden Fall die ersten Jahre zu Hause bei deinen Kindern bleiben!« Als ob ich eine Rabenmutter wäre, nur weil ich mich selbst verwirklichen will! Kind und Karriere unter einen Hut zu bekommen ist doch alles nur eine Frage der Flexibilität. Klar habe ich manchmal Angst vor dem, was auf mich zukommt, aber ich will meine Angst überwinden. Zu viele Menschen haben soviel Angst davor, ihre Karriere aufzugeben, dass sie lieber gar keine Kinder bekommen.

Momentan bin ich zufrieden mit meiner Situation, und *Zufriedenheit ist viel wert, denn sie ist die Vorstufe zum Glück*. Und der Wert meiner Zufriedenheit potenziert sich noch einmal, wenn man bedenkt, dass ich meistens unzufrieden bin und sehr lange brauche, bis ich mich ehrlich als zufrieden bezeichnen kann. Deshalb bin ich froh, dass diese Schwangerschaft mich überrascht hat, denn wer in so eine Situation hineinstolpert, der wird erfinderisch. Mir bleibt ja gar nichts anderes übrig, als mit dieser Herausforderung des Schicksals umgehen zu lernen. *Wir Menschen wachsen an komplizierten Umständen und ungeplanten Einflüssen!* Der beste Beweis: *Die Entscheidung für unser Kind ist die erste Entscheidung meines Lebens, die ich klar für mich selbst getroffen ha-*

be. Sonst bin ich eher zögerlich: Soll ich in diese Wohnung ziehen oder nicht? Soll ich doch noch studieren oder schaffe ich das mit meinem 2,8er Abitur nicht? Soll ich mich auf diesen oder jenen Mann einlassen oder nicht? Gerade in Sachen Männer war ich immer unentschlossen, konnte mich vor Leon nie zu hundert Prozent für den Mann an meiner Seite entscheiden. Ich ließ zwar ein Wohlgefühl und eine gewisse Vertrautheit zu, sorgte aber gleichzeitig immer für ein heimliches Hintertürchen: »Wenn ich will, kann ich diesen Mann jederzeit fallen lassen und mich nach einem neuen umschauen.« Bei jeder Liebesschnulze, die ich mir mit meinem Partner auf Video anschaute, dachte ich heimlich an einen anderen Mann, nur um mir meine Freiheit zu beweisen. »Du bist kalt! Du bist ein Betonklotz! Du gibst nichts!«, wie oft musste ich mir das anhören. Dabei hatte ich selbst den Eindruck, ich würde den anderen sehr nah an mich heranlassen. Es stimmt zwar, dass ich immer einen kühlen Kopf bewahre und es hasse, wenn sich Pärchen isolieren, aber die Aufmerksamkeit für einen Mann ist schon existent, sie spielt sich nur eher in meinem Kopf oder in meinen Songs als in meinen Worten ab. Trotzdem hatten die Männer mit ihren Beschwerden nie ganz Unrecht. Ich war schon immer geplagt von der Angst, meine Unabhängigkeit aufzugeben und mich damit selbst stillzulegen. Was man dabei gern übersieht: dass *Freiheit* leicht zu *Einsamkeit* wird. Wie oft habe ich im Zug gesessen, Musik gehört und das subtile Gefühl der schleichenden Einsamkeit geradezu greifen können.

FRAUEN GEGENÜBER BIN ICH HILFLOS

Ich bin ein ungewöhnlicher junger Mensch, in hundert Dingen frühreif, in hundert anderen ein Spätzünder. Eine wirre Kombination. Zwei Seiten, die unmöglich zum selben Menschen gehören können, denkt man vielleicht. Keine Ahnung, ob es so ungewöhnlich ist, dass *ein* Mensch gleich mit beiden dieser Extreme zu kämpfen hat. Aber ich weiß, dass ich so ein Mensch bin, in dem sie vereint sind.

Schule, Studium, Beruf, das hat immer funktioniert, da habe ich immer alles erreicht, was ich wollte. Ich wollte einiges, und es wäre noch viel mehr möglich gewesen. Ich habe einfach eine gute Auffassungsgabe, kann viele Dinge, sie zu lernen, ist mir nie besonders schwer gefallen. Ein Geschenk, das ich zutiefst dankbar anzunehmen habe, so kommt es mir vor. Dabei bin ich sicher nicht der Allerschlauste, oberes Mittelfeld vielleicht. Aber ich bin froh darüber, prüfe mich gern selbst, indem ich schwierige Texte zu verdauen versuche und dabei natürlich auch mal an meine Grenzen stoße. Aber vieles wäre möglich, ja. Und dieses Talent würde ich nicht eintauschen wollen. Es bestimmt mich ja als Mensch. Philosophisch, nachdenklich, das bin ich gern, auch wenn mich manchmal der Neid auf andere überkommt, die das Leben so einfach nehmen, sich so wenige Gedanken machen.

Mein beruflicher Erfolg resultiert aus meiner guten Auffassungsgabe, die mir letztendlich aber gar nicht wichtig ist. Es geht vielmehr um den Menschen Jochen, der nun einmal so ist, wie er ist. Und der versucht herauszufinden, ob er es schafft, zufrieden zu werden mit dem, was er ist. Ich kann schon ganz gut selbst einschätzen, ob ich gute oder schlechte Arbeit geleistet habe, dafür brauche ich keine Anerkennung von anderen. Die kann gut tun, ist aber wie so vieles vergänglich. Man kann in der Gunst seiner

Mitmenschen sehr schnell sinken. Sich selbst treu zu bleiben, mit sich selbst zufrieden zu sein, das sind beständige Werte.

Eine gute Auffassungsgabe also. So jung, so erfolgreich, so (früh)reif. Das bin ich. Und gleichzeitig so ein absoluter Spätzünder in Sachen Frauen. Sie finden, sie kennen lernen, sie lieben, mit ihnen schlafen...? Nada. Niente. Ich kann's nicht. Ich bring's nicht. Dazu komme ich gleich noch. Aber wenn Sie mich jetzt fragen: *Würdest du das Talent der guten Auffassungsgabe eintauschen gegen das Talent, Frauen zu bezaubern?* Schwere Frage. *Würde ich?* Man will ja immer das, was man gerade nicht hat. Wie in der Geschichte vom Kind, der Schaufel und dem Bagger. Das Kind muss sich für ein Spielzeug entscheiden, nimmt schließlich die Schaufel. Kommt ein anderes Kind in den Sandkasten und schnappt sich den Bagger, schreit das erste Kind auch danach. Obwohl es vorher zufrieden war mit dem, was es hatte. Lässt sich das andere Kind auf einen Tausch ein, geht das Spiel von vorne los. Man will immer das, was man gerade nicht hat, aus dem einfachen Grunde, weil es jemand anders hat.

Doch was hilft das *wenn, dann* ..., ich kann ja nicht tauschen, ich kann's mir nicht aussuchen. Ich habe nun mal Probleme mit Frauen, die mir vieles erschweren, und dafür eine gute Auffassungsgabe, die mir vieles erleichtert. Aber was Schule und Studium angeht, da gibt's eine Tatsache, die es für *alle* einfach macht: *Man muss so gut wie keine außergewöhnlichen, unerwarteten Entscheidungen treffen, und die Ziele sind klar definiert.*

Erst das Abitur, da waren gute Noten wichtig. Als Eintrittskarte für die meisten Studienfächer sowieso und auch für meine Bewerbung an der Berufsakademie. Berufsakademie, das ist eine Mischung aus Theorie und Praxis. Ein dreijähriges BWL-Studium, kombiniert mit praktischen Phasen in einem bestimmten Unternehmen, dem man sich während der gesamten Zeit anschließt. Drei Monate Berufserfahrung sammeln, drei Monate Theorie an der Akademie, immer im Wechsel. Kurzes Studium, schneller Einstieg ins Berufsleben und nicht zuletzt finanzielle Unabhängigkeit, das klang gut, da fiel mir die Entscheidung nicht schwer. Zur Berufsakademie wird aber nur zugelassen, wer von einem Unternehmen dorthin geschickt wird, keine Privatperson. Für mich kein Problem, natürlich habe ich ein Unternehmen gefunden, wie gesagt, was das anging, hatte ich ein Händchen. Und Wirtschaft hat mich schon in der Schule interessiert, so war BWL eher eine Bestimmung für mich als eine Entscheidung. Viel nachzudenken gab es darüber eigentlich nicht.

So zog ich zu Hause aus, nach M., und auch das nächste Ziel war deutlich umrissen: einen guten Studienabschluss hinlegen, um einen guten Job zu bekommen, ganz besonders als mir irgendwann klar geworden war, dass ich nicht bei meinem Ausbildungsunternehmen bleiben würde. Natürlich waren meine Noten am Ende gut, das Ziel erreicht, und mit dieser Visitenkarte standen mir die Türen zu anderen Unternehmen offen. Glücklicherweise fiel meine Bewerbungsphase noch in die letzten Züge des Wirtschaftsbooms, in dem Studienabgänger mit halbwegs passablen Noten und ein wenig sozialem Fingerspitzengefühl die Jobs noch praktisch nachgeschmissen bekamen.

Zum ersten Mal in meinem Leben musste ich eine echte Entscheidung fällen: Auszeit nehmen, wie so mancher Kommilitone, oder gleich beruflich durchstarten, und wenn beruflich durchstarten, dann als was? Ich habe mir dann *keine* Auszeit gegönnt, sondern bin Software-Berater geworden, das schien mir ein abwechslungs- und aussichtsreicher Job zu sein. Ich wollte sofort an die Front und beraten, aber die Ernüchterung kam bald, denn ganz plötzlich, und auch das zum ersten Mal in meinem Leben, funktionierte alles nicht mehr so schnell, reibungslos und zuverlässig wie gewohnt. Mit der Ernüchterung kam die Unzufriedenheit.

Wie soll ich mich im Job behaupten, wenn ich so jung bin und von Kunden und Kollegen kaum voll akzeptiert werde? Wie soll ich eine Frau finden, wenn ich fast ausschließlich von mindestens Sechsundzwanzigjährigen umgeben bin, die mit Sicherheit keinen sexuellen Anfänger wie mich suchen? Bin ich an der Stelle, die mei-

nem Alter angemessen ist, an der ich Menschen finde, die auf meiner Wellenlänge sind? Wie soll ich einen Job schätzen, den ich zunehmend als Korsett empfinde, den mir nicht einmal das gute Geld,
das ich verdiene und das mir nichts bedeutet, schmackhaft machen
kann? Und vor allem: Kann mich dieser Beruf über viele, viele Jahre hinweg glücklich machen? Ist das, was ich tue, das, was ich wirklich tun wollte? Fragen, die ich mir seitdem wieder und wieder
stelle.

Was mich zusätzlich verunsichert: Ich habe ganz unvermittelt
kein wirkliches Ziel mehr. All die Jahre habe ich mich von klar
vorgegebenen Zielen leiten lassen, eins hat übergangslos zum
nächsten geführt, und nun ist beruflich erst einmal alles erreicht,
was ich erreichen wollte. Klar, dafür kassiere ich mit vierundzwanzig seit zwei Jahren ein richtig gutes Einstiegsgehalt, kann
mir Dinge leisten, von denen andere Altersgenossen, die noch mitten im Studium stecken, nur träumen. Eigentlich kann ich mich
wirklich nicht beklagen. Das bläuen mir auch meine Freunde immer wieder ein: Genug Zeit, keine Sorgen mehr, o ja, sie beneiden mich. Und verrückterweise beneide ich sie im Gegenzug. Weil
sie ihre Freiheiten auskosten können, weil sie noch ein Ziel haben, den Studienabschluss noch vor sich. Sie wissen, wofür sie Tag
für Tag ackern. Und sie haben Unrecht, wenn sie behaupten, ich
hätte genug Zeit. Die habe ich ganz sicher nicht, mein Job spannt
mich ganz schön ein. Zwischen ihnen und mir prallen Welten aufeinander.

Dann steck dir doch neue Ziele, denken Sie bestimmt, aber das
sagt sich so leicht. Dafür müsste ich wissen, was ich überhaupt
will, und genau an dieser Frage scheitere ich schon. Was ich wirklich will? Wonach ich mich wirklich sehne? Nach einer Freundin,
nach einer Beziehung, nach Verbundenheit, nach Vertrautheit, nach
Sex.

So lückenlos mein beruflicher Werdegang ist, so chaotisch sieht
es in meinem Privatleben aus. Ein einziges Desaster. Dabei hat das
Private für mich immer einen hohen Stellenwert gehabt, dabei ha-

be ich es trotz aller Karrierebastelei nie vernachlässigt. Zuneigung, Zärtlichkeit, danach habe ich mich schon immer gesehnt, aber da stand mir eben schon immer meine Schüchternheit im Wege. Das hat mich lange Zeit traurig und rastlos gemacht, aber nie wirklich extrem belastet. Bis zu dem Punkt, als das Private aus mehreren Gründen unvermittelt ganz in den Vordergrund gerückt ist. Nach drei Monaten im neuen Job, so um meinen vierundzwanzigsten Geburtstag herum, im Frühjahr 2002. Der Höhepunkt meiner Sinnkrise dann im Sommer. Plötzlich angeekelt von Missgunst und Profitgier, die die heutige Wirtschaft prägen, von falschen Zielen, die einem falschen Verständnis von Glück folgen. Plötzlich geplagt von einer enormen Liebesbedürftigkeit und von dem unbewussten Drang nachzuholen, was ich in all den Jahren verpasst hatte. Daraus entstand ein extremer, alles andere als hilfreicher Druck.

Zurück ins Frühjahr 2002. In diese Zeit fällt die erste Beziehung mit einer Frau, die ich in meinem Leben hatte. Warum nicht früher? Ich bin wohl immer an mir selbst gescheitert. Habe mich einerseits zu stark auf andere Dinge fixiert, andererseits – und das ist wohl das Hauptproblem – überhaupt keine Ahnung davon, wie man den Kontakt zu Frauen herstellt, wie man merkt, ob man einer Frau überhaupt grundsätzlich sympathisch ist. Dabei interessiere ich mich für Frauen, will sie kennen lernen, verstehen, lieben, mit ihnen schlafen. Mir fehlt nur das Fingerspitzengefühl. Und so bin ich hilflos durch diese Welt gestolpert und stolpere immer noch mit dem sehnlichen, alles übertönenden Wunsch nach einer Beziehung und nach Sex in mir. Das ist das einzige, was ich noch nicht erreicht, und das, was ich zu meinem neuen Ziel auserkoren habe.

Aber es ist aussichtslos. Mir fehlt der Plan, mir fehlt die Erfahrung, die andere längst im unbefangenen Teeniealter gemacht haben. Darum war meine einzige Beziehung mit Ende dreiundzwanzig auch eher ein Zufall. Die Frau ist auf mich zugekommen, so blieb mir der erste Schritt, den ich mir so wenig zutraue, erspart.

Anders hätte es auch nicht funktioniert, denn sobald ich eine Frau sympathisch finde, bin ich nicht mehr derselbe. Bin hilflos, versuche zu sein, wie ich eigentlich gar nicht bin. Wie die Gesellschaft es von mir fordert, wie die Frauen es von mir fordern. Ich versuche, mich zu verstellen, ohne zu sehen und zu akzeptieren, wer ich wirklich bin. Denn ich weiß nicht, wer ich wirklich bin, ich muss es noch herausfinden.

Treue, Zuneigung und Geborgenheit, das ist es, was Frauen von einem Mann erwarten. Zumindest sagen sie das. Andererseits, *zu* lieb darf er auch wieder nicht sein. Um deutlich zu werden: aus irgendeinem unerklärlichen Grund fühlen sich Frauen immer wieder zu *Arschlöchern* hingezogen. Sprichwörtlich nach Strich und Faden werden sie verarscht und finden den Mann trotzdem noch toll.

Guten Sex wollen sie natürlich auch, was immer das heißen mag. Ich frage Sie: *Wie kann eine angeblich glückliche Beziehung nach neun Jahren zerbrechen, weil die Frau urplötzlich mit einem anderen Typen den geilsten Sex ihres Lebens hat?* Das ist passiert, vor ein paar Monaten in meinem Freundeskreis! Ich frage mich: *Wie kann so etwas sein?* Sexuelle Erfüllung ist doch so vergänglich und darum nun wahrlich keine gute Basis für eine dauerhafte Partnerschaft.

Genauso wie Geld. Wer nur der finanziellen Sicherheit und rationaler Gesichtpunkte wegen mit mir zusammen ist, kann mir gestohlen bleiben. *Der fährt ein tolles Auto, ein Motorrad und verdient genug Geld, um mich zweimal in der Woche zum Essen einladen zu können, deshalb liebe ich ihn so sehr.* O Mann, da wird mir schlecht. Daß ich auf so eine reinfallen könnte, davor habe ich Angst.

Frauen wollen im Alltag zum Lachen gebracht und in Krisen getröstet werden. Immer froh und lustig soll ich sein, wenn es *ihnen* gut geht. Und wenn es *ihnen* schlecht geht, soll ich ein offenes Ohr haben. Aber bin *ich selbst* mal schlecht drauf, heißt es gleich: *Mimose.*

Ich soll immer für die Frau da sein, aber wenn ich es bin, sagt sie: *Du engst mich ein*! und strampelt sich frei.

Männer mit *Erfahrung* sind bei Frauen auch sehr erwünscht. Mir wird richtig mulmig, wenn ich mir vorstelle, einer Frau in meinem Alter beichten zu müssen, wie unerfahren ich bin. Was soll sie bloß mit einem wie mir anfangen?

So viele Erwartungen, soviel Druck. Jetzt bin ich dran? Gut. Was für eine Frau ich suche? Kann ich kaum beschreiben. Es dauert länger, bis mir eine gefällt. Mehrere Gespräche, mehrere Treffen. Liebe auf den ersten Blick? Daran glaube ich nicht. Ich will die Frau doch erst einmal entdecken, bevor ich mich auf sie einlasse, etwas mit ihr eingehe, bevor ich Vertrauen fasse, mich wirklich öffne oder sogar mit ihr schlafe. Vielleicht würde ich anders darüber denken, wenn ich schon einmal mit einer Frau geschlafen hätte, mag sein. Das ist jetzt meine große Beichte: *Ich bin fast fünfundzwanzig und habe noch nie mit einer Frau geschlafen*. Aber dazu komme ich gleich.

Also noch mal: Wie die Frau meiner Träume sein sollte? Ich habe kein genaues Bild von ihr im Kopf. Aber ein wenig chaotisch, verrückt, mit viel Spaß am Leben, das wäre schön! Alles andere – zu langweilig. Ich mag Abwechslung: Mal ein gemütliches Wochenende zu Hause, dann auch mal auf Achse sein. Klar muss sie schon nach was aussehen, klar sind sexuelle Erfüllung und finanzielle Sicherheit wichtig, aber über alldem stehen wesentlich wichtigere Werte: *Vertrautheit* und *Verbundenheit*.

Das ist meine Idealvorstellung von einer Frau, von einer Beziehung, aber in dieser einen, die ich hatte, konnte ich das Ideal nicht umsetzen. Nach vier mehr oder minder schönen Monaten hat mich meine damalige Freundin verlassen. Warum? *Weil ich nicht mit ihr schlafen konnte*. Da bin ich ganz sicher, auch wenn sie es nie so gesagt hat. *Ich konnte nicht mit ihr schlafen*. Ich wollte es, aber ich konnte nicht. Es hat nicht funktioniert. Ich habe keinen hochgekriegt, als es drauf ankam. Sie hat mich als *sexuellen Krüppel* zurückgelassen. Ja wirklich, so fühle ich mich. Als Mann, der nicht seinen Mann stehen kann, voller Panik, es nicht zu bringen. Als Versager. *Was ist das schon für ein Mann, der mit fast fünfundzwanzig Jahren noch nie mit einer Frau geschlafen hat? Wie kann ich gut genug sein für eine Frau, die wesentlich erfahrenere Partner zum Vergleich hat?* Fragen Sie nicht nach meinem Selbstbewusstsein, es gibt kaum eins. Denn über dieses Versagen hilft mir auch mein beruflicher Erfolg nicht hinweg. Ich bin ein halber Mann, den die Frauen nicht wollen, weil ich es ihnen nicht besorgen kann. Liebesszenen im Fernsehen oder im Kino, Paare, die sich vor meinen Augen küssen oder befummeln, *kränken* mich, ebenso wie Gespräche oder Zeitungsartikel über Sex. Sie kränken mich, weil sie mich immer und immer wieder mit der Nase darauf stoßen, dass alle Anläufe, mein erstes Mal hinter mich zu bringen, bisher gescheitert sind. *Warum nur muss ich mir immer so viele Gedanken machen? Ich wünschte, ich könnte nur einmal mein Gehirn ausschalten! Aber es funktioniert nicht*!

Doch egal wie verzweifelt ich auch sein mag, jede würde ich sicherlich nicht nehmen. Einfach herumprobieren ist nicht. Sex ohne geistige Liebe, ohne Gefühl, kann und will ich nicht geben. Sonst hätte ich ja schon längst in den Puff gehen können.

Lange, lange habe ich gezögert, mich einigen engen Freunden anzuvertrauen. Ihnen zu beichten, wo meine Lebenslust geblieben ist, die sie offenbar so an mir geschätzt hatten: *Warum bist du nicht mehr so gut drauf wie früher, warum bläst du dauernd Trübsal, dir geht's doch gut?*! Von wegen gut. Sie alle haben Beziehungen, laden teilweise sogar schon zur Hochzeit ein oder erwarten Kinder. Und ich steh' da wie ein Depp. Es kam mir so komisch, so unwirklich vor, ihnen davon zu erzählen. Es fiel mir so unendlich schwer, meine Schwäche zuzugeben. Gerade ich, der ich doch immer völlig sorglos auf der Erfolgswelle schwamm, gerade ich, der scheinbar nie Probleme hatte. Die Angst, den Respekt und die berufliche Anerkennung zu verlieren, spielte sicherlich eine Rolle. Und diese Angst führte mich in eine lange Phase der totalen Isolation.

Irgendwann habe ich es nicht mehr ausgehalten und dann doch den Mund aufgemacht. Beruhigungsversuche meiner Freunde: *Ist doch völlig normal, dass es beim ersten Mal nicht gleich funktioniert, ist doch klar, dass du Angst vor dem Unbekannten hast.* Und sie hatten Recht. Genau diese Panik, diese Angst vor dem Unbekannten ist in mir und hemmt mich: *Bin ich gut genug? Bin ich überhaupt Teil dieser Gesellschaft, die sich doch so stark über Sexualität und Aussehen definiert, gehöre ich überhaupt dazu, wenn ich es nicht bringe?*

Vielleicht hätte ich mich meinen Freunden früher offenbaren sollen, denn jetzt, wo es passiert ist, geht es mir schon ein wenig besser. Ehrlichkeit fühlt sich gut an. Und es hat geholfen, von ihnen zu hören, was mich aus ihrer Sicht als Individuum ausmacht. Andererseits fühle ich mich bloßgestellt, mich in meiner Wertigkeit ihnen gegenüber herabgestuft. Und meine Panik genommen haben sie mir auch nicht. Im Gegenteil, die haben sie eher verstärkt. *Da ist doch nichts bei, mit einer Frau zu schlafen. Du bildest dir nur ein, du könntest es nicht.* Was soll ich mit solchen lieb gemeinten oder hilflosen oder auch ungeduldigen Motivationsversuchen anfangen? Ich weiß nur, dass ich nicht konnte. Ich weiß nur, dass mir das furchtbar zu schaffen macht. Zwar hab' ich sie einigermaßen im Griff, die Panik, möglicherweise gar niemals Sex zu haben, aber vollends loslassen tut sie mich nicht.

Immer wieder versuche ich es auch Frauen gegenüber mit Ehrlichkeit. In diesem Fall bringt sie mich allerdings kein Stück weiter. Im Gegenteil, erst vor kurzem habe ich zwei Begegnungen nach exakt demselben Schema erlebt: Ich baue mühsam Kontakt auf, erkenne eine gewisse gegenseitige Sympathie und beichte – völlig ratlos. Und urplötzlich schlägt die Sympathie von Seiten der Frau in Zweifel um: *Vielleicht bist du ein Psychopath, der sich nur an mir gesundstoßen will und mich danach fallen lässt?* Na, schönen Dank. Ehrliche Absichten auf eine Bindung sind wohl ausgeschlossen, oder wie? Prompt wird alles auf meinen sexuellen Nachholbedarf reduziert. *Wo soll das nur enden?* Wie soll ich den

Frauen die drei Punkte klarmachen, auf die es mir ankommt: Erstens, ich will mein erstes Mal nicht um jeden Preis hinter mich bringen. Zweitens, Vertrautheit und Verbundenheit sind mir viel wichtiger als Sex. Drittens, ich will nicht lügen, denn was für eine Beziehung soll das schon werden, die gleich mit einer Lüge beginnt. Die harmlosere Variante der Lüge, das Verschweigen, ist nicht drin. *Jedes Mal* schneidet jemand das Thema Sex an und ich bin gezwungen zu reagieren. Vielleicht sollte ich beim nächsten Mal knallhart sein und wirklich lügen. Aber das widerspräche einem meiner höchsten Prinzipien: immer die Wahrheit zu sagen. Wer einmal lügt, der lügt auch zweimal. Also bleibt mir nichts übrig, als mich immer wieder kränken zu lassen, eingesperrt in meiner Gegenwart mit einer aussichts- und hoffnungslosen Perspektive für die Zukunft, weil meine Vergangenheit einfach nicht in dieses Gesellschaftsschema passt.

Meinen Eltern kann ich mich nicht anvertrauen, wir haben nie über solche Probleme gesprochen, ganz allgemein eigentlich nie über Gefühle und schon gar nicht konkret über Sexualität. Ich habe oft darüber nachgedacht, einen Vorstoß in diese Richtung zu machen, diese Themen zu enttabuisieren. Aber ich habe meine Eltern nicht ändern können, und ich habe die Hoffnung aufgegeben, dass das jemals möglich sein wird. Sie spüren zwar, dass es mir schlecht geht, aber das ist auch alles. Sie haben mir auch nie Vorschriften gemacht. Kein *tu dies*, *tu das*, *lass dies*, *lass das*, kein Tadel für schlechte Noten, aber auch kein Lob für gute. Zumindest ein Teil meiner Hilflosigkeit Frauen gegenüber ist darauf zurückzuführen, dass ich immer selbst entscheiden konnte, es aus eigener Kraft schaffen *musste*, ohne, dass mir jemand Vorschriften gemacht hätte, aber auch ohne dass mich jemand unterstützt hätte auf diesem schwierigen Weg.

Meine Eltern haben mich fraglos gehen lassen, als ich wegen der Berufsakademie nach M. ziehen musste, und sie argumentieren auch jetzt nicht gegen die Idee, die mich seit einiger Zeit verfolgt, trotz dieser wirtschaftlich schlechten Zeiten aus meinem ge-

sicherten Beruf auszusteigen zugunsten eines Studiums der *brot-
losen Kunst.*

Ich will mich nicht mehr ablenken lassen von dem, was in mir
sonst noch so alles steckt, was ich gern ausprobieren würde. Ich
will mich nicht auf einen einzigen Weg festlegen und ihn als den
richtigen akzeptieren, nein, ich will die Vielfalt in mir erhalten
und pflegen. Ich will mir mehr persönlichen Freiraum schaffen,
Zeit, um nachzudenken über das Leben und seinen Sinn. Darum
überlege ich mir ernsthaft, im nächsten Jahr Philosophie und Psychologie zu studieren. Scheiß auf meinen Job. Es *muss* doch ganz
offenbar ein anderer Weg sein als der, den ich gehe, der mich beruflich wirklich glücklich, endlich zufrieden mit meinem Leben
machen wird. Vielleicht ist es tatsächlich der Weg, den ich jetzt
anpeile. Wissen werde ich es erst, wenn ich ausprobiert habe, ihn
zu gehen. Diese Erkenntnis hat mich jetzt schon weiter gebracht,
als manch anderer vermutlich jemals kommen wird. Diese Idee
jetzt umzusetzen, mit allen Konsequenzen und entgegen allen Wi-
derständen, das ist eine der großen Herausforderungen, welche
noch vor mir stehen.

Aber die andere, viel größere Herausforderung ist einer Lösung
weniger nahe. Die Frauen und immer wieder die Frauen. Eine
Zeit lang schien meine einzige Chance, mich in die Arbeit zu stürzen, meine Probleme damit zu ersticken, mir andere Ziele zu setzen. Einen Versuch war es wert, aber er scheiterte. Betrug an mir
selbst und Zeitverschwendung, das ist alles, was dabei herauskam.
Ich kann meinen Wunsch, endlich Sex zu haben, nicht leugnen,
nicht verdrängen, ich will ihn *erfüllen.* Dieses unbefriedigende
Kapitel meines Lebens abschließen und ein neues beginnen, mein
Selbstwertgefühl wieder finden.

Doch je stärker ich mich darauf konzentriere, diesem Ziel hin-
terherhetze, desto mehr verkrampfe ich. Gerade wenn ich mir in
allen Einzelheiten die hohen Erwartungen ausmale, die eine Frau
an mich haben mag, wenn ich ihre Aufmerksamkeit erlangt und
die Chance bekommen habe, mit einem einzigen Wort alles für

mich oder alles gegen mich zu entscheiden. *Wie heißt das Zauber-wort?* Ich kenne es nicht. Das Buch mit den sieben Siegeln bleibt mir verschlossen.

Dabei gibt es so vieles, auf das ich mein Selbstbewusstsein grün-den könnte: Ich bin nun wirklich nicht der letzte Hansel, habe viel erreicht, kann stolz auf mich sein in beruflicher Hinsicht, bin vielseitig, möchte meine Fähigkeiten ausschöpfen, habe interes-sante Hobbys vom Triathlon über meine vier Marathons, meine selbstverfassten Kurzgeschichten, Gedichte, Texte, die Ideen, die aus meinem Kopf hervorquellen, mein Motorrad, bis hin zu den Auftritten mit meinem Chor und neuerdings auch mit meiner Band. Mein Charakter ist nicht verabscheuungswürdig, mein Aus-sehen nicht schlecht, mein Körper vom Sport durchtrainiert. Sport treibt mich an, bringt meinen Körper in Form, macht aber auch Spaß und steigert mein Wohlbefinden extrem. Natürlich gefällt ein durchtrainierter Körper auch den Frauen, aber das ist weder beim Sport, noch bei meinen anderen Hobbys die Hauptmotiva-tion. Ich betreibe sie, weil sie mir persönlich etwas geben. Aber ich bin auch bereit, mich einer Beziehung zuliebe einzuschränken oder sogar aufzugeben, letztes Mal hieß der Kompromiss (der die Beziehung dann doch nicht retten konnte): weniger Sport und der Stopp für ein Buchprojekt, das ich gerade angehen wollte. Alles in allem habe ich in diesem Falle sogar *zuviel* aufgegeben. Das passiert mir nicht noch einmal. Dass aber meine Frauenprobleme durch zu viele Hobbys entstehen, denke ich nicht. Nur wer viel-seitig ist, findet leicht Interessenüberschneidungen mit anderen Menschen, natürlich besonders mit Frauen. Erst das schafft doch eine Verbindung. Zwei Menschen ohne irgendein gemeinsames Interesse – worüber sollen die miteinander reden? Jeder erzählt aus seiner Welt, und das war's. Je mehr gemeinsame Hobbys, des-to optimaler die Beziehung. Keine Einschränkungen, Gesprächs-stoff und immer die Gelegenheit, vieles gemeinsam zu machen.

Also, in Bezug auf Hobbys und Interessen habe ich einiges zu bieten. Außerdem probiere ich gerne neue Dinge aus, bin offen und neugierig. Und – auch wenn's vor lauter Frustration nicht so klingt und vor lauter Schüchternheit oft erst nach langem Kennenlernen zutage kommt – mein Sinn für versteckten Humor ist sehr ausgeprägt. Zärtlich bin ich, zumindest das haben mir zwei Frauen auf der Habenseite meines Kontos attestiert und waren überrascht, weil mein sportlicher Körper offenbar auf den ersten Blick andere Schlüsse zulässt. Voll verlassen kann man sich auf mich, nie würde ich jemanden hängen lassen. Ich bin völlig autark, schmeiße meinen kompletten Haushalt selbst, will mir nicht einmal das Bügeln nehmen lassen, nein, das macht mir ja sogar Spaß. Einzig in der Küche gibt es für mich noch einiges zu lernen. Emotional bin ich, sensibel, kein Eisklotz, zeige auch Gefühle. Fluch und Segen ist das zugleich. Ich kann mich gut in andere Leute und deren Lage hineinversetzen, bin andererseits sehr verletzlich. Und – was mein Denken und meine Einstellungen angeht – reif für mein Alter, das hat bisher noch jede Frau geäußert, mit der ich mal ein paar tiefer gehende Worte gewechselt habe. Siebenundzwanzig, achtundzwanzig, denken die meisten. Kommt wohl daher, dass ich mich lange Zeit mit mir selbst auseinandergesetzt habe und mich daher ziemlich gut kenne.

Ist doch recht lang, die Liste meiner Vorzüge. Was man an sich selbst schätzt, wird einem oft erst bewusst, wenn man danach gefragt wird. Oder wenn Freunde es einem sagen. Aber immer wieder sind es die *Makel*, die mich herunterziehen und von denen ich mich auch nur zu gerne herunterziehen lasse. Wirklich gut aussehend? Bin ich nicht. Typ Latin-Lover mit braunschwarzen Knopfaugen? Wirklich nicht. Stattdessen: schiefe Zähne, große Nase, zu hohe Stirn, flüchtender Haaransatz, mit 1,75 für einen echten Mann viel zu klein. Das alles hinzunehmen, mich *mit* meinen Makeln zu akzeptieren fällt mir so unendlich schwer. Ich passe nicht in das Bild, das die Medien von einem perfekten Mann kreieren, ich entspreche nicht den Anforderungen, die die einschlägigen Mode- und Styleberatungshochglanzzeitschriften im Namen der Frauen an mich stellen.

Vor zwei, drei Jahren, am Anfang meiner Krise, war das alles noch viel schlimmer für mich. Ich habe mich regelrecht selbst zerfleischt, indem ich immer neue Unzulänglichkeiten an mir suchte, entdeckte und mir vorhielt. Ich habe mich selbst gekränkt. Keine Komplimente akzeptiert, ständig Scherze dahinter vermutet, wie paranoid befürchtet, dass man sich nur über mich lustig macht.

Inzwischen habe ich gelernt, zumindest ein wenig zufriedener in den Spiegel zu blicken. Ja, ich weiß, dass es schwachsinnig ist, diesem Idealbild eines Mannes nachzueifern, dem *niemand* gerecht werden kann. Aber ich lasse den Druck der Erwartungen an mich heran. Fühle mich wie ein Fünfzehnjähriger mit Zahnspange. Gehemmt. Ja, ich habe erkannt, dass ich mich von diesen Anforderungen lösen muss, dass es unsinnig ist, sich daran zu klammern. Eine kleine Erkenntnis am Rande des Weges, der noch vor mir liegt und den ich hoffentlich im Stande sein werde zu gehen.

Und sich selbst zu finden, ganz besonders inmitten all dieser perfekten Menschen, die einen von jeder Zeitschrift, von jedem Plakat anstarren, ist wohl die schwerste Aufgabe, die ein Mensch zu erfüllen hat. Herauszufinden, wer man eigentlich wirklich ist, und sich in einem zweiten Schritt mit allen Stärken, aber auch mit allen Schwächen und Unzulänglichkeiten zu akzeptieren. Das nenne ich *Selbstverliebtheit im positiven Sinne*. Wollen, daran arbeiten, dass man sich liebt. Aber das nur im stillen Kämmerlein, im Verborgenen, ganz für sich allein. Nicht abgleiten in die Arroganz, die die Selbstverliebtheit nach außen zeigt. Das richtige Maß liegt in der Mitte. Wie in der Bibel: *Liebe deinen Nächsten wie dich selbst.* Liebe zum Nächsten ist nur in dem Umfang möglich, in dem ich mich selbst liebe.

Und so schwanke ich von Tag zu Tag zwischen himmelhochjauchzend (stolz auf mich und eben *selbstverliebt im positiven Sinne*) und zu Tode betrübt, wenn mich die Panik wieder übermannt, die Panik vor dem *ersten Mal* oder, noch viel schlimmer, davor, dass ich es nie erleben werde. Die Panik vor meiner eigenen absoluten Hilflosigkeit in Bezug auf Frauen.

ICH BIN ZUMINDEST VORLÄUFIG
AUF DEM RICHTIGEN WEG

In meiner Kindheit und Jugend habe ich einige schlimme Erfahrungen gemacht, die ich in den vergangenen Jahren verarbeiten musste. Meine gesamte Entwicklung hat sich durch diese Erlebnisse um einige Jahre nach hinten verschoben. Erst seit ich sie einigermaßen im Griff habe, kann ich mich mit dem beschäftigen, was als junge Erwachsene auf mich einströmt. Meine *Quarterlife Crisis* erlebe ich darum verstärkt. Ich muss Erfahrungen nachholen, die meine Altersgenossen längst gemacht haben. Ich muss Erfahrungen verarbeiten, die in einem normalen Lebensweg nicht vorgesehen sind. Und ich muss gleichzeitig wie alle anderen Mittzwanziger mit den vielen Möglichkeiten und den daraus resultierenden Entscheidungsschwierigkeiten klarkommen und mit dem Druck, der aus den Ansprüchen unserer Gesellschaft hervorgeht. Aber ich will von vorn anfangen.

In der Unterstufe war ich geradezu ein wahnwitziges junges Mädchen, wild, fröhlich und immer im Mittelpunkt der Aufmerksamkeit. Ich habe wirklich ordentlich auf die Pauke gehauen, bis es zum Bruch kam. Mit meiner Pubertät begannen die massiven Vertrauensbrüche und Enttäuschungen durch mir nahe stehende Menschen, die ich einstecken musste und die zu ständigen Auseinandersetzungen und Krisen führten. Jeden Tag aufs Neue kämpfte ich mit meiner Mutter, das ging weit über den normalen Mutter-Tochter-Konflikt hinaus. Mein Vater kümmerte sich sowieso sehr wenig um seine Familie und seine Frau. Als Hochschuldozent identifiziert er sich total mit seiner Arbeit, war damals selten zu Hause und zeigte, selbst wenn er zu Hause war, kein Interesse an dem, was mich bewegte. Ich hatte oft das Gefühl, dass ihm mein älterer Bruder und meine jüngere Schwester mehr am Herzen lagen als ich, um sie hat er sich mehr gekümmert, für sie hat er sich mehr interessiert. Bei meinem Bruder saß er abends noch lange im Zimmer, sie redeten über Gott und die Welt, bei mir dagegen steckte er nur kurz den Kopf zur Tür herein und rief: »Gute Nacht!« Die Krisen in unserer Familie flauten ständig auf und ab, ohne dass wir je darüber gesprochen oder sie durch konstruktive Auseinandersetzungen bereinigt hätten, bis es irgendwann zu einem krassen Familienkrach kam, an dem wir alle fünf beteiligt waren.

Kurz danach unternahm meine Mutter einen Selbstmordversuch. Bis heute weiß ich nicht genau warum, wir haben nie darüber gesprochen, stattdessen wie so oft alles unter den Teppich gekehrt. So bezog ich ihren Selbstmordversuch auf mich. »Ich bin schuld«, dachte ich nach den zahllosen Streits, bei denen ich ihr böse Sachen an den Kopf geworfen hatte, »ich hätte sie beinahe mit meinen Worten umgebracht!« Von dem Tag an machte ich meinen Mund kaum noch auf – aus Angst, noch einmal jemanden mit Worten in den Selbstmord zu treiben. Inzwischen habe ich zwar keine Angst mehr davor, dass meine Mutter noch einmal versuchen könnte, sich umzubringen, aber davor, dass ein Familienmitglied durch andere Umstände sterben könnte. Diese Angst hatte ich schon als Kind, aber seit dem Selbstmordversuch meiner Mutter ist sie noch sehr viel stärker geworden. Letztes Jahr zu Weihnachten, als meine Schwester mit dem Auto im Schneesturm unterwegs war, bin ich beinahe wahnsinnig vor Angst geworden, dass sie darin umkommen könnte.

Nach dem Selbstmordversuch meiner Mutter war ich nicht mehr dieselbe Michèle, lebte plötzlich zurückgezogen, ruhig und unauffällig, sprach mit niemandem über meine Ängste und Sorgen. Zu der Zeit musste ich zum zweiten Mal eine Klasse wiederholen, die siebte. In der dritten Klasse war ich auch schon durchgefallen, nachdem ich bei einem Badeunfall knapp an der Querschnittslähmung, wenn nicht am Tod vorbeigeschrammt war. Damit hinkte ich inzwischen schon zwei Schuljahre hinter meinen Freunden her. Jedenfalls reichte mir der ewige Ärger zu Hause schließlich und ich zog zu einer Freundin. Wir schmiedeten viele Pläne zusammen, darum empfand sie es auch als großen Vertrauensbruch, als ich kurz vor dem Abitur wieder zurückkehrte ins Haus meiner Eltern. Bis heute kann ich nicht erklären, warum ich damals plötzlich das dringende Bedürfnis verspürte, wieder zu Hause zu wohnen. Mein Zimmer war inzwischen von meinem Bruder belegt, sodass ich mitten im Winter in die unbeheizte Kellerwohnung ziehen musste, wo ich mich wirklich ausgestoßen fühlte.

Irgendwann war das Abitur dann doch endlich geschafft, und ich fing eine Ausbildung zur Buchhändlerin an. Zeitgleich zog ich zusammen mit meiner Schwester in eine WG in einem Vorort von München. Keine wirklich glückliche Konstellation, denn meine Schwester war gerade eine Beziehung mit meinem Exfreund eingegangen, obwohl sie wusste, dass ich noch etwas für ihn empfand. Ein großer Vertrauensbruch von ihr und ein großer Fehler von mir. Aber ich hatte einfach zuviel Angst davor, auf eigenen Beinen zu stehen, und fühlte mich an der Seite meiner Schwester sicherer als alleine. Sie ist zwar die Jüngere von uns beiden, war aber zu dem Zeitpunkt wesentlich stärker und robuster als ich. Ich habe in meinem Leben oft das Gefühl gehabt, sie wäre die Ältere von uns beiden. Lange Zeit war sie mein Vorbild gewesen, bis sie eine Essstörung entwickelte. Das war der Knackpunkt, an dem ich merkte: Die ist gar nicht so stark, wie ich immer gedacht habe. Seitdem habe ich wieder Vertrauen in meine eigene Stärke gewonnen. Ich hole auf, beginne endlich, mich wie eine ältere Schwester zu fühlen.

Die Ausbildung zur Buchhändlerin machte mir keinen Spaß. Es ging dabei nicht wirklich um die Bücher, es ging ums Verkaufen wie überall sonst im Einzelhandel auch. Eigentlich hatte ich sowieso gleich nach dem Abitur Germanistik studieren und Lektorin werden wollen. Das war schon immer mein Traum gewesen, weil ich schon immer ein Talent fürs Schreiben hatte. Aber ich musste eben auch Geld verdienen, und so haben sich die Prioritäten verschoben. Erst als ich die Ausbildung abgeschlossen hatte, belegte ich dann doch ein Semester lang Germanistik und Kunstgeschichte an der Universität. Allerdings ist meine Mutter Schriftstellerin, und es kam mir plötzlich so vor, als machte ich es ihr einfach nach, anstatt eigene Wege zu gehen. Die totale Konkurrenz. Ich hatte keine Lust, mich mit ihr zu messen oder gar gegen sie anzukämpfen, außerdem strebte ich und strebe ich bis heute danach, etwas Besonderes zu sein und mich den Erwartungen anderer zu widersetzen. Und so nahm ich die Herausforderung lieber gar nicht erst an, steckte zurück und brach das Studium nach einem halben Jahr wieder ab. Ich war mir sowieso nicht mehr sicher, ob ich dieses vage Berufsbild überhaupt noch meinen Traum nennen wollte. Diese brotlose Kunst, die niemals dazu taugen würde, meinen Lebensunterhalt zu verdienen, meine Existenz zu sichern. Mein Interesse für Germanistik und Kunstgeschichte ist zwar bis heute ungebrochen, aber ich bilde mich jetzt lieber in meiner Freizeit weiter, nur so zum Spaß.

Beruflich entschloss ich mich dann für eine Ausbildung zur Krankenschwester, die sowohl meine Mutter in jungen Jahren, als auch meine Schwester ein halbes Jahr vorher abgeschlossen hatte. Beide haben nie in dem Beruf gearbeitet, genauso wie ich es vielleicht nie tun werde. Meine Mutter hatte mich allerdings schon viel früher zu dieser Laufbahn überreden wollen, nur hatte ich mich immer dagegen gesträubt. Bis ich damit anfing, meine Schwester vor Klausuren abzufragen und mich aus eigenem Antrieb für den Krankenschwesterberuf zu interessieren. Allerdings steckte ich immer noch in der schwierigen Phase, aus der ich mich seit dem Selbstmordversuch meiner Mutter nicht hatte befreien können, vertraute keinem Menschen mehr, verkroch mich zu Hause, las und bildete mich weiter. Es gab Tage, die waren wie tiefdunkle Nächte, lichtlos und eiskalt, erstickend schwarz. Während meine Freunde in Harmonie mit sich selbst durch das Licht zu tanzen schienen, hatte ich Angst, mich wieder zu ihnen zu gesellen. Denn die Dunkelheit kann auch beschützend sein, gierige Blicke fernhalten, die versuchen, mich zu durchleuchten und auf den Grund meiner Seele zu schauen. Nur mit wenigen engen Freunden hielt ich Kontakt, und das oft auch nur telefonisch. Ich bin in solchen Phasen, in denen meine Stimmung von tiefer Verletzung geprägt ist, immer sehr introvertiert, mache die Dinge mit mir selber aus. Was schwierig ist, weil es dazu führt, dass man nur die eigene eingeschränkte Perspektive immer und immer wieder durchdenkt. Ich bin zu stolz, andere um Rat zu fragen, und schneide mich damit ins eigene Fleisch.

Die Krankenschwesterausbildung ermöglichte mir den Weg aus meinem dunklen Versteck zurück ins Licht der Realität. Ich hatte Angst, hilflos zu sein und geblendet zu werden. Angst vor dem Morgen, der mir Neues und Unbekanntes aufzwingen würde – ohne Rückgaberecht. Aber nun ist das erste Jahr bald geschafft und ich bin tatsächlich zufrieden, lerne viel von den Menschen dort und lerne viel über mich selbst. Lerne, mich auf meinen Körper zu konzentrieren, auf seine Bedürfnisse zu hören und bei Entscheidungen mein Bauchgefühl zu befragen. Meine Intention ist es jetzt, den Menschen ganzheitlich zu betrachten, das heißt, Körper und Geist, Anatomie und Psyche denselben Stellenwert einzuräumen, um einen *guten, richtigen* Umgang mit den Menschen und mit mir selbst zu finden. Mir scheint nämlich, früher habe ich das Geistige zu sehr in den Vordergrund gestellt und ihm zuviel Bedeutung beigemessen. Heute kann ich wieder ehrlich sagen: »Es geht mir gut.« Nur wenn ich meine Freunde von ihren Fortschritten im Studium berichten höre, werde ich manchmal neidisch. Aber ich habe meine Entscheidung getroffen, jetzt zuerst diesen Weg zu gehen, und werde sehen, wo er mich hinführen wird. *Sicher ist es sinnvoll, sich erst einmal selbst lieben zu lernen, bevor man sich auf den Weg zum Glück im Leben macht.* Ich denke, dieser Erkenntnis folge ich mit meiner Ausbildung, die einen wichtigen Schritt in meiner Persönlichkeitsbildung darstellt.

Aber so zufrieden ich auch momentan bin, ich merke doch, dass dieser Weg noch nicht der endgültige ist. Dass ich noch ganz andere Wege gehen, noch viel größere Herausforderungen annehmen kann, weil ich stärker, selbstsicherer und selbstbewusster geworden bin, mich ein wenig besser kennen gelernt habe. Mir steht die Welt offen und es gibt viele Möglichkeiten, sie zu erkunden. Mein fernes Wunschziel ist die Schriftstellerei. Ich könnte mir aber auch durchaus vorstellen, nach der Ausbildung erst einmal ein soziales Jahr in Israel oder in einem anderen Katastrophengebiet einzuschieben, um eine gewisse Distanz zu meinem bisherigen Leben aufzubauen, meine bisherige Betrachtungsweise zu verschieben, sozusagen in die Vogelperspektive zu wechseln. Oder ich könnte einen Zwanzig-Stunden-Job annehmen und nebenher doch wieder studieren. Tief in meinem Herzen wünsche ich mir auch Kinder, denn ich weiß, dass ich ein Familienmensch bin und dass ich nicht dieselben Fehler mit meinen Kindern machen werde, die meine Eltern mit mir gemacht haben. Aber für diesen Schritt lasse ich mir noch Zeit. Es gibt so viele Möglichkeiten, mein Leben zu gestalten, dass sie mich manchmal überfordern. Ich will mich nicht entscheiden müssen, denn entscheiden bedeutet Abschied nehmen, um sich Neuem zuzuwenden. Dazu kommt, dass ich im Moment keinen festen Partner habe. Mit einem Mann an meiner Seite würden alle bisher getroffenen Zukunftsentscheidungen hinfällig werden, denn zu zweit verschieben sich die Perspektiven komplett.

Ich fühle mich jetzt zum ersten Mal in meinem Leben bereit, mich langfristig zu binden. Bisher hatte ich immer nur Kurzbeziehungen, die nie länger als ein paar Wochen gehalten haben, auf mehr konnte ich mich noch nicht einlassen. Der Grund dafür sind zwei Fälle von sexuellem Missbrauch, die ich erlebt habe. Einer in sehr jungen Jahren innerhalb eines sehr engen Vertrauenskreises, ein zweiter viele Jahre später beim Babysitten. All die natürliche körperliche Freizügigkeit, die ich als Kind gelebt habe, all die sexuelle Energie, die als Jugendliche in mir gewachsen ist, sind

dadurch völlig verschütt gegangen. Nur auf Georg konnte ich
mich bis zu einem gewissen Grad einlassen, auf meine unerfüllte
Jugendliebe Georg, mit dem ich heute noch eng befreundet bin.
Wir schrieben uns in der Schule Liebesbriefe, fanden aber nie zueinander. Das hat mich bisher nicht gestört, es war auch so schön
mit uns. Aber jetzt hat er seine erste richtige Freundin und ich bin
furchtbar eifersüchtig.

Meine Unschuld verlor ich an Manuel. Ziemlich spät, mit neunzehn. Manuel war dreißig und ich total naiv. Er sülzte mir irgendetwas vor und erzählte manchmal von seinen sexuellen Problemen, woraufhin ich dachte: »Der wird mich verstehen, ihm geht's
ja genau wie mir.« Ich wollte die Fronten klären, erzählte ihm alles – vom sexuellen Missbrauch, vom Selbstmordversuch meiner
Mutter, von der Essstörung, mit der ich seit Beginn meiner Pubertät kämpfte. Das war so dumm von mir, derart mit der Tür ins
Haus zu fallen, bevor ich ihn überhaupt richtig kannte. Aber ihm
gefiel wohl meine Unschuld. Und ich wollte genau die unbedingt
endlich verlieren und war außerdem so wenig mit mir selbst im
Reinen, hatte so wenig Respekt vor mir selbst, dass ich mir nicht
ausgenutzt vorkam. Darum ließ ich es einfach geschehen. Ich
wusste eben nicht, wo meine Grenzen waren oder wie ich sie hätte markieren sollen. Es hatte ja vorher nie jemand danach gefragt
oder sich daran gehalten. Jedenfalls trennte sich Manuel dann
ziemlich bald danach von mir. Erst heute lerne ich mit Hilfe einer Psychotherapie, dieses Erlebnis, den Selbstmordversuch meiner Mutter und den Missbrauch, einigermaßen zu verarbeiten und
anders zu bewerten.

Tatsächlich habe ich bisher noch keine erfüllende, geistig und
körperlich befriedigende Beziehung mit einem Mann geführt.
Meine Devise »Alles oder nichts« hat meist nach ein paar Wochen
zur Trennung geführt. Oft war ich anfangs sogar eher uninteres-
siert, habe die Männer vielleicht als nicht gut genug empfunden,
nur um mich dann nach einigen Tagen in ein kleines, verkrampf-
tes Klammeräffchen zu verwandeln, aus Angst, das Neugewonne-

ne gleich wieder zu verlieren. Weil ich meinem Partner möglicherweise nicht genügen könnte, weil er mich auslachen oder nicht ernst nehmen könnte. Ich habe sehr große Angst, mein Innerstes preiszugeben und dann fallengelassen zu werden, wie es mir leider schon einige Male passiert ist. Ich will nicht versagen, indem ich einen Menschen verliere, weil ich ihm nicht genüge. Andererseits habe ich die Trennungen vielleicht auch bewusst provoziert, denn genauso wie ich panische Angst davor habe, verlassen zu werden, habe ich panische Angst davor, mich zu binden. Ohne Einschränkung und Rücksicht auf andere tun und lassen, was mir gefällt, das bin ich gewohnt, und diese Gewohnheit möchte ich nicht aufgeben. Dabei nehme ich die gelegentliche Einsamkeit und Traurigkeit in Kauf, denn meine Freiheit wiegt sie auf. Freiheit ist ein wertvolles Gut. Ich bin eine Steppenwölfin, und das mit Genuss und ohne Reue oder Bedauern.

Wenn ich mich dann doch auf einen Menschen einlasse und eine Beziehung eingehe, verliere ich mich ziemlich schnell selbst, gehe ganz und gar in dem anderen auf. Nur noch seine Wünsche und Bedürfnisse zählen dann für mich, meine eigenen vernachlässige ich komplett. Ich orientiere mich nur noch an meinem Partner, überlege ständig, was ihm gefallen könnte, und richte mich danach: Welche Klamotten könnte er an mir hübsch finden? Wohin möchte er wohl heute ausgehen? Welche Musik würde er wohl gerne hören? Welches Buch sollte ich einmal lesen, weil er sich dafür interessiert? Ich zerreiße mich, um mir selber und ihm zu gefallen, aber wenn es hart auf hart kommt, lasse ich eher mich selber los als ihn, um ihn bloß nicht zu verlieren. Das ist ziemlich schlimm für mich, und darum macht es mir Angst, mich überhaupt anderen Menschen gegenüber zu öffnen, weil schon der kleinste Funken Interesse die Gefahr einer möglichen Beziehung mit all ihren Falltüren und Klippen darstellt.

Gerade vor ein paar Wochen hatte ich mein erstes wunderschönes Erlebnis mit einem Mann, aus dem *vielleicht* etwas werden und für das ich meine Angst *vielleicht* über Bord werfen könnte.

Die Geschichte ist wirklich lustig, wie im Roman: Ich hatte meine Verwandten in der Nähe von Tübingen besucht und wollte mit dem Zug ab Stuttgart zurück nach München fahren. Eigentlich dringend an einem Samstag, weil ich noch für eine Prüfung lernen musste. Hätte ich die Reservierung nicht verfallen lassen, wäre das alles nicht passiert. Aber ich löste für den Sonntag eine neue Reservierung. Der Zug war ziemlich ausgebucht und durch Zufall war gerade Wagon 258 mit meinem Sitzplatz ausgekoppelt. Ich sollte stattdessen in einem anderen Wagon sitzen, war aber kurz vor der Abfahrt am völlig falschen Ende des Zuges eingestiegen. Ich quetschte mich also durch die voll gestopften Gänge, bis irgendwann kein Weiterkommen mehr war. Ein Ehepaar, ein Hund und unzählige Koffer standen mir im Weg. Und ein junger Mann: groß, brünett, sympathisch, mit einer Zeitung in der Hand. Wenn ich so aufgeregt bin, wie an dem Tag, als alles schief gegangen war, was schief gehen konnte, kippt meine Stimmung plötzlich in Ironie um, ich werde total quirlig. Und so erzählte ich dem Typen, den ich überhaupt nicht kannte, von meinem Abenteuer und ließ so richtig meine Wut vom Stapel, obwohl das sonst überhaupt nicht meine Art ist. »Ja, ja, so kann's kommen«, sagte er. Blöder Spruch, eigentlich. »Ja, ja«, antwortete ich. Genauso blöde. Aus den Augenwinkeln beobachtete ich die ganze Zeit, wie er nervös mit seiner zusammengerollten Frankfurter Allgemeinen Zeitung auf seiner Hand herumtrommelte. War da womöglich eine gewisse Spannung zwischen uns?

Beim nächsten Halt stieg ich aus, um außen am Zug entlang zu meinem Wagon zu gehen. Plötzlich seine Stimme hinter mir: »Soll ich dir mit der Tasche helfen?« Die Türen schlossen sich, beinahe hätten sie ihn ausgesperrt. In der nächsten Innentür blieb unser Gepäck stecken. Ein Missgeschick nach dem anderen, wir konnten uns vor lachen kaum noch halten. Er ging dann in den Speisewagen, ich zu meinem Platz in der ersten Klasse. Ich wollte ihm nicht hinterher rennen, brauchte Ruhe und ein Käsebrot. Eine halbe Stunde später sah ich ihn vor dem besetzten Klo warten und suchend in meinen Wagon schielen. Blickkontakt, aber kein Lächeln. Dann musste ich auch aufs Klo, und danach entschied sich in ein paar Sekunden alles Weitere. Nach rechts zu meinem Platz zurück oder nach links in den Speisewagen? Ich fasste mir ein Herz und entschied mich für den Speisewagen. Er saß da mit einer Flasche Rotwein und etwas zu essen und lernte. Wir kamen wieder ins Gespräch. Er erzählte von seinem Jurastudium und seinem Nebenjob in einer Anwaltskanzlei. Dann war ich dran. Und das ist so einer von den Momenten, in dem ich das Wort »Krankenschwester« kaum über die Lippen bringe. »*Das bist du nicht*«, denke ich dann, »*das ist nicht die wahre Michèle.*« Klar mache ich den Job gerne, klar stehe ich dazu, aber es ist mir auch irgendwie peinlich, weil ich oft das Gefühl habe, dass dieser Beruf in der Gesellschaft nicht die fällige Anerkennung findet und dass viele Menschen ein sehr einseitiges Bild davon haben.

Aber vor allem befürchte ich, dass mein Gegenüber einen völlig falschen Eindruck von mir bekommen könnte, wenn ich »zugebe«, Krankenschwester zu sein. Darum lasse ich dieses »Geständnis« niemals einfach so stehen. Erzähle lieber ganz schnell von einer Orientierungsphase und von meiner Leidenschaft für das Schreiben.

Jedenfalls tauschten wir Adressen, bevor wir uns verabschiedeten, und obwohl ich es nicht für möglich gehalten hätte, rief er eine Woche später an und kündigte seinen Besuch an, der jetzt kurz bevorsteht. Nervös bin ich eigentlich nicht, im Gegenteil, ich habe ein gutes Gefühl dabei: Wir sind an nichts gebunden, wir sind nicht programmiert, was sich entwickelt oder ob sich überhaupt etwas entwickelt, ist total offen. Er will sich München anschauen und vielleicht auch mich sehen, so einfach ist das. Naja, wenn ich ganz ehrlich bin, blitzen zwischendurch doch auch wahnwitzige Vorstellungen und Träume in mir auf, die ich vergeblich versuche zu unterdrücken: *Ich ziehe zu ihm nach Stuttgart, wir heiraten, bekommen Kinder...* und das, obwohl ich mich nicht mehr als ein paar Stunden mit ihm unterhalten habe!

Ich bin wirklich froh, dass ich so locker und so selbstbewusst geworden bin und dass ich die schlimmen Erfahrungen der Vergangenheit so langsam verarbeitet habe und wieder optimistischer durchs Leben gehen kann. Es gab auch eine Phase, in der ich mich nur noch schwarz gekleidet und furchtbar bemitleidet habe: *Warum muss mir das alles passieren?* Ich wollte meine Jugend nachholen, die Alkohol-Disco-Drogen-Phase, die alle anderen zwischen fünfzehn und achtzehn längst durchgemacht hatten, und habe zwei Wochen Osterferien lang mit meiner Freundin exzessiv gesoffen, Joints geraucht, mich absichtlich geschnitten, bis das Blut gelaufen ist. Irgendwann fand meine Oma heraus, was wir hinter ihrem Rücken taten, und erlitt einen Nervenzusammenbruch. Dieses Ereignis hat mir die Augen geöffnet, danach war die Partyphase für mich gegessen. Zum Glück. Freunde von mir sind bis heute darin hängen geblieben, haben sich noch nie mit dem Thema Tod beschäftigt, da bin ich im Vorteil: reifer, erfahrener. Nur eins haben sie mir voraus: ganz viel Spaß. Den muss ich nachholen, aber dazu habe ich ja noch Zeit genug.

Ich habe gelernt, nicht nur meine eigenen Probleme, sondern auch die der anderen ernst zu nehmen, niemals eine Sorge zu belächeln. Manchmal sind Kleinigkeiten wichtig, manchmal stecken hinter Banalitäten große Probleme. Manchmal wirken sich scheinbar kleine Entscheidungen auf das ganze Leben aus. Ich habe gelernt, anderen ihre eigenen Wege und Erfahrungen zuzugestehen. Wenn jemand zu mir sagt: »Ich studiere Ethnologie«, hätte ich mir früher verständnislos an den Kopf gegriffen. Jetzt denke ich: *Wenn jemand hinter dem steht, was er tut, respektiere ich, was er tut, denn dann ist es gut für ihn.* Ich habe gelernt, dass es hilft, Gedanken auszusprechen, anstatt sie immer und immer wieder im Kopf herumzuwälzen. Erst beim Ausformulieren lassen sich manche Probleme überhaupt erst definieren und bei der Wurzel packen. Und genau das habe ich endlich getan. Ich merke, dass ich zumindest vorläufig auf dem richtigen Weg bin, und zwar daran, dass ich frei sprechen kann. Bis vor kurzem war ich noch so unsicher, dass mir manchmal buchstäblich die Stimme weggeblieben ist. Aber durch meine Krankenpflege-Ausbildung habe ich gelernt, auf die Signale meines Körpers zu hören. Dieser Prozess ist noch nicht abgeschlossen, und darum werde ich ihm noch Zeit geben. *Ich gehe diesen Weg, der mich zu dem richtigen Weg hinführen wird.*

Schon allein an den Reaktionen auf meine Person merke ich, dass ich mich verändert habe. Früher war ich orientierungslos, zaudernd, voller Existenzängste. Ich wollte um keinen Preis Aufmerksamkeit erregen, habe mich wie ein graues Mäuschen verhalten und dementsprechend gekleidet. Dadurch bin ich entweder einfach in der Masse untergegangen oder die Leute haben auf mir herumgetrampelt. Jetzt ist meine Ausstrahlung eine ganz andere, und ich bekomme wieder die Aufmerksamkeit, die ich ganz, ganz früher schon einmal bekommen habe, als ich ganz, ganz jung war, bevor das Leben mir so zusetzen konnte. Ich glaube, wenn jemand mit sich selbst im Reinen ist, sieht man das schon allein daran, wie er sich bewegt, oder an seinem Gesichtsausdruck. Der Beweis: Neulich, als ich mich gerade so richtig wohl in meiner Haut fühlte, hat mir eine Kollegin ein wunderschönes Kompliment gemacht: »Deine Klamotten sind so süß, *so richtig Michèle*!« Da wusste ich: Jetzt können alle anderen endlich sehen, dass ich wirklich eins mit mir selbst bin – oder mindest auf dem besten Weg dorthin.

Christian, 24, Schreiner

ES IST WIRKLICH LANGSAM ZEIT
FÜR EINE ENTSCHEIDUNG

Die Schulzeit prägt uns alle. Prägt uns stark. Formt den Charakter, festigt ihn, definiert Lebensziele, Lebensinhalte. Und dann stehst du da mit deinem Abschlusszeugnis in der Hand, wirst endlich ins Erwachsensein entlassen, das du die ganze Zeit kaum erwarten konntest, und musst beweisen, dass dein Charakter und deine Lebensziele in der Realität bestehen können. Ich bin bis zur Fachhochschulreife auf eine Waldorfschule gegangen, und das Leben und Lernen dort haben mich stark geprägt. Vor allem der künstlerische und technische Unterricht, der dort zum ganz normalen Lehrplan gehört. Ich erinnere mich daran, wie wir Korn säten und es später mit der Sense ernteten, danach die Spreu vom Weizen trennten, Teig kneteten und Brot buken. Jeder sein eigenes Brot. Das war eine schöne Erfahrung: dieses Brot anzufassen und zu *begreifen*, wie es entstanden ist, anstatt darüber nur zu lesen. Genauso lernten wir, Bücher zu binden. Oder zu schnitzen. Mit Holz zu arbeiten, zu sehen, wie daraus unter den eigenen Händen etwas entsteht, hat mich ganz besonders fasziniert. So ist wohl mein Berufswunsch zustande gekommen. Es war klar, dass ich nach der Schule eine Schreinerlehre machen würde.

Manchmal wurde und werde ich schon blöd angeguckt von Leuten, für die der Begriff Waldorfschule – aus welchem Grund auch immer – negativ besetzt ist. Von Leuten, die so etwas Ungewöhnlichem erst einmal mit Skepsis begegnen, ohne zu wissen, welches Konzept eigentlich hinter dem Begriff »Waldorfschule« steckt, wie es dort zugeht und welches Vorurteil sie überhaupt konkret gegen mich anbringen wollen. Halten sie mich für dümmer als andere? Für ungebildeter? Für lebensuntauglicher? Keine Ahnung, da kommen keine klaren Aussagen. Und auf vage Andeutungen kann ich schlecht konkret reagieren. Ich versuche dann einfach, das Positive und Innovative an den Waldorf'schen Lehrmethoden zu erklären. Zum Beispiel wird viel Wert auf eigenverantwortliches Lernen gelegt. Es gibt kaum Bücher, stattdessen erklärt der Lehrer den Stoff, schreibt ein paar grundlegende Dinge an die Tafel, der Schüler macht Notizen und setzt sich dann zu Hause hin, um das Gehörte in eigenen Worten in Form eines Aufsatzes auszuformulieren und mit Zeichnungen und Bildern auszuschmücken. Dadurch bleibt viel mehr hängen als durch pures Auswendiglernen. Außerdem gibt es auf einer Waldorfschule so genannten Epochenunterricht: Mal steht ein paar Wochen lang Geschichte im Mittelpunkt, danach ein paar Wochen lang Mathe. Das bringt Abwechslung und damit mehr Spaß am Lernen. Niemand bleibt sitzen, jeder wird mit durchgezogen, egal wie viele Schwierigkeiten er hat. Es wird nicht so knallhart ausgesiebt, sondern erst nach acht Jahren Unterstufe im Gespräch mit Lehrern und Eltern entschieden, welcher Abschluss zu jedem einzelnen Schüler, seinem Leistungsniveau und seinen Neigungen passt. Wenn ein Kind erst in der vierten, statt wie vorgesehen in der dritten Klasse lesen lernt, wird das nicht als Makel angesehen, sondern ist okay. Bis zur achten Klasse gibt es darum keine Noten, insbesondere keine Bestrafung durch schlechte Noten, nur schriftliche Zeugnisse, in denen zwar neben den Talenten auch die Probleme der Schüler angeführt werden, aber nur um in diesen Bereichen zusätzlich zu motivieren. Klar ist das manchmal schwer für die Lehrer, Eltern und Mitschüler. Aber es nimmt den Druck, mildert das Konkurrenzdenken und lässt mehr Zeit für Spaß. Es geht auf einer Waldorfschule einfach nicht so knallhart zu wie auf »normalen« Schulen, darum möchte ich auch meine Kinder dorthin schicken und ihnen diese Erfahrung ermöglichen.

Das Leben als Erwachsener ist dann natürlich schon knallhart, und den Unterschied merkte ich ganz krass, als ich mit der Schule fertig war und nach dem Zivildienst meine Lehre anfing. In meinem Job hält sich der Druck wenigstens noch in Grenzen, im

Aktiengeschäft zum Beispiel ist er sicher noch viel, viel heftiger. Aber es gibt ihn auch bei uns, na klar. Wie ich mit dem Druck umgehen kann? Schlechter als andere, weil ich es auf der Schule nicht gelernt habe, oder besser als andere, weil ich weiß, dass es auf andere Dinge ankommt? Keine Ahnung, da habe ich als Jüngster im Betrieb nicht wirklich den Vergleich. Und die meisten meiner Klassenfreunde von der Berufsschule haben sich dem Druck noch nicht ausgesetzt, sondern nach der Ausbildung angefangen zu studieren.

Für mich war die Waldorfschule jedenfalls genau richtig. Ich lernte ohnehin immer nach dem Lustprinzip, war viele Jahre lang ein schlechter Schüler in Fächern, die ich nicht ausstehen konnte, und ein guter Schüler nur in Fächern, die mir Spaß machten. Mit dieser Einstellung wäre ich auf keiner anderen Schule durchgekommen. Und trotzdem habe ich viel gelernt und mich ab einem gewissen Zeitpunkt auch in den langweiligen Fächern angestrengt, sonst wäre ich ja nicht in den letzten beiden Schuljahren plötzlich einer der Klassenbesten gewesen. Zugegeben, einige Dinge fallen mir schwer. Rechtschreibung zum Beispiel, da bin ich ganz schlecht. Oder kompliziertes Rechnen. Dabei sind diese Fähigkeiten in meinem Beruf nicht nur nützlich, sondern sogar wichtig. Andererseits kann ich frei reden, künstlerisch arbeiten, mich gut in ein Team einfügen und kreativ sein. Das sind meine Talente, die ich mir nie hart erarbeiten musste, die auf der Waldorfschule wunderbar gefördert wurden und die ich in meinem Job wirklich gut gebrauchen kann.

Die Schreinerei ist vielseitig. Mal baue ich eine Küche, dann einen Schrank, was der Kunde eben gerade bestellt hat. Nie sind zwei Möbelstücke genau gleich. Es ist schön zu sehen, wie aus den hohen, gerade gewachsenen Baumstämmen Möbel werden, wie das Stück, das ich mir vorher bis ins kleinste Detail in meiner Phantasie ausgemalt hatte, Gestalt annimmt. Es ist schön, abends mein Tagewerk anfassen zu können, denn es ist schon ein Grundbedürfnis von mir, etwas Konkretes zu vollbringen, etwas Greif-

bares zu schaffen. Acht Stunden am Schreibtisch sitzen, telefonieren, Papier abarbeiten, das wäre nichts für mich, da habe ich es
für mich besser getroffen. Auf der anderen Seite ist da die große
Verantwortung, die ich tragen muss. Mit nichts als einer Skizze
und einer Materialliste in der Hand geht es los. Aufträge koordinieren, von A bis Z durchplanen, die Umsetzung organisieren.
Das Holz zurechtschneiden, die Möbel bei den Kunden aufbau-
en. Und nebenbei zwei Lehrlinge beschäftigen, ihre Fragen beantworten, für sie mitdenken, ein Auge auf sie haben. Diese Vielseitigkeit und Eigenständigkeit bei der Arbeit macht ja Spaß. Andererseits gibt es Zeitvorgaben zu beachten, gerade in dieser wirtschaftlich miserablen Lage muss jeder Betrieb darum kämpfen,
am schnellsten die qualitativ beste Arbeit abzuliefern. Und das ist
ein Druck, der in der Hierarchie immer weiter nach unten verteilt wird und dann schließlich bei mir landet, obwohl ich diesen
Job doch erst seit eineinhalb Jahren mache! Zuviel Verantwortung und zuwenig Erfahrung, das macht den extremen Stressfaktor aus.

Gerade entspannt sich die Situation ein wenig. Wegen der Wirtschaftskrise gibt es weniger Aufträge, was meinen Arbeitgebern
natürlich gar nicht passt, aber ich kann mir mehr Zeit lassen, genauer arbeiten, entspannter an die Sache herangehen. Dazu
kommt, dass ich mich jetzt so langsam endlich eingewöhnt habe,
dass ich so langsam Routine bekomme. Trotzdem, meine Tage als
Schreiner sind gezählt. Ich kann nicht sagen, wie lange ich noch
dabeibleiben werde, aber auf jeden Fall so lange, wie ich noch etwas lernen kann. Fachlich, aber auch persönlich. Es geht mir um
Lebenserfahrung, zum Beispiel möchte ich lernen, mit Kritik und
Schwierigkeiten umzugehen. In einem halben Jahr werde ich zwei
Berufsjahre nach der Lehre komplett haben, könnte dann eltern-
unabhängiges Bafög beantragen und studieren. Oder auf die Meisterschule gehen, obwohl ich mir momentan ziemlich sicher bin,
dass ich den Stress, die Meisterschule selbst zu finanzieren, nicht
auf mich nehmen will. Wenn ich mir ausmale, dass schon in sechs

Monaten dieser völlig neue Lebensabschnitt ansteht, schrecke ich
vor einer Entscheidung zurück. Vielleicht sollte ich doch lieber
noch ein drittes Jahr schreinern – wie es meine Mutter mir übrigens vorschlägt – und erst danach meine Wahl treffen, *dann aber
richtig*. Es gibt schließlich Erfahrungen in diesem Beruf, die ich
gerne noch machen möchte. So träumt jeder Schreiner davon, ein-
zigartige Vitrinen nach individuellen Vorgaben zu bauen, absolute Einzelstücke aus Massivholz, deren Herstellung technisch anspruchsvoll ist und die hinterher wunderschön anzusehen sind.
Leider sind solche Schreinereien rar und in meiner Firma ohnehin nicht möglich, zudem bestellt kaum jemand eine solche Vitri-
ne, für die man mindestens sechstausend Euro rechnen muss, aber
das wäre eine Herausforderung, der ich mich gerne stellen würde. Doch ich weiß: Wenn mich der Schreinerberuf nicht mehr befriedigt, gibt es auch andere Wünsche, die ich mir gerne erfüllen
würde.

Mein absoluter Traum ist es, an einer Kunstakademie oder einer Kunstfachhochschule zu studieren, was meine Freunde spannend finden. Da gibt es Möglichkeiten in Halle oder Dresden.
Wenn ich meine Leidenschaft fürs Künstlerische dann noch mit
dem therapeutischen Aspekt koppeln könnte, wäre das wirklich
erfüllend. Dazu ist mir dann auch noch wichtig, dass mein Job
entspannt ist, mir mehr Zeit lässt und sich weit weg vom üblichen
Stress normaler Bürojobs oder von der finanziellen Orientierung
der meisten Branchen bewegt. Geld bedeutet mir nicht soviel, ich
bin hauptsächlich daran interessiert, mit und für Menschen zu arbeiten, sie zu begeistern und anzuleiten, sie zu inspirieren und ihre Ideen zu unterstützen. Vielleicht als Werklehrer an einer Waldorfschule. Vielleicht als Restaurateur. Vielleicht als Beschäfti-
gungstherapeut in einer Behindertenwerkstatt, denn da könnte
ich an meine Erfahrungen als Betreuer in einer Kerzenwerkstatt
für Behinderte während meines Zivildienstes anknüpfen. Wenn
ich allerdings richtig mutig wäre, würde ich Bildhauerei studieren, nur fällt es mir schwer, in diesem Bereich Perspektiven zu se-

hen oder Ideenansätze weiterzuentwickeln. Möglicherweise könnte ich Bildhauerei-Workshops anbieten, nur würde das sehr viel Organisationstalent fordern, ich müsste etwas können, dazu stehen und die Umsetzung meiner Idee in die Hand nehmen. Und ob ich mir das zutraue, weiß ich nicht so recht. Wenn man als Selbstständiger sich nicht um so viele finanzielle Dinge kümmern müsste, könnte ich mir auch vorstellen, in einigen Jahren mit ein paar geeigneten Leuten zusammen ein Kunstaccessoire-Geschäft oder auch eine kleine Schreinerei zu betreiben. Da hätte ich wirklich Lust drauf, wenn die Verantwortung auf mehrere Schultern verteilt wäre.

Also, da schwirren schon einige Ideen in mir herum, aber der eine spezielle Berufswunsch, von dem ich auf der Stelle sagen würde: »Ja, das ist es!«, der fehlt mir. Und solange ich auf dieses Aha-Erlebnis warte, bringe ich es nicht übers Herz, mich zu entscheiden. Sobald ich anfange, die verschiedenen Optionen durchzuspielen, verkrampft sich alles in mir. Ich gebe zu, die Schreinerei spricht mir nicht wirklich aus dem Herzen, andererseits will ich auch nicht so leicht aufgeben. Man muss doch in diesem Leben auch lernen, sich mit etwas zu arrangieren und etwas durchzuhalten, das einem keinen Spaß macht. Gerade weil man nicht davon ausgehen kann, dass überhaupt irgendetwas dauerhaft und ohne Tiefpunkte gut, erfüllend und lustig wäre. In allen Bereichen sind Durchhänger vorprogrammiert, in allen Bereichen liegt es an einem selbst, was man für sich aus den Umständen herauszieht. Das gilt für Beziehungen, das gilt für Jobs und das gilt sogar für den Traum vom ewigen, unbeschwerten Leben auf der einsamen Insel. Trotz allem würde ich schon ganz gerne einmal das Gefühl erleben, abends nach Hause zu kommen und vollkommen erfüllt sagen zu können: »Mensch, Christian, das war definitiv ein Supertag!« Stattdessen falle ich nach acht oder neun Stunden körperlicher Arbeit oft total fertig, total geschafft in mein Bett. In solchen Momenten bin ich mir dann ganz besonders im Klaren darüber, dass sich etwas ändern muss, möglichst bald. *Nur arbei-*

te ich nicht daran, meine Ideen zu verwirklichen, ich werde nicht konkret. Wie gesagt, das hat auch mit Bequemlichkeit zu tun. Arbeiten, auspowern, Geld verdienen, schlafen – da kann mir keiner Faulheit vorwerfen, mein Gewissen ist rein. Nur zufrieden bin ich nicht.

Meine Entscheidungsschwäche ist zum Teil auch darin begründet, dass ich es mir nicht anmaßen möchte, absolute Urteile zu fällen. Woher soll ich mit meinen vierundzwanzig Jahren die Lebenserfahrung nehmen, »richtig« und »falsch« mit sicherem Einschätzungsvermögen auseinander zu halten? Wenn ich höre, wie Leute in meinem Alter über »richtig« und »falsch« richten und aufgrund dieser Urteile ihre Entscheidungen mit einer Souveränität treffen, als hätten sie die Weisheit gepachtet, kann ich mir ein Lächeln nicht verkneifen. Bevor man über Sinn und Unsinn von Erfahrungen urteilt, sollte man sie entweder selbst gemacht haben oder jemand anders über die Konsequenzen befragen, der die Erfahrungen bereits gemacht hat oder über genügend Lebenserfahrung verfügt, um ein fundiertes, realistisches Urteil fällen zu können.

Ich wünsche mir mehr Zeit, um Wünsche, Ziele, Perspektiven oder Träume zu entwickeln. Dafür allerdings brauche ich Inspiration, Menschen und vor allem Ruhe. Nur woher soll ich Letztere nehmen? Immer wieder verspreche ich mir: »Okay, Christian, du musst dich um deine Zukunft kümmern. Du nimmst dir jetzt einen Tag frei und denkst vierundzwanzig Stunden über nichts anderes nach als darüber, wie du dir Freiräume schaffen und Erfüllung finden könntest!« Aber dann schaffe ich es doch nicht, mich daran zu halten, weil etwas dazwischenkommt oder weil mir der Wille fehlt, meinen guten Vorsatz durchzusetzen. Wenigstens aber spüre ich in mir, dass die Zeichen auf Veränderung stehen. Wahrscheinlich hilft nur Warten darauf, dass mir mein Bauch den Startschuss gibt. Irgendwann werde ich ganz von alleine so unruhig, dass es einfach losgehen *muss*. Dass ich tatsächlich die Aufgabe in Angriff nehme, mich um meine Zukunft zu kümmern. Nur weiß ich aus Erfahrung, dass ich Zeit brauche, bis sich dieser innere Antrieb einstellt.

Solange diese unbefriedigende Situation allerdings anhält, habe ich den Kopf auch nicht frei für eine Freundin. Klar hätte ich gerne eine, in ein paar Jahren auch zwei Kinder, aber das spielt im Moment überhaupt noch keine Rolle. Ich bin einfach so unzufrieden mit mir selbst, dass es mir zuviel wäre, mich jetzt auch noch auf eine Frau mit ihren ganz eigenen Sorgen einzulassen. Sicher spielt auch die Angst, mich mit mir selber auseinanderzusetzen, eine Rolle. Natürlich meldet sich die Sehnsucht nach einer Umarmung, nach Vertrautheit, nach Zusammengehörigkeit, nach Sex. Aber nicht so dringend, dass ich sie unbedingt erfüllen müsste. Ich bin ohnehin nicht der Typ, der Beziehungen forciert. Was passiert, passiert. Wenn nichts passiert, um so besser, denn dann kann ich mich erst einmal darauf konzentrieren, mich zusammenzureißen und endlich meine Berufsentscheidung zu treffen. Danach ist noch Zeit genug für die Suche nach meiner Traumfrau. Sie müsste mein berufliches Engagement tolerieren. Sie müsste wie ich Interesse an Kunst, an Farben und Formen haben. Sie dürfte nicht so laut und aufgedreht sein. Und vor allem müsste sie mich so lieben, wie ich bin.

Vor fünf Jahren, noch während der Schulzeit, ist mir einmal eine Frau über den Weg gelaufen, die diesem Ideal sehr nah kam. Zwei Monate waren wir ein Paar, und sie hat von allen Frauen, mit denen ich bisher zusammen war, den größten Eindruck hinterlassen. Nach ihr hat sich die ein oder andere Beziehung ergeben, aber nie lange gehalten. Mal ein paar Wochen, mal ein paar Monate. Mir kommt da wohl mein Hang zu komplizierten Frauen – und die damit verbundene Verwirrung – in die Quere. Mein Hang zu Frauen, die es zu Hause und in ihrem Leben ganz allgemein selbst nicht leicht haben. Da gab es eine, die steckte wohl damals schon in der *Quarterlife Crisis*, die ich erst jetzt mit voller Breitseite erlebe, die wusste nicht recht, was sie nach ihrer Ausbildung zur Fotografin machen sollte und jobbte darum mal hier, mal dort. Dabei war sie alles andere als glücklich. Aber süß, nur einfach zu kompliziert für mich, sodass ich Schiss bekam. Ich konnte nicht damit umgehen, dass ich auch noch helfen sollte, *ihr* Leben in den Griff zu kriegen, wo ich doch *mein eigenes* kaum in den Griff bekam. Das funktioniert nicht, ich brauche eine starke Frau, die mit sich selber klarkommt.

Anderes Beispiel: Vor etwa einem Jahr war ich mit einer zehn Jahre älteren Frau zusammen. Sie saß bei einem Konzert neben mir, wir kamen ins Gespräch, mochten einander sofort. Die ganze Nacht zogen wir gemeinsam durch die Stadt und diskutierten über das Leben, mehr war nicht. Erst ein paar Tage später rief ich sie an und aus unserer Bekanntschaft entwickelte sich eine Beziehung. Liebe empfand ich nicht, eher Sympathie und ein Kitzeln im Bauch. Aber ihr Alter spielte im ersten Moment keine Rolle. Erst im Laufe der Zeit wurde es für mich interessant, die Unterschiede im Verhalten und in den Ansichten zwischen ihr und jüngeren Frauen sowie zwischen ihr und mir zu beobachten, besonders beim Sex. Wie sie mich berührte, wie sie sich selbst berührte, wie sie ganz genau wusste, was sie wollte. Das war neu für mich, sexy und aufregend. Trotzdem nicht so außergewöhnlich, dass mir die Lust auf jüngere Frauen vergangen wäre. Im Gegenteil, jede Frau ist anders, jede ist auf ihre Weise spannend, jede hat ihre Besonderheiten zu bieten, und das macht mich neugierig. Jedenfalls waren zehn Jahre Altersunterschied irgendwann doch zuviel und ich zog einen Schlussstrich. Die Auseinandersetzung mit ihr und mit mir selbst war zu anstrengend geworden. Vor allem die Auseinandersetzung mit den Erfahrungen, die sie schon gemacht hatte, während sie mir erst noch bevorstanden: dauerhaft erfüllende Beziehungen und das Chaos mit den Zukunftsvorstellungen. Sie forderte sehr viel und entzog mir damit die Energie. In solchen Momenten merke ich, wie ich abblocke. Das mag an dem hohen Anspruch liegen, den ich selber an mich stelle, an dem Anspruch, die Frau an meiner Seite zu verstehen. Wenn ich sie nicht verstehe, hat es auch keinen Sinn, sich auf sie einzulassen. Ich hoffe wirklich, dass ich irgendwann lerne, mit den Eigenheiten und Problemen von Frauen umzugehen. Und dass dann eine Frau in mein Leben tritt, die ich lieben kann.

Solange es die nicht gibt, kompensiert die WG, in der ich wohne, die Sehnsucht nach einer Frau. Wir sind zu siebt in einem hübschen Haus am Hang mit einem kleinen Garten, einem großen Balkon, einem schönen Panorama-Ausblick und einem großen Gemeinschaftszimmer. Das charmante Universitätsstädtchen, in dem wir leben, mag ich auch sehr gern. Es ist nicht so laut wie in der Großstadt und es gibt trotzdem alles, was man braucht. Am Puls der Großstadt zu leben, ist mir zu hektisch, denn eigentlich bin ich ein Naturmensch, aber es hat auch Vorteile, dass die Stadt so nah ist, dass wir jederzeit hinfahren können, wenn uns danach ist. In unserem Haus ist meistens jemand zum Reden, zum gemeinsamen Kochen, zum Helfen da, wenn ich abends nach Hause komme, das tut gut. Ich bin zwar ein ruhiger Mensch, habe aber trotzdem gerne Menschen um mich herum. Ich hänge gerne in einer Gruppe von netten Leuten meinen Gedanken nach, ich sitze gerne im Café, schlürfe meinen Kaffee und beobachte die Leute. Auf Partys halte ich mich eher im Hintergrund, schaue mich um, anstatt sofort auf die Leute loszuspringen und sie auszuquetschen: »Wer bist du, was kannst du, was willst du?« Mit Smalltalk kann ich schon überhaupt nichts anfangen. Ich brauche Zeit, um mich auf fremde Menschen einzulassen, aber wenn mir jemand sympathisch ist, dann richtig. Auch darum passt die WG so perfekt zu mir: Man hat immer jemanden um sich herum, den man kennt, und neue Menschen haben erst einmal genug Beschäftigung, sodass ich mich langsam an sie herantasten kann.

Viel einfacher und angenehmer wäre es aber, meine guten Freunde in der Nähe zu wissen. Spontan durchklingeln zu können: »Hast du Lust, etwas trinken zu gehen und ein bisschen zu quatschen?« Ich vermisse meine Kumpels, die zum Teil in der Heimat zurückgeblieben und zum Teil in die Welt aufgebrochen sind, nach Berlin, nach Frankreich, nach Kanada. Ich genieße die seltenen Treffen mit meinen acht ehemaligen Schulfreunden, die mir immer noch sehr nahe stehen. Wir können jedes Mal da anknüpfen, wo wir aufgehört haben, denn uns verbinden ein gewisses Grundverständnis und ein gewisses Grundvertrauen. Über lange Zeit gewachsene Nähe ist etwas sehr Wertvolles. Darum können meine WG-Mitbewohner kein Ersatz für echte Freunde sein.

Was mir die WG allerdings bietet, ist auf gewisse Weise ein Stück Bequemlichkeit: Ich stehe nicht alleine da, muss nicht alles alleine organisieren, denn davor hätte ich Angst. Alleine leben? Habe ich noch nie gemacht und würde ich wahrscheinlich auch nicht aushalten. Sicher wäre dann das Bedürfnis nach einer Frau an meiner Seite ausgeprägter, ich würde mehr weggehen und intensiver suchen, aber wahrscheinlich trotzdem nicht schneller eine kennen lernen. Schließlich wäre ich nicht plötzlich ein anderer Mensch, der keine Probleme damit hat, sich auf andere Menschen einzulassen. Die habe ich immer, darum sind auch One-Night-Stands überhaupt nichts für mich. Ich bin nicht der coole Typ, der sich nimmt, was er kriegen kann. Zwar hat sich bei mir auch mal ein One-Night-Stand ergeben und ich habe die Gelegenheit nicht verstreichen lassen, aber letztendlich wühlt mich das innerlich zu sehr auf. Die ganze Zeit dabei denke ich: »Was soll das jetzt bloß geben? Wie bist du nur in diese Situation hineingeraten?«, anstatt mich auf den Sex zu konzentrieren. Vor allem hinterher bin ich emotional bewegt, kann das Erlebnis nicht klar einsortieren. Aber das ist okay, mir fehlt nichts. Ich brauche nicht unbedingt Sex, um glücklich zu sein. Aber wenn ich Sex habe, dann will ich ihn genießen. Und schnellen Sex genieße ich eben nicht. Ich ziehe es vor, sich langsam aufeinander einzulassen, das Kribbeln zuzulassen, das Knistern und die wachsenden Gefühle zu spüren, und erst, nachdem das alles genügend ausgekostet wurde, den Sex so richtig schön zu zelebrieren. Bis ich ungehemmten Sex geben und genießen kann, bevor ich mich auf Experimente und Spielereien einlasse, brauche ich Zeit und Nähe. Und die Zeit habe ich. Da denke ich anders als andere Männer, das ist mir schon klar, aber ich zähle es zu meinen Stärken. Genau wie meine sentimentale Seite und mein Einfühlungsvermögen. Ich spüre, wenn jemand etwas braucht. Ich kann gut zuhören, bin kreativ. Zum Geburtstag bekommen meine Freunde Fotoschienen zum Aufhängen, selbst gemachte Kerzenständer oder Schmuckdöschen. Und ich kann andere gut motivieren, wenn ich sage: »Lass uns mal ein schönes Fest organisieren!«, dann wird das auch gemacht, mit allen zusammen.

Alles in allem habe ich es eigentlich nicht schlecht. Trotzdem stecke ich in dieser Krise, stagniere in meinem Leben. Der Zustand der ewigen Unzufriedenheit hält jetzt schon seit dem Ende meiner Lehre an. Während eines EU-Austauschprojekts in Italien vor eineinhalb Jahren war ich zum letzten Mal so richtig rundherum glücklich. Vier Monate mit zwanzig anderen Handwerkern in einer uralten Stadt in der Toskana. Wir haben Italienisch gelernt und Möbel für die Projektvilla geschreinert, in der wir alle gelebt haben. In unserer Gruppe waren Maurer, die die Villa wieder instand gesetzt, und Bäcker und Friseure, die in ortsansässigen Betrieben gearbeitet haben. Ein guter Freund von mir war auch mit, und wir hatten eine echt gute Zeit dort unten. Vielleicht sollte ich noch einmal für ein paar Monate in die Toskana gehen, Erfahrungen sammeln. Aber ob ich dort wieder so glücklich wäre wie damals? Und was käme danach?

Es gibt ein paar Dinge, auf die ich unter keinen Umständen verzichten möchte. Harmonie. Harmonie ist mir sehr wichtig und ich strebe ständig danach. Ich brauche Menschen um mich, die ich mag. Menschen, mit denen ich mich nicht verstehe, kann ich nicht in meiner direkten Umwelt ertragen, mit denen möchte ich nichts zu tun haben, denn sie stören mein Harmoniegefühl. Außer Harmonie ist für mich Zeit sehr wertvoll, das habe ich ja schon mehrmals betont. Zeit für Freunde, Zeit zum Genießen, Zeit für meine Kunst. Es ist mir wichtig, mich auszudrücken, zum Beispiel durch das Theaterspielen. Ich liebe es, mit einer Gruppe von rund fünfzehn Gleichgesinnten völlig losgelöst vom Alltag auf der Bühne zu probieren, zu improvisieren. Wir überlegen uns ein Thema wie »Dämonen« oder »Königskrönung« und versuchen dann, eine Szene dazu zu entwickeln. Wir lassen unseren Intuitionen freien Lauf, spielen mit Musik, Stimmungen und Emotionen. Versuchen, uns in den König hineinzuversetzen, uns seine Situation in allen Details auszumalen: Ist er ein junger König, auf dem die Verantwortung für seine Untertanen als schwere Bürde lastet? Oder ist er ein fieser, machtbesessener König, der sich dieses Amt durch Intrigen und Betrug erschlichen hat? Wir lassen uns von unseren Erfahrungen, von unserer Phantasie, von unseren eigenen Visionen inspirieren und versuchen darzustellen, was in uns entsteht, kaum durch Dialoge, mehr durch Körpersprache und Körperwirkung. Manchmal glückt das sofort, manchmal braucht es mehrere Versuche, bis man in dieses Gefühl eintauchen kann, aber dann ist es unglaublich spannend, auch den anderen zuzusehen, wie sie ein Motiv interpretieren. Wenn wir das Gefühl haben, uns ist eine Szene gut gelungen, integrieren wir sie in unser Auftrittsprogramm. Obwohl ich ein zurückhaltender Mensch bin, ist es mir nicht unangenehm, sie dann auch vor Publikum zu spielen. Ich habe mich daran gewöhnt und ich weiß: Auf der Bühne bin ich nicht Christian, sondern der König. Und die Reaktion der Zuschauer trifft nicht mich, sondern den König. Vor allem aber macht mir das Theaterspielen einfach Spaß.

Theaterspielen, Zeit, Kunst, Harmonie, Freundschaft – das sind also wichtige Werte für mich. Außerdem natürlich auch Anerkennung und Erfolg im Beruf, dort will ich mich beweisen und mit dem, was ich leiste, zufrieden sein können. Mein Hauptproblem ist, dass ich mich nicht definitiv entscheiden kann, wie ich alles, was mir wichtig ist, unter einen Hut bringen will. Viele Optionen, viele Fragen. Ich bin noch so unentschlossen und merke doch, dass die Zeit drängt, eine Entscheidung zu treffen. Eine Entscheidung, die mich für die nächsten fünf oder zehn Jahre festlegt. Aber ich will mich nur für etwas entscheiden, von dem ich wirklich und ehrlich sagen kann: »Ja, das ist es, das ist mein Weg!« Da lastet

ein enormer Druck auf meinen Schultern, den ich nicht abschüt-
teln kann und der nur noch stärker wird, wenn ich mir bewusst
mache, dass ich jetzt wirklich eigenständig dafür verantwortlich
bin, die richtige Entscheidung zu treffen und dann auch durchzuziehen. Da muss ich wirklich ordentlich schlucken. Ich gebe mir
ja Mühe, mit dieser Verantwortung umzugehen, aber letztendlich
schiebe ich die Entscheidung doch nur hinaus. Ich muss endlich
in die Arena treten und sagen: »Ja, ich überwinde den inneren
Schweinehund und nehme mein Leben in Angriff!«

Daran hindert mich vor allem der innere Konflikt zwischen Rationalität und Emotionalität, den ich jeden Tag aufs Neue mit mir
selbst ausfechte. Meine rationale Seite ist weniger gut ausgeprägt
als meine dominante emotionale Seite, und so kommt mir Letztere immer wieder in die Quere oder bringt mich in Schwierigkeiten, beruflich genauso wie privat. Ich lasse mich gefühlsmäßig
völlig überrumpeln, stürze mich in eine Beziehung und merke erst,
wenn es zu spät ist, dass viele Faktoren eigentlich schon auf den
ersten rationalen Blick dagegen gesprochen hätten. Während die
Frau noch die Schmetterlinge der ersten Wochen genießt, denke
ich über die Konsequenzen dieser Beziehung für mein Leben nach:
Was wird sich dadurch ändern? Was kann ich daraus lernen? Ist
diese Frau gut für mich und meine Entwicklung? Nein. Ich ver-
letze die Frau, indem ich sie verlasse, schäme mich dafür und muss
wieder eine kurze, gescheiterte Bindung zu den anderen in meinem Lebenslauf hinzufügen. Es bleibt mir nichts anderes übrig,
als meine Emotionalität im ersten Moment unter Kontrolle zu bekommen. Ich muss mir eine Frau mit mehr Sorgfalt aussuchen,
genauer hingucken. Ich muss mich auch im Beruf dazu zwingen,
erst nachzudenken, dann zu handeln. Jedes neue Projekt verlangt
vernünftigerweise ein hohes Maß an Organisation und detaillier-
ter Planung, bevor ich loslegen kann. All das verdränge ich gern,
denn es ist mir zu anstrengend und eben – zu rational. Stattdessen stürze ich mich emotional in das Projekt hinein, denke: »Fang
doch erst einmal an, der Rest wird sich schon im Verlauf regeln.«

Das geht manchmal gut und manchmal schief. Oft kommt irgendwann der Punkt, an dem ich mir eingestehen muss: »Hättest du dir doch lieber vorher mehr Gedanken gemacht.«

Rationalität und Emotionalität, meine große Schwäche und meine große Stärke. Manchmal habe ich es so satt, mich ständig damit auseinanderzusetzen. Andererseits möchte ich meine Emotionalität, so sehr sie sich mir auch manchmal in den Weg stellt, nicht missen. Sie ist ohnehin zu sehr in meinem Charakter verankert, als dass ich sie unterdrücken könnte. Ich kann nur versuchen, mir ein wenig mehr Rationalität anzutrainieren, um die Balance herzustellen. Denn so ganz ohne Vernunft werde ich die *Quarterlife Crisis* nicht hinter mich bringen. Abgesehen davon, dass mir selbst mein Bauch noch nicht eindeutig den Weg weist, möchte ich, wenn er denn soweit ist, erst meine Vernunft befragen, bevor ich die Zukunftsentscheidung dann wirklich treffe. Ich weiß, dass ich das schaffen werde.

DAS SCHLIMMSTE HABE ICH HINTER MIR

Meine *Quarterlife Crisis*, den absoluten Tiefpunkt, hatte ich vor eineinhalb Jahren, als mein komplettes Lebenskonzept in einer riesigen Explosion in die Luft gegangen ist. Wie in Zeitlupe ist die Erkenntnis damals in mein Hirn gedrungen, dass ich einfach nur machtlos bin. Natürlich kann ich mir Vorstellungen von meiner Zukunft machen, ich kann sie mir ausmalen, präzise, detailliert, realistisch, ich kann sie völlig wasserdicht planen und absichern. Aber diese Vorstellungen liegen eben nicht nur in meiner Hand, denn es kommen andere Menschen darin vor, die ihre eigenen Pläne mit mir und ohne mich haben, ihr eigenes Bild von einer Zukunft, gemeinsam oder nicht. Und da sind so viele weitere Variablen, die unerwartet von außen hinzukommen, auf die ich keinen Einfluss habe, die alles verändern und manchmal auch alles kaputtmachen können, was man sich aufgebaut, erträumt und vielleicht auch verdient hat. Ich habe soviel ertragen, so sehr gehofft, ich war mir so sicher, dass aus Rainer und mir etwas wird.

Die Weichen für meinen Lebensinhalt der letzten Jahre wurden noch vor dem Abitur gestellt. Ich bin zu der Zeit gern in die Schule gegangen, gut mit meinen Mitschülern zurechtgekommen. Aus der Cliquenwirtschaft habe ich mich zwar immer rausgehalten, aber die anderen haben das akzeptiert. Auch mit den Lehrern lief alles reibungslos, ganz besonders mit einem, mit meinem Biolehrer. Die anderen mochten ihn auch, fanden seinen Unterricht mitreißend und spannend. Es war wirklich nicht so, dass ich blind vor Liebe gewesen wäre. Es war ja am Anfang nicht einmal Liebe, wir beide haben jedenfalls nicht daran gedacht. Begeisterungsfähig, das war ich. Glänzende Augen, strahlendes Gesicht, wenn ich von ihm erzählt habe – klar, dass alle anderen irgendwie gemerkt haben, dass da etwas zwischen uns war. Nur ich nicht. Mir ging es nicht um den Mann, sondern um den Menschen, um meinen *Lieblingsmenschen*, wie ich ihn später häufig genannt habe.

Ganz, ganz langsam konnte ich ihn sehr, sehr gut kennen lernen. Wer hat schon die Gelegenheit, einen interessanten Menschen sechsmal die Woche je fünfundvierzig Minuten lang völlig legal zu studieren, ohne dass sich derjenige bedrängt fühlt? Jede Bewegung, jede Geste, jeden Gesichtszug habe ich während des Unterrichts verfolgt, mir eingeprägt. Ganz besonders habe ich es genossen, seinen Humor zu durchschauen. Es war wie im Kabarett, wenn man merkt, dass sich da eine Pointe aufbaut und man völlig angespannt darauf wartet, gleich endlich loslachen zu können. Ich habe lange vor meinen Klassenkameraden gemerkt, wenn unser Biolehrer einen Witz vorbereitete. Und so gern – vielleicht manchmal sogar etwas unangemessen, übertrieben – darüber gelacht.

Auch als sich langsam mehr zwischen uns anbahnte und die Gespräche persönlicher wurden, war es immer wieder der Humor, der uns verband. Der Herr Biolehrer habe sich im Spaß vor den anderen über mich lustig gemacht, erzählte mir ein Klassenkamerad, mich einen Schleimer genannt. Ich sofort zu ihm hin: »Sie nennen mich einen Schleimer? So eine Unverschämtheit!« Er darauf: »Ich hab' nicht Schleimer gesagt, ich sagte Arschkriecher.«

Dann dieser Martinstag, an dem sich traditionell der letzte Jahrgang betrinkt und ein paar wilde Fotos für die Schülerzeitung schießt. Zwei Freundinnen und ich haben uns aus dem Trubel herausgehalten. Die beiden kamen dann auf die Idee, unseren Biolehrer zu Hause zu besuchen. War wohl mehr ein Spaß, aber ich war natürlich gleich Feuer und Flamme und überredete die beiden, es wirklich zu tun. Wir klingelten und sangen *Ein feste Burg ist unser Gott* vor seiner Tür. Er, sehr gastfreundlich und erfreut, bat uns rein. Wir saßen da auf dem Sofa aufgereiht, eine verschworene kleine Gemeinschaft, weder zu dem Zeitpunkt, noch nachher wusste irgendjemand außer uns davon. Ich war gefangen von dem Moment, von dem heimlichen Einblick in sein privates Umfeld. Holzofen, 40er und 50er Jahre Möbel, viel vom Sperrmüll und auch Selbstgemachtes, wunderschön und absolut harmonisch. In diesem Haus ging es ums Leben, nicht um die Darstellung seiner selbst. Eintauchen in dieses mir bis dahin unbekannte Lebensgefühl, es aufsaugen – das war alles, was für mich zählte.

Vielleicht habe ich es schon vorher gewusst, aber erst an diesem Tag wurde mir wirklich klar, erst an diesem Tag drang zu mir durch, dass Rainer eine Frau und zwei Kinder hatte, einen Jungen und ein behindertes Mädchen. Wieder zu Hause habe ich gleich für die Tochter ein Mobile gebastelt, ein Geschenk von Herzen und ein Grund, ihn wieder zu besuchen. Dass da Liebe im Spiel war, hat meine Mutter damals schon geahnt, und sie hatte Angst, dass ich mich ins Unglück stürze. Aber ich habe es vor mir selbst immer noch nicht zugegeben. Deshalb hatte ich auch kein schlechtes Gewissen als ich da saß, zum ersten Mal alleine mit meinem Biolehrer. Er erzählte, dass er sich vorgestellt hatte, mich in den Arm zu nehmen und mir das Du anzubieten, obwohl das in der Schule problematisch sein könnte. Die Zeit war für eine Umarmung wohl noch nicht reif, aber Rainer hieß er. »Was für ein Scheißname«, sagte ich und wir lachten, und das war der Beginn einer außergewöhnlich intensiven Freundschaft.

Ich fühlte mich von ihm bestätigt, mit meiner gesamten Art angenommen und geschätzt, sogar meinen heiß geliebten Wollpulli, den ich *jeden* Tag trug, fand er liebenswert! Wir haben uns Briefe geschrieben, das waren – jetzt im Nachhinein noch einmal gelesen – definitiv schon Liebesbriefe, obwohl immer noch niemand von Liebe sprach. Im Gegenteil, ich glaubte sogar, anderweitig verliebt zu sein, und Rainer hat sich den Typen zur Brust genommen und uns praktisch verkuppelt. Das Thema Liebe war damit abgehakt, Rainer hatte seine Frau, ich meinen Freund, und wir einander völlig platonisch. Rainer und mein Freund – zwei völlig verschiedene Ebenen. Aber ich wusste genau, und sprach es auch aus, dass die Freundschaft zu Rainer wertvoller für mich war als die Liebe zu meinem Freund. Und nach drei Monaten Katastrophenbeziehung scheiterte, was ohnehin zum Scheitern verurteilt gewesen war.

Kurz vor dem Abitur ist dann Rainers behinderte Tochter gestorben. Zwei Klassenkameraden und ich waren dabei, mit Rainer und seiner Frau im Haus, als es passiert ist. Ich habe den Krankenwagen gerufen, Rainer hat Wiederbelebungsversuche unternommen. Eine schreckliche Erfahrung, sehr schlimm. In meinem Kopf ein Hin und Her zwischen »Bitte, lass sie wieder atmen!« und »Bitte, lass es vorbei sein«. *Ihr* Schicksal war für *unseres* so entscheidend. Er, so verantwortungsbewusst, hätte sich nie auf mich eingelassen, wenn seine Tochter weiterhin seine Fürsorge gebraucht hätte. Aber das Mädchen lebte nun nicht mehr, und Rainers Frau war selbst zu tief gefallen, um ihn zu trösten. So habe ich ihn aufgefangen, ihm gezeigt, dass es für ihn Perspektiven gibt. Wir verbrachten soviel Zeit miteinander, spürten immer deutlicher unsere Gemeinsamkeiten. Da war immer mehr Intensität, ein auf Gegenseitigkeit beruhendes unerschütterliches Urvertrauen.

Schließlich der letzte Schultag, klassische Situation: Vom Alkohol enthemmt, das behindernde Lehrer-Schüler-Verhältnis endlich aufgehoben, unsere gemeinsame Zeit womöglich bald vorbei, durch Zufall für ein paar Minuten allein, da ist es dann passiert. Wir haben uns umarmt, geküsst und alles war klar. Alle Anzeichen vorher konnten wir als solche übersehen, ignorieren, leugnen, den ersten Kuss nicht mehr. Und den ersten Sex wenig später erst recht nicht mehr.

Vor Rainer hatte ich schon mit einigen Kerlen im Bett gelegen, aber viel passiert war da nie. Rainer ist also der erste Mann gewesen, mit dem ich meine Sexualität entdeckt und gelebt habe. Ich habe alles von ihm gelernt, er hat mir gezeigt und erklärt, wie und wo ich ihn anfassen sollte, wie es angenehm für ihn ist und wie es für mich angenehm sein kann, ohne dabei den Schulmeister heraushängen zu lassen. Von Anfang an haben wir viel und offen über das Thema Sex, unsere Bedürfnisse, unsere Körper und unsere gemeinsamen Erlebnisse gesprochen. Zu dem Zeitpunkt ist mir gar nicht klar gewesen, dass es nicht selbstverständlich für eine junge Frau in meinem Alter ist, so sanft und behutsam von einem soviel älteren Mann an die körperliche Liebe herangeführt zu werden. Erst im Nachhinein habe ich gemerkt, wie wunderschön diese Selbstverständlichkeit in Sachen Sex haben und darüber sprechen ist, die Rainer mir beigebracht hat. Er hat mir nie das Gefühl gegeben, dass ich Angst davor haben müsste, ihm nicht zu genügen oder mich mit seinen vorherigen Erfahrungen vergleichen zu lassen. Es hat mich auch nie wirklich interessiert, was er vor mir mit anderen Frauen im Bett erlebt hat. Ich selbst hatte ja überhaupt keinen Vergleich. Ist Sex mit einem älteren Mann anders als Sex mit einem jüngeren Mann? Keine Ahnung, jedenfalls war der Sex mit einem älteren Mann völlig normal für mich. Genauso wie es *normal* war, dass man sich vorsichtig aneinander herantastet, dass Rainer anfangs Probleme hatte, seinen Mann zu stehen, weil ihm ja bewusst war, dass er fremdgegangen ist, dass er Verbotenes getan hat. Ich habe nie gedacht: »Der kriegt ja gar keinen hoch, wie furchtbar, wie peinlich, wie blöd!« Nein, ich habe gedacht: »Ist doch klar, ist doch einleuchtend, ist doch *normal*!« Genauso wie etliche heiße Erlebnisse in Autos, draußen in der Natur, eben zu jeder sich bietenden Gelegenheit mir *normal* erschienen sind, wir hatten eben keine Wohnung und ich habe es nie anders gekannt. Unser Sex war immer aufregend, immer schön. Aber ich denke nicht, dass ich anderen Frauen in dieser Beziehung etwas voraus habe. Wenn ich mit meinen Freundinnen über Sex spreche, und das tun wir oft, habe ich nicht den Eindruck, dass sie sich mit Männern zufrieden geben, die sie nicht befriedigen können. Die holen sich alle, was sie brauchen.

Einmal habe ich mit Studienfreundinnen im Seminarraum gesessen und über Sex und Rainer geredet. Plötzlich hat sich ein Kommilitone eingemischt – Typ Bodyguard, total trainiert, bestimmt jeden Tag drei Stunden im Fitnessstudio – der unser Gespräch offenbar mitbekommen hatte: »Was hast du denn von dem noch im Bett?« Das war wirklich die erste komische Reaktion, an die ich mich erinnern kann. Da ist mir zum ersten Mal aufgegangen, dass irgendjemand Rainers und meine Beziehung unnormal finden könnte. »Eingebildeter Idiot«, habe ich gedacht und entsprechend geantwortet: »Sicherlich mehr als von so 'nem Jungspund wie dir!« Ist doch so. Rainer hat zwanzig Jahre mehr Erfahrung, der kommt garantiert nicht zu früh, der hat gelernt, seinen Orgasmus zu steuern.

Andererseits, direkt mitreden kann ich eigentlich gar nicht, was die »Jungspunde« angeht, denn auch meine Erfahrungen nach Rainer beziehen sich ausschließlich auf Männer, die älter sind als ich. Eine Beziehung mit Gleichaltrigen kann ich mir schlecht vorstellen. Dafür gibt's mehrere Gründe, aber ganz besonders im Bett würde ich wahrscheinlich *gar nicht* mit ihnen klarkommen. Meine Erwartungen sind inzwischen einfach ziemlich hoch und ich habe keine Lust, jemanden »anzulernen«. Mag sein, dass das anders wäre, wenn ich mich wirklich über alle Maßen verlieben würde, aber in die Verlegenheit werde ich wohl nie geraten – offensichtlich orientiere ich mich unbewusst an älteren Männern. Auch körperlich haben die jüngeren Männer Rainer ja nichts voraus. Er ist nicht nur Biologie-, sondern auch Sportlehrer, ein sehr gut gebauter, sehr durchtrainierter Typ mit einem wirklich ausgesprochen knackigen Arsch. Ehrlich, ich habe noch keinen knackigeren Arsch gesehen! Klar, er hat eine Halbglatze, aber das ist auch das Einzige, worauf man herumreiten könnte – ich find's sehr männlich. Klar wird er irgendwann einmal schneller abbauen als ich, darüber haben wir anfangs viel nachgedacht. Aber wenn man liebt, nimmt man solche Widrigkeiten doch in Kauf und liebt deswegen ganz bestimmt nicht weniger. Irgendwann habe ich mich also mit dem Gedanken arrangiert, schließlich gab es dringendere Probleme in unserer damaligen Situation.

Wir waren total bedröppelt, perplex, umgeworfen von der Intensität unserer Gefühle, haben uns lange dagegen gewehrt. Ein Familienurlaub in Australien und ein längerer Auslandsaufenthalt in Malaysia, Orang Utans auswildern, standen für mich an. Wie gut funktioniert in unserem Hirn die Funktion *Einreden*: Wir wollten allen Ernstes nur bis dahin ausleben, was wir nicht mehr bremsen, nicht mehr verhindern konnten, und dann würde sich schon alles von selber erledigen. Aber Australien war ohne ihn die Hölle, ein Entzug, und Malaysia schon bald kein Thema mehr.

Ich bekam einen Studienplatz in O., nur sechzig Kilometer entfernt von H., sechzig Kilometer entfernt von Rainer. Genug, um uns voneinander zu entwöhnen, da waren wir uns immer noch sicher. Aber letztendlich haben wir mehr Zeit miteinander verbracht als jemals zuvor, fast jeden Tag besuchten wir einander. Ich fuhr nach H., wenn auch nur, um mit ihm während seiner Mittagspause eine Currywurst zu essen. Er hat für uns Doppelkopfkumpels erfunden, damit er immer mittwochs bei mir schlafen konnte. Und wir haben uns sogar Wohnungen zusammen angesehen.

Drei Jahre lang ging das so. Ich Anfang zwanzig, Studentin, verliebt und ohne jede Verantwortung außer für mich selbst, das sollte doch die schönste Zeit des Lebens sein. Sagt man nicht so? Schön war's schon, aber auch so furchtbar unbefriedigend. Hin und her, ewig und ohne Unterlass. Schafft er's, sich heute Abend zu Hause loszueisen oder nicht. Sagt er's nun seiner Frau oder nicht. Ziehen wir zusammen oder nicht. *Gibt es endlich eine Entscheidung*?! Und dann plötzlich der erschütternde Teststreifen: *schwanger, in der neunzehnten Woche*! Über Kinder geredet hatten wir oft. Erst wollte ich keine, aber er argumentierte so lieb und so logisch: »So viele Idioten kriegen Kinder, und du bist so eine wunderbare Frau, da wäre es eine Schande, wenn du das der Welt nicht weitergeben würdest.« Wie auch immer, dieses Kind war definitiv nicht geplant, aber nun unterwegs. Die neuen Umstände verlangten eine Entscheidung, die so lange so sehr ersehnt und jetzt wirklich notwendig geworden war. Aber Rainer zögerte immer noch, ich verzweifelte daran und musste doch handeln, wer sonst? Meine Eltern informieren, eine neue Bleibe suchen, meine finanzielle Lage sichern. Furchtbare Eile plötzlich, mein

Studium noch vor der Geburt zu beenden. Bis zur ersten Diplom-
prüfung hab' ich es immerhin geschafft.

Einen Tag vor dem errechneten Geburtstermin stand dann unvermittelt Rainers Frau vor der Tür, bei der er trotz allem noch
lebte, er hatte es ihr einige Wochen vorher dann doch erzählt.
Seltsam oder gar nicht seltsam, sie und ich, wir sind schon irgendwie derselbe Typ. Wenn Rainer nicht wäre, könnten wir Freundinnen sein, es hat einige schöne Frauengespräche zwischen uns
gegeben, als sie noch nichts wusste. Und auch an diesem Tag haben wir uns friedlich und erwachsen benommen. Sie erzählte ihre Geschichte, ich meine, wir verglichen und entlarvten. Mich
hatte er in den Arm genommen mit den Worten »Wir schaffen das
schon«, mir war klar, dass er ein *gemeinsames* Leben meinte, und
er ließ mich in dem Glauben. Aber das meinte er nicht. Seiner
Frau hatte er gesagt, und sie dabei bestimmt auch in den Arm genommen: »Das mit Dorothea ist vorbei. Bis zur Geburt muss ich
zu ihr stehen, aber ich bleibe bei dir und den Kindern!« Ich hatte ihn schon, als ich von der Schwangerschaft erfuhr, gebeten, uns
zu dritt an einen Tisch zu setzen und miteinander zu reden, wie
es erwachsene Menschen doch können sollten. Im Nachhinein ist
klar, warum Rainer das solange wie möglich verhindert hat. Nach
wie vor stemple ich sein Verhalten aber nicht als Gemeinheit oder
Boshaftigkeit ab. Er war einfach unfähig, die Menschen in seinem
Herzen auf der Skala seiner Gefühle in Beziehung zueinander zu
stellen. Er wollte niemanden verletzten, auf niemanden mit dem
Finger zeigen, und hat darum ein definitives Bekenntnis zu ihr
oder zu mir vor sich her geschoben und uns allen dreien, sich
selbst eingeschlossen, am Ende damit natürlich doch sehr, sehr
wehgetan.

Seine Frau hatte inzwischen auch noch ein drittes Kind von ihm
bekommen, wovon ich wusste. Die behinderte Tochter verstorben, der älteste Sohn allein, das sollte so nicht bleiben. Erschien
mir logisch, nachvollziehbar, und ich hatte es zu ertragen, ich hatte schließlich schon genug Schaden in dieser Familie angerichtet

und glaubte zu dem Zeitpunkt noch, ich könnte einfach so wieder aus Rainers Leben verschwinden, indem ich nach Malaysia fliehe. Später dann wurde mir schlecht, wahnsinnig übel, tagelang. Und vor allem nächtelang, wenn ich allein in meinem Bett lag und mir vorstellte, wie Rainer mit seiner Frau ... Jetzt weiß ich, woher das Sprichwort »Das finde ich zum Kotzen« kommt. Mir war klar, wie viel ihm seine Familie wert war, wie sehr er sich vor allem seinen Kindern gegenüber verantwortlich fühlte, aber ganz ehrlich glaubte ich ganz fest an unsere Liebe und an eine gemeinsame Perspektive für *unsere* Familie. Und so ging alles weiter wie vorher. Ich saß da auf Abruf, wartete, hoffte. Aber irgendwie war mir innerlich, unterbewusst, schon klar: *Wenn das Kind kommt, ist Rainer weg.* Wohl deshalb kam unser Sohn erst drei Wochen nach dem errechneten Termin auf die Welt. Sein Vater, der in diesen drei Wochen bei mir in unserer gemeinsamen Wohnung gewohnt hatte, war genau sieben Tage für ihn da, am siebten Tag ist er morgens gegangen und abends nicht wiedergekommen. Meine Welt stürzte zusammen, in sich selbst, in das tiefe, unendlich dunkle Loch, das Sie von mir aus *Quarterlife Crisis* nennen können.

Absolut keine Lust auf dieses Kind, nicht der winzigste Fetzen Liebe für meinen Sohn, nicht jetzt, wo mir selbst meine größte Liebe genommen worden war. Tränen, Schreie, Verzweiflung. Ich wollte den Trennungsschmerz ausleben, hatte so sehr das Bedürfnis, mich auf mich selbst zu konzentrieren. Aber da war dieses hilflose Kind, das mich sowieso schon überforderte, und sah mich an. Eine ganz, ganz furchtbare Zeit war das, ein ewiger Teufelskreis. Der Kleine hat meine schlechte Stimmung gespürt und geheult, weil ich geheult habe, und ich habe geheult, weil er geheult hat. Und dann andauernd diese wildfremden Leute auf der Straße: »Sie müssen der glücklichste Mensch auf der Welt sein, so ein süßer kleiner Sohn.« Ich habe sie gehasst, die sie mir meine Gefühle vorschreiben wollten, hätte ihnen mein Kind am liebsten in den Arm gelegt und wäre abgehauen.

112

Gott sei Dank war anfangs immer jemand bei mir, haben meine beste Freundin und meine Cousine ein richtiges Hilfsprogramm gestartet. So war das Kind versorgt und ich gezwungen, einigermaßen die Haltung zu wahren. Besser wurde es erst allmählich, als ich mich endlich überwand, zu Rückbildungskursen und zur Babymassage zu gehen, mich auf die neuen Leute dort einzulassen, mit denen ich mich austauschen konnte. Nette junge Mütter, die mir Halt gegeben und mich gleichzeitig in die nächste Krise hineingestoßen haben: *Wer bin ich, wo gehöre ich hin?* Ich sitze zwischen zwei Stühlen. Auf der einen Seite sind da diese netten jungen Mütter, im Schnitt zehn Jahre älter als ich, verheiratet, sie haben vorher eine Ausbildung zu Ende gebracht und gearbeitet, machen jetzt eine bezahlte Babypause und suchen mit ihren Männern ein Baugrundstück. So weit bin ich noch nicht, da gehöre ich nicht hin. Andererseits gehöre ich auch nicht mehr zu den Freundinnen in meinem Alter. Ich bin weiter als sie, die noch studieren, ihr Leben viel besser im Griff haben, alles schön der Reihe nach machen und jetzt mit Mitte zwanzig Torschlusspanik kriegen. Zuhören, das tun sie, aber verstehen?

Manchmal begreife ich den Spagat, den ich zwischen Unbeschwertheit und Verantwortung machen muss, einfach als Tatsache, die eben nicht zu ändern ist. An anderen Tagen stört er mich gewaltig und ich habe wirklich keine Lust mehr darauf. Manchmal bin ich froh, dass man mir das Mutterhafte nicht so ansieht wie anderen Frauen. Dann wieder muss ich jedem unbedingt erzählen, richtig penetrant heraushängen lassen, dass ich auch Mutter bin, dass ich mitreden kann, dass ich das auch geleistet habe.

Zurzeit ist mein Sohn unter der Woche bei seinem Vater. Zwischen ihnen ist auch eine enge Bindung entstanden, aber mir gegenüber benimmt sich Rainer furchtbar. Die Strategie ist völlig klar: Er will sich unbeliebt machen, damit ich ihn leichter loslassen kann. Ich habe ihm gesagt, dass das nicht funktioniert. Aber immerhin ist er jetzt wieder für seinen Sohn da und gibt mir dadurch Zeit, als Besucherpädagogin im Zoo zu arbeiten und meine Diplomarbeit über Schimpansen zu schreiben. Absolut mein Thema, aber ich bin nicht so ganz bei der Sache – wegen meines Sohnes.

Inzwischen liebe ich den kleinen Mann über alle Maßen. Wenn er unter der Woche nicht bei mir ist, fühle ich mich halbiert. Und wenn er da ist, ruhe ich nur mit der Hälfte meiner Konzentration in mir selbst, die andere Hälfte ist bei ihm. Freunde, die uns besuchen, bekommen nur meine geteilte Aufmerksamkeit, und das tut mir leid, das stört mich selbst und ich fühle mich ein weiteres Mal außen vor. Aber die halbe Dorothea ist nun einmal alles, was sie momentan kriegen können. Der andere Teil von mir ist erfüllt von meinem Sohn. Ich bin so fasziniert von diesem winzigen Menschen, wie schnell er sich entwickelt, was er alles schon kann, wie er Legosteine zusammensteckt oder Fußball spielt. Stolz, Glück, das ist mein eigenes Kind! Diese Mutter-Kind-Liebe ist der Mann-Frau-Liebe ziemlich ähnlich, nur dass die sexuelle Ebene fehlt. Scheint hormonell ein ähnlicher Cocktail zu sein.

Ich hatte übrigens letztens noch einmal ein Glas von dem Mann-Frau-Cocktail. Mein Sohn kann jetzt, nachdem er abgestillt ist, öfter und länger bei seinem Vater sein, und ich habe die Zeit genutzt, mich in das junge Leben hineinzustürzen, das ich wegen Rainer nie erfahren, nie genossen habe. Kurztrips, Disco, Sport, das volle Programm, alles, was ich kriegen konnte. Und plötzlich war da Lars, der mich interessiert und irritiert hat: so schnell nach Rainer, der vermeintlich größten Liebe meines Lebens, wieder verliebt? In diese Geschichte habe ich mich bewusst pubertär reingestürzt. Alle meinten: »Du brauchst 'nen neuen Kerl!«, und mir war klar: Jeder neue Mann kann die seelische Distanz zwischen Rainer und mir nur vergrößern, und das kann nur gut sein. Und es war wirklich gut, hat anfangs ziemlich gefunkt, mit Schmetterlingen im Bauch und allem, was dazugehört. Lars hat mir einen neuen Freundeskreis eröffnet, mich ins Leben zurückgeholt. Erst da habe ich wieder angefangen, mich auf neue Menschen und O. einzulassen, die Stadt, von der ich so lange so wenig wahrgenommen hatte. Lars – das war eine wichtige, wenn auch kurze Zeit, ein unbeschwerter Sommer. Aber dann, als der erste Enthusiasmus vorbei war, habe ich wie automatisiert angefangen, die Beziehung ständig infrage zu stellen, den neuen Mann an meiner Seite mit Rainer zu vergleichen. Wie soll eine Zukunft mit jemandem funktionieren, der einem nur siebzig Prozent von dem Zusammengehörigkeitsgefühl, von der Liebe beschert, die man schon einmal erlebt hat? Also habe ich die Beziehung zu Lars beendet.

Tatsächlich hätte ich ja das, was Lars und ich zusammen hatten, vorher nie für möglich gehalten. Mit einem anderen Mann als Rainer schlafen? Kaum vorstellbar war das. Wie hätte mir jemand anders jemals das geben können, was Rainer mir gegeben hat, all das, was so lange Zeit zwischen uns gewachsen war? Aber natürlich bin ich auch mit Lars ins Bett gegangen und meine Hemmungen dabei waren wesentlich geringer, als ich sie vorher eingeschätzt hatte. »So einfach ist das also umzusteigen«, habe ich manchmal sogar gedacht und konnte mir plötzlich vorstellen, dass ich auch keine Schwierigkeiten haben dürfte, mit (fast) jedem anderen Mann ins Bett zu steigen. In die Tat umgesetzt habe ich diesen Gedanken natürlich nicht. Gebunden oder ungebunden – ich bin nicht der Typ für One-Night-Stands. Aber ich habe zu dem Zeitpunkt zum ersten Mal gemerkt, wie wichtig mir Sex doch ist, genauer gesagt: wie wichtig mir Sex *in einer Beziehung* ist. Mir scheint, als sei der Umgang miteinander im Bett ein Spiegel für die gesamte Beziehung. Klar kann man nicht erwarten, dass es auf Anhieb zwischen zwei Menschen klappt, in anderen Bereichen lernt man sich ja auch erst nach und nach kennen. Aber dauerhafte Probleme im Bett, die sind dann doch ein untrügliches Zeichen, dass man auch sonst nicht zusammenpasst.

Ich bin da souveräner geworden. Ich bin in allem, in meinem gesamten Auftreten souveräner geworden, stärker, selbstbewusster. Das kommt daher, dass ich mir ständig, an jedem Ort, zu jeder Zeit, bewusst bin, dass ich ein Kind zur Welt gebracht, etwas Großes geleistet habe. Ich bin dankbar dafür und für ein paar Einsichten. Zum Beispiel, dass man ein Kind nicht glücklich machen kann, solange man mit sich selbst nicht im Reinen ist.

In naher Zukunft, nach meiner Diplomarbeit, werden einige Probleme und Entscheidungen auf mich zukommen. Zum Beispiel, wo ich leben will. Ich will meinem Sohn seinen Vater nicht nehmen, aber ich will auch noch mehr von der Welt sehen als H. und O., und ich würde gerne in einem eigenen Haus auf dem Land oder in der Natur wohnen, vielleicht in einer Art Wohnprojekt mit mehreren Parteien, wo ein intensiver Austausch möglich ist. Egal wo, ich weiß, dass ich einen Neuanfang schaffen kann.

Zehn Jahre bleiben mir, in denen ich noch Kinder kriegen kann. Noch zwei, möglichst dicht hintereinander, wäre schön. Aber nicht auf Teufel komm raus, im Alleingang stehe ich das nicht noch einmal durch. Und ich habe keine Lust darauf, am Ende mit zwei Kindern von zwei verschiedenen Vätern dazustehen und mich dann auf die Suche nach einem dritten machen zu müssen. Der richtige Mann muss in den nächsten zehn Jahren her, möglichst diesmal wirklich die Liebe fürs Leben. Ich bin ein Beziehungsmensch, ich brauche jemanden um mich herum, ich brauche Stabilität in meinem Leben. Nicht zu wissen, was kommt, bereitet mir Magenschmerzen. Manchmal sehe ich das auch lockerer, kommt immer drauf an.

Ein Beruf scheint mir nur noch notwendig, um das nötige Kleingeld zusammen zu bekommen. Erfüllung, Selbstverwirklichung erwarte ich nicht mehr. Vielleicht hätte ich Biologie besser nicht studieren, sondern mich in einem konkreten Beruf ausbilden sollen. Dann würde ich mich jetzt sicherer fühlen und könnte meinem Interesse an der Natur privat, hobbymäßig nachgehen. Andererseits ist man in jedem Job viel zu fremdbestimmt. Lieber würde ich für mich selbst und für meine Familie arbeiten. Kartoffeln pflanzen, Kartoffeln ernten, so ein sichtbarer, unmittelbarer Erfolg ist doch viel schöner als jede Karriere. Vielleicht ist das irgendwann mal möglich, in meinem Haus auf dem Land. Fürs erste brauche ich etwas Handfestes.

Ich kenne jemanden, der hat lange an seiner Doktorarbeit ge-sessen, war ewig frustriert, bis er dann abgebrochen hat, Pharma-vertreter geworden ist und glücklich damit. Erst war seine Ge-schichte für mich der Inbegriff des gescheiterten Biologen. Inzwi-schen betrachte ich weder ihn, noch mich als gescheitert. Im Ge-genteil, das ist mal ein konkreter Lebensentwurf, der zu funktio-nieren scheint. Vielleicht mache ich mich auch selbstständig mit einer Idee. Und wenn das nicht klappt, kann ich immer noch Phar-mavertreterin werden. Vielleicht könnte ich auch für den *Tier-freund* oder für Biologieschulbücher schreiben, einen Fernkurs an einer Schreibschule habe ich angefangen, aber dann doch wieder abgebrochen. Da steht jedenfalls auch sehr bald eine Entschei-dung an, die mir Kopfzerbrechen bereitet.

Und Rainer? Wenn ich von ihm erzähle und merke, wie ange-nehm und warm die Erinnerung an ihn ist, taucht vor meinem in-neren Auge von Zeit zu Zeit das Szenario auf, dass Rainer vor meiner Tür steht. Habe ich Angst davor oder sehne ich mich in-nerlich immer noch danach? Ich weiß, dass er mich noch liebt. Und ich? Ich mag die Gefühle, die ich mühevoll aus Vernunft-gründen eingefroren habe, nicht auftauen lassen, indem ich da-rüber spreche. Es hat inzwischen schon wieder die ein oder an-dere gefährliche Situation zwischen uns beiden gegeben, in der nur extreme Beherrschung uns vor einem Rückfall bewahrt hat. Die *inneren* Bedingungen, das Zwischenmenschliche, stimmen ja immer noch zwischen Rainer und mir, nur die *äußeren* Bedingun-gen verhindern die Verwirklichung meiner Träume von einst. So-lange sich die äußeren Umstände nicht ändern, und nichts deutet darauf hin, werde ich unsere Trennung nicht infrage stellen. Soll-te Rainer wirklich mit seinen Koffern vor meiner Tür stehen und mir versichern, dass er sich endgültig für mich entschieden hat, dann würde ich ihm vielleicht noch eine Chance geben. Ich bin nicht hundertprozentig, aber doch ziemlich sicher, dass ich gegen meine Gefühle machtlos wäre. Aber ich weiß, dass wir *selbst dann*, selbst unter veränderten äußeren Bedingungen jede Menge Probleme hätten und ich viele Perspektiven, die sich mir in den letzten Monaten eröffnet haben, wieder sausen lassen müsste.

Der Weg ist das Ziel, diese Weisheit habe ich schon hundertmal gehört, und ich habe sie auch verstanden. Aber es fällt mir so unendlich schwer, danach zu leben. Mir erscheint das Leben unweigerlich immer als eine Aneinanderreihung von Hürden, die es zu überwinden und abzuhaken gilt. Wenn ich einen Berg überwunden habe, steht da nur wieder ein neuer, noch viel höherer Berg vor mir, der mir die Sicht auf den Himmel versperrt. Sogar meinen Sohn habe ich anfangs als Aufgabe betrachtet, die es abzuhaken gilt. Als beinahe unlösbare Riesenaufgabe. Aber das darf so nicht sein! *Der Weg ist das Ziel*, ich *will* mich darauf konzentrieren! Das Unangenehme sich auflösen lassen, indem ich die Dinge einfach anpacke! Die *Dynamik des Lebens* in der Tatsache erkennen, dass sich, auch wenn ich mein Haus, meinen Mann, meine Kinder und meinen Esel haben werde, wieder ein neuer Wunsch auftun wird! Ich arbeite dran. Für den Moment kann ich nur sagen: Mein Lebensweg ist nicht zu empfehlen, aber ich bereue nichts. Ich bin sehr, sehr froh, dass es meinen Sohn gibt und dass ich das Schlimmste hinter mir habe.

ICH FINDE KEINE INNERE RUHE

Ich bin schon immer schnell und gut gewesen in dem, was ich mache. Ich mache ohnehin nur das, von dem ich intuitiv weiß, dass ich darin schnell und gut sein werde. Ich rede auch furchtbar schnell, nie versteht mich jemand, immer muss ich alles wiederholen, das hat wohl damit zu tun. Und ich hasse es zu warten. Sei es auf die U-Bahn oder sei es darauf, dass das Leben endlich weitergeht.

Zeit für Pausen gibt es nicht für mich, innehalten, sich besinnen, nachdenken, umdenken oder Erreichtes genießen, das ist nicht mein Ding. Jedenfalls nicht, nachdem ich einmal etwas angefangen habe. Nur Zeit zum Ausruhen, die *muss* ich mir nehmen, immer häufiger übrigens, weil ich seit einigen Monaten dauernd *so* müde bin. Und damit meine ich nicht, ein wenig schlapp und schläfrig, nein, ich meine abgrundtief und unerträglich todmüde, körperlich und seelisch völlig erschöpft, jenseits jeder Beschreibung. So müde, dass ich in einen Dornröschenschlaf falle, sobald ich meinen Kopf auch nur in ein Kissen oder in den Schoß meines Mannes bette – oder mich selbst in die Badewanne – und die Augen schließe.

Dornröschenschlaf im Sinne von sofort eintretend und lang, nicht aber im Sinne von tief, fest und erholsam. Nach einigen Stunden des kompletten Weggetretenseins erhellt sich mein Unterbewusstsein in eine Zwischenstufe Richtung Wachsein und aktiviert meine Gedanken wieder, die sich wild und nervig miteinander streiten und die Gegenwart auf völlig konfuse Weise neu ordnen. Und wenn ich dann erschöpft aufwache, fallen sie langsam in das gewohnte, wenigstens halbwegs geordnete Chaos in meinem Hirn zurück. Ausruhen, was immer das bedeutet, tue ich wahrschein-

119

lich aus diesem Grund erst, wenn es anders nicht mehr geht, wenn kein Funken Energie mehr zu holen ist.

Die vergangenen sechs Jahre im Zeitraffer: Abitur, Magisterabschluss in sechs Semestern, dann einige Praktika, noch während des dritten eingestellt als Volontärin, bald eine eigene Sendung am Wochenende, dann auch Vertretung in der *prime time* und jetzt in der Warteschleife für eine eigene tägliche Show. Okay, ich bin schon wieder zu schnell, bremsen Sie mich ruhig. Studieren und Spaß? Da gibt's bei mir keine Kernschmelze. Na gut, die ein oder andere wirklich gute Party war dabei, aber ohne die Erinnerung daran wäre ich jetzt auch nicht verzweifelter – oder weniger verzweifelt. Drei tiefe Freundschaften und einige echte Inspirationen, allein die sind es wert gewesen, dass ich den unnützen und Kräfte raubenden Kampf mit unendlich borniertem Professoren nicht bereut habe, sondern nur heilfroh war, als er endlich ein Ende hatte.

Die drei Monate danach – eine deprimierende Durststrecke. Tausend Bewerbungen, tausend Absagen. Dabei war ich doch so hochqualifiziert und -motiviert. Mein Vorsprung schrumpfte zusammen, meine Eltern schimpften meine Berufswahl abertausende Male eine brotlose Kunst und schickten völlig fachgebietsfremde Stellenanzeigen in rauen Mengen, bis das Altpapier überquoll. Klar war ich hochnäsig und hielt mich für oberschlau, aber nicht mehr und nicht weniger als jeder andere Absolvent, und: Ich habe mir durchaus nicht selber eingeredet, dass mir nach dem Studium die Welt offen stehen würde, das haben »die Erwachsenen« übernommen. Wie auch immer, ich musste mich mit dem Gegenteil abfinden. Macht natürlich auch Sinn, welches Unternehmen kann es sich schon leisten, arrogante Studienabgänger dafür zu bezahlen, dass vor lauter Realitätsschock keine Kraft für die Konzentration auf die Arbeit übrig bleibt? In meiner Branche keines.

So biss ich mich irgendwie durch. Fing als Praktikantin an, obwohl ich doch schon soviel praktische Berufserfahrung als freie Mitarbeiterin gesammelt hatte. Fühlte mich einsam ohne die Kom-

militonen, mit denen ich mir mangels studienbezogener Gemeinsamkeiten jetzt überhaupt nichts mehr zu sagen hatte, und ohne
die Durchstarter aus meinem Bekanntenkreis, die tatsächlich den
Bilderbucheinstieg hingelegt hatten und von denen ich mich verraten fühlte. Einsam, so einsam war ich, obwohl ich in einer guten Beziehung steckte. Rief Exfreunde und alte Bekannte an, be-
schwor die postgymnasialen Zeiten zurück, als wir als Provinz-
band-Groupies unseren wenig tiefgründigen Spaß hatten, log viel.
Wer erzählt schon gerne und wer hört schon gerne von der großen inneren Leere!?

Nachdem mich dann für den Moment das Jammern zu sehr
langweilte, begann ich, meine Lehren zu ziehen. Lernte, dass ich
mich ins Gespräch bringen, anpreisen muss, ohne zu zögern »Ja,
ich kann das!« sagen, lieber hinterher für ein Versagen entschuldigen, als sich gar nicht erst trauen. Und nerven mit eigenen Ide-
en, solange, bis man eine Chance bekommt, vielleicht nur, damit
man endlich aufhört zu nerven. Und den Spieß umdrehen. Jedes
Unternehmen saugt seine Praktikanten aus, aber man kann es ihnen heimzahlen. Kollegen löchern, Arbeitsmittel bis tief in die
Nacht zum Üben nutzen, immer dabei sein, alles an Kontakten,
Wissen und Insiderinfos mitnehmen, was irgend möglich ist. Das
hat mich dahin gebracht, wo ich jetzt bin. Es hat sich viel verändert, ich habe mich sehr verändert.

Nur eins der Probleme, die ich damals, gleich nach dem Abschluss hatte, macht mir jetzt noch zu schaffen: Die Chefs und
Sprecher unserer Gesellschaft nehmen mich partout nicht ernst.
In jedem Vorstellungsgespräch mit Medienmachern, in jedem Interview mit Autoren, Wirtschaftsbossen, Politikern, Semi- oder
Vollprominenten bin ich das kleine Mädchen, das die großen, ge-
meinen Tanten und Onkels um einen Lolli anbettelt. Nur zu Künst-
lern ohne V.I.P. Etikett auf dem Jackett und zu seltsamen Kauzen
mit seltsamen Ideen scheine ich irgendwie Zugang zu haben, die
fühlen sich von mir immer inspiriert. Alle anderen – vergiss es.
Was ich kann, was ich gemacht habe, was ich bin, hilft nicht, mich

besser, wichtiger, größer zu fühlen. Dabei hatte ich ironischerwei-
se als *echtes* kleines Mädchen niemals ein junges, süßes Gesicht-
chen. Aber jetzt – egal wie fein der Stoff meiner Hose, egal wie
hoch der Absatz meiner Stiefel, egal wie elegant die Farbe meines
Lippenstiftes, ich wirke immer klein, zerbrechlich und jung, ja,
vor allem jung. Nicht schüchtern oder zurückhaltend, nein, schon
frech, direkt, logisch, kompetent und praktisch in der Argumen-
tation, und dennoch stehe ich am Ende immer da mit einem Lolli in der Hand und großen Versprechungen in einer imaginären
Tüte.

Na gut, ich bin ja auch erst fünfundzwanzig. Fünfundzwanzig
und nicht zu bremsen. Das Nichternstgenommenwerden kann ich
ignorieren, überspielen, verdrängen. Nicht aber das Wissen darum, dass noch nicht alles erledigt ist. Es ist, als käme ich von der
Überholspur nicht mehr herunter, als schaffte ich das Einfädeln
rechts rüber einfach nicht mehr. Jeder Tag, an dem nichts Zu-
kunftsweisendes geschieht – und es liegt schließlich in der Natur
der Sache, dass das beinahe jeden Tag betrifft – erscheint mir vergeudet, und ich hadere mit mir selbst über seine Verschwendung.
»Du musst den Vorsprung nutzen, den du dir so hart erarbeitet
hast, sonst war doch alles umsonst«, schreit es in meinem Kopf,
»los, los, los!« Und das, obwohl ich das Adjektiv *karrieregeil* weit
von mir weise. Karriere, darum geht es nicht, daran messe ich
nicht meinen eigenen Wert. Im Gegenteil, im Grunde ist mir alles andere wichtiger. Nur: Liebe, Leidenschaft, Geborgenheit, Gesundheit, Erfüllung lassen sich nicht erzwingen. Und ich bin nicht
in der Lage, meine Zeit mit Warten zu verbringen. Ich *muss* handeln, beinahe zwanghaft. Und da scheint die Karriere das Einzige zu sein, an dem ich aktiv mitwirken kann, um die Zeit bis zum
Erreichen der wahren Werte zu überbrücken und mich nicht der
Faulheit schuldig zu machen oder zu verzweifeln.

Das Gemeine ist, dass das große Ziel der absoluten Zufriedenheit, der Tag, an dem ich alles erreicht haben werde, was mir kar-
rieretechnisch *und* privat vorschwebt, immer *beinahe* greifbar zu

sein scheint – wie Evas Apfel am Paradiesbaum. Knapp über meinem ausgestreckten Arm, da scheint er zu hängen, wenn ich mich auf die Zehenspitzen stelle, nur noch ein paar Millimeter entfernt. Auf meinem Apfel steht ja nicht: »reich, mächtig, schön und berühmt«. Ich bin ja nicht vermessen. Da steht einfach: »eigene tägliche *prime time show* in einem kleinen, lokalen Sender«, da steht »gesundes, süßes, fröhliches Baby« und da steht »finanzierbare sanierte Drei-Zimmer-Wohnung zwischen Schloss und Lietzensee, mit Balkon, Wanne, Kammer, möglichst wenigen Rohren auf den Wänden, Fahrstuhl und möglichst ohne Nachbar, der Tag und Nacht hysterisch ins Telefon brüllt oder meditative Trommelmusik hört«. An anderen, etwas verträumteren oder mutigeren Tagen, wie man's nimmt, steht da auf dem Apfel »ein Haus mit Veranda an der Bostoner Atlantikküste, zwei gesunde, süße, fröhliche Babys, eine wöchentliche Kolumne in einer deutschen Zeitung und Zeit für die Schriftstellerei«. Zwei Lebensentwürfe, der eine ein wenig greifbarer als der andere, aber beide durchaus machbar – das ist alles, mehr will ich doch gar nicht! Doch egal, wie nah ich dem Ziel auch gekommen sein mag, immer wieder drängt sich ein winzigkleines Etwas dazwischen, das noch erledigt werden muss, es kommt aus dem leeren Raum und ist plötzlich ganz unerwartet da, völlig unbedeutend eigentlich, so unüberwindlich wie die sprichwörtliche *Haaresbreite* nun einmal ist.

Und so scheint der Tag des Erreichens, der Zufriedenheit, des Glücks, des schlussendlichen Genusses so nah, so verdammt nah. Und gerade deshalb ist der Drang, das Verlangen danach, meine innere Unruhe, Rastlosigkeit und Zukunftsorientierung so unverhältnismäßig groß. Nur noch *eine* Spielrunde weg vom Hauptgewinn, das ist zu schaffen, definitiv, ich sehe meine Beförderung, mein Baby, meine Wohnung schon mit roter Schleife um Urkunde, Bäuchlein und Türklinke. Und zwei, drei Jahre später neue Erfolge, neue Schleifen, gleich da an der Verandaschaukel eine große rote, vom Meer aus nur wenig später als der Leuchtturm auszumachen. Ich spüre es, ich bin bald da!

In solchen Momenten überfordere ich die Menschen, die im Hier und Jetzt um mich herum sind. Sie sprechen mit mir, sie fragen, sie haben mir *jetzt* Glück oder Leid mitzuteilen, brauchen Rat, aber ich bin dafür nicht empfänglich. Ich schwebe in meiner phantastischen Zukunftswelt und wandele in *dieser* hier nur als seelenloser Körper. Halte mich dennoch für bodenständig. Andere Menschen fliehen in ganz andere, viel unwahrscheinlichere Welten, um ihrem Alltag zu entkommen. Bei mir ist das schließlich eine wirklich mögliche Zukunft, in der ich mich da bewege. Einen durchaus angenehmen Nebeneffekt haben beide Arten der Gegenwartsflucht allerdings gemeinsam: Peinlichkeiten sind weniger beschämend, Fehler weniger gravierend, Tadel weniger schwerwiegend, Prüfungen weniger nervenaufreibend, denn sie sind *ja irgendwie schon lange vorbei.*

Es gibt auch Tage, an denen ich ehrlich bin und zugebe, was mir Nahestehende ohnehin wissen: dass ich *nie* zufrieden sein werde. Vielleicht habe ich auch Angst davor, vor dem schwarzen Loch hinter der Zufriedenheit, das sämtliche Energien verschluckt. Vielleicht existiert aber auch gar kein schwarzes Loch. Ziele, Wünsche, Träume gibt es immer, und sie sind immer irgendwie bunter, freundlicher, erstrebenswerter als die Realität, sobald die alten Ziele, Wünsche, Träume nach ein paar Wochen des Genusses und der Gewöhnung Alltag geworden sind. Das ist ja beileibe keine neue Erkenntnis und gilt für alle Lebensbereiche. Liebe, Lust und Leidenschaft zum Beispiel.

Auch was das angeht, habe ich bisher immer in regelmäßigen Abständen neue Reviere gesucht. Zwei Jugendlieben, drei Affären, zwei mir heute völlig unverständliche Geschmacksirritationen und eine echte, wertvolle Beziehung vor meiner jetzigen, aber *nicht eine* länger davon als zwei Jahre, auch nicht kürzer, immer fast auf den Tag genau zwei Jahre. Dann ist Schluss, ich leide, ich jammere, ich zerbreche und vergehe, aber der Lauf der Dinge ist doch nicht aufzuhalten. Besserungsgelöbnisse und Erfrischungskuren können das Ganze vielleicht um ein oder zwei Monate verzögern, aber dann kommt das unerbittliche Ende doch, und ich muss weiter.

Widerlich ist das, es kommt mir vor, als hätte ich meine Partner ausgesaugt, mir von ihnen genommen, mir angeeignet, was sie zu bieten hatten, sie zwei Jahre ihres Lebens zu einem Marathon getrieben, ihnen die Hoffnung gemacht, irgendwann mein Tempo erreichen zu können, mir dann zu genügen, nur um ihnen jetzt mitzuteilen, dass sie leider, leider nicht mithalten konnten, dass sie sich umsonst angestrengt haben, Pech gehabt. Einer hat sich die Mühe gemacht zu versuchen, mich zu bremsen, und ich habe es ihm vermessenerweise übel genommen: »Warum weißt du nicht zu schätzen, dass ich dich aus deinem Trott herausreiße, deinen Horizont erweitere, warum kannst du mir nicht dankbar dafür sein?«

Jetzt bin ich seit einigen Monaten mit Paul verheiratet und wirklich, wirklich froh darüber, dass ich mir wenigstens bei dieser Entscheidung absolut und vollkommen sicher bin, dass sie richtig war. Wir ticken einfach gleich und wir sind uns in einem Moment näher gekommen, in dem wir beide bereit waren, uns aufeinander einzulassen und in eine neue Lebensphase einzutreten. Der überspringende Funke ist nicht alles, im Leben spielt der richtige Zeitpunkt so oft eine so entscheidende Rolle, genau wie auch in unserem Fall.

Nach einem Jahr unverbindlicher Arbeit im selben Team, einem Jahr Beziehung und einem weiteren Jahr Ehe ist der Prozess des Hörnerabstoßens noch nicht vorbei, aber in Grundsatzdingen auch gar nicht nötig. Ich liebe ihn, wenn er souverän und respektvoll zugleich mit fremden oder älteren Menschen umgeht, ich liebe ihn, wenn er verletzlich und blass im Krankenhausbett liegt und auf meine Hilfe angewiesen ist. Ich liebe ihn, wenn er nackt und männlich zu mir ins Bett kommt, wenn er beschützend die Arme um mich legt und wenn er sich schutzsuchend an mich schmiegt. Ich liebe ihn, wenn er mir nachts stundenlang Anekdoten erzählt, obwohl wir beide todmüde sind, und wenn wir schweigend am Ostseestrand spazieren. Kurz und gut: Wir sind glücklich.

Nur kann ich das Glück nicht so leicht genießen, wie Paul es verdient hätte. Ein Teufelchen in meinem Hinterkopf giftet doch: »Noch sind eure zwei Jahre nicht um, noch habt ihr sie nicht überstanden!« In solchen Momenten überfällt mich die lähmende Angst, einen anderen psychisch oder physisch interessanten Mann kennen zu lernen, ich warte geradezu darauf, dass das Schicksal all seine Gemeinheit daransetzt, mir jemanden vorbeizuschicken, der mich reizen könnte, nur um mich zu testen. Dann verkrieche ich mich so gut es geht in mir selbst, spreche mit keinem einzigen männlichen Wesen, richte meinen Blick auf den Boden vor mir und flehe wen auch immer an: »Bitte, bitte, lass mich Paul lieben und begehren, nur Paul, für immer Paul!« Dabei habe ich keine Angst, mich nicht unter Kontrolle zu haben oder sogar schwach zu werden, Paul gibt mir ja alles, was ich brauche, er ist der »Märchenprinz«, von dem man als kleines Mädchen träumt, der »Traumboy«, über den man als Teenie im Tagebuch dichtet und der »Mr. Right«, den Ally McBeal immer noch sucht – ich liebe ihn über alles. Aber schon die bedeutungslosesten Alltagsbanalitäten kommen mir falsch und unnötig vor. Jedes noch so unverfängliche Kollegen-Begrüßungs-Lächeln, das einem anderen als ihm gilt, jedes unwillkürliche Lachen über den Witz eines anderen, jedes Gespräch, besonders über ein Thema, das Paul nicht interessiert, erscheint mir ein widerwärtiger Verrat an mein Versprechen, mein Leben Paul zu widmen. Und warum? Weil ich weiß, dass ich wünschte, umgekehrt auch für ihn für immer alles zu sein. Alles, was ihn interessiert, alles, was ihn inspiriert, alles, was ihn treibt, alles, was ihn beruhigt, alles, was er begehrt, alles, was ihn zum Lachen bringt, alles, was ihn beschäftigt, alles, was auf ihn aufpasst, alles, was er braucht, alles, was er erreicht hat, und alles, was er plant. Ich weiß auch, dass wir das erste Paar seit Romeo und Julia wären, das das erleben dürfte. Trotzdem kann ich mich von diesem Anspruch an unsere Ehe nicht freimachen.

Und darum rede ich auf ihn ein wie auf ein krankes Pferd, forde-
re ihn auf, täglich Bilanz zu ziehen und mir zu sagen, was er
braucht, was er empfindet und was er vermisst, um in jeder Hinsicht einer Abnutzung unserer Zweisamkeit vorzubeugen. Wenn
ihm nicht schmeckt, was ich koche, oder wenn ihn nicht interessiert, was ich erzähle, bekomme ich Panik, ihm nicht zu genügen
und selber schuld daran zu sein, wenn er sich nach anderen Frau-
en umschaut. Ganz besonders hysterisch werde ich innerlich,
wenn es auf sexueller Ebene ein Missverständnis gibt, wenn einer
von uns zu müde ist, um den Sex richtig zu genießen, wenn wir
nur ein paar Tage lang nicht miteinander geschlafen haben, obwohl es Gelegenheiten gegeben hätte, oder wenn ich aus irgendwelchen Gründen nicht angefasst werden mag und das Gefühl habe, die frigide Zicke heraushängen zu lassen. Ich kann den Gedanken nicht ertragen, dass er sich nach einer anderen Frau sehnen könnte, dass er irgendwann den Drang verspüren könnte,
wieder einmal größere Brüste als meine anzufassen, dass er sich
irgendwann in vierzig Jahren vor meiner faltig gewordenen Haut
ekeln könnte. Bitte, bitte, lass uns immer und ewig fantastischen
Sex haben. Ja, ich weiß, wir sind hier nicht im Märchen. Wenn
das mit uns nur irgendeine Beziehung in einer seriell monogamen
Reihe wäre, könnte ich die Realität, die uns genau wie alle anderen Paare einholen wird, leichter akzeptieren. Aber nicht so, nicht
mit dem Wissen, dass wir geheiratet haben, dass wir beide an die
Ehe – bis dass der Tod uns scheidet – glauben und dass für uns
beide erfüllender Sex essentiell zu einer guten Partnerschaft dazugehört.

Wie kann mein wunderbarer Paul dieses ewig unsichere und
rastlose Wesen, das ich bin, bloß aushalten? Wird er nicht irgendwann den Versuch aufgeben *müssen*, mir Sicherheit einzuimpfen,
um sein eigenes Vertrauen in unsere Ehe nicht zu verlieren? Wird
er nicht irgendwann den Versuch aufgeben *müssen*, mich zu bremsen, mir das Genießen beizubringen, um seine eigene innere Ruhe nicht zu gefährden? Wird er den Druck des unaufhaltsamen

Weiterentwickelns aushalten, den ich ja auch auf ihn ausübe, jetzt, wo er Teil meines Zukunftsplans geworden ist, werden ihn meine ständigen Forderungen nach mehr nicht zermürben? Werde ich zulassen, dass er mich verändert, und wird er mich noch lieben, wenn einer meiner grundsätzlichen Wesenszüge, das Schnelle, Allumfassende, Engagierte in mir gebrochen ist? Wird es diesmal *er* sein, der geht, jetzt, wo ich mich endlich entschieden habe zu bleiben? Die Angst davor zerfrisst mich genauso wie die Angst, mich zu ändern, einen Gang herunter zu schalten, die bewusste Entscheidung zu treffen, dass die Überholspurphase meines Lebens, die mich letztendlich doch nicht beschleunigt hat, jetzt beendet ist. Obwohl ich doch so unendlich müde bin.

Was, wenn ich mich langweile mit Anfang dreißig, ein paar Jahrzehnte noch vor mir? Könnte ich dann das Tempo wieder anziehen oder wird meine Gangschaltung eingerostet sein? All die Menschen, die zufrieden in ihren kleinen Höhlen sitzen, die Füße hochlegen und ein Buch lesen und sich nichts anderes wünschen, als genau das zu tun, sind sie wirklich zufrieden oder haben sie einfach das Wünschen und Zielesetzen verlernt? Und wenn sie es verlernt haben, *wissen sie das?* Die Möglichkeit, dass man es verlernen und *nicht* wissen könnte, behindert mein Zufriedengeben ungemein.

Für andere Menschen ist möglicherweise das, was ich täglich tue und als gegeben hinnehme, schon das Ziel ihrer Träume. Mein Job als Radiomoderatorin ist außergewöhnlich, viele beneiden mich darum oder bewundern mich dafür. Ich habe soviel gelernt, erlebt, so viele interessante Menschen getroffen, auch berühmte Menschen. Zehntausende hören mir zu, wenn ich auf der Antenne bin, warten auf mich, warten darauf, von mir zum Lachen gebracht, informiert, unterhalten und getröstet zu werden. Vielleicht bin ich zu jung, um das alles einzuordnen und zu verkraften, vielleicht stürmt zuviel auf mich ein, um dem rasanten Tempo noch Einhalt zu gebieten. Könnte es nach einer Kehrtwende noch woanders hinführen als rückwärts? Andererseits, wenn ich diesen

Weg weitergehe, wann werde ich endlich mit dieser letzten ersehnten Beförderung belohnt, wann kann ich endlich ein weiteres Erfolgserlebnis in meinem Lebenslauf verbuchen? Ich bin süchtig nach Erfolgserlebnissen, es ist zu lange nichts mehr passiert. Zu lange, um an einem einsamen, schwindeligen Samstag- oder Sonntagmorgen auf dem Weg zu einer weiteren ungezählten, miserabel bezahlten Frühschicht an das zu glauben, was ich tue. Abgesehen davon, dass ich es nicht ertragen könnte, wenn mir zu Ohren käme, dass irgendwo Menschen an ihren Radios sitzen und über mich lachen oder mich verwünschen, ohne dass ich es merke, ohne dass ich mich rechtfertigen kann. Was kann so schlimm sein an einem langweiligen, aber geregelten, gut bezahlten *nine to five* Job, bei dem Produkte oder Dienstleistungen verkauft werden, die wirklich, wirklich wichtig für die Gesellschaft sind? Vor fünf Jahren hätte ich eine ganze Litanei aggressiver Verteidigung zum Thema »Wert der Kreativität« heruntergespult, jetzt komme ich mir manchmal vor wie ein Modepüppchen, das einen Pelzmantel spazieren trägt. Was ist ein Radio heutzutage und in unseren Breitengraden, wo keine lebenswichtigen Meldungen mehr darüber kommuniziert werden, schon anderes als ein Pelzmantel? Luxus eben.

Meine Schwester ist Biologin und wird im Zuge ihrer Doktorarbeit bald irgendwo im Tier- oder Umweltschutz wertvolle Arbeit leisten, mein Bruder ist Wirtschaftsingenieur und will sich in seiner Doktorarbeit demnächst auf die Weiterentwicklung von Herzschrittmachern konzentrieren. Ich dagegen habe einfach nur mein Hobby zum Beruf gemacht. Vermeintlich zumindest, denn meine Leidenschaft ist eigentlich das Schreiben, und mein Berufsziel war immer, als freie Wortjournalistin für verschiedene Zeitschriften oder Tageszeitungen ausführliche Magazinbeiträge zu verfassen, durch die Welt zu reisen und außergewöhnliche, nicht prominente Menschen und das Leben an außergewöhnlichen unbekannten Orten zu porträtieren. Damit hat mein Alltag allerdings herzlich wenig zu tun, weshalb ich mir ehrlicherweise eingestehen müsste, dass alles, was ich bisher trotz meines enormen Tempos erreicht habe, eine vage Annäherung an meine eigentlichen Ziele darstellt, zudem eine Tätigkeit, die die Menschheit nicht wirklich weiterbringt. Eine Tätigkeit, die mich zuviel Zeit und durch die ewig wechselnden Schichten auch zuviel Energie kostet, um mich nebenbei noch um meine Leidenschaft zu kümmern, kreativ zu sein. Das Schicksal ist eben nicht nur voller Gemeinheit, sondern auch voller Ironie. Trotzdem bin ich gerne Radiomoderatorin, liebe die Momente, wenn eine Hörerin oder ein Hörer auf der Studiohotline anruft, um mir dafür zu danken, dass ich für sie oder für ihn da bin. Liebe den Kick, wenn eine dringende Meldung noch drei Minuten vor den Nachrichten über den Ticker kommt und ich es schaffe, sie zu formulieren und ohne Versprecher zu präsentieren. Liebe es, Neuigkeiten vor allen anderen zu erfahren, Prominenten souverän die Hände zu schütteln und dabei so zu tun, als wäre ich nicht aufgeregt. Wenn Paul, meine Eltern oder Freunde mir raten, mich nach einem anderen Job umzusehen, weil ich mal wieder wochenlang über meinen jetzigen gejammert habe, bin ich ihnen böse, lasse ich nichts auf das Radio kommen, rechtfertige meine Entscheidung und bin dabei genauso überzeugend, wie wenn ich dagegen argumentiere.

Egal wie lange ich diesen Job noch machen werde, umsonst war dieser Schritt in meinem Leben nicht, schließlich habe ich Paul im Sender kennen und lieben gelernt. Aber was jetzt? Wir wollen beide relativ bald Nachwuchs haben, soweit sind wir uns einig, nur ist der richtige Zeitpunkt dazu schon gekommen? Paul kann eine Familie von seinem Gehalt nicht alleine finanzieren, oder wir müssten uns sehr einschränken und auch den Umzug vorerst verschieben. Sollen wir es trotzdem wagen? Paul ist unheilbar herzkrank, hat vor einigen Jahren viel Zeit im Klinikum verbracht. Beide haben wir Angst davor, was passieren könnte, wenn wir es wagen. Dass er unserem Kind seine Krankheit vererbt und ihm damit sein unbeschwertes Leben nimmt. Dass es ihm wieder schlechter geht als momentan und er mich mit unserem Kind al-

lein lassen muss. Dass er es dann nicht ertragen würde, wieder
monatelang im Krankenbett zu liegen, während sein Kind ohne
ihn aufwächst. Dass ich keine Kraft hätte, mich um unser Kind zu
kümmern, weil ich bei ihm sein will. All diese Gedanken sind unendlich schwer auszublenden bei der Familienplanung. Andererseits, wenn ich mir das Allerschlimmste vorstelle, dass Paul diese
Welt vor mir verlässt, dann bin ich mir sicher, dass ich ein Kind
mit ihm haben möchte, egal was auf uns zukommt. Und dann will
ich dieses Kind so schnell wie möglich, weil es Paul jetzt gut geht.

Aber was wird aus meinem Job, wenn ich ein Baby bekomme?
Ich würde verrückt werden, völlig abgeschnitten von der Außen-
welt, Windeln und Breichen meine einzige Inspiration. Andererseits muss ich dieses Opfer wohl für ein Kind bringen, oder? Meine Mutter hat aufgehört zu arbeiten, um sich um mich zu kümmern, und so bin ich doch jetzt verpflichtet, dasselbe für mein Baby zu tun. Mein Vater hat gearbeitet, was das Zeug hält, um uns
finanziell eine sorgen- und nebenjobfreie Jugend zu ermöglichen,
auch dadurch bin ich in der Pflicht. Der ich nicht nachkommen
kann, ohne mitzuverdienen. Wenn das kein Prioritätenkonflikt
vom Feinsten ist.

Was, wenn wir ein Baby bekommen und dann beide unsere Jobs
verlieren? Wie gesagt, wir arbeiten für dieselbe Firma und der
geht es auch nicht besser als der Wirtschaft im Allgemeinen. Wie
ich es drehe und wende, eine Frage ergibt die nächste, auf keine
gibt es eine Antwort, und die Liste der Optionen scheint endlos.
Wir könnten auch auswandern, jetzt, wo unsere Jobs ohnehin auf
der Kippe stehen, wo noch kein Nachwuchs da ist, wir ein bisschen was gespart, und beide Lust auf Amerika haben. Kann es
denn so schlimm sein, nach den Sternen zu greifen?

Alles fließt, alles hängt irgendwie miteinander zusammen und
alles ist auch irgendwie miteinander vereinbar, wenn ich doch nur
die Zukunft für zwei, drei Jahre vorhersehen und mich darauf
einrichten könnte! So geht es jedenfalls nicht weiter. Entscheidungen müssen her, eine einzige wäre ja im Grunde genommen

genug, eine Richtung einschlagen, davon hängen doch alle anderen Antworten ab. Aber was, wenn es die falsche Entscheidung, die falsche Richtung ist? Was kann ich verpassen? Hätte *eine falsche* Entscheidung nur zur Folge, dass ich etwas verpasse, oder würde ich möglicherweise mein gesamtes Leben dadurch versauen? Warum bin ich nur so undankbar und jammere über die vielen Möglichkeiten, die *ich* habe, und über die junge Frauen vor hundert Jahren außer sich vor Freude gewesen wären?

Quarterlife Crisis heißt diese Angst, diese Undankbarkeit, Ratlosigkeit, Unsicherheit, Unentschlossenheit also. Dem ganzen Irrsinn einen Namen zuordnen zu können hilft. Seltsam, wie einem manchmal wie durch ein Wunder genau im richtigen Moment genau das richtige Buch oder der richtige Artikel in die Hände fällt, Zeilen, mit denen man sich hundertprozentig identifizieren und Nahestehenden beweisen kann, dass man nicht alleine in dieser Phase steckt: »Schau hier, ich bin nicht alleine, bin keine Außerirdische, ich bilde mir das alles nicht ein und ich lege es wirklich nicht darauf an, dir auf die Nerven zu gehen.« Nur dass es sich bisher immer um hochintellektuelle Werke wie die von Goethe oder rebellische Gedichte wie die von Jim Morrison gehandelt hat, die ich anderen zu lesen gegeben habe, um ihnen meine Stimmung nahe zu bringen. Die Isabell, die über so weltliche und existentielle Alltagsdinge nachdenkt, wie man sie offenbar unter dem Namen *Quarterlife Crisis* zusammenfasst, ist mir noch ziemlich unbekannt. Manchmal auch *unsympathisch*. Ich bin mir immer so *reif* vorgekommen, wenn ich als Studentin Goethe, Keats oder Morrison zitiert habe, um mit ihren schlauen Worten meine Weltsicht zu untermauern. Jetzt komme ich mir nur unendlich dumm und unreif vor und erinnere mich an mein erstes, leider verschollenes lila Tagebuch, in das ich mit zwölf oder dreizehn Jahren sinngemäß geschrieben habe: »Lieber wäre ich eine Schildkröte, die von nichts eine Ahnung hat, als all die blöden Lebensphasen durchzumachen, die schon Millionen vor mir durchgemacht haben, und die Millionen nach mir durchmachen werden.«

An guten Tagen bin ich glücklich über die Träume, Wünsche und Ziele, die ich habe. Denn nur, wer die hat, kann sich entwickeln, kann leben. Träume, Wünsche und Ziele sind es, die uns Menschen antreiben und beruhigen. Auch oder *gerade* wenn sie im gegenwärtigen Moment nicht zu erfüllen sind. Denn manchmal stelle ich mir in allen Einzelheiten den *worst case* vor: Ich verliere meinen Mann, er lässt mich, die junge Witwe, haltlos zurück in dieser Welt mit der verblassenden Erinnerung an die Liebe, die wir geteilt haben. Ich rede mir ein, das Leben ohne ihn wäre leichter zu ertragen, wenn ich dann sorgsam versteckte Wünsche hervorholen und mir deren Erfüllung zum Ziel machen kann. Quer durch Australien reisen. Ein Haus an der Bostoner Atlantikküste kaufen. Wieder zu meinen Eltern ziehen, mich in der heilen Welt meines alten Kinderzimmers verkriechen und einen Roman schreiben. Beruhigend zu wissen.

An guten Tagen scheint es mir auch nicht mehr problematisch, geschweige denn tragisch, dass ich das Leben drastisch empfinden kann. Im Gegenteil, es ist ein Geschenk, das man würdigen sollte. Himmelhochjauchzend und zu Tode betrübt. Viel zu viele Menschen hocken regungs- und gefühllos, desinteressiert und gelangweilt in ihren Höhlen.

Und was Entscheidungen angeht, die kann man nicht erzwingen, die müssen reifen. Möglichkeiten tauchen vage am eigenen Horizont auf, nehmen von einem Menschen Besitz, nisten sich ein, lassen sich ausbrüten, werden klarer, kristallklar schließlich, lassen sich erst dann durchschauen, von allen Seiten beleuchten, abwägen. Und irgendwann wird eine der unendlich vielen Möglichkeiten größer, plausibler, tatsächlicher, verdrängt die anderen, und dann ist die Entscheidung bereits getroffen, man muss sich nur noch trauen zu merken, was die eigene Seele einem vorschlägt. Vielleicht brauchen Entscheidungen einfach nur Zeit.

ICH HABE MEIN TALENT NOCH
NICHT GEFUNDEN

»Du wirkst so sicher«, bekomme ich von Freunden oft zu hören, »so stark.« Selbst oder *gerade wenn* ich ihnen wieder einmal den Irrgarten meiner Zukunftsüberlegungen auseinander nehme, heißt es: »Trotzdem, du wirst deinen Weg schon gehen. Du weißt, worauf es ankommt, auch wenn du jetzt noch ein wenig unsicher bist.« Warum sie diesen Eindruck haben, kann ich mir nicht erklären. Stark? Sicher? Nicht wirklich. Ich bin *unsicher*, nur vielleicht nicht so sprunghaft wie andere. Und meine Probleme empfinde ich eben nicht als wahnsinnig schwerwiegend, womöglich bestimmt das meine Wirkung nach außen. Vielleicht ist *Probleme* deshalb auch nicht das richtige Wort dafür. Fragen, Überlegungen, möglicherweise sogar Zweifel, sie bestimmen mein Leben zurzeit, was ihnen natürlich eine einigermaßen gewichtige Bedeutung verleiht. Aber unlösbar, das sind sie nicht. Sicher erscheinen Probleme um so größer, Entscheidungen um so schwieriger, je mehr Auswirkungen sie haben, je mehr Veränderungen sie nach sich ziehen. Da geht es mir wie jedem anderen. Aber letztendlich liegt es doch an einem selber, wie sehr man sich davon quälen lässt. Also lasse ich das eben nicht zu, wahrscheinlich wirke ich deshalb auf den ersten Blick stark. Aber meine beste Freundin kennt mich besser. »Du bist sicher«, beobachtet sie und macht dann eine wichtige Differenzierung, »in Dingen, von denen du weißt, dass du sie kannst. Aber Dinge, die du zum ersten Mal machst, mit denen du dich nicht auskennst, die machen dich nur um so unsicherer. Du zögerst, sie auszuprobieren. Und wenn sie nicht auf Anhieb funktionieren, stellst du dich sofort infrage und redest dir Selbstzweifel ein. Dabei stellst du dich keinen Deut blöder an als jeder andere Anfänger auf diesem Gebiet auch. Aber genau das ist es: Du kannst die Anfängerrolle nicht annehmen, Fehler sind bei dir nicht drin.« Sie hat Recht. Man könnte darüber schmunzeln, wenn es nicht so dämlich wäre. Das ist mir bewusst und trotzdem: Mein Anspruch an mich selber ändert sich dadurch nicht: *Mach es hundertprozentig gut. Perfekt. Von Anfang an.* Da habe ich mir eine Menge vorgenommen. Gerade ich, die ich mich scheinbar immer so ungeschickt anstelle, die ich viel länger brauche, um zu lernen, als andere. Gerade ich will alles perfekt machen, ohne überhaupt eine Ahnung davon zu haben, *was* ich denn hundertprozentig gut, ja sogar perfekt machen will. *Traumjob* sagt sich so leicht. Ich habe mein Talent, meine Leidenschaft noch nicht gefunden, und ich beneide jeden, der in dieser Beziehung weiter ist als ich. Als Kind war das alles einfacher, da wollte man Feuerwehrmann oder Arzt werden und fertig.

Jedenfalls habe ich mich bisher von meiner noch nicht erfolgreichen Talentsuche nicht hemmen lassen. Ich habe einen Weg verfolgt, auf den ich stolz sein kann: Schule, da hatte ich nach der zehnten Klasse keine Lust mehr drauf. Vom Lernen hatte ich genug, das Abitur habe ich mir nicht wirklich zugetraut. Spaß bei der Arbeit und Vielseitigkeit in meinen Tätigkeiten, diese Aspekte waren mir bei der Berufswahl am wichtigsten. Eine Ausbildung zur Fachangestellten für Bürokommunikation mit nahtlosem Übergang zu meiner ersten Festanstellung und nur wenige Monate später der Wechsel in ein neues Unternehmen kamen dabei heraus.

Ein paar Jahre später die ersten Zweifel. Kann es das schon gewesen sein? Ein und derselbe typische Bürotagesablauf für den Rest deines Lebens? Lange habe ich überlegt. Lange. Aber dann war die Antwort ein klares Nein. Definitiv nein. Auf einmal klang *Abitur* in meinen Ohren wunderbar, das hätte ich noch ein paar Jahre vorher nicht für möglich gehalten. Ganz aufgeben wollte ich meinen Job dennoch nicht, der Kompromiss lautete also Teilzeit und Abendschule. Schöne Mischung aus Praxis und Theorie,

stellte ich mir vor, und so war es auch. Allerdings sehr energie-
und zeitintensiv und teilweise extrem anstrengend. Vor allem mit
der englischen Sprache hatte ich zu kämpfen. Also kehrte ich der
Abendschule für ein halbes Jahr den Rücken, ging ins Ausland,
besuchte dort eine Sprachschule, dann zurück in B. einen Volkshochschulkurs und wagte schließlich einen zweiten Versuch in der
Abendschule. Noch einmal zwei harte Jahre Doppelbelastung mit
Schule und Job, aber am Ende eine wunderbare Belohnung: mein
wirklich gutes Abiturzeugnis.

Jetzt habe ich seit einigen Monaten eine recht spannende neue
Stelle, die mich mehr fordert. Mehr Verantwortung, mehr Eigenständigkeit, mehr Englisch. Und doch scheint es, als stünde ich
vor derselben Tür wie vor drei Jahren. Kann diese kleine Welt
schon alles gewesen sein? Mein Büro, mein Schreibtisch und das
ewige Warten auf einen Auftrag, der mich wirklich fordert? Zu-
zuarbeiten, Bänder abzutippen, Ablage zu machen, das war früher kein Problem, habe es einfach gemacht, überhaupt nicht weiter drüber nachgedacht. Heute werde ich rasend bei soviel stupi-
der Beschäftigung, Unterforderung am laufenden Band. Ich traue
mir mehr zu, könnte ich ständig rufen, nicht unbedingt viel mehr,
aber mehr als das. Doch beim Gedanken an die Alternative wird
mir dann auch wieder ganz schnell mulmig. Weiterlernen? Studieren? Wissensgewinn, Austausch, Horizonterweiterung an einer Universität? Klingt so schön, doch wieder traue ich mich nicht,
die Tür aufzustoßen, wieder stelle ich mich infrage. Könnte ich
ein Studium schaffen, ich, die ich einerseits noch nie leicht gelernt habe, andererseits immer fleißig war? Kann ich es mir finanziell überhaupt leisten, meinen Job aufzugeben? Bin ich dem Leistungsdruck, den Prüfungsanforderungen an einer Universität gewachsen, will ich mich ihnen überhaupt stellen? Will ich wirklich
mit Mitte zwanzig noch vier, fünf Jahre meines Lebens in ein Studium investieren? Wenn wenigstens die Begeisterung, das Interesse für ein konkretes Fach mich ermutigen würde, wäre die Zeit
sicherlich zweitrangig. Aber da bin ich an einem Punkt, an dem

ich nicht erst einmal war, an dem ich schon etliche Male hängen geblieben bin: *Ich kenne mein Talent, ich kenne meine Leidenschaft einfach nicht*!

Aus all diesen Gründen: Vielleicht ist ein Studium doch nicht das Richtige. Ich bin schließlich schlicht am Lernen und an neuem Wissen interessiert. Kann ich Letzteres nicht auch in Büchern finden, in Kursen, in Gesprächen? Andererseits reizt mich ein Studium doch nicht von ungefähr. Offenbar fehlt mir etwas, ein Ziel vielleicht. Und schließlich haben so viele, so viele vor mir ihr Diplom oder ihren Magister geschafft, sollten die mir alle an Klugheit und Intelligenz überlegen sein? Nein.

Studium hin, Studium her, die Überlegungen sind zermürbend, haben nie ein Ende und allzu viele Aspekte. Zumal ich weiß, dass der Kompromiss arbeiten *und* lernen, was diesmal auf ein Fernstudium hinausliefe, nicht mehr infrage kommt. Ich werde mich für *eine* Alternative entscheiden und dann hundertprozentig, mit vollem Einsatz, dabei sein. Meinem Freund, einem Studenten der Wirtschaftsinformatik, dem würde es wohl gefallen, wenn ich auch studierte, der ist sehr viel optimistischer als ich selbst, dass Studieren das Richtige für mich sein könnte. Aber meine Entscheidung sollte und muss völlig unabhängig von ihm getroffen werden, schließlich sprechen wir hier von *meiner* Zukunft und messen will ich mich mit ihm erst recht nicht. Ich muss niemandem etwas beweisen, mir selbst nicht und niemandem sonst. Und ihm kopflos nacheifern ist ganz sicher nicht das, was ich will und tun werde.

Ich selbst bin es, die sich verändert hat, die unvermittelt, Jahre nach dem Realschulabschluss, nicht mehr genug kriegen kann vom Lernen, vom Wissen. Doch wie, sagen Sie es mir, wie soll ich meinen Freund ausklammern bei der Entscheidungsfindung, sein Einfluss ist doch unauslöschlich. Ich frage mich manchmal, ob ich ohne ihn mit dieser Intensität ans Studieren denken würde. Tag für Tag beeinflusst er mich unbewusst, indem er genau das tut, worüber ich nachgrübele. Bücher durcharbeiten, Zusammenfassungen schreiben – der bloße Anblick macht ihn zum fleischgewordenen Gedankenspiel. Vielleicht ist *er* es ja, der mich erst so unruhig macht.

Und dann die Erkenntnis, dass dieses Leben in verschiedenen Dimensionen, er in der Welt des Wissens, ich in der Realität, einen Keil zwischen uns treiben könnte, möglicherweise bereits damit begonnen hat. Keine ähnlichen Arbeitszeiten, keine gemeinsamen Themen, keine gemeinsamen Gedanken mehr, seit ich mit der Abendschule fertig bin und das Lernen und das Verstehen eingeschränkt habe, das uns verband, jeder kämpft nun an einer anderen Front. Er völlig in seinem Fachgebiet versunken, gierig nach neuem Wissen, gierig, die Welt zu verändern, ich dagegen von zwischenmenschlichen oder praktischen Alltagssorgen umgeben. Aber ihm zuliebe ein Leben wählen, das seinem ähnlicher und deshalb harmonischer, einfacher für uns beide wäre!? Nein. Selbst wenn ich mich für den steinigeren Weg entscheide, müssen wir einen Umgang damit finden. Und doch, bislang war mir nicht klar, wie sehr diese Kluft zwischen den Welten auch Einfluss auf die Nähe in einer Beziehung nehmen kann. Um so trotziger will ich diesem enormen Druck entgegentreten und mich in meiner Entscheidung eben *nicht* davon leiten lassen.

Und noch eine große Frage, die parallel zu beantworten und doch weitaus schwieriger ist, eine große, große Frage, die alles andere in den Schatten stellt und mir, ehrlich gesagt, mehr als alle anderen *Angst* einjagt: Wäre ich bereit, der Liebe, der Karriere oder meiner Persönlichkeit zuliebe meiner Heimat, meiner Familie den Rücken zu kehren? Wieder ist es *mein Freund*, der diese Überlegungen anregt, wieder ist *er* es, der einen solchen Schritt schon einmal gemacht hat, wieder bringt *er* damit eine Sehnsucht zum Klingen, die schon immer ganz leise in mir zu Hause gewesen sein muss. Wäre ich sonst so empfänglich für diesen Reiz, für diese Anregung? Und wieder schließt sich der Kreis mit einer Frage, die ich wahrlich nicht zum ersten Mal stelle: »Macht mich mein Freund überhaupt erst so unruhig? Oder umgekehrt, eröffnet er mir erst den Lebensweg, der mir allein nie in den Sinn gekommen wäre und der letztendlich doch der richtige für mich sein wird?«

Ich bin ein Großstadtkind, in B. geboren, aufgewachsen und immer noch relativ zufrieden hier, mit Abstrichen allerdings, die ich früher so nicht gemacht habe. Und dann kommt meine Offenheit, meine Neugier auf die Vielfalt der Welt ins Spiel, bin nicht so sehr verwachsen mit meiner Heimat, dass ich mich aus ihren Fängen nicht befreien könnte. Mich endlich ganz abnabeln, erwachsen und selbstständig werden, woanders umschauen, einleben, zurechtfinden, gemeinsam mit meinem Freund ein neues Leben aufbauen, ja, das kann ich mir gut vorstellen. Manchmal bin ich die griesgrämigen, schlecht gelaunten Großstadtmenschen richtiggehend satt. Ein Lächeln für einen Fremden, Freundlichkeit untereinander ist mir so wichtig! Möglicherweise findet man in einer kleineren, naturverbundeneren Stadt ein wenig mehr davon und kann sich sogar wohler fühlen.

Soweit, so gut. Soweit die Theorie, aber es wird bald ernst. Mein Freund steht kurz vor dem Abschluss seines Studiums und dann will er wissen: »Würdest du mit mir weggehen? Wohin würdest du mit mir gehen?« Der Termin rückt näher, dieses Zukunftsszenario ist trotzdem innerlich noch sehr weit weg. Und in demselben Maße, in dem es mit Riesenschritten auf mich zukommt, werden meine Gefühle gemischter, und manchmal sammeln sich schon Abschiedstränen in meinen Augen. Weg von dem Ort, an dem ich fünfundzwanzig Jahre meines Lebens zufrieden war? Weg von meinen Eltern und meinem Bruder, an denen ich hänge, die an mir hängen? Weg von meinem neuen Job, der mir viel gibt und der gerade in diesen wirtschaftlich schlechten Zeiten so wertvoll ist? Das alles aufgeben *für nichts als totale Ungewissheit* darüber, was mich erwartet? Beziehungsweise für die Gewissheit, dass auch in allem Neuen nach wenigen Wochen die Routine einkehrt?

Und eine Anschlussfrage: Wenn ich schon einen Neuanfang wage, soll ich dann gleich den totalen Bruch riskieren: eine andere

Stadt *und* ein Studium? Oder ist eins von beiden erst einmal genug für mich? Welche Entscheidung soll ich zuerst treffen, da doch beide so eng miteinander zusammenhängen? Und es gibt eine dritte Kernfrage, die sich aus dem ganzen Wust an Überlegungen nicht herauslösen lässt: Soll ich mit meinem Freund zusammenziehen?

Eine gemeinsame Wohnung mit meinem Partner, das komplette Zusammenlegen zweier Leben unter einem Dach, das hat es bisher für mich noch nicht gegeben. Nicht der richtige Mann, nicht der richtige Zeitpunkt, es gab immer Gründe, hinter denen ich hundertprozentig stehen konnte. Und jetzt ziehe ich diesen Schritt tatsächlich zum ersten Mal ernsthaft in Erwägung. Ja, mit meinem Freund, mit diesem Mann an meiner Seite kann ich es mir vorstellen. Das mag daran liegen, dass wir bereits sehr eng zusammenleben. Ganz langsam und unabsichtlich hat es sich so ergeben, dass wir nur noch gemeinsam von der einen in die andere Wohnung gezogen sind. Ein vorsichtiges Aufeinanderzubewegen, das in die gegenwärtige Situation mündete, ohne dass sich der Zeitpunkt, an dem sie eintrat, genau bestimmen ließe.

Und wieder zwei alternative Überlegungen, von denen eine nicht minder vernünftig, nicht minder logisch erscheint als die andere: Zusammenziehen, wieso nicht? Es würde sich doch gar nicht soviel ändern! Oder: Zusammenziehen, wieso? Es ist doch schön so, wie es ist! Meine Wohnung, an der ich sehr hänge, aufzugeben, das hieße, mein Hintertürchen aufzugeben. Noch kann ich mich jederzeit zurückziehen, auch wenn dieses Bedürfnis tatsächlich gar nicht da ist, aber ich weiß, ich könnte. Zusammenziehen ist immer auch eine Verpflichtung, zusammenziehen, daran sind immer auch Erwartungen geknüpft. Und ich habe Angst, nicht erfüllen zu können, was ich durch diesen Schritt versprechen würde. Ungezählte andere Paare vor uns sind dasselbe Risiko eingegangen, mussten damit umgehen lernen, ohne dass ihnen jemand eine Absicherung gegeben hätte. Und diese Absicherung bekomme ich auch in zwei Jahren nicht, und nicht in zehn. Ich weiß. Ich weiß.

Ich bin Linda, fünfundzwanzig Jahre alt, und ich weiß, was ich *nicht* will. Ein Jahr Pause, entspannen, weltreisen, aussteigen – das interessiert mich nicht. Kinder kriegen auch nicht, noch nicht, irgendwann ja, aber im Moment gibt es nicht das kleinste Fünkchen Torschlusspanik, selbst wenn Oma dauernd nachhakt. Der Zeitpunkt könnte mit Blick auf die äußeren Umstände kaum ungeschickter sein, rein intuitiv bekomme ich keine Muttergefühle, auch wenn viele meiner Freundinnen zurzeit einen Kugelbauch durch die Gegend tragen.

Ich bin Linda, fünfundzwanzig Jahre alt, und ich weiß, was mir *wichtig* ist. Ich habe einen Freund, den ich über alles liebe. Ich habe auf der Abendschule bewiesen, dass ich belastbar bin, dass ich mich von Fehlschlägen nicht unterkriegen lasse und dass ich die Energie aufbringe durchzuziehen, was ich mir vorgenommen habe. Ich habe mich beruflich weiterentwickelt und einen Job, der mir Spaß macht. Und doch raucht mir der Schädel, in dem immer und immer wieder die drei Kernfragen dieser Monate durchgekaut werden: *Job oder Studium? Hier bleiben oder wegziehen? Zusammenziehen oder nicht?*

Bei keinem der Wege, die sich mir auftun, weiß ich, wohin er führt, ob er der richtige ist, ob ich in der Lage sein werde, ihn zu Ende zu gehen, und was danach kommt. Das Leben ist voller Risiken, sage ich mir schließlich, und man sollte sich ihnen bewusst stellen. Das macht selbstbewusst und sicherer beim nächsten Risiko, dem man unweigerlich wenig später gegenüberstehen wird.

In einem Punkt bin ich mir aber doch ganz sicher: Nie, nie, nie will ich mir selbst vorwerfen oder vorwerfen lassen: *Hättest du doch damals bloß.* Dann doch lieber versuchen und scheitern. Das ist zwar kein Zuckerschlecken, aber im Endeffekt kann ich damit einfacher umgehen als mit der Erkenntnis, eine Chance nicht wahrgenommen zu haben. Fehler zugeben, mir eingestehen, dass ich etwas nicht kann, das geht und kostet gar nicht mal soviel Überwindung. Ich bringe es sogar fertig, mich ein zweites Mal für eine Sache zu motivieren, nachdem ich beim ersten Versuch daran gescheitert bin, das ist mir seit meinem zweiten, erfolgreichen Anlauf an der Abendschule klar. Ich kann also sogar unterscheiden, ob mir etwas überhaupt nicht liegt oder nur gerade jetzt die Zeit dafür noch nicht reif ist.

Also noch einmal: Angst zu versagen kenne ich nicht, dann schon eher Angst, Zeit zu verschwenden. Herumprobieren, hier und da reinschnuppern, verschiedenes antesten, dafür bin ich nicht der Typ. Ich strebe nach einem geradlinigen Weg möglichst ohne Rückschritte und Risiken. Wir Menschen sind offenbar sehr, sehr ängstlich, vielleicht *zu* ängstlich, was bestimmte entscheidungsbezogene Risiken angeht. Fallschirmspringen, Bungee Jumping und House Running, solche Risiken gehen wir ein. Aber eine Entscheidung für unser Leben ohne vorherige Absicherung zu treffen, das trauen wir uns nicht. Dabei macht doch gerade das die Spannung des Lebens aus! Entscheidungen sorgfältig abwägen, Schritte durchdenken und ein gewisses Restrisiko akzeptieren. Ausprobieren ist die einzige Möglichkeit, um weiterzukommen. Ob man den richtigen Weg gewählt hat, stellt sich erst später heraus, dann heißt es entweder »Mist gebaut« oder »Mensch, wunderbar, hat alles geklappt, wie ich es mir vorgestellt hatte!« Aber auch diese rückblickende Bewertung ist relativ. Wer weiß schon, wo er wirklich gelandet wäre, hätte er einen anderen Weg eingeschlagen?

Sich in der Vergangenheit festzubeißen nützt sowieso nichts. Es hindert einen nur daran, hinter seinem Entschluss zu stehen und den eingeschlagenen Weg kontinuierlich und leidenschaftlich zu verfolgen. Wenn ich eine Entscheidung treffe, denke ich nicht darüber nach, ob ich sie wieder rückgängig machen kann, wenn sie falsch gewesen sein sollte. Bei mir passiert das große Nachdenken vorher. Wenn der Schritt erst einmal getan ist, kann es nur noch vorwärts gehen.

Aber *bis* der Schritt erst einmal getan ist, *bis* ich mich endlich traue, überwinde ... Ich wünschte manchmal, ich könnte Entscheidungen einfach intuitiv treffen, aus dem Bauch heraus. Aber mein

Kopf mischt sich, was die Sache ziemlich erschwert, immer ein. Schließlich sind gerade die mit Mitte zwanzig anstehenden Entscheidungen ganz besonders zukunftsweisend, viel mehr als in jedem anderen Lebensabschnitt. *Jetzt* geht es darum, wie die nächsten fünf oder zehn Jahre für mich aussehen werden! Das ist eine lange, lange Zeit, über die ich mit drei kleinen *Jas* oder *Neins* entscheiden soll.

Und genau darum möchte ich mich nicht zu übereilten Entscheidungen drängen lassen. Ich weiß, dass ich meine Zeit brauche, und dieses Wissen allein ist schon sehr viel wert. Nur bleibt in einer Vierzig-Stunden-Woche schwerlich Zeit übrig für das Abwägen von großen Alternativen. Und am Wochenende per Knopfdruck darüber nachdenken, nur weil zufällig gerade Zeit dafür ist? Geht nicht. Nur: *wann dann?* Und: Wieviel Zeit sollte man sich geben, um eine Entscheidung zu treffen, derer man sich sicher sein kann? Vielleicht geht es manchmal ohne ein Ultimatum überhaupt nicht weiter, so schwer es auch fällt, sich eins zu setzen. Zumindest muss man lernen, den Punkt abzufangen, an dem keine neuen Aspekte mehr hinzukommen und alle Überlegungen sich nur noch wiederholen. Aber mir scheint es, als warte ich eher auf ein kleines Männchen, das vorbeikommt und mir ins Ohr flüstert: *Linda, du machst das jetzt.* Vielleicht, weil ich Angst habe, die Konsequenzen meiner eigenen Entscheidungen zu tragen. Andererseits könnte ich auch nicht damit umgehen, wenn andere oder die äußeren Umstände Entscheidungen über mein Leben fällen würden.

Als Fazit bleibt wohl die Erkenntnis, dass hauptsächlich zwei Dinge die Gründe für meine Unsicherheit und meine Selbstzweifel sind: Erstens, ich habe mein Talent noch nicht gefunden und zweitens, ich mache mir *zu viele* Gedanken. Ich glaube, niemand sonst auf der Welt macht sich so viele Gedanken. Und es kommt mir bald so vor, als wenn ich mich momentan vor jeglichen Entscheidungen drücke, weil ich einfach selbst noch nicht genug Farbe bekannt habe. Aber diese Strategie bringt mich auch nicht wirklich weiter. Je mehr Zeit verstreicht, desto erdrückender werden die sich immer wiederholenden Gedanken. Erdrückend, hemmend wie ein felsenschwerer Stein, der an meinen Fuß gekettet ist, mich nicht loslässt und mir bereits im Vorraus die Freude an allem, was da kommen mag, verdirbt.

Ich wirke stark und sicher, weil ich vernünftig bin und das Leben ernst nehme. Aber tatsächlich bin ich *zu* vernünftig und *zu* ernsthaft. Dazu verurteilt, unablässig abzuwägen: »Schaffe ich das? Kann ich das?« Selbstzweifel. Fähigkeiten infrage stellen. Jede Alternative bis ins Kleinste durchleuchten, und selbst dann gibt es immer noch ein Detail, über das ich noch nicht nachgedacht habe: *Wenn ich mich jetzt für xy entscheide, könnte es dann passieren, dass in fünf Jahren yz auf mich zukommt, auf das ich möglicherweise nicht vorbereitet sein werde?* Aber bin ich denn allein mit diesem Drang? Ist denn nicht jeder Mensch auf dieser Welt daran interessiert, sein eigenes Leben so perfekt wie nur möglich zu gestalten? Und was wiederum ist *perfekt?* Selbst wenn alles läuft wie geplant, sind wir doch so oft unzufrieden mit uns selbst. Gerade wir Deutschen. Gerade wir streben immer nach mehr, nach etwas Besserem und kriegen den Hals nicht voll genug. Und so will ich nicht sein. Es hilft mir zu wissen, dass meine Eltern und mein Bruder Achtung vor meinen Leistungen haben und dass sie mir niemals *ihre* Vorstellungen von *meinem* Leben aufdrängen würden. Sie sind überzeugt, dass ich meinen Weg schon gehen werde, dass ich stark und sicher genug bin. Da ist sie wieder, diese Einschätzung Dritter, die mich so verblüfft.

Es hilft mir zu wissen, dass ich zwar bei allen früheren Entscheidungen genau wie jetzt ewig hin- und herüberlegt habe, dass ich dann aber doch das versucht habe, was mich als Möglichkeit lange gleichermaßen gereizt und geängstigt hatte, und dass es im Nachhinein die richtigen Entscheidungen waren. Das Abitur nachzuholen. Meinen Freund zu lieben. Aus wenig Selbstbewusstsein ist mehr Selbstbewusstsein geworden. Noch nicht genug vielleicht, aber mehr.

Es hilft mir auch, mit Menschen zu sprechen, die das Leben lockerer sehen als ich, die mir direkt und deutlich sagen: Hör mit dem Nachdenken auf, mach dir keinen Kopf über ungelegte Eier, sei stolz auf das, was du schon zustande gebracht hast, trau dich, du schaffst das, was du dir vornimmst, und selbst wenn nicht, werden wir dich keinen Deut weniger mögen. Diese Menschen geben mir ein wenig von der Leichtigkeit zurück, machen mir Mut. Ich wünschte, ich könnte so locker werden, wie es offenbar all die anderen Menschen sind, könnte sagen: »Ich habe da jetzt Lust drauf, darum mach' ich das jetzt!« Aber selbst wenn ich bis dahin käme, ganz aufhören mit dem Infragestellen funktioniert sowieso nicht. Diese Eigenschaft liegt einfach zu sehr in meiner Natur, macht mich zu einem gewissen Teil auch aus. Wenn ich sie nur ein wenig mehr unter Kontrolle bekommen könnte, würde mir das schon reichen, ja, dann könnte ich sie sogar wertschätzen.

Manchmal, nach einem langen Tag in der Unendlichkeitsschleife meiner Zukunftsgedanken, schaue ich Nachrichten. Sehe schlimme Dinge. Terror. Hungernde Kinder. Aids. Und dann wird mir klar: Meine Probleme sind so klein, leicht und banal. Und die vielen, vielen Möglichkeiten, die ich habe, sind Chancen, für die ich dann wieder dankbar sein kann und bin.

ICH MUSSTE EINIGE UMWEGE GEHEN, ABER DAS IST OKAY

Schon oft ist das Leben mit einem Irrgarten verglichen worden, im Zentrum das individuelle Glück und die innere Ruhe, die es zu erreichen gilt. Viele Wege führen direkt oder erst nach etlichen Windungen und Verzweigungen zu diesem Ziel, von dem wir Menschen nicht genau wissen können, wie es aussieht, bevor wir es nicht erreicht haben. Nur zwei Dinge sind uns mit auf den Weg gegeben: die leise Ahnung, dass der Zustand des Glücks und der inneren Ruhe erstrebenswert ist, und der unerklärliche Drang, mit dem wir tatsächlich Tag für Tag danach streben. Das Bild des symbolischen Irrgartens für mein Leben gefällt mir, und besonders faszinieren mich daran die Umwege, die niemandem erspart bleiben und die so wichtig für die Selbstfindung eines jeden Menschen sind. Vor ein paar Jahren noch hatte ich das Gefühl, mein Lebensweg verliefe konsequent vorwärts, und bewunderte meinen jetzigen Mann Marco für die Umwege, die er nicht aus Versehen, sondern mit Absicht zu gehen schien, um Erfahrungen zu sammeln. Heute weiß ich, dass ich damals einfach nur konsequent meinen Plänen gefolgt bin, ohne ihre Richtigkeit zu überprüfen, während Marco bestrebt war, einen anderen als den vorgesehenen Weg zu gehen. Und heute blicke ich tatsächlich selbst auf einige Umwege zurück, die doch im Lebensganzen einen Sinn ergeben. Während ich diese Umwege zurücklege und ganz besonders, wenn ich an bestimmten Stellen überhaupt nicht vorwärts komme, sondern mich gedulden muss, dann bin ich genervt von ihrer scheinbaren Sinnlosigkeit. Aber im Nachhinein betrachtet haben nur diese Umwege mich zu dem gemacht, was ich jetzt bin, weshalb sie natürlich unverzichtbar sind. Darum habe ich mir vorgenommen, von nun an nicht mehr zu zweifeln, wenn ich Umwege oder Wartezeiten in Kauf nehmen muss, sondern lieber erst einmal abzuwarten, wofür sie gut sind und wo sie mich hinführen werden.

Es war ein großer, lang ersehnter, hart erarbeiteter Moment für mich, als ich mit achtzehn endlich mein Abitur in der Tasche hatte. Vor allem die Tatsache, dass ich trotz westdeutscher dreizehn Schuljahre ein Jahr jünger als die anderen war, beflügelte mich: ein Jahr Vorsprung, ein Jahr zu meiner freien Verfügung! Die Welt lag mir zu Füßen, mein ganzes Leben vor mir! Oder lag ich der Welt zu Füßen? Was sollte ich bloß mit der Zeit anstellen? Wie sollte ich sie möglichst effektiv nutzen? Sprachen lernen, ins Ausland gehen? Diese Idee ließ sich finanziell nicht realisieren und brachte auch nicht wirklich eine Antwort, denn was sollte ich im Ausland anstellen? Ein soziales Jahr in England, wie zwei meiner Freundinnen, obwohl mir die englische Sprache eigentlich immer verhasst war? Meine Sandkastenfreundin jedenfalls entschied sich für den französischen Teil Belgiens, während ich zurückblieb.

Schließlich schickte ich eine Bewerbung zum Jurastudium an die ZVS und fand mich ein paar Tage später als Rucksacktouristin in Australien wieder. Meine Eltern hatten mir den Flug zum Abitur geschenkt und wirklich lange dafür gespart, weil sie so stolz auf ihren einzigen Sprössling waren. Ihre Angst davor, mich in die große, weite Welt zu entlassen, konnten sie nur überwinden, weil sie Freunde in Canberra haben, die »auf mich aufpassen« konnten. Zusammen mit einer Freundin, deren gesamte Verwandtschaft *down under* lebt, schaltete ich in Australien drei Monate lang ab und genoss es einfach, zum ersten Mal für längere Zeit von zu Hause weg und auf mich alleine gestellt zu sein. Ich bin auf jeden Fall erwachsener und selbstständiger geworden, indem ich bewiesen habe, dass ich in der australischen Pampa überleben kann. Ich, die behütete Helene, die ich wohl unterbewusst dachte, dass es endlich an der Zeit wäre, auszubrechen.

Während der letzten Wochen unserer Reise bekam ich von meinem Vater die Nachricht, dass ich auf der Warteliste für das Jurastudium stand. Erst empfand ich nur Ärger über die *ver*schenkte Zeit, dann schlug meine Stimmung in Freude über die *ge*schenkte Zeit um. Ironie des Schicksals: Kaum hatte ich meinen Fuß wieder auf deutschen Boden gesetzt, erfuhr ich, dass ich im Nachrückverfahren doch noch einen Studienplatz bekommen hatte und völlig überrumpelt innerhalb von drei Tagen anfangen musste. Leider nicht wie erhofft an der alternativeren Universität, nein, es musste die große, versnobte sein – die ZVS hatte entschieden.

Anfangs war Jura noch interessant und spannend, aber sehr bald verlor ich die Lust daran. Zum einen nervte mich die Cliquenwirtschaft. Es war kaum möglich, Anschluss zu finden, nur mit zwei Kommilitoninnen verstand ich mich recht gut, aber zu einer Freundschaft reichte es lange nicht. Insgesamt herrschte eher ein Gegen- als ein Miteinander vor: Helene gegen die Dozenten, Helene gegen die Tutoren, Helene gegen die Kommilitonen. Erst im vierten Semester strukturierten sich die Gruppen noch einmal um, wodurch es für mich eine zweite Chance gegeben hätte, mich einzugliedern, aber da hatte ich innerlich schon mit dem Thema abgeschlossen. Ich konnte das elitäre Gehabe der anderen einfach nicht ertragen. Meine Eltern sind keine stinkreichen Juristen, konnten mir weder einen BMW vor die Tür stellen, noch bei den Klausuren helfen. Ein klassisches Studentenlotterleben wie es den anderen vergönnt war, konnte ich nie führen, sondern musste immer nebenbei arbeiten gehen.

Abgesehen davon ist Jura sehr trocken. Auswendig lernen, reproduzieren und bloß nicht kreativ sein ist das Einzige, worum es geht. Ich bin zwar undiszipliniert, was das Auswendiglernen angeht, aber ich kann mich durchaus dazu zwingen, *wenn ich einen Sinn dahinter sehe*. Aber ich sehe *keinen Sinn* dahinter, ewig zu studieren, mühsam zu pauken, nur um sich am Ende doch zu spezialisieren und neunzig Prozent von dem, was man sich mühsam angeeignet hat, wieder aus dem Kopf zu streichen, weil der einfach nichts mehr aufnehmen kann. Und dann trotzdem so zu tun, als kenne man sich überall aus. Furchtbar. Das ist wirklich nicht mein intellektueller Anspruch. Ich hatte immer geglaubt, als Juristin etwas verändern, die Welt ein Stückchen besser machen zu können. Das war seit meinem zwölften Lebensjahr meine Hauptmotivation gewesen. In meinem Konfirmationsspruch hatte ich die Berufung zur Juristin entdeckt: »*Tu deinen Mund auf für die Stummen und die Sache aller, die verlassen sind. Tu deinen Mund auf und richte in Gerechtigkeit und schaffe Recht dem Elenden und Armen*« (Sprüche 31, Vers 8 + 9). Für die Gerechtigkeit in der Welt wollte ich mich einsetzen, ohne mir darüber im Klaren zu sein, dass *Rechtssprechung* mit *Gerechtigkeit* nichts zu tun hat. Selbst mit achtzehn war ich noch zu naiv und zu idealistisch, um meine Utopie zu entlarven, das schaffte ich erst zwei Jahre später.

Ein spontanes Urlaubssemester sollte mir die Zeit geben herauszufinden, was ich wirklich wollte. Büffeln oder eine völlig neue Richtung einschlagen, die mir schon immer genauso sehr wie Jura am Herzen gelegen hatte: die Sozialarbeit? Nebenjobs als Pflegehelferin im Krankenhaus und Betreuerin in einer Seniorentagesstätte waren die ganze Zeit über die zweite Säule meiner Welt gewesen. Fremde, Freunde und Verwandte haben das immer für einen außergewöhnlichen Spagat gehalten: »Wie, Jura und Sozialarbeit? Das hat doch überhaupt nichts miteinander zu tun!?« Für mich war die Verbindung der beiden Bereiche die logische Konsequenz der zwei Seelen in meiner Brust. Gleichzeitig ganz oben die Gesellschaft mitgestalten, ohne die Authentizität, den Blick für die Realität zu verlieren – das war immer mein erklärtes Ziel gewesen und der Zweifel anderer konnte mich darin nur bestätigen.

Bis zu dem Zeitpunkt, als ich das Jurastudium auf Eis legte. Hatte ich kapituliert oder Mut bewiesen, indem ich mich für ein Sozialarbeitstudium bewarb, welches meiner Persönlichkeit einfach näher lag? »Du bist mutig«, ermunterten mich meine Freunde. »Ist das jetzt der Beginn eines Langzeitstudiums?«, befürchteten meine Eltern. Und mir, mir klangen ständig die Worte meines ehemaligen Deutschlehrers im Ohr: »Jura?! Das schaffen *Sie* sowieso nicht!« Meine Bemühungen, meinem Leben die richtige Richtung zu geben, endeten erst einmal auf der nächsten Warteliste. Wieder überrollte mich zuerst die Enttäuschung, dann die Lust auf ein wenig unerwartete Freiheit. Praktisch arbeiten, Zeit herausschinden, bis die Entscheidung über meine Zukunft fällig war. Als die Wartezeit dann endlich geschafft war und es ein halbes Jahr später losgehen konnte, war das eine Supererleichterung für mich. Vieles schien auf einmal schneller voranzugehen, mein Leben bekam wieder Schwung. Und im Nachhinein ist nicht einmal das halbe Jahr Pause umsonst gewesen, denn währenddessen lernte ich meine heutige beste Freundin kennen und lieben und gewann noch einen weiteren wertvollen Freund fürs Leben und geschätzten Kollegen dazu. Aber bis zum Ende meines Sozialarbeitstudiums habe ich immer von einer Jura*pause* gesprochen und in meinem Kopf besteht bis heute die Möglichkeit, irgendwann damit weiterzumachen. Wahrscheinlich werden mir die äußeren Umstände die Entscheidung endgültig abnehmen: Die Seminarscheine verlieren bald ihre Gültigkeit.

Für eine Weile war ich richtig zufrieden. Auch privat habe ich mich zu der Zeit für einen echten Glückspilz gehalten: Ein sechs Jahre älterer Mann hatte mich gerade aus den Armen meiner Jugendliebe Marco gerissen und endlich eine Frau aus mir gemacht. Stolz war ich und furchtbar erwachsen. Bernd war aus damaliger Sicht der Hammer: reif, ein echter Mann, der wusste, was ich hören wollte. Freier Journalist, ein Wortmensch, der wunderbare Lieder und Gedichte für und über mich geschrieben und damit genau den Nerv getroffen hat, der Marco abging. Zwar war Marco schon immer reifer als die Typen in seinem Alter, aber so weit wie Bernd war er noch lange nicht. Dass das Leben mit Marco dafür Spaß gemacht hatte, während ich an Bernds Seite das Lachen längst verlernt hatte, war mir zu dem Zeitpunkt höchstens unterbewusst klar.

Vier Jahre Sendepause zwischen Marco und mir, eine furchtbar schwere Zeit für uns beide. Ich versuchte, eine Freundschaft aufzubauen, aber er war damit beschäftigt, seine Gefühle für mich auf Eis zu legen. Nur über seine Mutter, mit der ich in der Seniorentagesstätte zusammengearbeitet habe und die wir beide jeweils über den anderen ausquetschten, blieb der Kontakt erhalten. Irgendwann fingen wir an, uns wieder regelmäßig zu treffen. Bernd kochte innerlich, wollte mir aber nichts verbieten, um mich nicht in Marcos Arme zu treiben. Ein schlauer Schachzug, der letztendlich trotzdem nicht funktioniert hat. Marco und ich waren tanzen, haben zusammen für sein Abitur gelernt, das er gerade nachholte. Endlich die Freundschaft, die ich mir die ganze Zeit gewünscht hatte! Obwohl ich im Nachhinein ehrlich zugeben muss, dass ich es zugelassen habe, dass Marcos Gefühle für mich wieder aufgetaut sind und dass die sexuelle Anziehungskraft zwischen uns wieder da war, die ich allerdings versucht habe zu ignorieren.

Bernd dagegen sah genug Beweise für einen Betrug. Bei jedem anderen Mann wäre er wahrscheinlich nicht so unerbittlich gewesen, aber Marco war immer ein rotes Tuch für ihn. Hand aufs Herz: Habe ich Bernd mit Marco betrogen? Ich weiß nicht. Wo fängt fremdgehen an? Im Kopf? Ja, dann bin ich wohl fremdgegangen. Mit einer Berührung? Mit einem Kuss? Oder doch erst beim Sex? Miteinander geschlafen haben Marco und ich nicht, obwohl wir es beide wollten. Was uns dann davon abgehalten hat? Heute denke ich: meine gute Erziehung, der ich Werte wie Treue und Loyalität verdanke. Aber wenn Loyalität der einzige Grund ist, nicht fremdzugehen, wenn man Vertrauen zwar nicht missbrauchen will, aber innerlich bereit ist, es zu tun, wie ehrenhaft ist dann die Zurückhaltung?

Bernd setzte mich schließlich für sechs Wochen vor die Tür, um herauszufinden, was er wollte. Ich pendelte zwischen unserer Wohnung, der Wohnung meiner Eltern und der Wohnung einer guten Freundin hin und her, litt unsäglich und bildete mir ein, ich könnte mir ein Leben ohne Bernd nicht vorstellen, obwohl ich ganz tief in meinem Innern doch schon wusste, dass unsere Beziehung zum Scheitern verurteilt war. »Ich habe dich vermisst«, verkündete Bernd dann nach den sechs Wochen, »ich gebe dir noch eine Chance.« In mir hat sich nichts geregt. »Für mich waren diese sechs Wochen nicht wirklich gewinnbringend«, erwiderte ich schließlich, »ich war einfach nur damit beschäftigt zu überleben.« Tatsache aber war: Ich wollte nicht mehr. Genau wie für Bernd klar gewesen war, dass ich in den sechs Wochen Auszeit die Wohnung zu räumen hatte, war für ihn klar, dass ich nach der Trennung ausziehen musste. Ich war sauer über seine Selbstverständlichkeit, entschied mich dann aber, die Chance für einen totalen Neuanfang beim Schopf zu packen, denn in unserer gemeinsamen Wohnung wäre ich sowieso nicht glücklich geworden.

Marco und ich wurden nicht sofort, aber irgendwann dann doch wieder ein Paar, wir können nur beide nicht mehr genau sagen, wann. Zwar suchte ich mir erst eine eigene Wohnung, aber bald hatte er seine übergroße Bettdecke und diverses Zeug bei mir deponiert. Nicht immer war Friede, Freude, Eierkuchen zwischen uns angesagt, im Gegenteil. Dreimal setzte ich ihn theatralisch vor die Tür, und hundertmal bestand ich darauf, dass wir *kein* Paar sind. Dieses Versprechen konnte und wollte ich ihm einfach noch nicht geben, auch wenn es zu diesem Zeitpunkt noch nicht um »bis dass der Tod euch scheidet« ging. »Für die Ewigkeit« ist sowieso ein schwer einzuhaltender Schwur, auch wenn er vor dem Traualtar nach bestem Wissen und Gewissen geleistet wird, schließlich ist es ja schon wahnsinnig schwierig, sich selber treu zu bleiben. Was man dagegen in jeder ernsten Beziehung versprechen und auch halten kann und sollte, ist, sich wirklich, wirklich große Mühe zu geben und auch während einer Krise nicht gleich die Flinte ins Korn zu werfen. Und genau dieses Versprechen war es, das ich Marco gleich nach dem Bruch mit Bernd eben noch nicht geben konnte. Ich wusste ja selber nicht, was ich wollte. Nur eins wollte ich ganz bestimmt nicht: dass er voller Hoffnung auf mich wartet, nur um irgendwann enttäuscht zu werden. Er wartete natürlich doch, selbstlos wie er ist, aber es war zu jeder Zeit seine freie Entscheidung. Und tatsächlich haben wir uns wieder zusammengerauft, vier Jahre ist das her. Seitdem haben wir nicht eine einzige handfeste, elementare Beziehungskrise gehabt, in den ersten beiden Jahren nicht einmal die üblichen Alltagsstreitigkeiten, mit denen man seine Grenzen austestet. Das kommt uns wirklich komisch vor, aber wir beschweren uns natürlich nicht.

Heute hat unsere Beziehung eine feste Basis. Wir haben schon soviel zusammen durchgestanden, was soll uns jetzt noch in die Quere kommen? Wir sind die besten Freunde, wir kennen uns, seit er siebzehn und ich sechzehn war, wir müssen einander keine Lügengeschichten über unsere Vergangenheit auftischen, wie es andere vielleicht tun, nur um den Partner zu beeindrucken. Vier Jahre lang sind wir voneinander getrennt gewesen, und doch haben wir einander vier Jahre lang im Herzen getragen. Und so dauerte es nicht mehr lange, bis wir begannen, übers Heiraten zu sprechen und uns unsere Hochzeit in den romantischsten Farben auszumalen. Marco wollte den Moment perfekt gestalten, während eines Afrikaurlaubs um meine Hand anhalten, und ich hatte mir vorgenommen, nicht gleich ja zu sagen, sondern ihn zappeln zu lassen. Aber dann kam alles anders. An seinem sechsundzwanzigsten Geburtstag zog er Bilanz, war furchtbar unglücklich und aufgewühlt, eine gespannte Atmosphäre. Und während ich damit beschäftigt war, ihn in meinen Armen zu halten, ihm Wärme zu geben, ihn zu trösten, seine Tränen zu trocknen, warf er dann doch alle Pläne über den Haufen und machte mir einen ganz spontanen und außerordentlich emotionalen Antrag. Erst dachte ich, ich hätte mich inmitten seiner Schluchzer verhört, aber dem war nicht so.

Also warf auch ich meine Pläne über den Haufen, sagte »Ja!« und weinte mit, genauso emotional überwältigt von diesem Moment wie er. »Mit vierundzwanzig willst du heiraten? Wow!« Meine Kommilitonen waren geschockt. Wären wir beide berufstätig gewesen, wären die Reaktionen wahrscheinlich anders ausgefallen, schließlich heiratet man seit Jahrhunderten, sobald der Mann die Frau ernähren kann. Aber uns erschien die finanzielle Sicherheit nicht so wichtig wie die emotionale. Und was die betrifft, haben wir einfach unfassbares Glück gehabt. Ich habe nicht das Gefühl, mich zu früh gebunden zu haben, ich habe keine Angst vor der Zeit, die auf uns zukommt.

Ob ich Marco eine andere Frau verziehen hätte? Keine Ahnung, diese Frage habe ich mir oft gestellt. Manchmal habe ich mir sehnlichst gewünscht, er würde sich verlieben, damit das Verhältnis zwischen uns klarer abstecken und mein schlechtes Gewissen mindern. Im Nachhinein erfüllt es mich mit großer Zärtlichkeit, dass er so lange und so selbstlos auf mich gewartet hat. Ich war und bin, abgesehen von ein paar harmlosen Jugendbekanntschaften, die einzige Frau in seinem Leben, auch die erste und einzige, mit der er geschlafen hat. Deshalb erscheint mir die Vorstellung, dass er *jetzt* fremdgehen könnte, weil er plötzlich meint, etwas nachholen zu müssen, viel bedrohlicher. Davor habe ich Angst, darüber denke ich oft nach. Über die ewige Krux: Ist unsere Liebe stark genug, um einen Seitensprung zu verzeihen? Andererseits, wenn unsere Liebe wirklich so stark ist, wie wir glauben, wie soll es dann überhaupt zu einem Seitensprung kommen können? Und wenn es dazu kommt, haben wir uns dann nicht in der Qualität unserer Liebe getäuscht? Jedenfalls habe ich mit Marco – und das weiß er auch – den besten Sex meines Lebens, obwohl er keine Erfahrungen mit anderen Frauen hat. Daraus lässt sich ohnehin nichts schließen. Bernd hatte einige Frauen vor mir im Bett, und damals fand ich das auch sehr aufregend, aber im Nachhinein betrachtet ist das, was ich heute mit Marco erlebe, Lichtjahre davon entfernt. Es gab keine Anfangspeinlichkeiten zwischen Marco und mir, er ging und geht einfach behutsam seinen natürlichen Impulsen nach, und es ist, als hätte er die Erfahrung eines Don Juan de Marco. Seine Liebe zu mir ist so groß und so einfühlsam, dass er spürt, wonach mein Körper verlangt. Zwischen uns stimmt die Chemie in allen Bereichen hundertprozentig. Und ich bin sehr froh, dass mir wenigstens dieser Lebensbereich keinen Kummer bereitet.

Mit einem Diplom und einer Heiratsurkunde in der Hand ist das Leben allerdings unvermittelt sehr anders. Bis heute. Kürzlich habe ich mich mit einer Frau in meinem Alter unterhalten, die ihrer Leidenschaft gefolgt ist, in Paris Theater und in Liverpool Tanz studiert hat. Da hat sich der Neid in mir geregt, auf ihre geradlinige Karriere, die ohne Umwege zu einem Ziel geführt hat, das so sicher wie nichts anderes ihr Traum und die richtige Richtung für sie gewesen ist. Ich dagegen stolpere von Zwischenziel zu Zwischenziel, teste meine Leidenschaften aus und verwerfe sie wieder. Immer wenn ich mich in solche Gedankengänge hineinsteigere, muss ich mich zu einer einfachen Rechnung zwingen: Die Frau hat beruflich viel erreicht, muss aber dafür auf privates Glück verzichten. Ich habe beruflich noch einen langen Weg zu gehen, bin aber dafür glücklich verheiratet. Ich will mir nicht anmaßen, über die Wertigkeit verschiedener Lebenswege zu richten, aber ich habe festgestellt, dass ich meine Prioritäten anders gesetzt habe. Eine Beziehung aufzubauen, sie zu formen und dauerhaft am Leben zu erhalten und spannend zu gestalten kostet eben Zeit. So viele Frauen machen sich Sorgen, wie sie Kind und Karriere unter einen Hut bringen sollen, dabei ist doch schon Partnerschaft und Karriere schwierig genug! Zeitweise muss man sich in einer Beziehung sicherlich die Zeit geben, sich auch beruflich zu entwickeln, aber insgesamt muss doch die Beziehung die Hauptsache bleiben und jedes Opfer wert sein. Das muss ich mir immer und immer wieder bewusst machen.

Gerade jetzt stecke ich allerdings in einer Phase, in der ich Zeit brauche, um mir klar zu werden, was ich beruflich mit meinem Leben anfangen will. Wenigstens ist mir inzwischen klar, was ich *nicht* will: eine geregelte Vierzig-Stunden-Woche als Sozialarbeiterin im Dreck anderer Leute wühlen. Habe ich am Ende zum zweiten Mal den Beruf verfehlt? Vier Jahre Diabetes, Schlaganfälle, Hand- und Wiederherstellungschirurgie, zwei Jahre Demenz und Parkinson, eineinhalb Jahre Obdachlosen-Notunterkunft und ein halbes Jahr Häftlingsbetreuung haben mir alle Kräfte geraubt,

ich kann nicht mehr. Eine harte Erkenntnis für mich, deren gut-
bürgerliche Familienangehörige – allesamt seit ihrem sechzehnten oder achtzehnten Lebensjahr in einer Bank oder im Finanz-
amt untergebracht – von Anfang an wenig Verständnis aufbringen konnten. Im Kontext ihrer »ordentlichen« Berufe haben Kreativität und Philosophie keinen Platz. Jahrelanges Studium, dann
auch noch Sozialarbeit, und nicht einmal jetzt auf der Suche nach
einer festen Anstellung? Das setzt in ihren Augen dem Fass die
Krone auf.

Einzig meine Eltern spüren meine Unzufriedenheit und lassen
mich gewähren, auch wenn sie meine unruhige Suche nach dem
perfekten Weg nicht nachvollziehen können. In meiner momen-
tanen Krise bin ich ohnehin nicht auf der Suche nach Rat. Es
scheint mir manchmal, als stünde ich alleine da, denn obwohl meine Freunde mir sicher gerne helfen würden, meine Gedanken zu
ordnen, wüsste ich doch nicht, was es nutzen sollte, ihnen wieder und wieder dieselben unbeantworteten Fragen vorzukauen.
Manchmal scheint es mir, als käme ich in diesem Prozess überhaupt nicht voran. Meine Stimmung ist ein einziges Auf und Ab.
Ich habe alles oder könnte alles haben und bin doch unglücklich.
Dieses typische *Quarterlife-Crisis*-Symptom trifft es wirklich auf
den Punkt. Besonders schlimm ist es, seit ich mich für ein Theaterpädagogikstudium beworben habe und wieder auf die Warteliste verwiesen wurde, obwohl ich mir nach einer Zusatzqualifi-
kation in Theaterpädagogik im Rahmen meines Studiums endlich
sicher war, darin den richtigen Weg gefunden zu haben. Schauspiel, Tanz und Gesang geben mir genau das, was ich brauche,
wonach ich die ganze Zeit gesucht habe. Ich habe das wunderbare Gefühl, endlich bei mir angekommen zu sein. Aber kann ich
mir diesmal wirklich sicher sein, dass ich weiß, was ich will? Komme ich eigentlich mit mir selber zurecht? Kann ich es ertragen,
noch ein Jahr herumzuhängen und auf Godot zu warten!? Was
soll ich bloß machen? Ich hadere mit dem Schicksal, ich hadere
damit, dass ich nicht schon viel früher den Weg entdeckt habe und

gegangen bin, der ganz klar der richtige für mich ist. Dann könnte ich schon längst angekommen sein, wo ich hingehöre.

Diese Basisunzufriedenheit überträgt sich auf alle Lebensbereiche: Mich nervt, dass Marco durch ein Praktikum nicht bei mir
sein und mir keinen Halt geben kann, andererseits nervt er mich
genauso, wenn er dann mal ein Wochenende hier ist. Dazu seit
Monaten derselbe Kampf um mehr Zeit nur für mich: Ich nehme
mir vor, wieder Spaß zu haben, Freunde zu treffen und lade mich
dann doch mit anderen Dingen voll. Erst hieß es »Wenn das letzte Studienpraktikum vorbei ist …«, dann habe ich mir versprochen »Wenn ich meine Diplomarbeit fertig habe …«, dann habe
ich mir eingeredet »Wenn ich von meinem Besuch bei Marco in
Wien zurück bin …« Ja, was dann? Dann nehme ich mir Zeit für
mich, Zeit zum Basteln, Zeit zum Urlaubsfotos Einkleben, Zeit
zum Lesen, Zeit zum Ausruhen, Zeit, um meine Freundin, die vor
über einem Jahr nach T. gezogen ist, endlich einmal dort zu besuchen. Aber nein, immer wieder kam irgendetwas dazwischen.
Die Krisenstation, die Hochzeit, jetzt wieder ein Praktikum, obwohl ich doch bei den Obdachlosen genug zu tun habe, obwohl
ich diesen Job brauche, um meine Miete zu bezahlen und um Berufserfahrung im Drogenbereich zu sammeln. Ich weiß: Ich muss
aus diesem Kreislauf ausbrechen, aber mir ist nicht klar, wie ich
das anstellen soll.

Wenn ich einmal groß bin, will ich mit dem Mann meines Herzens in einem alten Bauernhaus auf dem Land wohnen, mindestens vier Kinder haben, mit theaterpädagogischen Projekten mein
Geld verdienen und – glücklich sein. Natürlich habe ich die Hoffnung nicht aufgegeben, dass dieser Traum irgendwann tatsächlich
in Erfüllung geht. Aber wann? Wie definiert man: »Wenn ich einmal groß bin«? Nach Alter oder irgendeinem anderen Richtwert?
Das Gefühl macht sich in mir breit, dass es nicht mehr allzu lange dauern kann, bis ich abrechnen muss. Und dass ich deshalb
nicht mehr allzu lange warten sollte, gewisse Dinge in die Wege
zu leiten, die mich in die Richtung meines Traumes tragen.

Schwanger werden, Theaterpädagogik oder sogar Schauspiel an einer Schule in Holland studieren. Zusehen, dass ich parallel als Theaterpädagogin oder Schauspielerin arbeiten kann, unverschämt viel Geld verdiene, um mir damit Land und Haus zu kaufen. Aber auch diese Pläne machen mir Angst.

Egal, welchen Ansatz ich verfolge, es schließen sich Bedenken an. Theaterpädagogikstudium? Das würde zwei weitere Jahre in B. bedeuten. Und ich höre schon die Kommentare: »Was, du wohnst mit neunundzwanzig immer noch bei Mutti und Vati um die Ecke?« Schauspielstudium in Holland? Das würde vier Jahre Ausland und Trennung von Marco bedeuten: »Kein Wunder, dass ihr dreißig Jahre verheiratet und immer noch glücklich seid, ihr habt euch ja höchstens fünfzehn davon gesehen!« Praktikum am Theater, um Erfahrungen zu sammeln? »Wir nehmen sie gerne, aber bezahlen können wir sie leider nicht.« Dazu kommt die Frage: Sind meine Träume überhaupt miteinander vereinbar? Wo sollen wir leben, wenn ich doch einerseits die Kultur, die Cafés und die beruflichen Möglichkeiten der Großstadt nicht aufgeben will und mich andererseits nach Ruhe und einer eigenen heilen, kleinen Welt nur mit Marco irgendwo auf dem Lande sehne?

Diese end- und antwortlosen Gedankenschleifen machen mich nicht wütend, nicht traurig, sondern einfach nur frustriert und unzufrieden. Und das seit einem Jahr, seit meinem Diplom. Vorher konnte ich ja immer das Alibi vorschieben: »Ich muss ja erst einmal zu Ende studieren!« Das kann ich jetzt nicht mehr, und damit umzugehen ist nicht leicht. Mir ist erst letztens aufgegangen, dass ich seit einiger Zeit unheimlich viel shoppen gehe, um mich gut zu fühlen. Zwar habe ich ein schlechtes Gewissen, wenn ich soviel Geld ausgebe, aber ich tue es trotzdem. Versuche, mein Unglücklichsein damit zu kompensieren. Versuche, äußerlich meinen Typ zu verändern, um der inneren Veränderung gerecht zu werden. Ich bilde mir ein, meine Klamotten passen nicht mehr zu mir, genauso wenig wie meine Frisur, an der ich seit Jahren herummäkele.

Ein anderes Beispiel für meine innere Unruhe, die sich in meinem Verhalten widerspiegelt: Ich räume plötzlich alles in Marcos und meiner Wohnung um und nerve ihn furchtbar damit. »Du lebst ja im Moment gar nicht hier«, sage ich zu ihm, stelle die Möbel im Wohnzimmer komplett um und mache Pläne für die anderen Räume, »*ich* muss mich hier wohlfühlen.« Dabei ist ja völlig klar, wo dieser Drang, alles umzukrempeln, herkommt: Wenn ich mein Leben schon nicht nach meinen Wünschen und Vorlieben ordnen und umgestalten kann, kompensiere ich diesen Drang eben durch das Umgestalten der Wohnung. Wenn mir klar wird, wie banal meine Ersatzbefriedigungen sind, dass sie weder helfen, noch mich zufriedener mit meinem Leben machen, kann ich auch über mich selbst lachen. Das beruhigt mich. Aber dann holt mich die Erkenntnis, dass ich mit Ablenkungsmanövern versuche, mein Leben in den Griff zu bekommen, anstatt mich mit meinen Träumen auseinander zu setzen, doch wieder bitterkalt ein.

Obwohl ich mir keine Deadline gesetzt habe, bis zu der ich über meine mittelfristige Zukunft entscheiden will, gibt es doch einen Zeitrahmen, in dem diese Entscheidung fallen wird. In den nächsten Monaten stehen zwei Aufnahmeprüfungen für das Theaterpädagogikstudium an. Wenn sie mich nehmen, fange ich im Herbst an, wenn nicht, werde ich sicherlich nicht noch ein Jahr in der Warteschleife verbringen, sondern eine hoffentlich nicht halbherzige Entscheidung treffen. Bis dahin werde ich meine Möglichkeiten so intensiv wie möglich durchdenken. In schlechten Momenten ist es mir dabei egal, ob es anderen genauso geht wie mir, in guten Momenten hilft es zu wissen, dass ich kein exotisches Einzelexemplar mit der Diagnose *Quaterlife Crisis* bin.

Anna, 26, Arzthelferin

MANCHMAL FRAGE ICH MICH,
OB MEIN MOTOR KAPUTT IST

Mein Leben ist jetzt an einem Punkt, an dem ich mich entschieden habe, ihm noch einmal eine neue Richtung zu geben. Ideen habe ich genug, die müssen noch ein wenig durchdacht und verinnerlicht werden, reifen, erst dann werde ich diese große Entscheidung treffen. Denn es soll diesmal eine sein, mit der ich zumindest mittelfristig, wenn nicht langfristig leben kann, ich will jetzt etwas machen, auf das ich aufbauen kann, und ich will danach wirklich nicht noch einmal von vorne anfangen. Da anzukommen, wo ich jetzt bin, hat einfach zuviel Zeit und Kraft gekostet. Aber es macht mich stolz zu wissen, dass ich es geschafft habe. Es macht mich stolz, wenn Patienten in der Praxis mich manchmal ansehen und sagen: »Sie waren so ein Mäuschen, und jetzt sind Sie so erwachsen geworden.«

Der Prozess, der mir noch bevorsteht, ist zumindest in seiner Logik einfach: Ausmisten, mir darüber klar werden, was ich *nicht* will, das geht relativ schnell, das habe ich schon so gut wie hinter mir. Übrig geblieben ist ein mehr oder weniger großes Häuflein aus Alternativen. Die zu sortieren und die eine, wahre, richtige herauszupicken, ist ungleich schwieriger, dauert länger. Das ist die große Aufgabe. Schließlich könnte ich alles Mögliche machen, die Ideenflut, die auf mich einströmt, ist ungebrochen.

Vielleicht hätte ich einiges schon viel früher, von Anfang an anders machen sollen. Die Zeit noch einmal zurückdrehen, das wäre schön. O ja, ein zweiter Versuch, da würde ich mir einiges ersparen. Andererseits auch einiges vermissen. Dinge, für die ich dankbar bin, die *zum Glück* so gekommen sind, wie sie gekommen sind. Ich kann jetzt ja nur zu dieser Einschätzung meines Lebens kommen, weil ich mit allen Erfahrungen – den guten und den schlechten – der Mensch geworden bin, der ich bin. Aber insgesamt gesehen? Würde ich trotzdem neu anfangen, alles ausradieren wollen. Ich habe zuviel Schlimmes erlebt.

Die Trennung meiner Eltern, als ich noch sehr jung war. Die auseinander gerissene Familie. Ich habe danach bei meiner Mutter gelebt, und wir haben schon bald sehr, sehr aneinander gehangen. Wir hatten ja nur uns. Aber irgendwann kam die Pubertät, und da funktionierte unser enges Verhältnis, diese ungesunde Nähe, nicht mehr. Ständig Streit. Rebellion meinerseits. Ich konnte nichts von ihr lernen, nichts von ihr annehmen. Inzwischen sind wir uns wieder sehr nah, auf eine völlig andere Art und Weise als vorher. Aber damals ... Ich bekam Essstörungen. Erst als ich das meiner Mutter gegenüber zugeben konnte und wir in einer Familientherapie versucht haben, unsere Beziehung zueinander in den Griff zu bekommen, da hat sie intuitiv das Richtige getan: Sie hat mich aus dem Nest geschubst. Sie hat mir bei der Wohnungssuche geholfen, aber sie hat mir ein Ultimatum gesetzt: »Kind, zieh aus, in drei Monaten.« Ihre Freunde haben zu ihr gesagt: »Wie kannst du das tun, gerade jetzt, wo Anna solche Probleme hat?« Meine Freunde haben zu mir gesagt: »Wie kann sie das tun, gerade jetzt, wo du solche Probleme hast?« In dem Moment kam mir das auch furchtbar herzlos vor, und nach dem Auszug hatte ich deshalb einen kurzen, aber heftigen Absacker. Aber ich habe mich gefangen und bin meiner Mutter im Nachhinein sehr dankbar. Ohne ihren Antrieb wäre ich wahrscheinlich im Nest hocken geblieben, hätte mich nicht gefragt, was ich eigentlich will, hätte nicht gelernt, die Verantwortung für mich zu übernehmen. Alles in allem war dieser schnelle, saubere Abnabelungsprozess das einzig Richtige für uns beide.

Das konnte ich natürlich damals nicht so sehen, genauso wenig wie ich verstanden habe, warum meine Mutter unbedingt wollte, dass ich das Abitur mache. Sie hat mich gedrängt, ständig Druck gemacht, bis ich sogar freiwillig ein Jahr wiederholt habe. Aber es hat einfach nicht funktioniert, auch nicht im zweiten Anlauf. Nach der zehnten Klasse war für mich Schluss mit Schule. Die ewige Konfrontation zu Hause, die falschen Kreise, in die ich damals geraten bin, das war wohl alles zuviel. Meine nächste Station: die Wirtschaftsschule, aber auch da habe ich es nicht lange ausgehalten. Sagen wir so: Nach einem halben Jahr bin ich »gegangen worden«. Dann hat meine Mutter zum letzten Mal auf den Tisch gehauen: »So geht's nicht, Anna.« Das habe ich ja auch eingesehen, mir beim Arbeitsamt freie Stellen angeschaut und mich auf einige beworben. Eine war dabei, die kam eigentlich gar nicht infrage: Ausbildungsplatz zur Arzthelferin. Meine Mutter war total entrüstet, absolut dagegen. Sie wollte mir den Weg ersparen, den sie selbst gegangen ist: mühsam auf dem zweiten Bildungsweg das Abitur nachzuholen. Sie musste hart darum kämpfen und ist erst Mitte vierzig endlich an ihrem Ziel angekommen, Rechtsanwältin zu werden. Sie hat nicht verstanden, warum ich die Chance, die ich geradezu nachgeschmissen bekam, partout nicht wahrnehmen wollte. Ich selbst war auch nicht wirklich überzeugt, dass dieser Ausbildungsplatz zur Arzthelferin etwas für mich sein könnte. Aber wie lautet das Motto? Jede Bewerbung ist ein Training für die nächste. Wer hätte ahnen können, dass ich vom Fleck weg engagiert werden und die nächsten neun Jahre meines Lebens in dieser Praxis arbeiten würde? So gestaltet der Zufall manchmal Lebenswege. Und er hat es nicht schlecht mit mir gemeint. Der Job ist toll, macht Spaß, die Praxis ist sehr persönlich, ich habe intensiv mit Menschen zu tun. Aber vor allem ist meine Chefin eine ganz wunderbare Frau.

Trotzdem sind neun Jahre am selben Fleck eine lange, lange Zeit. Zwischendurch habe ich immer mal wieder gedacht: »Jetzt reicht's, *Erfüllung geht anders.* Mein Kopf kommt zu kurz.« Darum habe ich dann an der Abendschule mein Fachabitur nachgeholt. Eine gute Idee. Aber offenbar nicht genug. Denn die Zweifel sind wiedergekommen: »Jetzt reicht's, *Erfüllung geht anders.*« Neun Jahre sind wirklich genug. Noch bin ich nicht ganz soweit, aber ich weiß, ich will noch studieren. Auch wenn ich es mir nicht hundertprozentig zutraue. Aber ich will. Noch einmal tief Luft holen, mir ordentlich in den Hintern treten, in Schwung kommen, es endlich wagen.

Wie so oft fehlt mir auch jetzt der Vierradantrieb. Wenn ich sehe, mit welchem Tempo und mit welchem Enthusiasmus andere an ihr Leben herangehen, sich in die Arbeit und in die Möglichkeiten stürzen, staune ich: »*Heftig, wie die Lebensgeschichten und -motivationen sich voneinander unterscheiden.*« Mich haben die vielen Möglichkeiten immer eher gehemmt. Ich habe mich immer eher zurückgezogen, in mein Kämmerlein verkrochen, wenn mir das alles zuviel wurde. Mir haben meine zwanzig Stunden die Woche in der Praxis lange Zeit gereicht. Inzwischen werde aber sogar ich unruhig. Alles läppert so vor sich hin, wahnsinnig zufrieden bin ich nicht mehr. Es ist diese Art von innerer Unruhe, die einen antreibt, motiviert und vorwärts bringt, die sich in mir regt. Nur jagt mir diese Unruhe auch Angst ein, und die Angst blockiert die Energie. Und darum komme ich nicht vom Fleck. Viel Energie ist auf Dauer wahrscheinlich auch anstrengend. Die Energie selbst ist nicht das Problem dabei, schwierig ist vielmehr, dass man oft nicht mehr rasten kann, wenn man sich der Energie hingibt und einen neuen Weg einschlägt. Aber ein angemessenes, kontrollierbares Scheibchen Energie abschneiden, wäre toll. Das könnte mir nicht schaden.

Wenigstens ein paar Dinge sind mir schon klar: Wenn ich studieren sollte, dann Vollzeit, dann an der Fachhochschule, wo alles straff durchorganisiert ist. Wenn ich meinen Job aufgebe, dann diesmal für immer, dann werde ich nie wieder als Arzthelferin arbeiten, obwohl mir endlich Respekt und Anerkennung entgegengebracht wird. Klar empfinde ich ein wenig Abschiedsschmerz, es kostet Kraft, mich von etwas zu trennen, das mir so lange Beständigkeit, Stabilität und auch Eigenständigkeit und Unabhängigkeit im Leben gegeben hat. Klar, ein Studium würde eine ganz andere Art von Unabhängigkeit und Freiheit bieten, die Unabhängig-

keit von den geregelten Strukturen des Alltags in unserer Gesellschaft. Aber es würde mich auch wieder abhängig machen, abhängig vom staatlichen Bafög, abhängig von dem Zwang, Leistung zu erbringen. Vor allem wird mir aber auf der Fachhochschule meine Chefin fehlen. Die so gut zu mir ist, die mir in schlechten Phasen immer beigestanden hat. Sie ist eine wichtige Bezugsperson für mich, trotz der Distanz zwischen Chefin und Ange-
stellter, die natürlich da ist und da sein muss.

Ich habe diese Art der Fürsorge lange genug genossen, jetzt muss
ich mich darauf konzentrieren, was ich eigentlich tue und ob es
das ist, was ich wirklich tun will. Könnte ich mit diesem Job eine
Familie ernähren? Nein. Selbst bei achtunddreißig Wochenstun-
den würde es gerade so für mich und eventuell ein Kind reichen,
den Mann mal völlig außen vor. Bisher war mein Motto: weniger Arbeit, das bedeutet zwar weniger Geld, aber eben auch mehr
Leben. Und darauf kommt es schließlich an. Aber jetzt haben sich
die Umstände geändert, da brauche ich eine neue Richtung, ein
neues Lebensmuster, ein neues Motto. Ich will mit vierzig definitiv keine Arzthelferin mehr sein. Wir müssen immer nur *Output*
geben, immer ein Ohr haben, immer freundlich und voll da sein,
voll konzentriert auf die Sorgen der Patienten. Dieser Job brennt
einen aus, das beobachte ich an meiner Kollegin, die Vollzeit arbeitet, er raubt ihr die letzte Kraft.

Was ich *nicht mehr* will, kann ich offenbar schon ganz gut definieren. *Nur, was will ich stattdessen?* Lange, lange schlage ich
mich mit dieser Entscheidung nun schon herum. Das Fachabitur,
das mir soviel gegeben hat, hatte sich damals mehr oder weniger
durch Zufall ergeben. Ich hatte zwar schon lange darüber nachgedacht, etwas in der Richtung zu machen, aber dass ich mich
dann zu diesem Zeitpunkt angemeldet habe und innerhalb einer
Woche im ersten Semester saß, war wirklich Schicksal. Offenbar
war ich bereit für einen anderen Weg, habe die Idee nur zu gern
aufgegriffen und umgesetzt. Diesmal dauert das alles länger, diesmal ist es nicht so einfach. Minderwertigkeitskomplexe: »Schaf-

fe ich das?« Das ewige Hin und Her in meinem Kopf: »Ja, ich
schaffe das, genauso wie alle anderen vor mir. Nein, ich schaffe
das nicht, ich bin zwar zäh und beständig, aber eben einfach kein
eifriger, strebsamer Typ.« Ich brauche immer erst diese innere Unruhe als Initialzündung und dann gern auch jemanden, der mir
Starthilfe gibt, mir in den Hintern tritt. Nur bitte nicht so, wie
meine Mutter es früher immer getan hat. Das war zuviel. Ich brauche auch Lob, Anerkennung. Das habe ich nach der erfolgreichen
Abschlussprüfung zur Arzthelferin von ihr nicht bekommen. Erst
nach dem Fachabitur. Da hat es mich dann einerseits gefreut, andererseits aber auch gekränkt. Jetzt im Nachhinein scheint mir
das alles halb so wichtig. Spät, aber dann doch, habe ich mich ab-
genabelt, kann gelassener sein und meine Mutter bis zu einem gewissen Grad sogar verstehen. Der Abstand ist uns wirklich gut bekommen, ich kann sie jetzt als komplexen Menschen mit ihrer eigenen Geschichte begreifen.

Zurück zu der Frage: *Was will ich stattdessen?* Ein Traum von
mir wäre, Psychotherapeutin zu werden. Aber das würde einfach
zu lange dauern. Realistischere Idee: Seit ich denken kann, habe
ich immer das Gefühl gehabt, ich wäre gern kreativ, würde gerne
etwas mit meinen Händen machen. Vor kurzem hat mir dann ein
Freund vom Studiengang Industriedesign erzählt. Stühle, Telefo-
ne, Autos entwerfen, vielleicht sogar am Ende Innenarchitektin
sein. »Ja, das kann ich mir gut vorstellen«, sagt mein Bauch.

Mein Kopf hält dagegen: Neun Jahre Berufserfahrung, die wirft
man nicht so einfach weg. Bleib wenigstens dieser Richtung treu.
Da gibt es einen Studiengang, der alles verbindet, der aufbauen
würde auf das, was ich bisher gemacht habe. Wirtschaftsmedizin-
blablatante. Meine Ausbildung würde angerechnet, so könnte ich
sogar zwei Semester sparen. Mein Kopf findet die Idee klasse,
mein Stiefvater und etliche andere, die mir nahe stehen, auch.

Dann wiederum würde ich auch gerne helfen. An so vielen Orten in dieser Welt könnte ich mit meinen medizinischen Kennt-
nissen Gutes tun, vor allem in den Entwicklungsländern.

Weltreise klingt aber auch gut. Asien, die Vereinigten Staaten, Südamerika ... die ganze Welt ist doch interessant. Aber für eine Auszeit dieser Art fehlt mir der finanzielle Background. Und der Mumm, es wirklich zu tun. Die Idee ist schön, reizt mich, aber wenn ich an mein dürftiges Englisch denke, an all die Dinge, die zu erledigen wären, bekomme ich Angst. Was würde aus meinem Freund, meiner Wohnung, meinen Katzen? Da entsteht vor meinem inneren Auge ein riesiger unüberwindbarer Berg.

Anders mein Vater. Der ist irre. Fünfzig, und macht jetzt ein Sabbatical mit der ganzen Familie! Macht's mir vor, traut sich in seinem Alter mehr als ich in der angeblichen Blüte meines Lebens! Ich bewundere ihn und alle anderen, die das Leben auf diese Weise anpacken. Alle erleben sie soviel, nur ich nicht. Ich brauche eben meine Zeit. Aber ich habe ständig das Gefühl, die Leute starren mich an und denken: »Du bist jung, du bist knackig, dir stehen alle Möglichkeiten noch offen.« Und sie *erwarten*, dass ich meine Chance nutze! Wenn ich erst einmal fünfunddreißig bin, werden sie wahrscheinlich denken: »Eieiei, ob bei der noch was drin ist?« Das macht mir Angst. In solchen Momenten sage ich mir (und versuche, daran zu glauben): »*Das Leben hört doch nicht mit fünfunddreißig auf! Im Gegenteil, es geht jetzt erst los!* Du hast noch soviel Zeit vor dir, gute Zeit, in der du dich viel besser im Griff haben wirst als in den letzten Jahren.«

Ich hab' es ja schon angedeutet: seit zwölf Jahren leide ich an Bulimie. Mit vierzehn die erste Diät. Der Übergang zur krankhaften Essstörung verlief schwammig. Mit sechzehn, siebzehn habe ich zum ersten Mal gemerkt: »Hey, das kommt ja alles wieder raus, ist ja irre, dann kann das nicht ansetzen!« Mit achtzehn habe ich mir dann eingestanden, dass ich ein Problem habe, ich kann mich noch genau an den Abend erinnern. Im Fernsehen lief eine Sendung über Essgestörte, bei mir machte es *klack, klack, klack*, mir wurde klar, dass ich auch dazugehöre. Ich fing an zu weinen, fuhr zu Freunden. Die sagten: »Du musst mit deiner Mutter reden!«, und das habe ich dann auch mitten in der Nacht noch getan. Ich hatte keine Angst, es ihr zu erzählen, aber ich habe *vor Scham* gezittert. Meine Mutter hatte schon längst gemerkt, dass etwas nicht in Ordnung ist. Sie hat sehr verständnisvoll und praktisch reagiert. Ist gleich am nächsten Tag mit mir zum Hausarzt gegangen, zu einem Selbsthilfeverein, zur Therapie. Seit drei Jahren gehe ich jetzt zu einer festen Therapeutin. Das tut gut, das hilft. Trotzdem habe ich auch jetzt noch richtig schlechte Phasen, hänge über der Kloschüssel, kotze mir die Seele aus dem Leib. Ein paar Tage lang, bis ich die Kraft habe, mich zusammenzureißen: »So, jetzt reicht's aber mal wieder, Anna. Was ist das Problem? Wie kannst du es in Angriff nehmen?« Solange mir das nicht klar ist, kotze ich.

Wodurch so eine schlechte Phase ausgelöst wird? Das können alle möglichen Situationen sein. Manchmal nur kleine Dinge, manchmal größere. Ein Entscheidungszwang. Das Gefühl, fremdbestimmt zu sein. Ein konkretes Beispiel: die ersten Wochen mit meinem Freund in unserer gemeinsamen Wohnung. Das war eine wahnsinnig schwierige Zeit. Dabei stimmte äußerlich alles. So eine schöne Wohnung mit Schlaf-, Arbeits- und großem Wohnzimmer, ein kuscheliges Nest für uns beide. Aber irgendetwas fühlte sich nicht gut an und ich kotzte, kotzte, kotzte. Bis mir die Augen aufgingen, was ich eigentlich wirklich vermisste: ein eigenes Zimmer, ein gemütliches Rückzugsgebiet. Meinen schönen Couchtisch, den nur ich dekoriere, auf dem nur ich meine Sachen erledige. Ordnung halten können, ohne meinem Freund immer hinterher räumen oder ihm ein schlechtes Gewissen einreden zu müssen, weil er das kreative Chaos braucht.

Als ich endlich formulieren konnte, was mir fehlte, hat er es nicht verstanden. Wir wollten doch beide zusammenziehen! Auch durch ewig lange Diskussionen wurde es nicht besser. Irgendwann habe ich dann mit letzter Kraft nur noch gesagt: »Wir räumen um, such dir ein Zimmer aus.« Das war ein Kampf, eine große, große Krise. Jetzt hat jeder sein eigenes Zimmer, in meinem steht unser Bett, in seinem die Tür zum Balkon, in der Küche treffen wir uns und quatschen, und das schöne, große Wohnzimmer vereinsamt ziemlich. Aber wir sind beide glücklich.

Die schlimme Phase ist also vorbeigegangen, weil ich die Dinge selber in die Hand genommen habe. Und das, erkannte ich, ist die einzige Möglichkeit, die Bulimie in den Griff zu bekommen: aktiv sein. Und genau das bin ich seitdem. Gehe schwimmen, gehe zu einer netten Krankengymnastin, die mich meinem Körper wieder näher bringt, bin in die Abendschule gegangen und habe damit mein Ego aufpoliert. Wenn ich mein Leben *selbstbestimmend* in die Hand nehme, dann geht es mir gut. Eine Zeit lang locker lassen, ist auch okay, ich darf nur nicht das Gefühl bekommen, fremdbestimmt zu sein. Dann geht es mir wieder schlecht, dann geht das Kotzen wieder los.

Aber die Abstände zwischen den schlimmen Phasen werden immer länger. Inzwischen überrollen sie mich nur noch alle paar Monate. Mein Freund versucht, mir zu helfen, versucht zu verstehen. Er hat von Anfang an von meiner Bulimie gewusst, hat sich aber nie wirklich intensiv damit beschäftigt. Ich wünschte manchmal, das würde er tun. Andererseits ist es auch okay, wenn er sich einen gewissen Abstand bewahrt, mich in die normale Welt zurückholt, damit ich mich nicht ausruhen kann auf meiner Krankheit. Inzwischen machen wir sogar manchmal unsere Späßchen darüber. Aber es gibt auch ernste Regeln, an die er sich halten muss, sonst könnte ich nicht mit ihm zusammen leben. Wenn wir gemeinsam kochen, will ich erst genau die Hälfte aus allen Töpfen und Pfannen auf meinem Teller haben. Wenn ich satt bin und es ist noch etwas übrig, dann kann er gerne den Rest haben. Warum das so wichtig ist? Keine Ahnung, aber es muss sein. Er hat sich dran gewöhnt im Laufe der vier Jahre, die wir inzwischen ein Paar sind.

Vor ihm hatte ich zwei richtige Beziehungen, die eine hat ein, die andere zwei Jahre gehalten. Beide waren sehr, sehr schwierig. Die Bulimie und dann diese Beziehungen haben mir sicher ein paar Jahre geklaut, vielleicht habe ich deshalb erst jetzt genug Zeit, mich auf mich selbst, auf meine Lebensvisionen und Wünsche zu konzentrieren. Mein erster Freund, mit siebzehn, kam aus den asozialsten Verhältnissen, die ich je gesehen habe. Ich wusste, er ist nicht gut für mich, das ist nicht meine Welt, aber gerade deshalb fand ich es so spannend. Und weil ich damit gegen meine Mutter rebellieren konnte. Mein zweiter Freund war schizophren, später auch Alkoholiker. Hat sich lange nicht gemeldet, zum Glück. Ich habe damals wirklich in letzter Minute das Ruder herumgerissen.

Warum ich auf diese beiden Typen abgefahren bin? Weil mir das Selbstbewusstsein fehlte. Es gibt doch diese Theorie, dass sich schwache Menschen mit noch schwächeren umgeben, damit man sich selber stärker fühlt. Diese Motivation würde ich auch nicht abstreiten. Auch unabhängig von einer Krankheit wie der Bulimie, von einer Scheidung wie der meiner Eltern gibt es genügend Gründe, aus denen Minderwertigkeitskomplexe und ein schwaches Selbstbewusstsein entstehen. Die Anforderungen unserer Gesellschaft. Der Druck in all den Frauenzeitschriften: »Wenn Sie demnächst mit ihren fünfzig besten Freunden eine Party feiern ...« Welche fünfzig Freunde? Bin ich schlecht, wenn ich die nicht habe?

Und natürlich muss man schön sein. Heute habe ich zumindest zu meinem Gesicht ein gesundes Verhältnis, aber damals habe ich unendlich unter schlimmer Akne gelitten. Jeden Tag extrem schminken, eine halbe Stunde Puder und Abdeckcreme auf meine Wangen und meine Stirn klatschen. Ich habe mir sogar Nagellackentferner ins Gesicht gekippt, weil ich dachte, der würde die Haut desinfizieren. Das tat so höllisch weh. Heute ist meine Haut gesund. Sie können sich gar nicht vorstellen, was das für mich bedeutet hat, als ich zum ersten Mal *vergessen* habe, mich zu schminken! Zufällig bei Kaiser's in den Spiegel über der Obsttheke geguckt, gedacht: »Irgendwas ist anders ...« und dann die Erleuchtung: »Du bist nicht geschminkt, Wahnsinn, nicht einmal Wimperntusche!« Das war ein unglaublich befreiendes Gefühl!

Aber ein paar Jahre vorher ging es mir eben nicht so gut. Kaum Selbstbewusstsein. Beim ersten Freund habe ich tatsächlich gedacht, den *muss* ich nehmen, sonst kriege ich keinen anderen. Wenn mich ein Mann nur mit dem Hintern anguckt, ist das schon phänomenal. Für meinen zweiten Freund hatte ich schon seit der achten Klasse geschwärmt. Als er mich dann wollte, war ich immer noch in das rosarote Bild von vor Jahren verliebt. Er war ein hochintelligenter Mann, aber durch Drogen und eine ziemlich kaputte Mutter-Sohn-Beziehung ist in ihm etwas zerbrochen. Und da musste ich sagen: »Ich gehe jetzt.«

Allein diese Entscheidung zu treffen hat mir den ersten ordentlichen Selbstbewusstseinsschub gegeben. Den zweiten bekam ich von meinem jetzigen Freund, der ein Jahr lang um mich geworben hat. Unvermittelt war ich sogar so stark, dass ich sagen konnte: »Ich will dich nicht.« Aber dann hat mich die Liebe überrascht. Zu meinem Ritter auf einem weißen Pferd, der in mir einen tollen Menschen erkennt.

Im Moment ist er wohl so etwas wie der Mann fürs Leben, aber das Ideal der Ehe auf immer und ewig habe ich aufgegeben, als sich meine Eltern getrennt haben. Heiraten ist nicht wichtig für mich, das Bekenntnis hat seinen Glanz verloren. Das Einzige, was sicher ist an einer Ehe: Man kommt schrecklich schwer wieder da raus. Klar ist das traurig, dass ich nicht mehr an die Werte der ewigen Bindung glaube, aber dieses Thema habe ich längst hinter mir gelassen. Viel mehr schmerzt immer noch die verlorene Familie. Auch wenn ich die neuen Partner meiner Eltern mag, immer muss ich entscheiden: Vater *oder* Mutter.

In einer Beziehung brauche ich das Gefühl: *Es könnte für immer sein*. Und das habe ich im Moment. Zwischen mir und meinem Freund stimmt so vieles überein: Werte, Lebenseinstellungen. Wir haben nach vier Jahren eine tiefe gemeinsame Ebene erreicht, die ich nicht missen möchte. Auch wenn wir gerade eine schwierige Phase durchmachen. Er hat berufliche Probleme, und ich weiß nicht, ob ich das noch lange aushalte. Weil ich einfach nicht mit ihm planen kann. Auch nicht, was Kinder angeht. Ich hätte so gern eins, zwei oder drei. Bei meiner Mutter und meiner Stiefmutter habe ich gesehen, Kind und Studium lassen sich ganz gut vereinbaren. Wegen der flexiblen Möglichkeiten der Zeiteinteilung. Aber das ist eben im Moment nicht drin, was bleibt mir anderes übrig, als es auf mich zukommen zu lassen.

Dafür will ich eben das Berufliche jetzt in die Hand nehmen. Wenn ich jetzt nichts aus meinem Leben mache, wann dann? Ich will mich auch sozial engagieren. Es gibt so unendlich viele Möglichkeiten, wo Menschen wie ich gebraucht werden. Einmal in der Woche einen Menschen besuchen, der keine Familie mehr hat, mit ihm Kaffee trinken, reden. Das könnte ich wohl tun. Damit könnte ich mich auch von meiner eigenen Krankheit ablenken, könnte mich wichtig fühlen, in Bewegung bleiben und vielleicht sogar eine Art Oma- oder Opaersatz finden. Alte Menschen können uns jungen Menschen ja viel geben.

Wenn alles optimal läuft, habe ich in zwanzig Jahren ein paar Kinder, einen Job mit Leidenschaft (eine Beru*fung*), bin materiell definitiv abgesicherter als jetzt, obwohl ich keine großen finanziellen Ansprüche habe. Auch das lebt mir mein Vater vor. Andere Prioritäten setzen ist so einfach! Meine Kollegin jammert ständig über wenig Geld und kauft sich dann ein fettes Auto. Mein Vater hat eine klapprige Schüssel und genießt sein Leben. Ist so liebevoll mit meinen kleinen Schwestern, das rührt mich, da bekomme ich ein ganz warmes Gefühl. Meiner Mutter bin ich auf ganz andere Art viel näher. Und meiner Chefin wieder auf eine andere Art. Auch sie ist in gewisser Weise ein Vorbild, mein *menschliches Ideal*. Sie ist zurückhaltend, hilfsbereit, ohne sich aufzuopfern, mit Leidenschaft in ihrem Beruf dabei, und sie macht ihn wirklich nicht des Geldes wegen. Vier Arzthelferinnen halten die Praxis am Laufen, obwohl zwei das durchaus schaffen könnten, wenn meine Chefin sie zur Höchstleistung antreiben würde. Sie ist irre, ein ganz, ganz feiner Mensch. Nicht oberflächlich, das könnte und wollte ich auch nicht sein. Bei mir gehen Gespräche immer sehr schnell in die Tiefe. Wahrscheinlich, weil ich es durch die Therapie gewohnt bin, mich und andere zu hinterfragen. Anders kann ich gar nicht. Nur mit guten Freunden, mit denen die tiefe Ebene der Verbundenheit bereits existiert, kann ich auch stundenlang über Nichtigkeiten lästern und klatschen.

Für mich steht also demnächst nur die eine große Entscheidung an und weiter werde ich erst einmal nicht planen: Studieren oder nicht und wenn ja, was? *Das Größte wäre für mich, jetzt endlich ganz sicher zu wissen, was ich wirklich will.* Und ich versuche, mir den Druck dieser Entscheidung zu nehmen. *Mir immer wieder zu sagen: Mit fünfunddreißig ist doch das Leben nicht zu Ende. Du kannst noch so oft von vorne anfangen, wie du willst.* Dazu muss ich mich allerdings immer wieder aufs Neue in den Hintern treten. Manchmal frage ich mich, ob ich keinen Motor habe, wo mein innerer Antrieb geblieben ist.

ENTSCHEIDUNGEN SIND NICHT MEIN DING

Ich hasse Entscheidungen, deshalb habe ich bisher nur ganz, ganz selten welche aus eigenem Antrieb getroffen und die Entwicklungen stattdessen lieber auf mich zukommen lassen. Lustigerweise ist trotzdem nichts schief gelaufen, weil das Schicksal jedes Mal, wenn es haarig wurde, dafür gesorgt hat, dass sich Veränderungen wie von selbst ergeben haben. Und auch die neuen Richtungen, in die ich dann sanft geschubst wurde, haben sich immer als vertretbar herausgestellt. *Warum sollte ich lernen, Entscheidungen zu treffen, oder mich gar dazu zwingen, wenn sich doch alle Problemlösungen immer urplötzlich von alleine ergeben?* Ich bin noch nie gescheitert, also kann ich auch keine Angst vor dem Scheitern haben. Der Grund für meine regelrechte Entscheidungsphobie sind vielmehr die unzähligen Möglichkeiten, die ich habe. *Gerade weil es tausende davon gibt, sehe ich keine einzige.* Und wenn dann doch wenigstens ein Anflug von einer Idee in mir hochsteigt, dann habe ich nur die Risiken vor Augen: Was, wenn ich mir zuviel zutraue? Was, wenn meine Person gar nicht an diese Stelle passt? Was, wenn ich mit Tätigkeiten oder Eigenschaften konfrontiert werde, die mir nicht zusagen? Ist doch wahr: Wie soll ich mich für etwas entscheiden, das mich möglicherweise zwei, drei Jahre meines Lebens kosten wird, ohne genau zu wissen, was auf mich zukommt? Und das weiß man doch nie. Wegen dieser Befürchtungen entscheide ich mich nie alleine für etwas Neues. Erst wenn mich jemand triezt und mir so Starthilfe gibt, dann willige ich irgendwann mehr oder weniger leidenschaftslos ein. Der Witz dabei ist: Obwohl ich mich einfach so treiben lasse, habe ich nichts von dem, was das Schicksal für mich in petto hatte, bereut.

Aber fangen wir vorne an: Einen Monat vor meinem Abitur fiel mir auf, dass ich mir noch gar nicht überlegt hatte, was ich danach so anstellen könnte. Ich hatte wirklich nicht die geringste Idee, wo und als was ich mich bewerben sollte. Als Kind hatte ich davon geträumt, Kindergärtnerin zu werden, aber nach meinem Schulpraktikum in einem Kindergarten hatte sich dieser Traum ganz schnell erledigt. Das ewige Diskutieren mit den anderen Erziehern ging mir ordentlich auf die Nerven genauso wie das Basteln. Und die Vorbereitungen zum Basteln waren erst recht schrecklich: Stundenlang Figuren ausschneiden, die die Kleinen dann ausmalen konnten. Den ganzen Tag Kinder um mich herum, das war sehr anstrengend. Nadja und Kindergarten – das passte einfach nicht. Also fand ich mich wirklich ohne einen blassen Schimmer, wie meine Zukunft aussehen könnte, auf dem Arbeitsamt wieder. »Ich weiß überhaupt nichts mit mir anzufangen!«, schilderte ich der netten Sachbearbeiterin meine Lage. »Ich habe keine Hobbys, keine Interessen und keine Träume!« Nur eins war klar: Ich würde es unter gar keinen Umständen meiner Mutter und meiner Tante nachmachen und zur Bank gehen, abgesehen davon ist Mathe nicht unbedingt meine Stärke. Die Sachbearbeiterin schlug daraufhin vor: »Schaffen Sie doch erst mal eine Grundlage mit einer kaufmännischen Ausbildung!« Konkret bedeutete das: Ich wurde ein zu vermittelnder Fall mit einer Nummer in ihrem Computer und bekam alle Angebote zugeschickt, die für Abiturienten im Bereich kaufmännischer Ausbildungen so einliefen. Von der Groß- und Einzelhandelskauffrau über die Bürokommunikationskauffrau bis zur Industriekauffrau bewarb ich mich wirklich auf jede Stellenanzeige und hatte schließlich in einer Textilfirma Erfolg. Man lud mich zum Vorstellungsgespräch – ein Witz. Nachdem ich ewig in einer unbelebten Kantine gewartet hatte, schaute sich mein zukünftiger Ausbilder prüfend meine Zeugnisse und ganz besonders die schlechten Noten in Mathe und Englisch an. »Sind Sie sicher, dass ein kaufmännischer Beruf das Richtige für Sie ist, wenn Sie doch weder Englisch, noch Mathe können?«, fragte er mich und ich war sicher, dass er mich nicht nehmen würde. Aber ein paar Wochen später wurde ich tatsächlich als Auszubildende zur Industriekauffrau eingestellt, warum weiß ich bis heute nicht. »Okay, dann werde ich also Industriekauffrau, ist doch nett«, habe ich gedacht und die Ausbildung dann auch durchgezogen. Ob ich dabei wirklich motiviert war? Keine Ahnung. Vielleicht hat mich nur die Sorge, nicht gut genug zu sein und den Anforderungen nicht gerecht zu werden, angetrieben. Aber erstens bin ich kein Abbrecher, sondern mache zu Ende, was ich einmal angefangen habe. Zweitens war die Textilwirtschaft wesentlich interessanter, als es vielleicht die Schraubenherstellungsindustrie gewesen wäre. Drittens lernte ich auf der Berufsschule eine inzwischen gute Freundin kennen, mit der mich nicht nur das gemeinsame Ziel verband, sondern auch der Spaß am Quatschen, Lästern, Probleme Diskutieren, Beziehungen Auseinandernehmen und Spielen.

Als die Ausbildung nach zweieinhalb Jahren dem Ende entgegen ging, stellte sich die alles entscheidende Frage: Werde ich übernommen oder nicht? Ich hoffte auf eine Zusage, denn das konnte meinem Lebenslauf keinesfalls schlecht bekommen, und vor allem wollte ich mir bloß nichts Neues suchen müssen. Aber in der Chefetage vorzuhorchen, wie meine Chancen denn stünden, das war mir dann doch zuviel Aufwand, außerdem hatte ich Angst vor den neuen Entscheidungen, die auf mich zukommen könnten. Vielleicht hatten sie mehrere Stellen für mich, dann hätte ich mir eine aussuchen müssen. Vielleicht hatten sie keine Stelle für mich, dann hätte ich mir wieder überlegen müssen, wie es weitergehen soll. Nein danke, dann wartete ich doch lieber buchstäblich bis zum letzten Moment, irgendwie würde es schon weitergehen. Sie boten mir tatsächlich die langweiligste Stelle in der gesamten Firma an: Zahlen eintippen, Druckbefehl geben, Blätter auseinander reißen, fertig. Damit war ich dann ein Jahr lang beschäftigt, und sogar als sie mir eine Verlängerung dieser stupiden Beschäftigung anboten, dachte ich nur: »Cool, dann musst du dir keine Alternative suchen!« und sagte zu. Wieder ließ ich mich ausnutzen, arbeitete weit unter meinem Niveau in einem Scheißbetriebsklima unter einem Chef mit einer extremen Profilneurose, der mir ständig meine Fehler unter die Nase rieb, und schob eine Wochenendschicht nach der anderen. Klar hatte ich längst die Nase voll davon und wusste: »Ich muss hier weg!«, aber das Wagnis, diese Entscheidung wirklich zu treffen und umzusetzen, indem ich die Kündigung einreichte und mir einen neuen Job suchte, konnte ich dann doch nicht eingehen.

Meine Rettung kam schließlich in Form von zwei Vermittlern aus der Familie, die sich bei einem freien Träger der öffentlichen Jugendhilfe engagierten und anboten, mich dort unterzubringen. Büroarbeit auf Dreißig-Stunden-Basis war das Angebot und ich dachte: »Klingt doch ganz nett, Hauptsache, du kannst hier weg und musst dich nicht selber drum kümmern, wohin.« War doch praktisch, wie sich wieder einmal alles von selber regelte. Mit einigem Kraft- und Nervenaufwand ging ich zum Chef und sagte: »Ich kündige und trete morgen meinen Resturlaub an«, so wie ich es mit meinem Therapeuten geübt hatte, und trat meinen neuen Job an. Das Team des freien Trägers der öffentlichen Jugendhilfe organisierte betreutes Wohnen für Jugendliche. Mein Job war der Verwaltungskram: den Kontakt zum Bezirksamt herstellen, Abrechnungen schreiben, die Jugendlichen über den aktuellen Stand der Dinge auf dem Laufenden halten und mich regelmäßig mit den Sozialarbeitern austauschen. Auch nicht die Erfüllung, aber okay für den Moment, bis sich der nächste Richtungswechsel ergab: das Studium. Schon nach dem Abitur war der Gedanke daran eine Weile in meinem Kopf herumgespukt, aber dann habe ich ihn doch wieder verworfen. Einerseits aus Angst, dass mir der ganze Aufwand über den Kopf wachsen könnte, andererseits aus Unentschlossenheit, was die Fächerauswahl anging. Aber das Thema Studium stand nach wie vor im Raum und die Kollegen bohrten immer mal wieder: »Und, wann fängst du nun an?« Wieder erwies sich der Zufall als begnadeter Organisator: Ein Kollege in der Jugendhilfe war gleichzeitig Dozent an der Fachhochschule und stieß mich mit der Nase darauf, wie problemlos die Einschreibung im Internet mit ein paar Klicks gegessen ist. Und plötzlich war ich Sozialpädagogikstudentin.

Seit eineinhalb Jahren bin ich das nun schon. Obwohl ich den Job in der Jugendhilfe auf zwanzig Stunden die Woche heruntergefahren habe, bereitet er mir nicht mehr viel Freude. Die Büroarbeit an sich ist okay, aber ich bin schnell gestresst und genervt, fühle mich latent missachtet und nicht wertgeschätzt. Um ehrlich zu sein, erwarte ich schon ein bisschen, dass man mir die Füße küsst für die Arbeit, die ich leiste, statt daran herumzumäkeln. Das soll nicht heißen, dass ich nicht mit Kritik umgehen könnte, aber wenn ich das Gefühl bekomme, die Kollegen *suchen* geradezu nach Kritikpunkten, gehe ich auf die Barrikaden, obwohl ich weiß, dass ich mir das wahrscheinlich nur einbilde. Dann strahle ich die schlechte Laune schon aus, wenn ich morgens aus dem Haus gehe, und meine Kollegen sehen schon von weitem die dunklen Wolken auf sich zukommen. »Kannst du dich nicht mal zusammenreißen?«, kriege ich zu hören. Aber was soll ich denn machen? Ich bin total unzufrieden mit meinem Leben, das lässt sich nicht so einfach abstellen. »Das war's jetzt auch nicht so richtig!«, hadere ich mit mir selbst. »Das bist doch nicht du! Das erfüllt doch höchstens einen Teil von dir!« Ich bin auf der Suche nach jemandem oder etwas, der oder das den anderen Teil ausfüllen kann.

Das Studium wird diesem Anspruch jedenfalls auch nicht gerecht. Ich hatte angenommen, ich hätte wirklich eine soziale Ader und ein Talent, die Probleme anderer Leute zu lösen, weil meine Freunde doch immer alle ihre Sorgen bei mir abgeladen haben. Aber das ist natürlich nicht die Kernvoraussetzung für eine gute Sozialpädagogin. Abgesehen davon bin ich in Wirklichkeit gar nicht so ein Problemlöser, wie ich immer gedacht hatte. Meine Freunde erzählen nur aus dem Grund von sich, weil ich nichts von mir erzähle. Was soll ich schon erzählen, mir passiert doch nichts Aufregendes!? Wenn jemand fragt: »Was gibt's Neues?«, erwidere ich: »Nix.« Wenn jemand fragt: »Was machst du so?«, erwidere ich: »Studieren und nebenbei arbeiten.« Damit ist doch alles gesagt! Ich gehöre eben nicht zu der Kategorie Menschen, die sogar aus ihrer Zahnpastamarke eine Abenteuerstory von der Bedeutung der Columbus'schen Amerikaentdeckung machen.

Ist das Studium also richtig für mich? Reicht meine latent vorhandene soziale Ader für die Sozialpädagogik aus? Kann ich mir eine Zukunft als Sozialarbeiterin vorstellen? Diese Fragen bleiben wohl erst einmal unbeantwortet. Immerhin habe ich mich entschlossen, einen Schlussstrich unter den Frust bei der Jugendhilfe zu ziehen, und gekündigt. Für meine Verhältnisse ein großer selbstständiger Schritt. Momentan stecke ich in der Übergangsphase, die mir zum Glück kaum Zeit zum Nachdenken über meine Zukunft lässt: noch drei Wochen bei der Jugendhilfe, dann zehn Wochen Praktikum im Rahmen meines Studiums. Wobei sich bisher noch niemand auf meine Bewerbungen für das Praktikum gemeldet hat – werden mich diesmal Glück und Zufall, die doch immer auf meiner Seite gestanden haben, verlassen? Spätestens in dreizehn Wochen kommt ein großes, schwarzes Loch auf mich zu, und ich spüre schon, wie es seine Krallen nach mir ausstreckt. Es braucht nicht viel Vorstellungskraft, um sich auszumalen, wie verloren ich zu Hause sitzen und versuchen werde, meiner Zukunft Gestalt zu geben. Diese Pause wird meiner Laune nicht gut tun, befürchte ich, aber es heißt jetzt wohl: »Augen zu und durch!« Ich habe Angst, mit der Frage: »Was mache ich denn jetzt bloß?« allein zu sein, weil ich für die Antwort nur ein paar Ecksteine benennen kann. Lebensunterhalt, Wohnung und Auto wollen finanziert werden, entweder muss also Bafög her oder ein neuer Job. Auf jeden Fall will ich zur Ruhe kommen, nicht mehr so sehr durchs Leben hetzen, mir nicht mehr so viele Aufgaben aufladen lassen, dass ich nur noch mit deren Erledigung beschäftigt bin. Erst neulich ist mir aufgegangen, dass ich seit dem Abitur nur unterwegs bin, nur im Stress. Egal, welchen Job ich in Zukunft machen werde, er muss definitiv ruhiger und entspannter sein, am liebsten ohne Verantwortung, Sinn und Verstand. Andererseits werde ich mit etwas Anspruchslosem nach einer Weile auch nicht mehr zufrieden sein. Da stecke ich wirklich in einem schier unlösbaren Konflikt: Einerseits kann ich mir im Moment nichts Schöneres vorstellen, als einen Tag nach dem anderen für mich zu haben, völlig ohne Stress und Erwartungsdruck, andererseits habe ich Angst vor den Gedanken über meine Zukunft, denen ich mich dann stellen muss. Dabei erwarte ich doch gar nicht den großen Blitz, der mein gesamtes Leben erleuchtet.

Einen Vater, der mich mit weisen Ratschlägen aus meinem Chaos retten könnte, habe ich nicht. Meine Mutter wurde mit neunzehn von einem verheirateten Mann schwanger, bekam mich und lebte erst einmal eine Weile alleine mit mir. Später heiratete sie einen anderen Mann, den ich nie Papa, sondern immer nur beim Vornamen nannte. Trotzdem trug ich seinen Nachnamen, trotzdem waren wir eine Familie. Eines Tages, da muss ich zwölf gewesen sein, beobachtete ich, wie sich meine Mutter mit einem fremden Mann unterhielt, und fragte sie neugierig: »Wer war das?« »Dein Vater«, erwiderte sie und klärte mich in einem ausführlichen, intensiven Gespräch über diesen Teil ihres und meines Lebens auf. Ich erinnere mich an meine Erschütterung und meine Tränen im ersten Moment, aber beides verging recht bald. Mein Umgang mit meiner Herkunft wurde sehr sachlich und ist es bis heute geblieben: »Das ist eben so. Das ist nicht mehr als ein Fakt aus meiner Vergangenheit.« Ich hatte nun eben die Erklärung, warum ich den Mann meiner Mutter nicht Papa nennen sollte, nicht mehr und nicht weniger. Trotzdem machte ich mich auf die Suche nach meinen Wurzeln und erfuhr vom Jugendamt, dass mein Erzeuger inzwischen verstorben war und sich vorher derart mit seiner Familie überworfen hatte, dass ich auch an Fotos von ihm oder an meine Großeltern nicht mehr herankommen konnte. So verlief meine Suche im Sande. Nur meinen Halbbruder habe ich einmal getroffen und war furchtbar entsetzt darüber, was für ein Mensch da vor mir saß – wenn das meine Verwandtschaft väterlicherseits war, hatte ich kein Interesse mehr daran, mich mit diesen Leuten in Verbindung zu bringen. Ich komme sowieso sehr nach meiner Mutter, was Aussehen und Eigenschaften angeht, also gab es auch nichts Ungeklärtes, nichts Rätselhaftes in meiner Person, dessen Herkunft ich hätte klären wollen. Die Nachricht vom Tod meines Vaters warf mich nicht aus der Bahn, ich erinnere mich jedenfalls nicht an eine längere Phase der Trauerarbeit, und das würde ich doch tun, wenn es eine gegeben hätte, oder? Die Entwicklungen waren nicht mehr rückgängig zu machen und ich kam damit klar. Ich empfand höchstens Enttäuschung darüber, dass ich es nicht geschafft hatte, meinen Vater zu finden, aber an meinem Leben änderte sich nichts. Als ich fünfzehn war, trennten sich meine Mutter und ihr Mann und ließen sich ein Jahr später scheiden. Inzwischen besteht kein Kontakt mehr zu ihm.

Mit meiner Mutter verbindet mich eine verlässliche Beziehung, offen und ohne Lügen. Eher eine enge Freundschaft als ein Mutter-Tochter-Verhältnis. Ich weiß über ihr Leben Bescheid, sie über meins, denn wir unterhalten uns oft und ausführlich und ich möchte sie nicht als Gesprächspartnerin missen. Sie gibt mir Ratschläge oder Hinweise, versucht aber nicht, mir die Entscheidung abzunehmen. Gerade jetzt, bei meinen dringend fälligen Zukunftsentscheidungen, bleibt sie neutral: »Du machst das schon, Nadja!« Selbst auf die Ankündigung: »Mutti, ich will Schornsteinfeger werden!«, würde sie erwidern: »Na, dann mach mal!« Mein Leben überlässt sie eben mir, ohne dadurch teilnahmslos zu sein. Sie kann sich auf jeden Fall mit mir freuen und mit mir traurig sein. Aber sie will mir einfach keine Steine in den Weg legen, weil sie mir vertraut, dass ich schon alles im Griff habe. Sie hat mich zum Beispiel auch nie gedrängt, zu Hause auszuziehen und zu beweisen, dass ich auf eigenen Füssen stehen kann. Als ich vor vier Jahren dann doch ausgezogen bin, habe ich es nur aus einem Grund getan: weil ich dachte, es wäre angebracht. Vielleicht kann man Entscheidungsfreude nicht von allein entwickeln, vielleicht braucht man jemanden, der sie einem beibringt. Vielleicht könnte mir meine Mutter eine Hilfe sein, wenn ich ihr über die Hintergründe meiner schlechten Stimmung erzählen würde, aber ich will sie nicht zu sehr damit belasten. Und da sich mein Leben bisher scheinbar so prima entwickelt hat, gibt es für sie überhaupt keinen Grund zu hinterfragen, was ich eigentlich tue oder ob ich eigentlich glücklich bin.

Nur ich selbst weiß, wie unglücklich ich bin und wie traurig und neidisch auf meine Kommilitonen und Freunde ich werde, wenn ich sehe, wie sie ihren Zielen entgegenstreben und sie eines nach dem anderen auch erreichen. Ich dagegen werde mit dreißig Industriekauffrau und Diplom-Sozialpädagogin sein und trotzdem nicht wissen, was ich eigentlich will. Weiter in die Zukunft traue ich mich gar nicht zu denken, da klappen mir die Zehennägel hoch! »Was hast du eigentlich erreicht?«, frage ich mich die ganze Zeit und wünschte mir, ich wüsste, was ich will, hätte schon seit dem Abitur darauf hingearbeitet und stünde jetzt kurz vor dem Ziel. Aber in Wirklichkeit bin ich einfach *nirgendwo* angekommen. Ich habe keine feste Beziehung, keine Hobbys, nur Fragen: »Wann entwickelt sich das alles eigentlich? Bin ich ein Spätzünder?« Klar könnte ich einen Volkshochschulkurs nach dem anderen belegen, bis ich herausfinde, wo meine Interessen liegen, aber erstens gehe ich nicht gerne alleine irgendwohin und zweitens würde ja schon allein die Anmeldung zu den Kursen eine Entscheidung verlangen, gegen die ich so allergisch bin. Abgesehen davon wüsste ich nicht, was ich ausprobieren sollte. Seit der Schulzeit sind mir schreiben, malen, zeichnen und tanzen absolute Fremdwörter, und mehr spuckt meine Phantasie nicht aus. Oder doch, *eine* Leidenschaft habe ich, die ich schon lange nicht mehr verfolgt habe: das Turnen. Ohne Leistungsdruck, aber mit viel Spaß habe ich von meinem sechsten bis sechzehnten Lebensjahr geturnt, bis sich unsere Gruppe auflöste und ich mich wieder nicht traute, mir etwas Neues zu suchen.

Meine Stimmung schwankt von Ärger über Enttäuschung bis hin zu Langeweile. Mal bin ich sauer auf mich selbst und sage zu meinem Spiegelbild: »Du bist ja voll doof, Nadja!«, dann empfinde ich Mutlosigkeit beim Lesen meines Lebenslaufes, in anderen

Momenten weiß ich nichts mit mir anzufangen, hocke nur zu Hause in meiner Wohnung, die ich längst nicht so schick finde wie andere Wohnungen. Mir gefällt es immer überall besser als bei mir. Abgesehen davon finde ich alles nur blöde. Ein richtiges Kompliment ist das Wort »ganz nett« aus meinem Munde, das grenzt für meine Verhältnisse schon an Begeisterungsstürme, mehr ist nicht drin. *Aber wann werde ich endlich das Gefühl kennen lernen, Spaß zu haben und zu lieben, was man tut?*

Und wann werde ich endlich wieder einen Mann aus tiefstem Herzen lieben? Mein erster Freund war meine große Liebe, er war so lieb, so süß, sah so gut aus und war zudem sehr praktisch veranlagt. Ich konnte mit ihm so gut und über alles reden und er war so gefühlvoll, aber nach zwei Jahren Beziehung war Schluss. Mehrmals versuchte ich, ihn zurück zu gewinnen, aber er gab mir keine zweite Chance. Bis heute weine ich ihm eine kleine Träne nach, denn ich glaube, ich werde ihn immer lieben. In rationalen Momenten sage ich mir: »Du weißt doch gar nichts mehr von ihm, vielleicht hat er sich in den letzten zehn Jahren so verändert, dass er gar nicht mehr zu dir passen würde!« Aber die heimliche Hoffnung ganz tief in mir drin, dass aus uns noch einmal etwas werden könnte, habe ich nie wirklich begraben.

Meine ausführlichste Erfahrung in Sachen Liebe ist meine Beziehung zu Dennis, die zwischen Oberstufe und Studium acht Jahre lang hielt. Nach spätestens fünf Jahren war mir klar, dass diese Bindung zu nichts als Chaos führen würde und dass eine Trennung die einzig effektive Lösung war. Aber mein mangelndes Selbstwertgefühl trieb mich wohl dazu, an dem, was ich hatte, festzuhalten, um nicht alleine dazustehen. Wer würde mich denn sonst schon nehmen? Ich hätte uns beiden viel ersparen können, aber so entscheidungsunfreudig wie ich nun einmal bin, ließ ich die Beziehung vor sich hin laufen, bis Dennis mich eines Tages anrief und mir die Entscheidung abnahm: »Hast du immer noch nicht verstanden, dass es besser ist, wenn wir uns nicht mehr sehen?« Diese Worte waren der Schlussstrich. Ich empfand weder

Trauer oder Wut, noch Erleichterung. Es war einfach *okay* für mich und ich stürzte mich schnell in die nächste Beziehung, wohl um die entstandene Lücke zu füllen. Dieser Zusammenhang ist mir erst im Nachhinein bewusst geworden. Ein halbes Jahr später brauchte ich diesen »Übergangsmann« nicht mehr, fühlte mich eingeengt und beendete die Beziehung tatsächlich aus eigenem Antrieb. Obwohl ich mich jahrelang krampfhaft an der Beziehung mit Dennis festgeklammert hatte, erschien mir jetzt plötzlich die Freiheit und Unabhängigkeit wichtiger als alles andere. *Aber will ich denn wirklich frei sein?*

Ich hasse es, mich in einer Partnerschaft wegen jedem Pups absprechen und abstimmen zu müssen. Außerdem belasten mich meine eigenen Probleme schon genug, da muss ich mich nicht noch mit den Problemen anderer Leute herumschlagen. Ich will zur Abwechslung mal aufgefangen werden! Ich will Unterstützung und Hingabe! Ich will einen Mann, der mich nimmt, wie ich bin, der sich auch um meine Belange bemüht, der mich überrascht! Aber wie soll ich jemanden treffen, der beziehungstauglich ist? Alle »frischen« Männer in meinem Dunstkreis schiebe ich sofort durch ein Raster und stelle fest: Die taugen nichts. Ob ich zu hohe Ansprüche stelle? Eigentlich nicht. Nur, wenn mir ein Typ erzählt: »Ich bleibe gern mal lange im Bett liegen«, muss ich sofort daran denken, wie Dennis immer extrem lange geschlafen und mich damit genervt hat. Frühaufsteher und Langschläfer, das passt nicht. Also kriegt der Typ keine Chance. Genauso wenig wie einer, der mit mir über die Autobahn heizt, da schlussfolgere ich gleich: »Durchgefallen. Der übernimmt keine Verantwortung für andere Menschen.« Oder der »leidenschaftliche Radfahrer«, der sich ständig von mir im Auto herumkutschieren lässt, insbesondere zur nächsten Party und wieder nach Hause, damit er trinken kann: »Rücksichtslos, denkt nur an sich selbst, durchgefallen!« Genauso wie der Typ, der kein Festnetz, sondern nur ein Handy besitzt und nicht merkt, dass er damit von mir verlangt, mich arm zu telefonieren, wenn ich mal ausführlich seine Stimme hören möchte. Ich könnte noch stundenlang solche Beispiele auflisten, die für mich allesamt nur eine logische Konsequenz haben: *Wenn es schon über solche Lappalien Meinungsverschiedenheiten gibt, wie soll dann erst eine Beziehung funktionieren?*

Inmitten meines Männerfrustes bezüglich »Mr. Perfect« haben sich momentan zwei Affären ergeben. Zwei »Übergangsmänner«, die ganz bestimmt nicht meinem Männerideal entsprechen, mit denen ich nichtsdestotrotz ins Bett gehe, weil ich eben auch meine Bedürfnisse habe. Beide habe ich über eine Freundin aus der Fachhochschule bei Veranstaltungen in ihrem Heimatstädtchen kennen gelernt. Die Atmosphäre dort ist einfach intimer, als wenn ich hier in der Großstadt mit einer Freundin auf ein Konzert oder in den Club gehe. In Kleinstädten läuft das Leben gemütlicher, man geht in großen Cliquen aus, in denen jeder jeden kennt und in denen man viel schneller mit verschiedenen Leuten ins Gespräch kommt, wenn man als Neuling dazu stößt. Auf diese Weise habe ich auch Max und Anton kennen gelernt. Sie kommen aus verschiedenen Cliquen und wissen nichts voneinander, aber abgesehen davon habe ich immer mit offenen Karten gespielt: »Ich sage dir ehrlich, was ich von dir will, und du spielst mit oder nicht.« Ich bin mir nicht sicher, ob es den Männern bei unseren Treffen nur um Sex geht, gehe aber davon aus – warum hätten sie sich schließlich sonst auf den Deal einlassen sollen? Bisher funktioniert er prima: Ich besuche einen von ihnen, wir plaudern über drei, vier, sieben Dinge und dann entwickelt sich diese gewisse Atmosphäre. Wir haben Sex, ich bleibe über Nacht, genieße noch ein paar Stunden das Gefühl der Geborgenheit in den Armen eines Mannes, die Wärme, die Nähe, und fahre am nächsten Morgen gleich von dort zur Arbeit. Denken Sie jetzt bloß nicht, dass ich bei mir zu Hause sitze und eiskalt kalkuliere: »Auf welchen von beiden hast du denn heute Lust? Wer kann deine heutigen Bedürfnisse am besten befriedigen?« Unsere Treffen ergeben sich, genauso wie sich die Affären ergeben haben, mal hat der eine Zeit, mal der andere, und ich genieße einfach den Moment.

Dieses Doppelleben hat wie alles seine guten und seine schlechten Seiten. Schlimm ist der Kater danach. Schlimm ist das Gefühl, zwischen zwei Stühlen zu sitzen. Schlimm ist, dass mich weder beide Männer auf einmal, noch jeder für sich genommen auf Dauer erfüllen werden. Irgendwann werden wir einfach nicht mehr zueinander finden, und dann wird Schluss sein, obwohl ich mir nicht konkret ausmalen kann, wie sich das Ende entwickeln könnte. Mit dem Sex wird es jedenfalls weniger zu tun haben, meine Ansprüche an die Sexualität sind nicht so hoch, als dass Anton und Max sie nicht erfüllen könnten. Wärme, Nähe und Geborgenheit sind mir wichtiger, diese Gefühle brauche ich schon, um die Illusion, die hinter den Affären steckt, aufrecht zu erhalten. Momentan überwiegen die Vorteile meines Doppellebens gegenüber den Nachteilen. Angenehm ist, dass ich Spaß habe, befriedigt werde und meine Persönlichkeit trotzdem nicht einbringen muss. Angenehm ist, dass ich die Dinge, die mir in einer Beziehung auf den Senkel gehen würden, ausblenden und Themen, die mich nicht interessieren, auslassen kann. Angenehm ist, dass ich Gefühle zwar zulassen, aber spätestens auf dem Nachhauseweg wieder abschalten kann. Angenehm ist, dass ich mich als Frau geschätzt und respektiert fühle.

Der größte Reiz an meinem Doppelleben ist aber, dass ich eine ganz andere Seite meiner Person ausleben kann, nachdem ich all die Jahre vorher sehr solide gelebt habe. Schon vor Dennis hatte ich eine zweijährige Beziehung, in der Heavy Petting, aber noch kein Sex im eigentlichen Sinne eine Rolle gespielt hat. Mit Dennis konnte ich dann ganz langsam in die Sexualität hineinwachsen, es war anfangs sehr schön mit ihm, sehr soft. Nach einiger Zeit war ich dazu bereit, zum ersten Mal mit ihm zu schlafen. Danach verflüchtigte sich das Kribbeln und zurück blieb nur das Gefühl, jederzeit funktionieren zu müssen. Dennis hatte klare Vorstellungen davon, wie der Sex abzulaufen hatte, und ich sollte mich danach richten. Dass ich auch gerne ab und zu fünf Stunden herumknutschte, ohne danach zwingend mit ihm zu schlafen, interessierte ihn nicht. Bald lief es zwischen uns immer nach demselben Schema ab: ein bisschen knutschen, ein bisschen fummeln, miteinander schlafen. Ich kam mir vor wie ein dummes Betthäschen. Auch sonst hatten wir uns nicht mehr viel zu sagen. Den ganzen Abend lief der Fernseher, an Atmosphäre war nicht zu denken, und wenn er dann mal eine Kerze anzündete oder vorschlug: »Ich kann den Fernseher auch ausmachen!?«, war klar: er war scharf. Als er mich dann auch noch betrog, anstatt sich darum zu kümmern, unser Sexleben in den Griff zu bekommen, verabschiedete sich meine Lust total. Null körperliche Anziehung war übrig geblieben, nicht einmal ankuscheln wollte ich mich noch an ihn. Wenn mir in einer Beziehung etwas nicht passt, habe ich keine Lust auf Sex, und an Dennis hatte ich immer mehr auszusetzen. Schließlich geriet unser Streit dermaßen außer Kontrolle, dass ich ihm Dinge an den Kopf warf, die ich nie wieder zu jemandem sagen möchte. An dem Punkt konnte ich schon seinen Begrüßungskuss nur noch abartig finden. Nur ganz selten, wenn ich sein Genörgel überhaupt nicht mehr ertragen konnte, schlief ich noch mit Dennis, damit er endlich aufhörte zu quengeln. Oder ich setzte den Sex latent als Druckmittel ein, getrieben von der Hoffnung, dass Dennis sich so sehr danach sehnen würde, mit mir zu schlafen, dass er sich zum Guten ändern würde, um meine Lust wieder zu entfachen. So sehr sehnte ich mich nach dem Gefühl, ehrlich geliebt zu werden, dass ich voll guter Absichten den Sex als Mittel nutzen wollte, um unsere Beziehungsprobleme zu lösen, um Dennis' Liebe zu erzwingen. Das hat natürlich nicht funktioniert. Inzwischen war ich mir sogar sicher, dass ich keinen Sex brauche, so unerträglich war er für mich geworden. Anton und Max verdanke ich die Erkenntnis, dass ich Sex sehr wohl genießen und brauchen kann, dass er nicht belastend sein muss, sondern sogar befreiend sein kann. Jetzt sehe ich Sex als ein Barometer, das ziemlich genau anzeigt, wie es um eine Beziehung steht. Zwar werde ich nie der Typ Mensch sein, der sieben Tage die Woche mehrmals täglich Sex haben muss, aber ich mag die Nähe, die

dabei entsteht, wenn eine Frau und ein Mann einander körperlich entdecken, ich ziehe dabei gern den Vergleich zu einer Aben-
teuerreise, auf der es viel zu erleben gibt.

Mein einer Liebhaber, Anton, ist dreiunddreißig und vom Äußeren her eigentlich überhaupt nicht mein Typ: ein Bär mit einem
Bauch und vielen Haaren. Er hat etwas Solides an sich mit seiner
Eigentumswohnung und seinem Geld. Seine Mutti kocht für ihn,
deshalb ist regelmäßig etwas zu essen da, wenn ich bei ihm bin.
In einer Beziehung könnte ich dieses Muttersöhnchenverhalten
wahrscheinlich nicht ausstehen, aber so finde ich es nur praktisch,
vor allem weil ich selber mit dem Kochen auf dem Kriegsfuß stehe. Anton hat keine Freundin und das ist auch gut so, denn ich
würde es keiner anderen Frau antun wollen, heimlich mit ihrem
Mann Sex zu haben, da ist meine Grenze überschritten. Ich kenne das Gefühl, betrogen zu werden, und keine Frau hat es verdient. Wenn Anton und ich alle vier Wochen einmal miteinander
schlafen, hauptsächlich in der Missionarsstellung, ist das gemüt-
lich, und mehr erwarte ich diesbezüglich von ihm auch nicht. Vorher gehen wir manchmal zusammen aus, zum Beispiel aufs Dorf-
fest oder nächste Woche zum *Red Hot Chili Peppers* Konzert.

Mein anderer Liebhaber Max ist genauso alt wie ich und sieht
extrem gut aus. Er ist der Vorzeigetyp: groß, muskulös, sportlich,
Fußballspieler, oft unterwegs. Der süße Typ zum Anschmachten,
den wir Frauen uns als Schwarzweißfoto an die Wand hängen würden. Darum wundert es mich enorm, dass er keine Freundin hat.
Oder er verheimlicht es sehr geschickt vor mir, jedenfalls findet
sich in seiner Wohnung keinerlei Hinweis auf die Existenz einer
Frau. Vielleicht besucht sie ihn nicht. Vielleicht räumt er gewissenhaft auf, bevor ich komme. Vielleicht hat er auch keine Freundin, sondern außer mir noch ein paar andere Sexbekanntschaf-
ten.

Wenn das so sein sollte, will ich es gar nicht wissen, denn ich
möchte mich als etwas Besonderes, etwas Einmaliges fühlen und
nicht das Gefühl haben, eine von vielen zu sein. Mich interessiert

nur, was uns verbindet. Eine Weile lang schicken wir nicht besonders tiefgründige Mails hin und her: »Was machst du?« – »Bin auf der Arbeit.« – »Mir ist langweilig, dir auch?« Irgendwann wird der Inhalt konkreter: »Ich hätte Lust, dich mal wieder zu sehen.« – »Wann lässt du mich mal wieder zu dir rein?« Alle zwei, drei Wochen treffen wir uns, und dann entsteht schon ein Kribbeln, dann merke ich schon, dass zwischen uns etwas passiert. Wenn Max die Leidenschaft packt, kommt es vor, dass er wild über mich herfällt oder eine andere Technik aus seiner erstaunlichen Palette auspackt. Ich bin kein Kind von Traurigkeit und probiere begeistert neue Spielereien aus, die Max initiiert. Ich selbst war noch nie der große Rhetoriker im Bett, eher der Typ: »Mach mal Licht aus und lass uns unter die Decke kriechen, ich muss dir was sagen.«

Ob der Sex mit Max und Anton im Alltag einer Beziehung immer noch so befriedigend wäre, möchte ich mir lieber gar nicht erst ausmalen. Jedenfalls würde ich für eine echte Partnerschaft, bei der Liebe im Spiel ist, beide Affären sofort und ohne Diskussion aufgeben. Zweisamkeit und Zusammengehörigkeit im traditionellen Sinne stellen auf jeden Fall eher mein Ideal dar als dieses Doppelleben, das ich zurzeit führe. Von Kindern träume ich momentan nicht, jedenfalls nicht von einer Schwangerschaft in den nächsten drei oder vier Jahren. Ich habe jetzt keinen Nerv dafür, mich um andere zu kümmern, weil ich selber genug ungelöste Probleme mit mir herumschleppe. Dem Anspruch, Kindern das Beste zu geben, ihnen alle Kraft und Aufmerksamkeit zu schenken, kann ich momentan nicht entsprechen. Außerdem bin ich nicht gut im Teilen, das gilt auch für die Verantwortung gegenüber einem Kind. Nachwuchs gehört ohnehin nur in eine funktionierende Partnerschaft, in der einer die Defizite des anderen auffängt. Ich möchte nur Kinder von einem Mann bekommen, den ich für seine Eigenschaften bewundere, sodass ich mir wirklich wünschen kann und nicht befürchten muss, dass sie nach ihm geraten.

Wenn ich mit vierzig noch kinderlos bin, dann werde ich sehr traurig darüber sein. Und wenn ich bis dahin noch nicht weiß, wo ich stehe, weil ich noch keinen Mann gefunden habe, an dessen Seite das Leben Spaß macht und an dessen Seite mein Platz ist, werde ich das erst recht bedauern. Ich will keine Beziehung, die nur so vor sich hinplätschert. Ich will nicht für den Rest meines Lebens solche unverbindlichen Kontakte zu Männern pflegen wie im Moment. Obwohl ich den Kontakt zu allen Männern, die in meinem Leben eine Rolle gespielt haben, gewissenhaft aufrecht-erhalte. Meine erste große Liebe meldet sich nur alle sechs Mo-nate, aber darauf ist Verlass. Dennis höre oder sehe ich wöchent-lich, denn wir verstehen uns ohne den Druck einer Partnerschaft, die ich mir mit ihm überhaupt nicht mehr vorstellen kann, besser denn je. Sogar der »Übergangsmann« vor Anton und Max ist noch Teil meines Lebens, wir treffen uns hin und wieder zum Quat-schen. Warum das alles? Sicherlich hat die Tatsache, dass ich mich nicht nur schlecht entscheiden, sondern auch nicht gut loslassen kann, damit zu tun. Sicherlich spielt zum Teil auch die Angst vor dem Alleinsein eine Rolle, obwohl ich die Männer alle gern habe und sie nicht ausschließlich als Mittel zum Zweck benutze. So-lange Max und Anton da sind, wenn ich mich nach einer Umar-mung sehne, ist alles im grünen Bereich. Aber wenn ich keinen von beiden erreiche, obwohl ich gerade furchtbare Sehnsucht nach Nähe habe, dann trifft mich die Erkenntnis, wie allein ich eigent-lich auf dieser Welt bin, besonders hart. Es gibt dann auch nie-manden, mit dem ich reden und bei dem ich mich ausheulen kann. Ich rufe nicht gerne Leute aus meinem kleinen Freundeskreis an, wenn ich schlechte Laune oder eine depressive Phase habe und mich den ganzen Tag nur frage: Wer bin ich eigentlich? Welche Eigenschaften habe ich eigentlich, wie würde ich mich beschrei-ben? Wo stehe ich in meinem Leben und wo will ich hin? Statt-dessen hocke ich in meiner Bude vor dem Fernseher, heule vor mich hin, ohne genau definieren zu können, warum, habe fiese Kopfschmerzen, bin zu müde, um mich zu bewegen, und zu quirlig, um zu schlafen. Nach einer durchquälten Nacht bin ich am nächsten Morgen erst recht todmüde und habe einen noch dickeren Kopf. Diese *Quarterlife Crisis* kann einen richtig körperlich kaputt machen.

Und wo wir schon beim Thema Körper und Aussehen sind: da haben wir noch einen Punkt, der mich in schlimmen Phasen herunterzieht. Ich finde mich nicht schön. Zwar bin ich nicht dick, besonders meine Beine wirken in Hosen schön schlank, aber die Haut unter dem Stoff hat Dellen und ist schlabberig. Lange Haare, schön und gut, aber sie hängen doch nur herunter und sind nach einem Tag fettig. Unter langen Pullovern kann ich meinen kleinen Bauch vor anderen verbergen, aber beim Hinsetzen fühle ich, wie er Falten wirft, und zu Hause in der Badewanne, da sehe ich ihn. Mein Busen: Ach, wäre er in seiner Entwicklung doch nur nicht in den ersten Tagen der Pubertät stehen geblieben! Komplexe aufgrund meines Aussehens schleppe ich etliche mit mir herum. Vielleicht sind meine beiden Affären auch deshalb so wichtig für mich, denn im Bett mit Anton oder Max fühle ich mich attraktiv. Sonst nicht. Sonst kleide ich mich schwarz, weiß, grau und braun. Der Tag, an dem ich mir zwei Strickjacken und zwei T-Shirts jeweils in blau und weinrot gekauft habe, geht in die Annalen ein. Muss ein extrem guter Tag gewesen sein, voller Kraft, Motivation und Entscheidungsfreude! Wie auch der Tag, an dem ich bei einer Farbberatung mitgemacht habe. Ich bin der Herbsttyp, toll, oder? Und – hat dieses Wissen mein Leben verändert? Nein!

Meistens dauert die miese Stimmung mehrere Tage an, bevor sie sich irgendwann von alleine verzieht, nur um ganz sicher bald wieder vorbeizuschauen. Vielleicht sollte ich mir einen Therapeuten suchen, genauer gesagt würde ich nichts lieber tun als das, andererseits scheue ich davor zurück, weil ich schon acht Jahre Analyse hinter mir habe. Sie hat mir damals über die Pubertät hinweggeholfen. Jetzt will ich versuchen, selbst stark genug zu sein, denn ein Therapeut ist nichts anderes als ein Ersatzfreund, an den du dich klammerst. Du hast regelmäßig jemanden zum Reden und machst dir vor, er würde persönlich an deinem Kummer Anteil nehmen. Aber das tut er nicht wirklich, es ist einfach sein Job, dir über deine Krise hinwegzuhelfen. Wenn du einen Therapeuten als Instrument missbrauchst oder ihn irrtümlicherweise als Freund betrachtest, dann hat die Therapie keinen Sinn. Manchmal, wenn ich wirklich schlecht drauf und ganz alleine bin, stelle ich mir vor, mein ehemaliger Therapeut käme mich besuchen, und erzähle ihm von meinen Problemen. Bis mich irgendwann die Erkenntnis: »Du redest ja mit dir selber! So weit ist es jetzt schon gekommen!?« nur noch mehr runterzieht.

Tagebuchschreiben, um meine Gedanken zu ordnen, funktioniert auch nicht. Meine Rechtschreibung ist so schlecht, dass mir die Tagebuchseiten, anstatt zu helfen, nur vorhalten, wie unfähig ich bin. Bleibt mir nur noch zu hoffen, dass diese schwierige Phase irgendwann vorübergeht. Ich hatte den Begriff *Quarterlife Crisis* bisher noch nicht gehört, hatte immer gedacht, ich bin die Einzige, die zu kämpfen hat. Klar habe ich mich schon oft gefragt: Was treiben eigentlich die ganzen Leute zwischen zwanzig und dreißig den ganzen Tag? Wie fühlen die sich? Aber mir war nicht klar, dass viele in dem Alter eine schwierige Phase durchmachen. Zu wissen, dass ich nicht alleine bin, ist gut, denn es schafft eine Art von Verbundenheit, auch ohne die anderen zu kennen. Obwohl, wenn mir dann doch mal jemand von seiner Krise erzählt, denke ich oft: »Na, deine Probleme möchte ich haben! *Du* hast doch alles! *Du* hast doch einen Freund, *du* hast doch einen Job, *du* hast doch ein Ziel! *Ich* habe das alles nicht. *Ich* weiß nicht, wie ich endlich aus diesem Schema ausbrechen, Entscheidungen in meine eigene Hand nehmen und aufhören kann, immer nur an Jobs und Menschen kleben zu bleiben, die mir durch Zufall über den Weg gelaufen sind.«

JEDER KRISE LÄSST SICH
ETWAS POSITIVES ABGEWINNEN

Meine erste erwachsene, weitreichende Entscheidung traf ich zu einem sehr frühen Zeitpunkt in meinem Leben, als ich mich während der elften Klasse entschloss, das Gymnasium abzubrechen. Zwar blieb mein Ziel weiterhin das Abitur und ein Studium, doch sollte mein Weg dorthin nicht mehr der gewöhnliche sein. Ich hatte von alternativen, freieren Schulen gehört und wollte mich danach umsehen, so lautete mein Plan. Wo es diese Schulen gab? Ob sie mich nehmen würden? Was mich dort erwarten würde? All das wusste ich nicht, aber ich wagte den Schritt dennoch. Und nach einem sechsmonatigen Praktikum kam ich tatsächlich an einer so genannten Reformschule unter, deren Konzept sich an dem College-System in den USA orientierte. Nach vier Jahren an dieser Schule konnte ich sowohl mein Abitur als auch ein abgeschlossenes Grundstudium der Soziologie vorweisen. Mit achtzehn hatte ich also meinem Elternhaus den Rücken gekehrt, war in eine andere Stadt gezogen und spürte, dass es mich noch viel weiter hinaus in die Welt trieb. Während meiner vier Jahre an der Reformschule studierte ich ein Jahr in Südafrika, danach nahm ich mein Hauptstudium auf und verbrachte drei Monate in Ghana und zweimal mehrere Monate im Senegal, landete dann in Paris, wo ich meinen Abschluss in Anthropologie machte. Bis dahin war alles glatt gelaufen, hatte alles so funktioniert, wie ich es mir vorgestellt hatte. Als ich auf der Suche nach einer alternativen Schule war, habe ich eine gefunden. Als ich mich um Stipendien für meine Auslandsaufenthalte bewarb, habe ich sie bekommen. Ich hatte Freunde und einen Draht zu meinen Professoren. Einfach alles lief wie geschmiert.

Bis zu dem Tag, an dem ich aus Paris zurück nach Deutschland kehrte und mich bis auf weiteres in einer Studentenstadt niederließ. Eine wichtige Entscheidung musste getroffen werden: Wollte ich promovieren, wollte ich das deutsche Diplom in Soziologie auf den französischen Abschluss draufsetzen oder wollte ich mir einen Job suchen? Alles sinnvolle Alternativen. Ich entschied mich für letztere, auch, weil meine ehemaligen Kommilitonen aus Großbritannien ebenfalls alle dabei waren, Bewerbungen zu schreiben. Also setzte ich mich hin und tat es ihnen nach. Ging davon aus, dass ich ganz sicher bald einen Job finden würde, schließlich konnten sich meine Qualifikationen sehen lassen. *In meinem Leben hatte doch bis jetzt alles funktioniert, warum sollte es diesmal anders sein?* Falsch gedacht. Zwar wurde ich von einer Firma für Entwicklungszusammenarbeit, bei der ich mich beworben hatte, zum Gespräch eingeladen, zwar hatte ich das Gefühl, einen guten Eindruck hinterlassen zu haben, aber die Stelle bekam ich trotzdem nicht. Zum ersten Mal wurde mir ein Stoppschild vor die Nase gesetzt, zum ersten Mal verließ mich mein Glück, zum ersten Mal musste ich damit fertig werden, an einem Zwischenziel gescheitert zu sein. Genauso frustrierend wie diese Erkenntnis gestaltete sich die Phase danach. Ich jobbte herum und wusste nicht, wie es nun weitergehen sollte. Und das war der Moment, in dem meine *Quarterlife Crisis* einsetzte.

Oder, wenn ich genau darüber nachdenke, angekündigt hatte sich die Krise eigentlich schon vorher. In kleinen Dingen. Bereits während des Examens konnte ich mich nicht richtig auf die Abschlussprüfungen konzentrieren aus Angst vor dem Danach. Ich dachte stattdessen ständig darüber nach, ob ich wohl einen Job finden würde. Ärgerte mich über meine Freunde, die mir eigentlich nur Mut zusprechen wollten, indem sie sagten: »Natürlich findest du einen Job, Nina. Wer, wenn nicht du!?« Aber ich wurde wirklich von Selbstzweifeln geplagt und wollte, dass meine Freunde mir die zugestanden. Dass sie einsahen: Auch der Nina geht nicht immer alles locker von der Hand, auch die Nina muss sich anstrengen. Ich zog mich in dieser Zeit ziemlich zurück, meldete mich nur noch unregelmäßig bei meinen Leuten, wenn überhaupt, dann nur bei ausgewählten Freunden. Rat von anderen – bis auf den meiner besten Freundin – holte ich mir ohnehin erst relativ spät in dieser Krisenphase, denn ich bin eher der Typ Mensch, der ungern Hilfe annimmt, weil er glaubt, alleine mit seinen Problemen zurechtzukommen.

Ein weiterer Aspekt, der damals auf meine Stimmung drückte und die *Quarterlife Crisis* nur verschlimmerte, war der Schlaganfall und die darauf folgende Reha meines Vaters. Dadurch verschoben sich plötzlich meine Prioritäten, rückten unweigerlich andere Dinge in den Vordergrund. Ich erkannte, dass meine Familie, die mir vorher ehrlich gesagt nicht so wichtig gewesen war, einen viel bedeutenderen Platz in meinem Leben einnahm, als ich es für möglich gehalten hätte. Auch Werte wie Freundschaft und Heimat bekamen auf einmal einen ganz anderen Bezug. Ein wichtiger Entwicklungsschritt für mich, die ich mich bis dahin sehr auf mich selbst konzentriert hatte.

Ich war auch vor meinen Aufenthalten in Afrika und Frankreich schon früh viel gereist, immer bestrebt, meinen Horizont zu erweitern und neue Horizonte zu entdecken. Mit neunzehn zum Beispiel trampte ich allein durch Kanada und die USA. Und das Abenteuer des Alleinunterwegsseins auf ungewöhnliche Art und Weise reizt mich bis heute und wird mich wohl auch reizen, bis ich alt und runzelig bin. Zu lange stillgesessen – und ich werde zappelig. Gerade jetzt zum Beispiel: Meine letzte große Reise liegt über ein Jahr zurück und mich drängt es raus zu kommen aus meinem Alltag, aus Deutschland, aus Abhängigkeiten. Warum? Weil ich das Gefühl habe, je mehr Distanz ich zwischen mich und meine Realität bringe, desto mehr kann ich loslassen. Desto freier kann ich mit dem Rollenbild, das in den Köpfen der anderen von mir entstanden ist, spielen oder mich ganz davon befreien.

Karriere- und erfolgsorientiert, so komme ich manchmal rüber, und zwar weniger bei Leuten, die mich neu kennen lernen, als gerade bei Leuten, die mich schon länger kennen. Als eine Frau, die weiß, was sie will, und die dann zu allem Überfluss auch noch tatsächlich erfolgreich ist. Wie dieser Eindruck entstehen konnte, ist ja klar. Bei mir hat sich eben immer alles wie von selbst zum Guten gefügt. Dass dabei entweder der Zufall seine Finger im Spiel hatte oder dass ich mir meinen Erfolg oft durch harte Arbeit verdienen musste, ging oft unter. Karriere und Erfolg sind mir angenehm, aber auch wieder nicht lebenswichtig. Es ist doch so: *Wenn man ein Vorhaben mit Spaß und Energie anpackt, ist die Möglichkeit, dass es zum Erfolg führt, sehr groß.* Und ich habe mich in all meine Projekte eben mit Begeisterung und voller Tatendrang hineingestürzt. In meinen Auszug von zu Hause beispielsweise. Ich empfand es vorrangig als Erleichterung, den Stress mit meinen Eltern, den Stress der Pubertät hinter mir zu lassen. Natürlich muss ich im Nachhinein zugeben, dass ich die Zeit meiner Abnabelung idealisiere. Auch ich wurde von Zweifeln geplagt, hatte Angst, dass sich meine Ideen von dem unkonventionellen Abitur und Studium nicht umsetzen lassen würden. Aber die Unsicherheit ist zugunsten eines (naiven) Optimismus' in den Hintergrund getreten. Hauptsächlich dachte ich: »Wenn ich etwas will, werde ich es auch schaffen.« Mit dieser Einstellung bin ich noch einige Zeit nach meinem Auszug von zu Hause durch die Welt gegangen. Bis mir wie gesagt die Erkenntnis vor den Kopf stieß, dass das so durchaus nicht immer stimmt.

Frust war die bestimmende Gefühlsregung während dieser sechs Monate Krisenphase. Bis der Punkt kam, an dem ich beschloss zu handeln und mich zu fragen: *»Wie kannst du das, was dir gerade passiert, für dich nutzen? Wie kannst du diese Krise zu einer positiven Veränderung für dein Leben umgestalten?«* Diese Gedanken sind langsam in mir gereift, ich habe nicht da gesessen und bewusst nach einem Lösungsansatz gesucht. Wie das so ist: Man beschäftigt sich unbewusst mit einem Problem, und irgendwann legt sich der Nebel und ein neuer Weg liegt klar vor einem. Und so kann ich im Nachhinein sagen: Es war sogar gut, dass ich gezwungen wurde, einen Moment innezuhalten. Denn während der Zeit, in der alles glatt gelaufen war, hatte ich mich nicht ein einziges Mal hinterfragt. Nie darüber nachgedacht: »Was machst du da eigentlich? Ist das, was du machst, gut für dich?« Und doch war genau dieses Bilanzziehen letztendlich nicht nur der Ausweg aus meiner Krise, sondern auch ein Wendepunkt in meinem Leben, an dem ich meine Ziele überdacht und neue Pläne gemacht habe. Nach fünf Jahren auf einem Weg, der sehr Erfolg versprechend klang, musste ich unvermittelt stehen bleiben und mich neu orientieren. *Nina, der »Übermensch«, wurde in den Augen der anderen in die Realität zurück katapultiert.* Diese Entwicklung hat mich meinen Freunden wieder näher gebracht, und sehr sympathische Reaktionen ihrerseits waren die Folge. Ich würde nie behaupten, mein Weg wäre der einzig mögliche, die *Quarterlife Crisis* in den Griff zu bekommen, denn jeder muss seinen eigenen Weg gehen. Ich kann höchstens von meinen Erfahrungen berichten, vielleicht hilft es jemandem, vielleicht auch nicht. Für mich war dieser Weg der richtige, da bin ich mir sicher.

Ich fand dann auch endlich einen Job, der mich erfüllt. Als studentische Hilfskraft rutschte ich in die Informationstechnologie-branche. Angenommen hatte ich aus reinem Interesse eine völlig unterbezahlte Nebenbeschäftigung, doch bereits nach kurzer Zeit wurde mir eine Festanstellung angeboten. Die Reaktion im Freundeskreis war vorhersehbar: »Na klar, so etwas passiert ja auch nur dir!« Ich kann das nicht mehr hören! Jedenfalls bin ich um einiges an Lebenserfahrung reicher geworden, seit ich diese Stelle habe. Während des Studiums glaubt man nach dem einen oder anderen Praktikum oder Nebenjob sofort, man stecke bereits voll drin im Arbeitsleben und könne nach dem Studium gleichzeitig mit Diplom und einer ordentlichen Berufserfahrung aufwarten. Jetzt ist mir klar, welche naive Arroganz hinter dieser Annahme steckt. Nun ist mir aufgegangen, dass nach dem Abschluss alles komplett anders wird, dass man dann ganz anders angesehen und eingeschätzt wird und dass man sich erst dann wirklich in der Berufsrealität bewegt. Ich weiß jetzt, dass man nach dem Studium noch einmal ganz von vorne anfangen muss zu lernen. Diese Erkenntnis hat mich auf den Boden der Tatsachen zurückgeholt.

In zwei oder drei Jahren wird die Finanzierung des Projekts, an dem ich mitarbeite, wahrscheinlich auslaufen. Diese Befristung und der überschaubare Rahmen meiner Stelle machen mich aber nicht unruhig, sondern wirken im Gegenteil richtiggehend beruhigend auf mich. Ich kann mir sicher sein, dass ich mich weder langfristig festlegen muss, noch mich bereits langfristig festgelegt habe. Ich kann Pläne für danach machen. Vielleicht werde ich als selbstständige Beraterin in Organisationen für Entwicklungszusammenarbeit ins Ausland gehen. Obwohl, je mehr Auslandserfahrung ich sammele, desto lieber wird mir meine Heimat. Während ich mich früher schämte, sagen zu müssen, dass ich aus Deutschland komme, weiß ich heute zu schätzen, was mir hier geboten wird. Dennoch ist meine Faszination für andere Kulturen, meine Neugier auf andere Menschen ungebrochen, nicht umsonst habe ich in Frankreich Anthropologie studiert. Die Welt mit all ihren Verschiedenheiten ist so bereichernd für mich, und ich bemühe mich, die Begegnungen auf meinen Reisen auch für mein Gegenüber bereichernd zu gestalten.

Geduldiger und offener bin ich durch meine Auslandsaufenthalte geworden. Toleranter, was meine Einstellung angeht. Mit Anfang zwanzig hatte es mir der schwarz-weiß-sichtige linke Idealismus angetan. Inzwischen habe ich begriffen, dass es leicht ist, verallgemeinernd zu sagen: »Ich gehöre zu den Guten, bin gegen alles Böse, zum Beispiel gegen Krieg, und alle, die dafür sind, sind noch nicht so weit wie ich.« Darum bin ich heue nicht mehr an komischen Formulierungen über die Allgemeinheit, sondern an konkreten Menschen interessiert. An besonderen Menschen.

Vor allem an meinem Freund Taribo, den ich während meines Aufenthalts im Senegal kennen gelernt habe. Taribo ist nicht mein erster fester Freund, aber der erste, bei dem ich wirklich das Gefühl habe zu lieben und bei dem ich ein Gefühl von Sicherheit habe. Zwischen uns hat es sofort gefunkt. Dennoch war ich sehr vorsichtig und habe mich nicht völlig haltlos in eine Beziehung mit ihm hineingestürzt. Die Erinnerung an eine frühere Affäre mit einem Nigerianer hat mich davon abgehalten, eine Affäre, während der ich die Erfahrung gemacht habe, dass kulturelle Unterschiede zwischen Deutschen und Afrikanern einiges ausmachen und eine Beziehung problematisieren können.

Taribo ähnelt diesem Menschen zum Glück überhaupt nicht. Er erzählt gern über sich selbst, über seine Einstellungen und Gedanken. Anfangs habe ich ihn darum verblüfft mit deutschen Männern verglichen und bin zu Schlüssen gekommen wie: »Für einen Afrikaner ist Taribo wirklich sehr weit, sehr offen, sehr tolerant.« Erst im Nachhinein leuchtet mir ein, wie rassistisch diese gedankenlose Aussage war, und jetzt würde ich sie mir auch nicht mehr erlauben. Aber Taribo kann mich heute immer noch wie damals überraschen. Oft, wenn ich mir sicher war, dass er sich in einer bestimmten Situation so oder so verhalten würde, reagierte er dann doch völlig anders. Zum Beispiel, als ich anfangs nicht gleich mit ihm schlafen wollte. Wir redeten, wir küssten uns, aber Sex war lange tabu – aus mehreren Gründen. Zum einen spukte die Erfahrung mit dem Nigerianer noch in meinem Kopf herum. Zum anderen fühlte ich mich noch nicht so weit. Die Angst vor AIDS spielte auch eine Rolle. Dazu kam, dass wir kaum Gelegenheit für erotische Zweisamkeit hatten: Ich lebte in einer WG, er wohnte mit seinem Bruder zusammen, und so war immer jemand um uns herum. Taribo akzeptierte meine Bedingungen klaglos, startete nicht einmal den Versuch, mich zu überreden oder zu drängen. Auch das war eine Überraschung für mich. Ich selbst ergriff schließlich die Initiative, als mein Vertrauen gestärkt und das Thema Safer Sex geklärt war. Genauso wichtig wie die Küsse und die Zweisamkeit mit Taribo war mir aber auch, dass ich durch ihn und seine Freunde, mit denen wir oft einfach nur durch die Gegend fuhren, sehr viel von Afrika kennen gelernt habe, was mir sonst verborgen geblieben wäre.

Erst als ich Taribo ein Jahr später ein zweites Mal im Senegal besucht hatte und er auch zu mir nach Deutschland gekommen war, entschlossen wir uns, es mit einer »echten« Beziehung zu versuchen. Und es hat funktioniert. Im Moment ist er nach zehn Monaten räumlicher Trennung zum zweiten Mal für einige Zeit bei mir und wir überlegen, ob wir heiraten sollen. Wollen wir in Deutschland zusammenleben, haben wir keine andere Wahl. Meine Gedanken über unsere derzeitige Situation ließen sich sicherlich auch dem Thema *Quarterlife Crisis* unterordnen. »Ich bin Nina, ich bin sechsundzwanzig, strebe privat nach der Weiterentwicklung meiner Persönlichkeit sowie beruflich nach mehr Verantwortung und möchte mich in der Welt umschauen.« Dazu stehe ich. »Ich bin Nina, sechsundzwanzig und verheiratet?« Nein, das klingt dröge, das passt nicht ins Bild, da muss ich schlucken und bekomme Atemnot. Die typische Reaktion meiner Generation, in der sich die meisten spät an einen festen Partner oder an Kinder binden. Andererseits ist Taribo wirklich der erste Mann, bei dem ich ich selbst sein kann, den ich mir als Vater meiner Kinder und eben auch als meinen Ehemann vorstellen könnte. Wenn wir uns für eine Hochzeit entscheiden sollten, egal ob jetzt oder später, schließt das für mich auch Treue und ein Versprechen für die Ewigkeit mit ein. Ich will wirklich nicht nur heiraten, damit er hier bei mir in Deutschland bleiben kann, ich muss mir schon ein ganzes Leben mit dem Mann, den ich heiraten werde, vorstellen können. Und das kann ich bei Taribo.

Trotzdem wäre es mir lieber, wenn ich noch fünf oder sechs Jahre Zeit hätte, bis die Hochzeitsglocken läuten. In mein Selbstbild passt die Kategorie »Single« einfach besser als die Kategorie »Ehefrau«. Manchmal sage ich sogar zu Taribo: »Ich wünschte, ich hätte dich drei Jahre später kennen gelernt!« Wie es gelaufen ist, hat er die angenehme Phase des Single-Daseins in meinem Leben irgendwie unterbrochen. Manchmal liegt es mir auf der Zunge, allen zu erzählen: »Ich bin Single, lass uns Party machen und uns mit den Männern amüsieren!« Aber ich gebe diesem Drang nicht nach. Ich flirte wie ich es auch Taribo zugestehe, aber ich bin treu und muss mich dazu nicht zwingen.

Dennoch bleibt das Motto: »Ich mache, was *ich* will und was gut für *mich* ist« weiterhin attraktiv. Natürlich kann ich das nur so sehen, solange ich nur für mich selbst verantwortlich bin. Wären wir verheiratet, müsste ich Taribo mitfinanzieren, bis er hier in Deutschland einen Job findet. Hätten wir Kinder, müsste ich erst recht Verantwortung für andere übernehmen. Aber soweit bin ich innerlich noch nicht. Obwohl ich mich in unserer Beziehung gut fühle, bleibt die Sehnsucht nach Freiraum, den Taribo mir auch gewährt. Schließlich war ich immer ehrlich zu ihm, was meine Bedürfnisse angeht, und so wusste er, worauf er sich einlassen würde. Sollten wir Ende diesen oder Anfang nächsten Jahres heiraten, will ich vorher unbedingt noch einmal vier Wochen alleine mit dem Rucksack durch Asien tingeln.

Allein auf Reisen kommt der Kontakt zu anderen Kulturen viel einfacher und direkter zustande, ganz schnell wird man zum Essen eingeladen und kann etwas über die fremden Menschen und ihre Lebensweise lernen. Sicher wäre ein Urlaub zu zweit genauso nett, dass Taribo und ich auch auf Reisen ähnlich ticken, haben wir bereits ausprobiert und bewiesen, aber wir würden zu zweit wahrscheinlich doch nicht so schnell und intensiv in die fremde Kultur einsteigen.

Natürlich kann und werde ich nicht immer diesen Egotrip fahren und bis in alle Ewigkeit meinen Jahresurlaub allein auf Abenteuerfahrt verbringen. Mir ist durchaus bewusst, dass spätestens, wenn wir Familie haben, andere Arten von Reisen angesagt sein werden. Aber für den Moment ist es doch nicht sträflich, dass ich ohne Taribo unterwegs bin. Dadurch wird meine Liebe zu ihm doch nicht geschmälert. Im Gegenteil, *gerade* die Intensität unserer Liebe erlaubt es mir, mich von ihm zu entfernen, ohne das Gefühl der Sicherheit in unserer Beziehung einzubüßen.

Nur manchmal übertreibe ich es mit meinen Träumen, merke das zum Glück aber auch. In solchen Momenten will ich nicht um der Erweiterung meines eigenen Horizontes Willen ausbrechen, sondern um anderen zu zeigen: »Seht her, ich bin unabhängig von allen Zwängen!« Von dieser Motivation muss ich unbedingt runterkommen, denn sie ist absolut falsch. Auf der anderen Seite verwirkliche ich ja auch nicht all meine Träume. *Was ich will und was ich mache muss nicht unbedingt übereinstimmen.* Solange ich ungebunden bin, ist der Zeitpunkt zwar günstig, sich auszuleben, aber auch mich trieb mein durchaus vorhandenes Sicherheitsbedürfnis zum Beispiel dazu, bereits vor vier Jahren eine kleine Lebensversicherung abzuschließen. Mein Motto lautet definitiv nicht: »Lebe dein Leben jeden Tag, als wäre es dein letzter.«, das weiß auch Taribo. Vielleicht kann er genau aus diesem Grund meinen Freiheitsdrang akzeptieren.

Ich habe Respekt vor Aussteigern, die im eigentlichen Sinne »aussteigen«, die wirklich alles hinter sich lassen, aber in vielen Fällen ist ihre Motivation auch eine Flucht. Ausbrechen aus einer Rolle, in die man hineingedrängt wurde, weglaufen vor der Auseinandersetzung mit den Gründen. Es ist einfacher, vor der eigenen Unzufriedenheit zu fliehen, als sich zu ändern. Da heißt es aufpassen, gegensteuern und hinterfragen: »Warum tue ich das, was ich tue? Bin ich zufrieden? Was kann ich tun, um *in meinem Alltag* Zufriedenheit zu erlangen?« In mir jedenfalls stecken beide Seelen: die fernwehgeplagte, die soviel wie möglich von der Welt sehen will, sowie die ruhige, die auch Freude an der Vorstellung, Ehefrau und Mutter zu sein, haben kann. *Klar ist das die totale Ambivalenz, aber bei den tausend Möglichkeiten, die wir heute haben, ist es ja wohl auch unmöglich,* keine *Ambivalenz zu entwickeln.*

Mein Leben läuft also zurzeit auf hohem Niveau, so ist mir eine kleine Atempause zwischen allzu vielen Gedanken über mich selbst gegönnt. Das hängt aber auch damit zusammen, dass ich mich momentan total in meinen Job stürze. Gleichzeitig fühle ich, dass das Hinterfragen meines eigenen Tuns wieder mehr werden wird, dass schon sehr bald wieder eine Phase auf mich zukommen wird, in der ich verstärkt an mir arbeiten werde. In diesem Sinne ist meine *Quarterlife Crisis* wohl noch nicht so ganz ausgestanden. Meine Situation, mein Umfeld, mein Alter, all das spricht eigentlich dafür. Ich glaube, mit diesen »Symptomen« stehe ich nicht allein da. Den größten Unterschied zwischen den einzelnen Lebensläufen macht der Zeitpunkt, zu dem man in diese Krisenphase eintritt, der parallel läuft mit dem Zeitpunkt, zu dem man ins Berufsleben einsteigt. Wer nach dem Haupt- oder Realschulabschluss eine Lehre macht, abbricht, sich umorientiert, erlebt seine *Quarterlife Crisis* womöglich bereits mit siebzehn oder achtzehn und ist mit sechsundzwanzig schon bereit, zur zu Ruhe kommen, zu heiraten und eine Familie zu gründen. Zu dem Zeitpunkt fängt für Studenten oder Absolventen wie mich die Krise erst an. Wobei wir mit weitaus komplexeren Problemen zu kämpfen haben. Allein die Fülle von kuriosen Fächern, zwischen denen es zu entscheiden gilt und auf die in der Schule überhaupt nicht vorbereitet wird. Insofern ist die *Quarterlife Crisis* schon eine Frage der Bevölkerungsschicht.

Erst jetzt lerne ich die Basics für ein verantwortungsbewusstes Leben. Erst jetzt weiß ich den Nutzen des Innehaltens zu schätzen. Wobei ich dazu tendiere, das tatsächliche Ausmaß meiner schlechten Stimmung während meiner letzten Krisenphase leicht zu verdrängen. Vielleicht kommt nur dadurch der (Trug)schluss zustande, dass mich ein neuerliches Nachbeben der *Quarterlife Crisis* nicht mehr so umhauen würde, nachdem ich gemerkt habe, wie viel ich daraus für meine Persönlichkeit ziehen kann. Vielleicht behalte ich mit dieser Einschätzung Recht, das wird sich zeigen. Jedenfalls finde ich es gut, dass die *Quarterlife Crisis* nun in das Interesse der Öffentlichkeit gerückt ist. Es war viel zu lange gerade in der New Economy nicht angesagt zuzugeben: »Ich habe eine Krise.« Lieber schmiss man ein Ecstasy, um dem Anspruch der Spaßgesellschaft, immer happy zu sein, zu genügen. Natürlich ist es okay, eine Krise zu haben, wenn man mit existentiellen Dingen wie seinem Geld oder seinem Essen nicht auskommt, *aber warum ist es nicht okay, eine Krise zu haben, wenn man von den vielen Möglichkeiten, die das Leben einem bietet, regelrecht erschlagen wird? Wir sollten jedem das Recht auf seine Krise zugestehen, denn aus Krisen lernen wir.* Ich meinerseits habe gelernt, dass ich Verantwortung für mein Tun übernehmen muss. Und dass ich auch mal schlecht drauf sein darf. Insofern kann ich die *Quarterlife Crisis* als Lebensphase akzeptieren. Es kann nicht darum gehen, andere davor zu bewahren, denn Krisenbewältigung bringt jeden Menschen vorwärts.

ICH BIN FROH, DASS ICH MEINE BESTEN FREUNDINNEN HABE

Echte Freundinnen – sie sind so wertvoll und bereichernd für mein Leben. Mit ihnen mache ich meine Gefühle aus, unter ihnen kann ich ich selbst sein. Meine Freundinnen sind hundertprozentig ehrlich zu mir, wenn sie ihre Meinung äußern, weil sie wissen, dass ich nicht sauer sein werde, auch wenn mir ihre Meinung nicht gefällt oder wenn ich auf ein anderes Urteil gehofft hatte. Echte Freundschaft ist, wenn ich *alles* über das Leben der Freundin erfahren möchte, wenn ich sie so gut kenne wie mich selbst. Echte Freundschaft ist, wenn auch räumliche Distanz nicht automatisch das Ende bedeutet. Sicher, es kostet viel Kraft und Energie, die Nähe zueinander trotzdem aufrechtzuerhalten, denn man entfernt und entfremdet sich so leicht voneinander. Aber man kann dagegen angehen, indem man die Freunde im Herzen trägt, täglich oder zumindest so oft wie möglich telefoniert, Mails schreibt und auch ausführliche Briefe und Faxe, weil das Handschriftliche ehrlicher ist. Es ist mir wichtig, dass der Mann an meiner Seite meine Freundinnen kennen lernt und sich mit ihnen versteht, das macht mich überhaupt nicht eifersüchtig, sondern einfach nur froh. Wenn meine besten Freundinnen den Mann an meiner Seite nicht ausstehen können, oder wenn der Mann an meiner Seite mir keinen Freiraum lässt, um Zeit mit meinen Freundinnen zu verbringen, habe ich ein echtes Problem. Und »Zeit mit meinen Freundinnen« bedeutet mehr als der obligatorische gemeinsame Kaffee zwischen zwei Terminen. Ich spreche von intensiver Qualitätszeit, die ich mit ihnen verbringen möchte. Zeit zum Reden, Zeit zum Shoppen, Zeit zum Lachen, Zeit zum Weinen, Zeit zum Schweigen, Zeit, füreinander da zu sein, Zeit, um am Leben und am Alltag des Anderen teilzuhaben. In meiner Geschichte spielen meine Freundinnen zu jedem Zeitpunkt eine große Rolle, vor allem Esther, die ich noch aus Schulzeiten kenne, und Lena, mit der ich mir erst später sehr nahe gekommen bin.

Rund um mein Abitur hatte ich klare Vorstellungen von meiner Zukunft und vertrat die auch selbstsicher: Irgendwann würde ich Journalistin sein, wollte aber zunächst Lehrerin für Deutsch, Geschichte und Politik studieren, und zwar in Berlin. Göttingen? Nein, danke. Zu einfach, zu nahe an meinem Elternhaus, zu überfüllt mit ehemaligen Klassenkameraden. Berlin, das schien das passende Pflaster für mich zu sein, zumal die Voraussetzungen für eine politische oder journalistische Karriere dort optimal waren. »Berlin«, das klang in meinen Ohren nach Abenteuer, nach Unkonventionalität, nach Neuanfang, nach dem Zentrum des Zeitgeschehens. Dort, so glaubte ich, würde ich alle Möglichkeiten haben, zu sein, wie ich wollte, ohne dabei großartig aus der Masse hervorzustechen. Erst einmal galt es jedoch, sich durch das Loch zwischen Mai und Oktober, zwischen Abitur und Studienbeginn zu quälen. Nach dem Lernstress plötzlich völlig ohne Beschäftigung, gelangweilt und ahnungslos – lustig war es nicht. Ich habe es schon immer gehasst, nicht so recht zu wissen, was ich mit mir anfangen soll. Geld für große Reisen hatten weder meine Eltern, noch ich. Als Aupair in Kalifornien wäre ich wohl nicht so gut aufgehoben gewesen wie meine Freundin Esther, angesichts der Tatsache, dass ich Kinder nicht ausstehen konnte und auch kein ganzes Jahr verschwenden wollte. Neidisch war ich trotzdem ein wenig auf sie, versuchte aber, mich mit einem stupiden Job in einer Kalenderfabrik und meiner Vorfreude auf Berlin abzulenken. Bis die Absage kam. Na prima. Scheiß Numerus Clausus. Als Alternative blieb mir Potsdam, aber so richtig versöhnen konnte mich der Reiseführer »Potsdam und seine Schlösser« nicht, den meine Mutter mir zum Trost schenkte. »Potsdam« – wie das schon klingt. Wohnen wollte ich unbedingt in Berlin und ergatterte dann auch ein Zimmer am Schlachtensee in einer WG mit vier fast fertig studierten Männern und einer Studienanfängerin, mit der ich mich sofort gut verstand. Der Auszug von zu Hause, die räumliche Trennung von meinem Freund Pascal – eine ganze Menge Veränderungen, die da auf mich einstürmten. Der Herbst ist seitdem mein Pseudonym für Neuanfang. Im Herbst wird alles anders.

Pascal, mit dem ich nach zwei Jahren auf derselben Schule nun gezwungenermaßen eine Wochenendbeziehung führte, war meine erste große Liebe. Er war ein Mensch, der durchzieht, was er sich vornimmt, ein aktiver Mensch, der immer tausend Dinge gleichzeitig in Angriff nimmt und dadurch ständig unruhig ist und unter Adrenalin steht. Pascal wusste einfach alles über Afrika, das machte ihn wesentlich spannender als andere Typen in seinem Alter, die mir alle noch so unreif und oberflächlich erschienen. Pascal war außerdem ein sehr weiblicher Mann, nicht äußerlich, sondern innerlich: Er war romantisch, gefühlvoll, weniger in das hübsche Gesicht als in die Seele eines Menschen verliebt. Pascal war Idealist mit unumstößlichen Prinzipien. Anfangs teilten wir das Ideal von einer besseren Welt und engagierten uns für »Amnesty International« und »Ein Licht für Bosnien«. Das war die Gemeinsamkeit, die uns verband. Aber irgendwann störte mich Pascals Prinzipienreiterei zunehmend. Seine Weltsicht war mir auf den zweiten Blick zu zweidimensional, zu schwarz-weiß, zu sehr eingeteilt in »gut« und »böse«. Mir sind Werte, Ideale und Prinzipien auch wichtig, aber dabei muss Raum bleiben sowohl für die Änderung und Anpassung der eigenen Einstellungen, als auch für die Werte, Ideale und Prinzipien anderer Menschen, die möglicherweise nicht mit den eigenen übereinstimmen.

Zwar war die Trennung von Pascal anfangs hart und wurde noch härter, als er für ein zwölfmonatiges Praktikum nach Südafrika ging, doch bald begann ich, meine Freiheit und Unabhängigkeit zu genießen. Keine Eltern mehr in der Nähe, die wissen wollten, wohin ich gehen und wann ich zurückkommen würde, oder die mir vorschrieben, wann ich was zu essen hatte. Und kein Pascal um mich herum, keine verplanten Wochenenden mehr, ich fühlte mich beinahe wieder wie ein Single. Schnell schloss ich mich der Hamburger Clique meiner WG-Mitbewohnerin an und war viel mit den Leuten unterwegs. Auch an der Universität traf ich laufend neue, interessante Menschen: Nadine aus Ostdeutschland, die Tierliebhaberin, Sängerin, Geschichtsstudentin, die immer in der Krise steckte. Elena, die intellektuelle, emanzipierte Halbspanierin und Geschichtsstudentin, die unglaublich bereichernd für mich war. Oder Jens, den Schwaben, Deutschstudent, Spätzlekocher und ständig bekifft. So verging das erste Jahr wie im Flug und ich konnte mich wirklich nicht über mangelnde Gesellschaft beklagen. Aber ich spürte immer deutlicher, dass das Lehramtsstudium nicht mein Ding war. Zwar hatte ich Spaß daran, schrieb gute Hausarbeiten und fühlte mich wohl unter meinen Kommilitonen, aber warum sollte ich unsinnige Schulpraktika absolvieren, obwohl ich doch eigentlich Journalistin werden wollte?

Esther war gerade aus Kalifornien zurückgekehrt, etwas korpulenter als gewohnt, braungebrannt, blond, superschön und noch so weit weg. Mit ihr zusammen fuhr ich nach Rom, wo wir zwei Jahre zuvor bei einer Studienfahrt mit dem Lateinleistungskurs Freundinnen geworden waren. In Rom wollten wir ein bisschen entspannen, ein bisschen unser Wiedersehen feiern und uns über unsere Zukunftsvorstellungen klar werden. Und das wurden wir: Esther beschloss, nach Berlin zu ziehen, um Pädagogik zu studieren, und ich beantragte den Wechsel vom Lehramt zum Magister. Doch kaum sah ich meine Entscheidung offiziell auf meinen Studentenausweis gedruckt, stürzten die bösen Zweifelgeister erneut auf mich ein: Gehörte ich jetzt zu den tausenden Germanistikstudentinnen, die nicht wirklich wussten, wie man Journalistin wird? Würde ich mein Ziel jemals erreichen? War meine Idee wirklich realistisch oder nicht doch eher illusorisch? Und war der Journalistenberuf am Ende eine brotlose Kunst? Ich sah mich schon von der Langzeitstudentin zur Langzeitarbeitslosen mutieren. Und verstrickte mich immer mehr in den Teufelskreis meiner unbeantworteten Fragen. Das Studium war schließlich von entscheidender Bedeutung für meine gesamte Zukunft. *Doch wie sollte ich – gepeinigt von meiner Ahnungslosigkeit über das, was auf mich zukommen würde – Lebensentscheidungen treffen?*

Ein Jahr nach meinem Debüt als Studentin brach ich schließlich alle Brücken hinter mir ab. Kündigte mein Zimmer, zog erst übergangsweise zu Esther und dann wieder für ein paar Wochen in mein Kinderzimmer bei meinen Eltern. Die Tochter kehrte zurück: joblos, illusionslos und mittellos – gescheitert. Und das nach einem so viel versprechenden Start. Wie hatte das passieren können? In mir mischten sich Gefühle wie Zweifel, Scham und das Bewusstsein, versagt zu haben, sowie andererseits ein wenig Trotz und Stolz darauf, dass ich, anstatt lustlos weiter zu studieren, den totalen Bruch gewagt und den Mut zu einem Neuanfang aufgebracht hatte. Ich verbrachte viel Zeit alleine, grübelte über meine Zukunft und spürte nach und nach auch Wut in mir aufsteigen. Wut darauf, dass Pascal in dieser schwierigen Phase nicht bei mir war. Wut darauf, dass ich ihn in letzter Konsequenz selbst dazu überredet hatte wegzugehen. Telefonate und Mails konnten ihn nicht ersetzen, ich hätte seine tröstende Nähe gebraucht. So aber musste ich meine Krise ohne ihn durchstehen und Rat bei meinen Freundinnen und meinen Eltern suchen.

Wie sollte es jetzt weitergehen? Meine Interessen waren von der Politik über die Philosophie bis hin zu Jura so breit gefächert, dass sich etliche mögliche Wege vor mir auftaten. Und dazu machte sich immer wieder meine Neugier auf andere Menschen bemerkbar. Ich wollte mich mit ihnen auseinandersetzen, mich in die Welt anderer hineinversetzen. Psychologie schied allerdings Numerus-Clausus-bedingt aus. Ein vermeintlich glücklicher Zufall, dass mir ein Studienführer für Sozialarbeit in die Hände fiel. »Warum nicht?«, dachte ich, »Da scheint mir doch von allem etwas dabei zu sein! Und das Diplom macht auch mehr her als ein Magister!« Also schickte ich Bewerbungen um Studienplätze für Jura und Sozialarbeit in Berlin los, sollte doch der Zufall entscheiden, und beschloss, unterdessen Pascal für zweieinhalb Monate in Südafrika zu besuchen, anstatt mich länger herumzuquälen. Meinen Eltern gegenüber gab ich mich fest entschlossen: »Wenn ich von meiner Reise zurückkomme, ist alles in Butter, dann weiß ich, was ich will!«

Südafrika faszinierte und erschreckte mich gleichermaßen. Diese warmherzigen Menschen! So unglaublich offen und freundlich gegenüber Fremden! Kaum einer von ihnen weiß, was der morgige Tag bringen wird, aber sie lächeln trotzdem, als hätten sie gerade das Glück gefunden. Andererseits diese ständige Angst vor der Kriminalität. Ich fühlte mich nicht sicher, nicht frei, konnte nicht abends nach Lust und Laune durch den Park spazieren, ohne mich ständig umzugucken, ob jemand hinter mir ist. Jeder erzählte mir Überfallgeschichten. In Südafrika hörte ich zum ersten Mal in meinem Leben Schüsse und beobachtete am nächsten Morgen, wie das Blut auf dem Bürgersteig weggewaschen wurde. Die Weißen, die dort unten leben, erschienen mir sehr leichtsinnig, auch wenn sie sich meist in ihre Viertel zurückzogen. Pascal hat sich inzwischen angepasst, auch er spaziert durch Parks, in denen er sich lieber nicht aufhalten sollte. Ich könnte nicht in Südafrika leben und war damals nach meinem Besuch auch ziemlich erleichtert, als ich wieder deutschen Boden unter den Füßen hatte.

Die ersten vier Wochen mit Pascal nach der langen Trennung waren schlimm, ich weinte viel, war sicher, es wäre vorbei zwischen uns. Denn mich erwartete in Südafrika ein vollkommen anderer Mann als der, den ich ein halbes Jahr zuvor liebend verabschiedet hatte. Pascal trug einen Bart und war gläubig geworden. Jeden Tag betete er, erzählte mir von Gott und – so kam es mir zumindest vor – versuchte, mich zu bekehren. Er lebte bei einer Pastorenfamilie und hatte sich von der leidenschaftlichen Art und Weise, mit der die Südafrikaner glauben, anstecken lassen. Ich war durchaus auch fasziniert von der farbenfrohen, musikalischen und lebendigen Gemeinschaft, die sich zum Gebet versammelte und nicht im Geringsten an die traurigen, kleinen Gemeinden in deutschen Kirchen erinnerte. Wirklich, ich fand das alles wunderschön, aber ich glaube einfach nicht an Gott. Ich wünsche mir manchmal, ich könnte an etwas glauben, aber ich kann nicht. Und darum fühlte sich der neue strenggläubige Pascal sehr fremd an. Erst im zweiten Monat meines Besuches rauften wir uns auf einer zweisamen, erlebnisreichen Reise mit dem Auto durch Südafrika wieder zusammen. Endlich ließen wir die Stadt mit all ihren Gefahren hinter uns, endlich hatten *wir beide* Zeit für einander! Verbrachten eine unglaublich heiße Nacht in einer Wellblechhütte. Plumpsklo, keine Dusche. Am nächsten Morgen wusch ich mich stehend in einer kleinen Zinkwanne auf dem Hof, indem ich ein wenig Wasser aus einer Gießkanne über mich kippte. Die Besitzer der Hütte, Bekannte von Pascal, hatten uns wie selbstverständlich ihr Bett überlassen und in einer anderen Hütte auf dem Boden geschlafen. Zum Frühstück servierten sie uns Brei mit Eiern – unglaublicher Luxus in diesen Verhältnissen. Wir fuhren ostwärts, erlebten in einem Nationalpark Zebras, Elefanten und Nashörner in freier Wildbahn. Anmutige Giraffen mit ihren langen Wimpern und ihrem stolzen Gang. In Durban sah ich dann zum ersten Mal in meinem Leben einen Ozean, den Indischen Ozean. Er wirkte so exotisch und so unendlich weit! Unser Kontrastprogramm danach: die Wüste, kilometerweit nichts als Staub und Geröll. Wir wanderten in dreitausend Metern Höhe, badeten unter Wasserfällen, besuchten Kapstadt – ein Traum! Die Stadt lag da am Meer, am Tafelberg, umgeben von Weingütern und kilometerlangen weißen Stränden, am Kap selbst beobachteten wir die Pinguine. Überwältigend! Während dieser Reise bewegten Pascal und ich uns sehr langsam wieder aufeinander zu. Die gemeinsamen Erlebnisse schweißten uns zusammen. Schnell teilte ich seine Begeisterung, seine Liebe für Südafrika und seine Menschen. Als ich Pascal verlassen musste, weinte ich wieder, aber diesmal aus Liebe.

Zurück in Deutschland erwartete mich die Nachricht, dass ich Jura studieren konnte, aber in Bielefeld, statt in Berlin. Simone in

Bielefeld? Definitiv nicht. Durch meine Mitarbeit in einigen Projekten mit Obdachlosen, Straßenkindern und Prostituierten in
Südafrika hatte ich ohnehin mehr auf Sozialarbeit gehofft. »Das
kann ich! Das will ich!«, war ich mir plötzlich sicher und bekam
tatsächlich die Zusage aus Berlin. Also packte ich zum zweiten
Mal meine Sachen, um in die Hauptstadt aufzubrechen, und zog
dort – allen Unkenrufen zum Trotz – mit Esther zusammen. Die
Zweifel, ob unsere Freundschaft eine so große Nähe aushalten
würde, verdrängten wir. Für ein paar Wochen schien sich mein
Weg klar und deutlich vor mir zu entfalten. Doch die nächsten
Enttäuschungen erwarteten mich schon. Das Studium war mir zu
oberflächlich, logisch, dass der Versuch, so viele Bereiche unter
einen Hut zu bringen, keine Zeit für Tiefgang ließ. Noch einmal
abbrechen kam aber nicht infrage, also war »Durchhalten!« die
Devise. Für meine Kommilitonen hatte ich anfangs herzlich wenig übrig, schließlich kannte ich doch aus meiner Zeit am Schlachtensee noch etliche Leute. Dachte ich. Dass sich diese so genannten Freunde nach und nach verflüchtigen würden, weil wir ja nun
nicht mehr zusammen studierten, hatte ich nicht erwartet. Erst
im zweiten Semester gaben meine neue Freundschaft mit Lena
und meine neu entdeckte Leidenschaft für das Theaterspielen dem
Weg, den ich gewählt hatte, wieder einen Sinn.

Im darauf folgenden Sommer kam Pascal aus Südafrika zurück.
Endlich! Ein ganzes Jahr hatte ich auf diesen Augenblick hingefiebert. Aber Pascal war unglücklich in Deutschland, wusste nicht,
was er tun sollte. Psychologie interessierte ihn, aber mit seinem
Abiturdurchschnitt hätte er drei Jahre auf einen Studienplatz warten müssen. Drei Jahre in diesem dunklen, kühlen Land, in dem
Südafrika, das er so sehr vermisste, am anderen Ende der Welt zu
liegen schien! Das war undenkbar zu ertragen für ihn, und so be-
reitete er einen zweiten Aufenthalt vor, wollte schon am ersten
Januar wieder runter fliegen und bescherte mir dadurch das
furchtbarste Silvester meines Lebens. Eine Nacht zu zweit, eine
Nacht voller Tränen. Ich wollte nicht, dass er ging! Ich wollte

nicht wieder über zwei Monate ohne ihn sein! Ich hatte Angst, obwohl ich nicht erklären konnte, wovor. Vielleicht ahnte ich mit der Intuition einer Frau, dass es vorbei war. Am Neujahrsmorgen küsste ich jeden Zentimeter seines Körpers. Es sollte ein endgültiger Abschied werden, Pascal ist bis heute nicht aus Südafrika zurückgekehrt, im Gegenteil, er hat sich letzte Woche ein Haus in Johannesburg gekauft. Als er bei einem Heimatbesuch vorbeikam, um mir zu sagen, dass er mich nicht mehr liebt, nahm mich diese Eröffnung nicht sonderlich mit. Offenbar hatte die räumliche Distanz meine Liebe zum Erlöschen gebracht. Mir fiel ein ganzes Gebirge vom Herzen, als das Warten auf Pascal endlich ein Ende hatte. Ich musste nicht mehr hoffen auf seine Rückkehr, auf seine Nähe, auf ein Wunder, sondern war endlich frei. Keiner war überraschter von diesen Gefühlen als ich, die ich noch wenige Tage zuvor Stein und Bein darauf geschworen hatte, dass ich ihn über alles liebte. So kann man sich selbst betrügen. Heute sehen wir uns einmal im Jahr, zu Weihnachten in unserer Heimatstadt. Sein Leben interessiert mich immer noch, es gibt immer genug Gesprächsstoff. Aber abgesehen davon, dass wir uns seit meinem Auszug von zu Hause in verschiedene Richtungen entwickelt haben, kann ich inzwischen nicht einmal mehr nachvollziehen, dass es zwischen uns jemals zur Liebe gereicht hat. Wir sind so grundsätzlich verschiedene Menschen und haben uns auch ganz zu Anfang unserer Beziehung körperlich nie besonderes voneinander angezogen gefühlt. Keine Schmetterlinge, kein totales Abheben im Bett, der Sex war nebensächlich. Die einzige Erklärung, die mir nach langem Nachdenken logisch erscheint: Pascal war mein erster Mann, und so habe ich unsere Beziehung für normal gehalten, weil ich es nicht anders kannte.

Leider zerbröckelte neben meiner Beziehung auch die Freundschaft mit Esther, anfangs noch unbemerkt. Ich stürzte mich in meine neue Leidenschaft, das Theaterspielen, in meinen ersten Job in einer Notübernachtung, in meine neue Freundschaft mit Lena und in mein Studium, das ich diesmal endgültig durchziehen wollte. Mit Esther wohnte ich zwar immer noch zusammen, erlag dabei aber dem Trugschluss, dass wir dadurch genug Zeit miteinander verbringen würden, um unsere Freundschaft zu pflegen. Leider falsch. Tatsächlich merkte ich nicht, wie sehr sie mich brauchte und dass ich sie verlor. Sie steckte mitten in einer Krise und erwartete mehr Nähe und Einsatz, als ich ihr geben konnte. Frisch verliebt verstand ich nicht, warum sie sich nicht mit mir freute, warum sie mein Glück denn nicht teilte. Sie verstand ihrerseits nicht, wie ich ihr freudestrahlend von meiner neuen Liebe erzählen konnte, während sie heulend am Küchentisch saß. Ich machte mir vor, dass die Distanz, die zwischen uns entstand, nicht auf mein Konto ging, genoss mein neues aktives Leben und fühlte mich zum ersten Mal seit langer Zeit so richtig pudelwohl. Besonders in der entzückenden Altbauwohnung mitten in einem Ostberliner Kneipenviertel, in die Esther und ich mit einer guten Freundin inzwischen gezogen waren. Doch meine naive Hoffnung, dass sich unser Verhältnis unter der Vermittlung einer Dritten normalisieren würde, wurde enttäuscht. Zwischen uns war nichts als Unverständnis, und ich floh, so oft ich konnte. Es tat so weh, den Verfall unserer Freundschaft mitzuerleben, ohne ihn aufhalten zu können. »Ich kann nicht mehr«, sagte Esther eines Tages zu mir, und beide heulten wir Rotz und Wasser. Zuviel war zwischen uns zerbrochen. Heute noch überlege ich stundenlang, ob ich auf eine Party gehen soll, auf der sie vermutlich auch auftauchen wird, und wenn sie mir dann dort über den Weg läuft, bringe ich nicht mehr als ein »Hallo!« über die Lippen. Keine von uns beiden hat den Bruch so einfach weggesteckt und überwunden, dazu war unsere Freundschaft ein zu großes Geschenk.

Ich verliebte mich also nach einer kurzen – und, wie ich heute finde, absolut dämlichen – Affäre in Henk, einen Niederländer, einen Ingenieur für Elektrotechnik und Forscher in einem großen Konzern. Es erwischte uns beide wie der Blitz aus heiterem Himmel, und wir sind bis heute ein Paar. Henk ist neugierig, offen gegenüber Unbekanntem und interessiert sich für alles. Er ist einfühlsam und romantisch, dabei aber nicht so gefühlschaotisch wie ich, sondern geradezu pragmatisch. Wenn ich sage: »Henk, ich habe ein Problem!«, dann hört er es sich an, denkt kurz nach, unterbreitet mir meine drei Möglichkeiten und fordert mich auf: »Jetzt musst du dich doch nur noch entscheiden!« Nur noch, als ob das so einfach wäre! Wir lernten uns im Berliner Technoclub »Tresor« kennen. Aus einem Flirt wurde eine Ferienliebe und daraus eine wunderschöne Beziehung. Als Henk wieder nach Eindhoven zurückfahren musste, schrieben wir uns jeden Tag, besuchten uns so oft wie möglich und doch viel zu selten. Ich war absolut verrückt nach ihm, hatte weder gefühlsmäßig, noch körperlich jemals zuvor auch nur annähernd so intensiv empfunden. Auch Henk, der sich gerade aus einer sechsjährigen Beziehung gelöst hatte, brachte die enorme Anziehungskraft zwischen uns aus der Balance. Und dann der Sex! Ich, die ich Sex bis dahin für nebensächlich gehalten hatte, erlebte unvermittelt eine völlig neue Simone, die mich in höchstem Maße verwunderte. Ich spürte grenzenloses Verlangen, pure Lust auf Henk. Ich entdeckte meinen eigenen Körper und staunte über mich, über uns, über das Gefühl, sich hemmungslos ineinander zu verlieren. Alles war so neu und aufregend für mich: Henks Verlangen in den abgefahrensten Situationen, Sex im Freien, im Meer, im Wald, im Auto. Ich konnte mich plötzlich gehen lassen, mich Henk anvertrauen, der mich lehrte, meinen Körper zu genießen, indem er mich mit Komplimenten über mein Aussehen überhäufte. Zum ersten Mal in meinem Leben wurde ich »schön« genannt, bewundert, bestaunt, gepriesen, verehrt, und nachdem ich erst ungläubig zugehört hatte, sog ich die Komplimente bald wie ein Schwamm in mich auf und glaubte irgendwann selbst daran. Und das Gefühl, sich selbst so zu akzeptieren und zu lieben, wie man ist, ist phantastisch! Schade nur, dass ich das erst durch die Liebe eines Mannes lernen musste.

Mit Henk fühle ich mich als Frau – mit allem, was dazu gehört. Und obwohl nach vier Jahren Beziehung der Sex natürlich an

Quantität nachlässt, halten die Qualität und die Intensität bis heute an.

Henk und ich auf Wolke sieben – klar, dass ich mich entschloss, mein zweites Pflichtpraktikum, für das ich ohnehin einen Auslandsaufenthalt eingeplant hatte, in den Niederlanden zu absolvieren. Einfach hatte ich mir die Entscheidung trotzdem nicht gemacht, eine Alternative wäre nämlich Südafrika oder Namibia zusammen mit Lena gewesen. Aber die Sehnsucht nach meinem Freund war dann doch übermächtig. Und doch kam ich mir feige vor: die Niederlande, und noch dazu mit Henk an der Hand, das war nun wirklich nicht die risikofreudigste Entscheidung, die ich je getroffen hatte. Aber ich hatte sie getroffen, und mein Aufbruch aus Berlin im Frühjahr sollte endgültig sein. Lena und ich ahnten es – wahrscheinlich auch hier wieder die weibliche Intuition. Zum Abschied schenkte ich ihr eine Sonnenblume, die uns an eine gemeinsame Theaterfahrt in die Provence erinnerte, und wir heulten, was das Zeug hielt, als ob wir bereits wussten, dass unsere gemeinsame Zeit nun ein Ende fand. Beinahe jeden Tag hatten wir geteilt, wie Schwestern. Wir hatten die Vorlesung geschwänzt, waren shoppen und kaffeetrinken gegangen. Wir hatten gequatscht, zusammen ein Theaterprojekt mit Jugendlichen aufgezogen und in der Notübernachtung gearbeitet. Worte waren unnötig zwischen uns geworden, wir kommunizierten stattdessen mit Blicken und Gesten. Und das alles sollte nun Vergangenheit sein. Ich muss zugeben, dass ich auf der Flucht war. Auf der Flucht vor Esther und dem schlechten Gewissen, das sie mir vermittelte, vor der Spannung in unserer Dreier-WG und nicht zuletzt auch auf der Flucht vor Berlin, vor diesem riesigen Ameisenhaufen, den ich inzwischen beinahe hasste für seine Unübersichtlichkeit, seinen Gestank und seine Weite.

Eindhoven war wesentlich heimeliger. Henk und ich in einer Einzimmerwohnung über einer Frittenbude – das war endlich die Nähe, nach der ich mich so lange gesehnt hatte. Gleichzeitig aber auch das größte Risiko und die einschneidendste Veränderung in

unserer Beziehung. Schließlich hatten wir monatelang eine Fern-
beziehung geführt, einander nur unsere Sonntagsgesichter gezeigt.
Und ich hatte große Angst, meins zu verlieren. Ich bin ein sehr
emotionaler Mensch, manchmal ausgelassen und glücklich,
manchmal traurig und in mich gekehrt. Wenn Henk und ich uns
nach langen Wochen der Trennung wieder sahen, war es ein Leich-
tes, gute Laune zu haben und fröhlich zu sein. Ich hatte nie das
Gefühl, Probleme zu unterdrücken, um uns das gemeinsame Wochenende nicht zu verderben, wie es andere Fernbeziehungser-
fahrene oft beschreiben. Trotzdem kam natürlich im Alltag ein
anderer Teil von mir zum Vorschein. Ich habe eben nicht immer
Lust auf Party, Lust auf Ausgehen, Lust auf Sex. Es gibt Phasen,
in denen ich viel grübele, alles infrage stelle, anstatt das Leben zu
genießen, wie es ist. Manchmal motze ich an allem herum, bin zi-
ckig, aufbrausend, ungeduldig und ungerecht. Diese Ausbrüche
halten nie lange an und tun mir hinterher meist leid, aber sie gehören doch zu mir. Henk reagierte anfangs mit Erstaunen, dann
mit Hilflosigkeit. Er nahm meine Wut persönlich, glaubte, dass
er etwas falsch gemacht oder mich verletzt hätte. Mittlerweile übt
er sich in Gelassenheit: »Na, ist deine Pille schon wieder alle?« Er
lässt mir Raum für meine Melancholie oder bringt mich dazu,
über mich selbst zu lachen, und das ist überhaupt die schönste Art
und Weise, um diese Phasen hinter mir zu lassen. Jedenfalls war
mein Traum in Erfüllung gegangen: tagsüber mein Praktikum,
abends Henk. Wir waren so glücklich! Wir genossen unsere Zweisamkeit in vollen Zügen! Und so beschloss ich nach meinem Praktikum, auch meine Diplomarbeit bei Henk in Eindhoven zu schreiben. Wir mieteten uns ein kleines Häuschen.

Mittlerweile lebe ich seit fast zwei Jahren in den Niederlanden
und finde es wunderschön hier. Die Menschen lachen mehr als
wir Deutschen, die wir das Leben immer so schwer nehmen, und
sind offener gegenüber auswärtigen Einflüssen und Ideen. Filme
laufen im Original mit Untertiteln, Supermärkte haben als Über-
bleibsel aus der Kolonialzeit eine ganze Abteilung exotischer Spei-

sen im Angebot, in den Nachrichten spielt Europa eine große Rolle, und beinahe jeder Niederländer spricht fließend englisch, außerdem meist deutsch und teilweise französisch. Ich mag die Toleranz, das *laisser faire* und die Vorreiterrolle der Niederlande in vielen Bereichen wie Drogenpolitik, Euthanasie oder Abtreibung. Klar gibt es auch Dinge, die nerven: das ewige Chaos am Bahnhof, immer haben die Züge Verspätung. Das lasche Brot, das die Bezeichnung kaum verdient. Ich importiere regelmäßig massenweise »echtes« Brot aus Deutschland und friere es sehr zu Henks Vergnügen ein: »Und, hast du wieder Betonklötze aus der Heimat mitgebracht?«, neckt er mich dann. Aber was soll ich machen, hier werden Fertigmahlzeiten gegessen, vorgeschälte Kartoffeln, zerrupfter Salat aus der Tüte und Eierkuchenmix gekauft. Außerdem ist das Gesundheitssystem im Vergleich zu Deutschland miserabel, weswegen ich mich immer noch in Deutschland versichern und behandeln lassen muss. Aber alles in allem lebe ich gerne hier. Auch mit der Sprache habe ich kein Problem, die spreche ich nach einem Intensivkurs in Berlin und meinem Praktikum hier fließend. Es ist auch nicht schwer, vom Deutschen ins Niederländische umzuschalten. Sogar Henk und ich sprechen seit einem halben Jahr fast nur noch seine Muttersprache, obwohl sein Deutsch perfekt ist. Mir ist es wichtig, dass er bei mir frei von der Seele reden kann und dass ich seine Familie problemlos verstehe.

Nun habe ich also mein Diplom als Sozialarbeiterin und Sozialpädagogin in der Tasche und lebe mit meinem Freund, den ich über alles liebe, in unserem süßen Reihenhäuschen mit Garten – *und bin unzufrieden*. Komme mir viel zu gefestigt und festgefahren vor in dieser Familiensiedlung, habe Lust auf eine wuselige Studentenstadt. Oder auch auf das Meer! Die Niederlande sind schön, aber doch nicht für immer! Ich möchte gern noch einmal eine Weile in einem englischsprachigen oder exotischen Land leben. Dieser Nestbaudrang, den andere in meinem Alter entwickeln, schreckt mich eher ab. Und damit sind wir mittendrin in meiner *Quarterlife Crisis*. Beim Lesen des ersten Artikels, der mir darüber in die Hände gefallen ist, war meine Reaktion klar und deutlich: »Stimmt genau!« Vorher hatte ich nur immer gedacht: »Warum bist du eigentlich so schwierig, Simone? Du hast doch alle Möglichkeiten der Welt, nun mach doch was draus!« Unsere Generation muss eben erst einmal lernen, damit umzugehen, dass uns die Welt offen steht, schließlich bereitet uns niemand darauf vor. Mit welcher weltfremden Naivität ich mir damals das Sozialpädagogikstudium ausgesucht habe … Ich überlege oft, ob künftige Generationen von Mittzwanzigern es leichter haben werden als wir. Vielleicht weil das Thema *Quarterlife Crisis* jetzt mehr in der Öffentlichkeit diskutiert wird. Oder weil die Gesellschaft der Zukunft es vielleicht mit alternativen und flexiblen Kinderbehütungsangeboten Frauen nicht nur theoretisch, sondern praktisch ermöglichen wird, Kind und Karriere zu vereinen. Wer weiß. Ich erlebe meine *Quarterlife Crisis* als viel größere Krise als die Pubertät, bin verwirrter als je zuvor, obwohl es nach außen hin nicht den Anschein hat. Als ich Henks Schwester davon erzählte, stutzte sie: «Wie, du steckst in der Krise?« Ja, tue ich! Ich stecke in der Krise! *In mir dominiert das Gefühl von Wollen, aber nicht können.* Ich habe so viele Pläne und sitze doch zu Hause, ohne einen einzigen davon umzusetzen. Je länger dieser Zustand andauert, desto verwirrender ist er. *Wohin führt mein Leben eigentlich? Und wie soll ich – ohne eine Antwort auf diese erste Frage – wissen, wann ich einen falschen Weg eingeschlagen habe?*

So richtig erwischt und in ihren Fängen gepackt hat mich die *Quarterlife Crisis*, seit ich die beiden ersten echten Niederlagen meines Lebens einstecken musste. Vorher hat mich immer »nur« meine Entscheidungsschwäche davon abgehalten weiterzukommen, diesmal sind es mangelnde Talente und Fähigkeiten, die mich an meine Grenzen gebracht und mir diese beiden Niederlagen beschert haben. Das war zum einen ein BWL-Fernstudium, das ich in einem Anflug von Aktionismus angefangen und nach einem halben Jahr wieder abgebrochen habe, weil es neben der Arbeit einfach nicht zu schaffen war und mir ein zu großes Gewicht auf die technischen und wirtschaftlichen gegenüber den menschlichen Aspekten gelegt wurde. Zum anderen war das die Erkenntnis, dass ich trotz meines Diploms nicht wirklich als Sozialarbeiterin arbeiten will. Es ist schwer, sich selbst einzugestehen: »Du schaffst das nicht, und du willst das auch nicht!« Und es ist noch schwerer, dasselbe vor seinen Eltern, die soviel Hoffnung in ihren Nachwuchs setzen, noch einmal einzugestehen. Dabei sind meine Mutter und mein Vater sehr verständnisvoll und fragen nur hin und wieder: »Was willst du noch mal studieren? Willst du denn nie arbeiten?« Schon irgendwann, wenn ich weiß, als was! Jetzt habe ich auf jeden Fall erst einmal meinen Job gekündigt, um mich wirklich ausschließlich mit meinen Zukunftsvorstellungen auseinanderzusetzen.

Endlich Zeit zum Innehalten. Endlich Zeit zum Nachdenken. Ist der Moment gekommen, unser Häuschen zu verlassen? Soll ich alleine nach Rom fahren, um einen klaren Kopf zu bekommen? Oder bin ich für solche Sperenzchen inzwischen zu alt? Soll ich in München der BWL eine zweite Chance geben? Oder wäre ich nach einem weiteren Studium sowieso zu alt, um einen Job zu finden? Soll ich Unternehmensberaterin werden oder Projektadviseurin? Könnte ich am Theater meinen Lebensunterhalt verdienen? *Mensch, ich bin sechsundzwanzig! Mein Weg muss doch irgendwo da draußen auf mich warten!? Was ist, wenn ich schon wieder die falsche Entscheidung treffe?*

Auch privat: Will ich Henk irgendwann heiraten? Seit meine beiden Brüder verheiratet sind, drängeln meine Eltern, was mich allerdings eher abhält als überzeugt. Wenn überhaupt, muss ich doch erst einmal sicher wissen: Ist er die große Liebe? Manchmal fühlt es sich so an. Nach vier Jahren kann er mich immer noch überraschen, nach vier Jahren bringt er mich immer noch dazu, in schallendes Gelächter auszubrechen. Aber ob das für immer reicht? Was bedeutet eigentlich »große Liebe« für mich? Und was bedeutet es für ihn, bin ich seine große Liebe? Lenas Trauung hat diese Heiratsgedanken in mir entfacht, obwohl ich mir nicht einmal sicher bin, ob ich überhaupt jemals heiraten will. Ich glaube durchaus an die Ehe und an ihre Werte, aber ich glaube nicht, dass eine Hochzeit notwendig ist. Dadurch lässt sich auch keine Beziehung retten, die nicht mehr funktioniert. Was soll der Aufwand also? Vielleicht ist der Schritt einfach im Moment noch zu groß für mich.

Unabhängig von einer Hochzeit: Will ich Kinder? Henk will auf jeden Fall welche. Ich denke – wenn überhaupt – eher an eine Adoption als an eigene Kinder. Waisen eine Heimat und eine Familie zu geben ist doch viel sinnvoller in dieser Welt, in der so viele Kinder eltern- und perspektivlos aufwachsen. Ich hätte keine Probleme damit, ein adoptiertes Kind zu lieben wie mein eigenes. Ein paar Bücher zu dem Thema haben mir bewusst gemacht, dass es zwar Schwierigkeiten mit adoptierten Kindern geben kann, aber auch nicht mehr Schwierigkeiten als mit eigenen Kindern. Nur andere. Wahrscheinlich werde ich das Thema Nachwuchs lieber noch ein wenig hinauszögern, vielleicht bis ich dreißig bin. Sollte ich allerdings vorher ungeplant schwanger werden, wäre das auch kein Beinbruch.

Während mir diese Dinge durch den Kopf schießen und auf meine Stimmung drücken, trifft mich die Sehnsucht nach meinen Freundinnen mit voller Wucht. Ich vermisse sie, vor allem Lena. Ich vermisse überhaupt Freunde, bin ich doch hier in Eindhoven eigentlich nur von Henks Leuten und meinen Kollegen umgeben. Dabei sind Freundschaften so wichtig und wertvoll für mich. Keine ist einfach ersetzbar. Begriffen habe ich das erst, als ich eine verloren hatte und die zweite auf der Kippe stand. In die Niederlande ziehen und ganz schnell neue Freunde finden? So einfach läuft das nicht. Manchmal fühle ich mich ganz schön einsam hier, obwohl ich das mit Henk an meiner Seite nicht bin.

Seit zwei Monaten bin ich jetzt arbeitslos, dabei steckt soviel Engagement und Energie in mir. Aber immer wenn es darum geht, mich endlich aufzuraffen, schrecke ich davor zurück, einen neuen Weg einzuschlagen, aus Angst, es könnte endgültig der falsche sein. Im Moment kann ich mir am ehesten vorstellen, hier in den Niederlanden Organisationswissenschaften zu studieren, dabei geht es sozusagen um den menschlichen Aspekt der BWL: Wie funktioniert die Zusammenarbeit in Organisationen? Wie sind die Netzwerke in Betrieben strukturiert? Mit einem Abschluss in Organisationswissenschaften könnte ich zum Beispiel in einer Personalabteilung arbeiten oder als selbstständige Unternehmensberaterin. Zwar liegt die Universität nur etwa zwanzig Kilometer von Eindhoven entfernt, und doch spiele ich mit dem verlockenden Gedanken, mir während des Studiums ein kleines Zimmer zu suchen. Irgendwo in mir regt sich das Verlangen nach mehr Selbstständigkeit, mehr Unabhängigkeit, mehr Freiraum. Einen Gang zurückschalten in unserer Beziehung, indem ich unter der Woche mein eigenes Leben führe und nur am Wochenende zu Henk fahre – das schwebt mir vor. Ich will ihn keineswegs verlassen, sondern nur für eine Weile eher meinen eigenen Weg gehen als unseren gemeinsamen. Bis es soweit ist – vorausgesetzt, ich verfolge diese Idee tatsächlich weiter –, sitze ich hier herum. Unruhig und mit mir selbst im Unreinen. In dieser deprimierten Stimmung kommen Gedanken hoch, die ich längst vergessen wähnte. Gedanken an Esther. Wir waren uns damals so nah wie Liebende. Und wie Liebende nach einer Trennung im Streit, können wir einander jetzt nicht mehr in die Augen sehen. An die Freundschaft nach der Liebe ist überhaupt nicht zu denken. – Gedanken an Pascal. Was verband uns damals? Liebe? Wozu war diese Erfahrung gut? Was verbindet uns noch? – Gedanken an meine Ideale von früher, meinen Ehrgeiz, meine Träume. Alice Schwarzer war immer mein großes Vorbild in Sachen Emanzipation und Unabhängigkeit. Nun wasche ich Henks Unterhosen, putze unser Haus und kaufe Vorräte ein. Solange ich zu Hause bin und er arbeitet, ist das ja auch okay. Aber *mein Leben* habe ich mir anders vorgestellt, *mein Leben* kann das nicht sein. *Warum fehlt mir bloß gerade jetzt die Courage, noch einmal etwas ganz anderes anzupacken? Wann wird mir bewusst werden, was* meine *Träume sind, was ich* wirklich *will? Und wann werde ich endlich den Mut auf-bringen, meinen eigenen Weg zu beschreiten, mir meine Träume zu erfüllen?* Ich glaube trotz aller Unsicherheit fest daran, dass es irgendwann soweit sein wird. Egal, wie lange es dauert, und egal, wohin mich mein Weg führen wird, ich will dabei das Wertvollste in meinem Leben nicht aus den Augen verlieren: meine Freundinnen. Alles Weitere steht in den Sternen.

DAS ALLEINSEIN BEKOMMT MIR NICHT, ABER MIR FEHLT DIE ZEIT

Die ganz schlimmen Phasen überkommen mich in Schüben. Immer dann, wenn ich alleine bin und zuviel darüber nachdenke, was in meinem Leben nicht so läuft, wie es laufen sollte. Dann drängt es mich, diesen Zustand aufzulösen, die Abwärtsspirale zu durchbrechen, indem ich mich mit meinen Leuten verabrede. Aber wenn wir dann zusammensitzen und die anderen sich der Ausgelassenheit und dem Spaß hingeben, merke ich: So funktioniert das für mich nicht. Ich *muss* einfach immer wieder ausführlich über mich nachgrübeln, meine Situation und meine Einstellungen hinterfragen, und zwar *gerade*, wenn ich in der Krise stecke. Das Verfolgen und Ordnen meiner Gedanken ist wirklich wichtig für mich, diese Eigenschaft macht einen erheblichen Teil meiner Persönlichkeit aus! Aber woher soll ich die Zeit zum Denken nehmen? In mir braut sich eine Stinkwut zusammen, weil ich soviel zu tun habe. Weil mir klar wird, wie viel Zeit für meinen Job draufgeht. In solchen Momenten gebe ich mir Mühe, alles ein wenig herunterzufahren, mir mehr Zeit zu nehmen, um mein Leben aufzuräumen. Aber auch das hilft nicht. Denn wie gesagt, das Alleinsein bekommt mir nicht. Meine Gedanken fangen dann nämlich an, verrückt zu spielen. Alleine fühle ich mich wirklich nicht wohl.

Die Motivation, das Alleinsein zu vermeiden, beeinflusste schon meine erste selbstverantwortliche Entscheidung nach meinem Abitur und meinem Wehrdienst sehr stark. Die Alternativen: Diplompädagogik-Studium in D. oder BWL-Studium in A. Ich entschied mich schließlich für D., weil alle meine Freunde dort hingezogen waren. Fachlich liegen mir beide Fächer, aber in A. kannte ich eben niemanden. Ohne darüber nachzudenken, legte ich meinen Studienschwerpunkt auf die Erwachsenenbildung, um die BWL wenigstens nicht völlig aus den Augen zu verlieren. Und tatsächlich konkurriere ich jetzt mit den BWL-Absolventen um die Stellen. Aber dieses Hintertürchen hat mir nie gereicht. Zumal zeitweise im Fachbereich Pädagogik keine einzige Professur besetzt war. Nur Lehrbeauftragte weit und breit, ich selbst manchmal nicht mit ganzem Herzen dabei, da plagte mich zwischendurch schon ein ums andere Mal die Grundsatzfrage: »*Was machst du eigentlich hier?*« Irgendwann überfiel mich die Sinnkrise derart, dass ich in Erwägung zog abzubrechen.

Im Nachhinein bin ich alles in allem ganz zufrieden damit, wie mein Studium gelaufen ist, hauptsächlich wegen der Kontakte, die ich geknüpft, und Freundschaften, die ich geschlossen habe. Trotzdem – mein Interesse an der BWL ist doch immer noch so groß, dass ich jetzt über ein berufsbegleitendes BWL-Studium nachdenke. Mein Arbeitgeber bietet da sogar eine kostengünstige Möglichkeit. Deshalb werde ich mich wohl in diese Richtung orientieren, sobald ich einen festen Vertrag in der Tasche habe.

Andererseits würden mich auch noch zwei Fortbildungen im Bereich *Neurolinguistisches Programmieren* (NLP) interessieren. NLP ist ein Kommunikations- und Veränderungsmodell, das in den siebziger und achtziger Jahren entstand. Es handelt sich nicht um eine Therapieform, sondern um ein unterstützendes Modell zur Therapie. Die Erfinder sind der Frage nachgegangen, warum es manchen Menschen so leicht fällt zu kommunizieren und Änderungen in ihrem Leben herbeizuführen, während es andere so schwer damit haben. Aus diesen Forschungen entstanden Ideen, wie die Kommunikationsfähigkeit des Einzelnen verbessert und individuellen Schwächen entgegengewirkt werden kann. Dabei geht das NLP davon aus, dass ich nur mich selber verändern kann. Es macht demnach keinen Sinn zu sagen: »Ich will, dass meine Schwiegermutter nicht mehr schimpft!«, stattdessen wird empfohlen, sich zu fragen: »Was kann ich an mir selbst ändern, damit meine Schwiegermutter keinen Grund mehr hat zu schimpfen?« Außerdem setzt das NLP in einem tiefer gehenden Level an, als wir Menschen es dem ersten Impuls folgend tun. Demnach ist der *Vorsatz*: »Ich will aufhören zu rauchen!« wenig Erfolg versprechend, solange ich meine *Denkweise* nicht verändere und so genannte *wohlgeformte Ziele* formuliere – wie in diesem Fall: »Ich will gesünder leben.«

NLP lässt sich schlecht in einem Nebensatz erklären, ich könnte stundenlang darüber referieren, denn dieses Modell interessiert mich sehr. So belegte ich den »Practicioner-« und den »Masterkurs« genauso wie eine Zusatzausbildung »Grundlagen der Psychotherapie« bereits während des Studiums, um mich noch mehr zu qualifizieren und meine Chancen auf dem Arbeitsmarkt zu verbessern. Die »Grundlagen der Psychotherapie« brachten mir zwar für meinen Beruf wenig, für meine Persönlichkeitsentwicklung allerdings sehr viel. Das NLP half mir in beiden Bereichen. In Sachen Selbstfindung öffneten mir die Kurse sogar regelrecht die Augen. Ich lernte viel darüber, wie das Unterbewusstsein funktioniert. Ich lernte viel darüber, wie *ich* funktioniere. Nur umsetzen konnte ich meine Erkenntnisse bisher erst in kleinen Dingen. Die Umsetzungsphase ist eben erst angebrochen, jetzt heißt es: einen Schritt nach dem anderen bewältigen mit der inneren Sicherheit, dass der Weg der richtige für mich ist. Jedenfalls würde ich gerne noch den »Trainer-« und den »Lehrtrainerkurs« dranhängen. Mit dieser Qualifikation dürfte ich dann selber Anwender im NLP ausbilden. Allerdings würde mich das noch einmal zwei Jahre Einsatz neben meinem Job kosten. Ob ich die Zeit und die Energie dazu noch aufbringen könnte?

Seit ich arbeite, habe ich doch sowieso keine Zeit für irgendetwas anderes nebenbei! So viele Hobbys und Freizeitbeschäftigungen muss ich momentan aufgeben oder total herunterschrauben! Fußball, Freunde, das Technische Hilfswerk (THW). Was Letzteres angeht, hätte ich ja gern überhaupt erst einmal ein bisschen Zeit, um mir darüber klar zu werden, wie lange ich mich da noch engagieren möchte. Warum ich das überhaupt noch tue. Ein Groß-

teil meiner Motivation ist momentan nichts als Pflichtbewusst-
sein. Ich habe beim THW soviel gelernt, soviel erlebt, soviel für
mich persönlich herausgezogen. Ich durfte ein großartiges Zusammengehörigkeitsgefühl und eine ausgesprochen positive
Gruppendynamik spüren, konnte mich ausprobieren, Verantwortung übernehmen, meine Fähigkeiten einbringen. Ich werde dafür geschätzt. Da ist es doch jetzt an mir, wenigstens etwas davon
zurückzugeben. Das habe ich sicher auch schon getan. Trotzdem
kann ich mich nicht entschließen aufzuhören. Denn beim THW
habe ich so viele Menschen kennen gelernt, die mir wichtig sind,
die ich nur dort treffe. Kontakte, die vielleicht einschlafen würden, wenn ich mich ausklinke, ein großer Teil meines Privatlebens
würde wegbrechen. Dann müsste ich mir einen komplett neuen
Freundeskreis aufbauen. Andererseits komme ich da wohl sowieso nicht drum herum, denn einige meiner engsten Freunde beim
THW haben selber keine Zeit mehr dafür.

Keine Zeit, keine Zeit, keine Zeit. Wir kämpfen doch alle mit
der Zeit. Oder gegen die Zeit. Drei Stunden hocke ich jeden Tag
im Zug zwischen meinem Job in B. und meiner WG in D. Drei
kostbare Stunden, in denen ich wer weiß was anstellen könnte.
Natürlich könnte ich die sparen, indem ich nach B. ziehe. Aber
aus demselben Grund, aus dem ich in D. statt in A. studiert, aus
demselben Grund, aus dem ich mich beim THW noch nicht aus-
geklinkt habe, kann ich mich auch dazu nicht entschließen. Ich
kenne dort privat nur eine einzige Menschenseele! Einen Freund,
mit dem ich eine neue WG starten könnte. Alle anderen Freunde
müsste ich zurücklassen. Von heute auf morgen wieder fast bei
null anfangen, mühsam die alten Kontakte pflegen und vor allem
neue Kontakte knüpfen. Und das, wo ich doch so zurückhaltend
und verschlossen bin.

Ein sehr gutes Indiz dafür, dass es mir gut geht, ist, dass ich innerlich sehr ruhig werde. Und das passiert immer, wenn ich von
Menschen umgeben bin, die ich schätze, denen ich vertraue, in
deren Gegenwart ich entspannen und loslassen kann. Daran sieht

man, wie wichtig es für mich ist, ein paar wirklich gute Freunde zu haben. Und wie furchtbar es für mich ist, allein zu sein. Denn ich werde sehr unruhig, wenn ich alleine bin. Und innere Unruhe ist ein Indiz dafür, dass es mir schlecht geht. Ich fürchte, in B. könnte ich sehr unruhig werden.

Um einen Umzug dorthin werde ich wohl trotzdem nicht herumkommen. Denn das Zeitproblem ist echt gravierend. Bis vor drei Wochen habe ich kein Handy gebraucht, um meine Termine zu koordinieren, inzwischen trage ich gleich zwei mit mir herum, ein privates und ein dienstliches. Während des Studiums funktionierte das besser: Den ganzen Tag über konnte ich zwischendurch mit Freunden telefonieren, einfach quatschen oder mich verabreden. Jetzt kann ich das werktags *elf Stunden am Stück* nicht tun. Arbeit und Privates gehören getrennt, ich kann mich nur auf eins konzentrieren und will schon gar keinen Ärger riskieren. Also telefoniere ich nicht vom Büro aus privat. Abends zu Hause nach dem Essen und Abschalten ist es schon zu spät, um noch etwas zu unternehmen, dann sind sowieso alle meine Leute schon unterwegs.

Es scheint, als ob ich bei meinen ehemaligen Kommilitonen immer mehr in Vergessenheit gerate. Als erster aus unserer Clique ins Berufsleben eingestiegen, als erster mit dem neuen Tagesrhythmus und der knappen Freizeit konfrontiert. Und ich gebe mir doch alle Mühe, mich freizuschaufeln, der Entfremdung entgegenzuwirken, Kontakte zu pflegen! Sogar in einer Studenteninitiative bin ich noch aktiv, um meine Leute wenigstens einmal im Monat während dieser Treffen oder auf einer Party zu sehen. Aber warum habe ich eigentlich immer das Gefühl, dass *ich* die Initiative ergreifen muss? Das nervt! Warum ruft *mich* nicht mal jemand an? Warum fragt mich keiner mehr, ob ich Lust habe, etwas zu unternehmen? Klar, die Leute wollen sich nicht aufdrängen, sie wissen ja, dass ich kaum Zeit habe. Aber das ist es nicht allein. Dieses uralte Sprichwort stimmt schon irgendwie: *Aus den Augen, aus dem Sinn.*

Dabei gehören die Leute vom THW sowie meine ehemaligen Kommilitonen doch zu meinen wichtigsten Freunden. Auf der Arbeit kann ich mir meine Kollegen nicht aussuchen, da werden mir vernünftige, sympathische Menschen oder Pappnasen vorgesetzt und ich muss mit ihnen klarkommen. Mein direkter Mitarbeiter im Team gehört leider zu den drögen Pappnasen. Ich könnte morgens ins Büro kommen und abends wieder gehen, ohne mit einem einzigen Kollegen mehr als zwei Worte gewechselt zu haben. Dabei ist mir doch ein Team so wichtig! Auf Dauer *muss* ich mir eine Stelle suchen, in der ich Kontakt zu anderen Menschen habe und mich mit ihnen austauschen kann. Und zwar Menschen, mit denen ich mich auf einer gleichwertigen Ebene und auf derselben Wellenlänge befinde.

Die Jugendlichen mit schwierigen Rahmenbedingungen, denen ich in meinem Job eine Ausbildung zu vermitteln versuche, können dieses Bedürfnis jedenfalls nicht stillen. Dennoch macht mir die Arbeit mit ihnen Spaß. Wir versuchen gemeinsam, ihre Ziele zu definieren, Bewerbungen zu schreiben, ihre Zukunft zu gestalten. Eigentlich sollte ich die jungen Leute dabei siezen, um die professionelle Distanz des Beratungsverhältnisses zu wahren. Aber ich sage »Du«, um näher an sie heranzukommen, denn mein Hemd und mein Jackett schaffen Distanz genug. Ich stelle also den Kontakt zu potenziellen Arbeitgebern her, greife dabei auf Stellen zurück, die das Arbeitsamt aufgeführt hat. Oder wenn bei einem Gespräch herauskommt, dass ein Jugendlicher wirklich gerne in einem Zweiradfachgeschäft arbeiten würde, dann schnappe ich mir eben das Telefonbuch und rufe alle Fahrradläden in der Gegend an. Sage denen: »Hört mal, ich habe hier einen Jugendlichen, der bei der Suche nach einem Ausbildungsplatz Probleme bekommen wird. Er hat einen Migrationshintergrund, schlechte Noten, ein Kind bekommen, eine Ausbildung geschmissen oder einen anderen Bruch im Lebenslauf vorzuweisen. Gebt ihr ihm trotzdem eine Chance?« Wir arbeiten nur mit Jugendlichen, die wirklich motiviert sind. Die Berufsberater vom Arbeitsamt schicken sie zu uns, aber wenn wir dann merken, sie wollen nicht, drängen wir unsere Hilfe auch nicht auf. Wenn da aber jemand ist, der Hilfe annimmt und dem ich helfen kann, ist das ungemein befriedigend. Ein wirklich gutes Gefühl, wenn ich einen schwierigen Fall gemeistert habe, auch wenn die Jugendlichen nicht gerade Dankesbriefe schreiben, obwohl ihr Leben ohne mich vielleicht auf die schiefe Bahn geraten wäre. Ich muss mir schon selbst für meine Erfolge auf die Schultern klopfen, wenn ich Lob oder Dankbarkeit vermisse. Aber es entspricht auch meinem Naturell, meine eigene Zufriedenheit daraus zu ziehen, für andere da zu sein. *Wenn es den anderen gut geht, geht es mir auch gut.* Gerade wenn ich beobachte, in welchen unglaublichen Situationen die Jugendlichen feststecken, wird mir klar, *wie* gut es mir eigentlich geht. Sie werden von den Eltern auf die Straße gesetzt, hocken zweimal die Woche auf dem Jugendamt oder dem Sozialamt. Erschreckend, wie wenig manche Eltern darauf achten, dass ihre Kinder Bildung und soziale Kompetenz mit auf den Weg bekommen. Da werde ich mir später mit meinem eigenen Nachwuchs viel mehr Mühe geben. Zuerst fehlt mir allerdings die Frau!

Ach Frauen, das ist sowieso so eine Sache für sich. Ich wünsche mir so sehr eine Beziehung, bin mir aber nicht sicher, ob ich das überhaupt hinkriegen würde. Im NLP gibt es den Begriff der *Glaubenssätze*. Das sind Schablonen, die man bewusst oder unbewusst auf sich selbst und sein Leben auflegt, um sich selbst zu bestätigen oder um zu überprüfen, ob alles seinen normalen, vorgesehenen Gang geht oder nicht. Und ich habe wirklich den Eindruck, diese Theorie macht Sinn, und es sind genau solche *Glaubenssätze*, die mir dazwischenkommen, wenn ich eine Frau kennen lerne, die mich interessiert. »Ich bin nicht gut genug« wäre so ein *Glaubenssatz* von mir. »Ich bin schüchtern« ein anderer. Oder: »Ich bin zu sehr Kopfmensch.« *Glaubenssätze* können auch von anderen geprägt werden. Vor Jahren hat ein damaliger guter Freund zu mir gesagt: »Du bist nicht beziehungsfähig.« Ganz ehrlich und realistisch betrachtet, glaube ich nicht, dass er Recht hat.

Aber gerade weil mir die Meinung dieses guten Freundes viel bedeutete, bin ich irgendwo tief in meinem Unterbewusstsein doch bis heute davon überzeugt, dass ich tatsächlich nicht beziehungsfähig bin, und blockiere mich damit total. Bei einer anderen Gelegenheit sagte mein Vater einmal zu mir: »Halte dich von Frauen fern.« Auch das ist ein *Glaubenssatz*, der mein Verhalten in Beziehungen unbewusst beeinflusst. Der vielleicht sogar mit für ihr Scheitern verantwortlich ist. Dabei haben alle *Glaubenssätze* eine grundsätzlich positive Absicht. Wenn ich zu mir sage: »Ich bin nicht gut genug«, folgt daraus die Motivation: »Streng dich an, Thomas, damit du gut genug wirst!« Wenn mein Vater zu mir sagt: »Halte dich von Frauen fern!«, will er mich eigentlich nur davor beschützen, verletzt zu werden. Nur funktioniert das so natürlich nicht.

Der Thomas und die Frauen – das war bisher nicht gerade eine Erfolgsgeschichte, eher ein Drama ohne Happy-End. Zwar suche ich nicht verkrampft nach einer Freundin, aber ich muss schon zugeben, dass ich neue Frauen in meinem Umfeld einzuschätzen versuche: »Na, kann ich's mir mit der vorstellen? Oder könnte die da drüben die Richtige für mich sein?« Bei einigen lohnt sich auch ein zweiter und dritter Blick, aber meist bleibt es bei den Blicken und den Tagträumen. Denn dann bin ich doch wieder nicht mutig genug, ihr zu gestehen: »Ich finde dich toll!« und lasse soviel Zeit verstreichen, bis die Chance vertan ist.

Meine Traumfrau? Mit ihr muss ich lachen, sie muss mich herausfordern, an ihr muss ich mich reiben können. Die eine oder andere, die diese Kriterien erfüllt hat, ist mir durchaus schon begegnet, auch wenn ich das eigentlich nicht wahrhaben, geschweige denn zugeben will. Andererseits bin ich mir ziemlich sicher, dass mir meine Traumfrau noch nicht über den Weg gelaufen ist, obgleich ich die eine oder andere zum Zeitpunkt unserer Beziehung oder meiner Schwärmerei durchaus dafür gehalten habe. Meine letzte Freundin ganz besonders, sie ist auch immer noch interessant und attraktiv für mich. Die Beziehung mit ihr war eine Herausforderung, und sie war gut, obwohl sie nicht lange hielt. Bei dieser Frau musste ich meinen Standpunkt deutlich machen. Und ich habe daraus viel gelernt. Wäre schön, sie mal wieder zu sehen, auch wenn ich mir mit ihr keine Beziehung mehr vorstellen könnte, aber von ihrer Seite kommt da nichts. Obwohl ich eine Zeit lang den Erinnerungen an diese Frau nachhing, gab ich definitiv auch anderen Frauen die Chance, mich zu faszinieren. Keine musste sich an meiner Ex messen. O nein, da bin ich sehr offen, weigere mich, in Schubladen zu denken. Bei mir gibt es nur eine große Schublade. Und tatsächlich gab es nach meiner Ex auch schon zwei Frauen, die mir mehr als sympathisch waren. Nur wurde leider nichts daraus. Der einen offenbarte ich mich zu spät, nachdem sie mich schon lange als »guten Freund, mit dem man über alles reden kann« in ihr Leben integriert hatte. Der anderen meine Gefühle zu gestehen, traute ich mich gar nicht erst – aus Angst, verletzt zu werden. Beides typische Akte aus dem Drama »Thomas und die Frauen«. Ich habe mich sehr, sehr oft verliebt. Kein bedeutungsloses Verknallen, sondern ehrliche Gefühle, die mir jedes Mal wieder sehr lange sehr nahe gegangen sind. Was soll's, ich bin leidensfähig.

Mir ist klar, wo die Hauptursache für meine Schwierigkeiten mit Frauen liegt. Sicher ist auch mein Traum eine dauerhaft funktionierende Beziehung mit allem Drum und Dran. Das Problem dabei: Ich setze Maßstäbe, die ich nicht halten kann. Ich gehe überhaupt nur eine Beziehung ein, die verspricht, von Anfang an hundertprozentig zu sein. Hundertprozentig funktionstüchtig, hundertprozentig erfüllend, hundertprozentig gut. Wie ein Stück heile Welt aus der Werbung. Die Logik dahinter: Es kann nur abwärts gehen. Wenn eine Beziehung schon zu Beginn nur zu achtzig Prozent top ist, wird nach einem halben Jahr vielleicht nur noch siebzig Prozent stimmig sein. Garantiert werde ich aber niemals hundert Prozent Erfüllung erleben. Also gehe ich die Beziehung lieber gar nicht erst ein. Klassischer Fall von Schutzmechanismus, wer wird denn schon gerne verletzt und verlassen. Dass es in Wirklichkeit umgekehrt ist, war mir lange Zeit nicht klar: Dass es in Beziehungen aufwärts gehen kann, dass sie wachsen können, dass man sich aufeinander zu bewegen muss, um eine dauerhafte Basis miteinander aufzubauen.

Und warum halte ich krampfhaft an dem unrealistischen Ideal der von Anfang an perfekten Beziehung fest? Weil meine Eltern immer so taten und noch immer so tun, als würden sie dieses Ideal leben. Ich wuchs sehr behütet auf: heile Familie, katholische Erziehung. Und ein Vater und eine Mutter, die mir siebenundzwanzig Jahre lang vorlebten, dass es nichts anderes gibt als die eine große, hundertprozentig funktionierende Bindung. »Kein Sex vor der Ehe«, befahl mir meine Mutter zwar nicht, riet sie mir aber doch. Ich hörte nicht auf ihren Rat, trotzdem hat mich diese Einstellung geprägt.

Wenn ich überlege, in welche Sackgasse ich durch dieses verzerrte Vorbild geraten bin, werde ich so wütend! Obwohl ich meinen Eltern für viele Werte, die sie mir mitgegeben haben, dankbar bin, kann ich trotzdem nicht leugnen, dass ich ihnen den Vorwurf mache, mich in manchen Dingen realitätsfremd erzogen zu haben. Ich würde sogar so weit gehen zu sagen, dass sie mir dadurch *indirekt* meine Jugend nahmen, dass ich meine Jugend nicht gelebt habe. Immer war ich der brave Thomas. Später, während des Studiums, holte ich dann zum Glück einige Erfahrungen nach: soff, hatte Sex, lehnte mich gegen meine Eltern auf, war verrückt, kindlich, lebte den Jungen in mir aus – aber all das nicht mit der Intensität, mit der ein Jugendlicher diese Erfahrungen normalerweise macht. Hinter meiner ersten Freundin während meiner Zeit beim Bund steckte zum Beispiel nichts als das dringende Bedürfnis, endlich zu wissen, »wie das geht«. Genau diese Qualität hatte die Beziehung. Als die Frau mich verließ, quetschte ich mir sogar ein paar Tränen aus den Augen, spielte die Trauer, um zu wissen, »wie das ist«. Gehört doch dazu, oder?

Ein- oder zweimal versuchte ich, mit meiner Mutter über das unvernünftige Ideal der perfekten Beziehung zu reden, sagte ihr auf den Kopf zu: »Ihr habt mir die Chance genommen, eine normale Beziehung mit all ihren Höhen und Tiefen kennen und schätzen zu lernen.« Und: »Eure Beziehung ist auch nicht so hundertprozentig, wie ihr immer tut, und war das auch am Anfang nicht. Ihr habt mir total verschwiegen, dass es, wenn man sich trotz aller Verliebtheit noch fremd ist, Zweifel geben kann, ohne dass die Beziehung deshalb gleich zum Scheitern verurteilt wäre. Dass es in einer Beziehung so etwas wie eine Entwicklung gibt, die zwei Menschen langsam aufeinander zu bewegt und aufeinander einstellt. Dass man lernen muss, miteinander zu leben. All das habt ihr mir verschwiegen, all das ist mir erst in den letzten Jahren aufgegangen. Ich wusste bis vor ein paar Monaten ja nicht einmal, wie ihr euch kennen gelernt habt!«

Meine Mutter fühlte sich anfangs gleich in die Defensive gedrängt, verstand nicht, worauf ich hinaus wollte. Am Ende vielleicht ein bisschen. Mehr als aussprechen, was zwischen uns im Argen liegt, kann ich doch nicht tun, oder? Inzwischen ist der Kontakt zwischen uns sehr spärlich. Nicht, dass unser Verhältnis kaputt wäre oder dass ich mich von ihnen abgewandt hätte. Ich musste lediglich den Kontakt drosseln, als mir aufging, dass mir manche Einstellungen meiner Eltern nicht gut taten. Seither versuchen wir, unsere unterschiedlichen Vorstellungen nicht aufeinanderprallen zu lassen und unsere Wertedifferenzen nicht offen auszutragen. Stattdessen konzentriere ich mich wieder mehr auf mich selbst. Versuche, realistisch zu sein, mich nicht krampfhaft und nicht verkrampft in eine Beziehung zu stürzen. Eine konkrete Strategie kann ich da aber nicht vorweisen, ich muss das einfach auf mich zukommen lassen.

Trotz allem, meine Mutter und mein Vater sind als Eltern schon okay. Sie haben zwar einiges an Bockmist gebaut, aber sie haben mir auch viel ermöglicht. Nur was ist, wenn ich selber einmal Kinder habe? Viele meiner Freunde sagen, ich würde einen tollen Vater abgeben, und eigentlich glaube ich das auch. Aber insgeheim befürchte ich doch, dass ich alte Zöpfe weiter flechten werde. Viele Aspekte meiner Erziehung sind es ja auch wert, weitergegeben zu werden an die nächste Generation. Ich bin ein Mensch, der ein Gefühl von Sicherheit braucht, und das konnte ich in Gegenwart meiner Eltern beruhigt entwickeln. Wenn etwas schief lief, wurde ich aufgefangen mit den Worten: »Wir werden einen Weg finden.« Dieses Gefühl von Sicherheit will ich auch anderen vermitteln. Meine Eltern lehrten mich, aufrichtig zu sein, pünktlich, genügsam und bescheiden. Sie erlaubten meiner sozialen Ader, sich zu entwickeln, brachten mir bei, auf das Wohl anderer bedacht zu sein. Dafür bin ich ihnen dankbar. Aber dann sind da eben auch die Fehler meiner Eltern, und ich befürchte, ich werde sie trotz aller Einsicht unbewusst einfach wiederholen.

Jemand anders als meine Eltern um Rat zu fragen, musste ich erst lernen. Eine gewisse Verschlossenheit trage ich als weiteres Erbe mit mir herum, als Erbe meines Vaters. Auch diesbezüglich gab es klare Richtlinien: »Man weint nicht, man zeigt nicht, dass man verletzt ist, man macht Probleme mit sich selbst aus!« Mein Vater ist ein Eigenbrötler, der oft angefeindet wurde und immer auf sich allein angewiesen war. Über vieles hat er sicherlich nicht einmal mit seiner Frau, meiner Mutter gesprochen. Und dieses Verhalten kultivierte ich unbewusst auch, bis es mir im Weg stand. Inzwischen fällt es mir bei einigen Menschen mehr, bei anderen weniger schwer, mich zu öffnen. Je intensiver das Thema, desto weniger Leute erfahren davon. Es gibt zwei beste Freunde, denen ich sehr, sehr viel erzähle, aber keine Person, die wirklich *alles* weiß. Den einen Freund ziehe ich in Liebesdingen hinzu, den anderen bitte ich in Berufsdingen um seine Meinung. Ein dritter ist mein Ansprechpartner in Bezug auf Persönlichkeit und Werte. Zwei Frauen, die mir nahe stehen, frage ich um Rat, wenn ich denke, eine Prise weibliche Intuition könnte nicht schaden.

Klar haben meine Freunde genauso wie andere Gleichaltrige auch ihre Probleme und verstecken sie im Alltag genauso gut wie ich. Keiner will Schwäche zeigen, keiner *darf* Schwäche zeigen, das ist ein großes Manko unserer Gesellschaft. Wir müssen Geld haben. Stark sein, gut sein, erfolgreich sein, und außerdem noch besser als alle anderen. Das ist ein absolutes Muss. Selbst wenn ich gar keine Superkarriere anstrebe, kann ich es mir bei der Arbeitsmarktsituation gar nicht leisten, nicht in der Oberliga mitzuspielen. Da geht es nicht mehr um Prestige, da geht es einfach darum, mir meine bloße Existenz zu sichern. Hübsch sein hilft dabei auch sehr, denn bei gleichen Qualifikationen wird definitiv der schönere Mensch eingestellt. Dabei sind mir Äußerlichkeiten eigentlich so völlig unwichtig, Hauptsache, ich bin gewaschen. Ich habe mir noch nie Gel in die Haare und Lotion auf den Bauch geschmiert, das Brimborium darum ist mir völlig fremd. Viel Schminke, viel Parfüm, das mag ich nicht. Mit Metallschmuck behängte Frauen bescheren mir eine Gänsehaut. Aber wer mit diesen Dingen hantiert, will eben mit allen Mitteln auffallen, um überhaupt eine Chance in der heutigen Welt zu haben. Mir erscheint es erstrebenswerter, durch Leistung und vor allem durch natürliche Sympathie zu überzeugen. Natürlich ist es nicht leicht, sich von der Masse abzuheben. Ich bin unscheinbar, wirke erst auf den zweiten Blick. Da kommt mir meine zurückhaltende Art nicht unbedingt gelegen, denn um wahrgenommen zu werden, muss ich viel mehr Energie investieren als andere Menschen, denen die Aufmerksamkeit offenbar nur so zufliegt.

Irgendwann, als ich auch gerade sehr unzufrieden mit mir selbst und meiner Lethargie war und mein bester Freund begann, Marathons zu laufen, fing ich an zu joggen. Nachdem ich mich anfangs sehr quälen musste, half mir das Laufen bald, jede Menge Last loszuwerden. Gerade während meines Examens flogen mir die Ideen für meine Prüfungen und für meine Diplomarbeit nur so zu. Ich genoss es, Gedanken zu Ende zu denken, meinen Kopf »leer zu denken«. Aber inzwischen jogge ich nicht mehr: »Keine Zeit! Kein Antrieb!«, das sind meine Ausreden, aber den wirklichen Grund für meine Blockade habe ich noch nicht herausgefunden. Ich weiß nur: Wo ein Wille ist, ist auch ein Weg. Also mangelt es bei mir offenbar am Willen. Vielleicht habe ich zuviel

Angst. Angst davor, dass ich über mich nachdenken muss, wenn ich joggen gehe. Angst davor, dass dann alles in sich zusammenfallen könnte. Gerade weil das Laufen den Kopf frei macht, besteht die Gefahr, dass mich radikale Erkenntnisse überfallen und vor radikale Entscheidungen stellen könnten.

Das klingt jetzt alles so düster. Soll ich mal was Positives erzählen? Wir haben heute in unserer WG die Wände bunt gestrichen: den Flur orange, die Küche gelb. Sieht toll aus!

Lizzy, 27, BWL-Studentin

MEIN LEBEN IST EINE EINZIGE

WARTESCHLEIFE

Ich bin jetzt siebenundzwanzig. *Erst* siebenundzwanzig eigentlich. Und doch fühle ich mich *alt* und *müde*. So, als ob mein Leben schon gelebt wäre. Mit Mitte zwanzig wird einem ständig vor Augen gehalten, dass die Zeit gekommen ist, Entscheidungen zu treffen. Ständig und allgegenwärtig drängt sich die Einsicht auf, dass wir nicht mehr zur jüngsten Generation gehören. Jugendliche siezen uns, Geschäftspartner und Kollegen halten uns für seriös, glaubwürdig und kompetent. Die neusten Modetrends wirken an uns irgendwie albern. Während uns noch vor fünf Jahren wirklich jede Option offen stand, ist inzwischen für manche Karrieren der Zug bereits abgefahren. Und wir Frauen hören immer lauter und deutlicher das Ticken unserer biologischen Uhr, Mutterinstinkte, Torschlusspanik, egal wie modern wir uns fühlen, sie sind da.

Das alles macht mir *Angst*, zumal ich viel Anerkennung brauche, um mich wohl und stark zu fühlen und in der Lage, Verantwortung zu tragen. Zumal ich Perfektionistin bin und all die Entscheidungen, die gerade jetzt anstehen, mit hundertprozentiger Trefferquote richtig fällen will. *Perfekt* sein wie der idealtypische Mittzwanziger aus dem Lehrbuch, aus dem Lexikon. Das wäre einfacher, gäbe es nicht so unendlich viele Möglichkeiten. Und auch die Last der Verantwortung für sein *eigenes* Leben, die man plötzlich ganz allein auf den *eigenen* Schultern trägt, macht die Sache nicht leichter.

Ich habe hochkonzentriert Bücher und Fernsehsendungen über die Werdegänge und verschiedensten Lebenswege aller möglichen Menschen verschlungen, mich im Internet auf die Suche nach

Gleichgesinnten gemacht. All das hat mir durchaus Denkanstöße geliefert, mir geholfen, meine eigene Situation klarer zu sehen. Aber die Intensität der Krise, die mich in den letzten drei Jahren überrollt hat, konnte das alles nicht mindern.

Turbulent und viel versprechend, so hat mein Erwachsenendasein begonnen. Abitur mit neunzehn, drei Jahre später zwei abgeschlossene Berufsausbildungen in der Tasche, anschließend zwei Jahre Magisterstudium plus zeitintensive Nebenjobs. Dann habe ich auf BWL umgesattelt und bin seitdem damit beschäftigt. Der Stein ist nach meinem Schulabschluss ins Rollen gekommen und hat den Schwung lange Zeit ungebremst beibehalten. Alles hat sich einfach so ergeben, eins führte zum anderen. Dabei hatte ich als Kind und Jugendliche nie so richtig darüber nachgedacht, was aus mir werden könnte. Meine Mutter war es schließlich, die aus meinem Sprachtalent die Fremdsprachenkorrespondentin in spe machte. Ein Test an der Berufsfachschule, und ich landete gleich im Abschlussjahrgang. Als ich dann meinen Berufseinstieg als Fremdsprachenkorrespondentin wagen wollte, stellte sich heraus, dass zusätzlich eine kaufmännische Ausbildung gefordert wurde, die mir fehlte. Beim Arbeitsamt holte ich mir Kontaktadressen von Firmen mit freien Stellen und konnte mit ein bisschen Glück diese zweite Ausbildung noch im selben Sommer beginnen. Abitur sei dank, war ich nur zwei Jahre danach auch Industriekauffrau. Beide Berufe, Fremdsprachenkorrespondentin und Industriekauffrau, sind in Ordnung. Sie eröffnen einem den Weg in viele verschiedene Richtungen, ich hatte im Laufe der Zeit einige sehr interessante Stellen. Bis ich mich in die unglückselige Idee verrannte, den Job an den Nagel zu hängen und unbedingt noch zu studieren. Die Sehnsucht nach Anerkennung war sicherlich meine Motivation. Rückblickend denke ich heute, dass die Berufe schon ziemlich perfekt für mich gewesen wären. Aber hinterher ist man immer schlauer.

Privat lief und läuft mein Leben genauso glatt wie beruflich anfangs auch. Der erste Mann, mit dem ich mit achtzehn eine *rich-*

tige Beziehung einging, war gleich der Hauptgewinn. Zusammengezogen bin ich mit ihm im Alter von zwanzig, geheiratet haben wir, da war ich dreiundzwanzig, das erste Kind ist geplant. »So schnell? So früh?«, fragen Fremde manchmal, wenn sie das hören, aber bei genauer Betrachtung ging es gar nicht so schnell. Fünf Jahre waren wir bei der Trauung immerhin schon zusammen. Eltern und Verwandte haben diese Entwicklung erwartet und waren froh darüber, Freunde und Bekannte haben uns eher um unsere beständige Beziehung beneidet, als dass sie wegen meines Alters an ihrer Ernsthaftigkeit gezweifelt hätten. Dumme Sprüche kamen jedenfalls nie.

Mein Mann und ich haben im Bekanntenkreis viele Beziehungen entstehen und wieder auseinander brechen sehen. Ich dagegen habe in ihm meinen Traummann gefunden. Wir leben in einer schönen, großen Wohnung, leiden keine finanziellen Nöte und wollen bald eine Familie gründen. Ich habe eine gute Ausbildung und mein BWL-Studium läuft nach einigen Startschwierigkeiten recht gut. Eigentlich müsste ich zufrieden mit mir sein. Eigentlich. Aber so ganz bin ich es nicht. Ein schlechtes Gewissen? Nein, hatte ich deswegen nie. Nur verstanden habe ich meine Unzufriedenheit nicht. *Warum fühlte ich mich ständig unter Druck gesetzt, obwohl es dafür keinen offensichtlichen Grund gab?*

Nur eins war von Anfang an klar: mein Mann hatte mit meinen Selbstzweifeln nichts zu tun. Er hat getan, was er tun konnte, um mir zu helfen. Mir geduldig zugehört, mich in allen Vorhaben unterstützt, Vorschläge gemacht, mich aber nicht gedrängt. Meine Krise war eindeutig beruflicher Natur. Um mich nicht so ausgeschlossen zu fühlen, habe ich das immer auf die einfache Formel gebracht: »Lizzy, du hast eben Probleme, einen Traumberuf zu finden, genau wie andere Leute Probleme haben, einen Traumpartner zu finden.« Aber gewirkt hat das nicht. Am Ende bin ich mir doch schrecklich exotisch vorgekommen, allein mit meinem Problem in einem Freundes- und Bekanntenkreis, in dem es offenbar überall nur von *Beziehungs*krisen wimmelte. Natürlich war in den Büros und Firmen der anderen nicht alles eitel Sonnenschein, auch sie hatten ihren Stress, klagten über Ärger mit dem Chef und den Kollegen. Nur eins habe ich *nie* gehört: dass jemand mit seiner Berufswahl *an sich* unzufrieden gewesen wäre. Aber es *muss* doch Menschen geben, denen es ähnlich geht wie mir!? Es gibt sie bestimmt, nur trauen sie sich nicht, darüber zu reden. Denn dieses Thema scheint ein echtes Tabu in unserer Gesellschaft zu sein. In einer Gesellschaft, in der sich Selbstwertgefühl und Anerkennung doch in so hohem Maße über den Beruf definieren. Wer verdient am meisten? Wer hat den coolsten Job? Wer ist als erster ganz oben auf der Karriereleiter? Und dann der ultimative Zwang, *lieben* zu müssen, was man tut. Es reicht ja heutzutage nicht mehr, *irgendeinen* Job vorweisen, sich selbst ernähren zu können. »Du hast doch so viele Alternativen, da muss doch *eine* Möglichkeit dabei sein, deine Leidenschaft zum Beruf zu machen, dich selbst zu verwirklichen!?«

Alle anderen schienen sich mit Enthusiasmus in das zu stürzen, was mich erschreckte: die Realität. Gegen Ende meiner zweiten Ausbildung brach um mich herum das Karrierefieber aus. Die New Economy startete ihren Siegeszug, das Internet war in aller Munde und zunehmend auf allen Bildschirmen. Neue Wirtschaftsmagazine in Print und TV schossen wie Pilze aus dem Boden und wer *in* sein wollte, fachsimpelte über Börsenkurse. Eine Energie geladene, optimistische, lebensbejahende und zukunftsorientierte Zeit. *Alles* schien möglich. Mit Schulabschluss und Ausbildung hatte ich die *Pflicht* absolviert. Nun konnte die *Kür* kommen. Und es gab tausend Möglichkeiten.

Aber was sollte ich tun? Was *wollte* ich tun? Mein ganzes Leben hatte ich in einer Art Warteschleife verbracht, die mir sofortiges Handeln ersparte: »Wenn ich erst mal im Kindergarten bin ..., wenn ich erst mal in die Schule gehe ..., wenn ich erst mal mein Abi habe ..., wenn ich erst mal mit der Ausbildung fertig bin, dann ...« *Ja, was dann?* Als es endlich soweit war, als ich endlich aus der Warteschleife hinaus in die Realität katapultiert wurde,

wurde ich von den vielen Möglichkeiten, die sich mir plötzlich auftaten, quasi erschlagen.

Ein Studium war bis dahin eigentlich nie Thema gewesen. Dennoch schrieb ich mich an der Uni ein. Heute ist mir klar: Ich wollte mich damals einfach noch nicht festlegen müssen, wollte mir alle Möglichkeiten offen halten, das Endgültige hinauszögern. Und ich kam mit der Realität und der Entscheidungsbereitschaft, die sie einem abverlangt, nicht klar. Genau aus diesem Grund habe ich mir mit dem Studium wieder einen Warteraum geschaffen, etwas Vertrautes, wo ich mich sicher fühlen konnte: »Wenn ich erst mal mit dem Studium fertig bin, dann ...« *Ja, was dann*? Dann wird alles gut?

Solange ich nicht wirklich eine Entscheidung treffen musste, eingelullt in die Geborgenheit meiner Warteschleife, hatte ich plötzlich wieder tausend Ideen für meine Zukunft. Und alle hatten sie mit diversen Karrieren zu tun. Karriere machen, das musste sein, das wird ja heutzutage von jedem erwartet. Karriere oder was man eben so darunter versteht. Und es sollte nicht irgendeine Karriere sein, sondern mein Traumberuf, da war und bin ich Perfektionistin. Wenn, dann richtig. Und so habe ich die Suche regelrecht zelebriert. Heute wollte ich dies werden, morgen jenes. Oder gar ins Ausland gehen? Jeder Tag brachte neue Ideen, neue Ziele, und jeden Tag verwarf ich etliches wieder. So vieles schien für mich zu passen. Jede Zukunftsvision musste ausgiebig auf vermeintliche Vor- und Nachteile abgeklopft werden, damit verbrachte ich meine Zeit und hatte für nichts anderes mehr den Kopf frei. Ich wollte schließlich ganz sicher sein. Natürlich fand ich meinen Traumberuf auf diese Weise letztendlich nicht, sondern vernachlässigte nur mein Studium.

Heute ist mir klar: Ich wollte unbewusst gar nicht damit fertig werden. Dadurch hätte ich nur meinen Warteraum wieder verloren, wäre ein zweites Mal in der Realität gelandet und hätte mich zumindest mittelfristig auf eine der tausend durchdachten Alternativen festlegen müssen.

Aber auch innerhalb meines Warteraums war ich nicht wirklich glücklich. Er gab mir nicht mehr die Geborgenheit, die ich in ihm immer gefunden hatte. Glücklich? Nein. Im Gegenteil, ich verzweifelte langsam. Der Definition meines Traumberufs immer noch keinen Schritt näher, ging ich meinem Mann mittlerweile wohl ziemlich auf die Nerven. Einen Menschen, der sich ständig für alles Mögliche begeistert, nie ein Ziel wirklich verfolgt, wer kann den auf Dauer ertragen? Dann waren da noch mein immer stärker werdender Kinderwunsch und eine Reihe guter Vorsätze, die üblichen: eine neue Fremdsprache lernen, jeden Tag Sport treiben, sich gesund ernähren, dieses und jenes Buch lesen. Auch jeder Vorsatz setzt eine Warteschleife: »Wenn ich erst mal topfit bin, dann ...« Daraus wurde aber nichts. Haushalt, Studium, Familie, Freundeskreis, Arztbesuche und all die Dinge, die immer erledigt werden müssen, ich bekam sie nicht unter einen Hut. Die guten Vorsätze konnte ich mir abschminken. Obwohl ich mir Freizeit nur selten in kleinen Dosen und mit schlechtem Gewissen gönnte. Gerade im Studium hatte ich etliches nachzuholen, halste mir viel zu viele Kurse auf, stolperte ständig von Termin zu Termin und fiel letztendlich auch durch meine Prüfungen. Ich kam nicht weiter, schämte mich, dass ich den Ansprüchen unserer Gesellschaft in Bezug auf Karrieredinge nicht entsprach.

Das war der absolute Tiefpunkt meiner Krise, der Moment, in dem ich mich alt und müde zu fühlen begann. Das Gefühl hatte sich nach und nach unbemerkt eingeschlichen, war mir erst jetzt unvermittelt bewusst. Was mir zunächst noch nicht klar war: dass ich mich die ganze Zeit selbst sabotiert hatte, dass ich den richtigen Lebensweg für mich in der völlig falschen Richtung suchte. Deshalb drehte ich mich ständig im Kreis, bis mir schwindelig wurde und ich sprichwörtlich nicht mehr wusste, ob ich Männlein oder Weiblein war.

Irgendwann, ganz plötzlich, war nur noch eine einzige Frage in meinem Kopf: »*Wer bin ich eigentlich?*« Das war der Wendepunkt. Wendepunkte kommen immer so plötzlich, nachdem man sich vorher eine lange Zeit intensiv mit einem Thema befasst hat. Insofern kann man vielleicht sogar sagen, Wendepunkte kommen *schleichend plötzlich*. Sie entstehen in einer Kombination aus äußeren Anstößen und eigenen Impulsen. Mir wurde klar, dass ich einem Idealbild hinterher gejagt war, dem ich nie entsprechen würde, dass sich deshalb irgendetwas schon die ganze Zeit *nicht richtig* angefühlt hatte. Ich hatte das einfach nur nicht so deutlich wahrgenommen, Widerstände als Startschwierigkeiten gedeutet, es würde schon wieder einfacher werden. Meine Problemlösungsstrategie für nicht praktikabel erklärt. Was blieb mir anderes übrig als die *Trial and Error*-Methode, einfach weitermachen. Die ersten körperlichen Beschwerden ignorieren. Oder *sie* dafür verantwortlich machen, dass es nicht vorwärts ging. Der totale Holzweg. Und dann, irgendwann, wenn wieder einmal etwas trotz aller Anstrengungen nicht funktionieren will, kommt unweigerlich die Frage: *Wofür* nehme ich das alles eigentlich auf mich? *Wofür* strenge ich mich so an? *Wofür? Wofür?* Und dann ist die Frage »*Wer bin ich eigentlich?*« nicht mehr weit.

Und genau das habe ich dann versucht herauszufinden. Was ist mir wirklich wichtig? Wo liegen meine Stärken und Schwächen? Nun, ich war immer schon ein sehr starker Mensch. Unabhängig, unbeirrt auf dem Weg, den ich für den richtigen hielt. Ich habe mich nie dem Druck einer Gruppe gebeugt. Das machte mich aber oft zur Zielscheibe, zum Außenseiter. Und darunter habe ich gelitten. Tatsächlich hatten viele meiner vermeintlichen Ziele und Berufswünsche nur dazu gedient, andere zu beeindrucken oder Anforderungen zu erfüllen, die die Gesellschaft heutzutage an den idealtypischen Mittzwanziger stellt. Anerkannt, als eine von *den anderen* akzeptiert und nicht ständig ins Abseits geschoben werden, das war es, wonach ich mich gesehnt hatte. Nun begriff ich, dass die Hoffnung auf den Applaus anderer kein akzeptables Kriterium für die Wahl meiner Lebensziele darstellte. Ich musste mich vielmehr auf mein Gefühl konzentrieren. Und das sagte mir plötzlich ganz unmissverständlich, dass mir an einer Karriere im klassischen Sinne überhaupt nichts liegt. Dass die Schwierigkeiten nicht von außen kamen, sondern von innen. Ein harter Brocken, diese Erkenntnis. Lange wollte ich sie nicht wahrhaben, obwohl mein Unterbewusstsein offenbar schon die ganze Zeit über daran geknabbert hatte. In mein Bewusstsein ist allerdings nur dieses Gefühl »*irgendetwas fühlt sich falsch an*« gedrungen.

Heute höre ich meine innere Stimme wieder so klar und deutlich, dass mir völlig schleierhaft ist, wie ich sie die ganze Zeit bloß überhören konnte. Vielleicht habe ich sie bewusst ignoriert. Denn wenn ich die Erkenntnis zugelassen hätte, hätte ich die Konsequenzen ziehen und für diese Entscheidungen dann auch die Verantwortung tragen müssen. Wie auch immer, die Zeit war wohl reif, dass ich in der Lage war, genau das zu tun.

Ich werde meinen Wert nun nicht mehr wie bisher daran messen, wie nah ich dem Modell »Die ideale Frau von heute – Kind und Karriere perfekt vereint« schon gekommen bin. Es ist schließlich nur ein Modell. Den Spielplatz der tausend Möglichkeiten habe ich verlassen, Farbe bekannt, vor allem vor mir selbst. Meine Lebensvision heißt jetzt: eine eigene Familie. So hätte sie schon immer heißen müssen.

Doch obwohl ich mit diesem Entwurf vor Augen so zufrieden bin wie lange nicht mehr – hundertprozentig zufrieden geht anders. Denn nun stehe ich hier mit einem Studium, das überflüssig geworden ist, mit dessen Inhalten ich mich sowieso nicht identifizieren kann. Mit einem Studium, in das ich aber soviel Blut, Schweiß und Tränen investiert habe, dass die Perfektionistin in mir es nicht zulässt aufzugeben. Zu lange habe ich mich damit gequält, es einigermaßen am Laufen zu halten, zu lange habe ich damit gekämpft, etwas Ungeliebtem die höchste Priorität einzuräumen mit der falschen Gewissheit, dass es sich um etwas Wichtiges handelt. Einen hohen Preis habe ich dafür bezahlt. Seelisch wie körperlich. Und jetzt habe ich endlich mein Lebensziel für mich definiert und kann mir meine Träume trotzdem noch nicht erfüllen. Muss Geduld haben. Fühle mich alt. Ich hätte schon vor vier oder fünf Jahren ein Kind bekommen können, das wäre mir wichtiger gewesen als alles andere, was ich bisher getan habe. Fühle mich müde. Das Studium schleppt sich so hin, dauert so unendlich lang und muss doch beendet oder zumindest ziemlich weit fortgeschritten sein, bevor wir ernsthaft Nachwuchs planen können. Wann immer ich über ein Kind nachdenke, fühle ich mich sehr, sehr alt. Wann immer ich über das Studium nachdenke, fühle ich mich sehr, sehr müde. Dazu wieder dieses Warteschleifengefühl: »Wenn ich erst die Prüfungen hinter mir habe, dann ...« Das muss ich unbedingt noch loswerden, wie gesagt, Geborgenheit bietet es mir ohnehin nicht mehr.

Zumindest beim Thema »gute Vorsätze« hat das Verlassen des Warteraums schon funktioniert. Inzwischen habe ich die meisten konsequent über Bord gekippt. Nur »mehr Bewegung« und »gesund ernähren« sind geblieben. Diese beiden Dinge sind mir zu wichtig. Und genauso werde ich den Rest meines Lebens ausmisten, meine Prioritäten sind gesetzt. Ich werde den Warteraum Studium verlassen. Und dann werde ich mir zum ersten Mal keinen neuen mehr suchen. Denn ich bin nicht mehr so unvorbereitet auf das, was danach kommt. Auf die Realität.

Nicht unvorbereitet heißt natürlich nicht völlig sicher und ohne Angst. Da ist immer noch die ewige Außenseiterin in mir, die sich vor weiterer Ablehnung fürchtet. Aber damit musste ich ja im Grunde schon immer zurechtkommen. Da ist immer noch die Perfektionistin in mir. Und die ärgert sich darüber, dass die Berufsfrage noch nicht abschließend geklärt ist. Teilzeit oder Selbstständigkeit im kleinen Rahmen, das schwebt mir vor für die Zeit, wenn unser Kind dann da ist. Dass Frauen Kind und Karriere ohne größere Abstriche in beiden Bereichen unter einen Hut bringen können, wie uns immer vorgegaukelt wird, daran glaube ich nicht mehr. Und obwohl sicher auch Männer eine *Quarterlife Crisis* bekommen können, zumindest dieses Problem haben sie nicht.

Mein Rat an *Quarterlife-Crisis*-Betroffene: Sei ehrlich zu dir selbst bei der Beantwortung der Frage, wie du dir dein Leben vor-

stellst. Wende dich von allen Alternativen ab, die nur aus irgendwelchen Klischees, Idealbildern oder Erwartungen der Gesellschaft entstanden sind. Plane deine Zukunft nicht verkrampft,
sondern gönn dir Ruhe, Zeit mit dir selbst, warte ab, welche Bil-
der ganz von selber in deinem Kopf entstehen. Überprüfe, inwieweit du die Standardträume von Familie, Karriere, Haus, Geld
und dergleichen einfach unreflektiert übernommen hast. Sei ehrlich und gib zu, wenn sie nicht auf dich zutreffen. Mach dir bewusst, dass du die Konsequenzen aller Entscheidungen – übereilt
oder bis ins Kleinste durchdacht – selbst ausbaden musst. Und
dass sie unnötig sind, denn oft kennt man den richtigen Weg für
sich unbewusst schon sehr früh, man ist nur zu abgelenkt von Äußerlichkeiten, um ihn an sich heranzulassen. Horch in dich hinein, forsche nach deinen wahren Sehnsüchten, denk viel über
dich nach. Schreib vielleicht sogar Tagebuch oder teile deine Gedanken mit anderen. Jedes Mal, wenn du deine Geschichte er-
zählst, jedes Mal, wenn du sie aufschreibst, kommen neue, oft
hilfreiche und manchmal auch entscheidende Erkenntnisse dazu.
Überstürze nichts. Die komplette Lösung kommt nicht über
Nacht, die Erleuchtungen trudeln nach und nach ein. Manche
sind schmerzhaft. Aber du musst lernen, gerade die zu akzeptieren und dadurch zu gewinnen. Innere Stärke, Sicherheit und das
Gefühl, Stück für Stück dich selbst zu finden.

WO HÖRT DER BLINDE IDEALISMUS AUF UND WO FÄNGT DER GESUNDE AN?

Ideal und *Wirklichkeit*, das sind die beiden Elemente, die in meinem Leben gerade aufeinanderprallen. Zwei starke Gegner, die da an mir reißen, denn das Tau zwischen ihnen bin ich. Da ist auf der einen Seite die Traumvorstellung, die ich von meinem Leben habe, die ich an der Realität auf der anderen Seite messen muss. Um keinen Preis will ich das Ideal vollends aufgeben und das Bewährte einfach hinnehmen wie so viele andere es tun, weil es eben so einfach ist. *Aber wo ist die goldene Balance?*

All die Gedanken in meinem Kopf laufen zurzeit auf diese eine Zerreißprobe hinaus: Kompromisslos an meinen nicht haltbaren Idealen festzuhalten bringt mich nicht weiter. Im Gegenteil, mit dieser Einstellung würde ich ganz sicher scheitern. So bin ich *gezwungen*, meine Ideale zu überprüfen und bis zu einem gewissen Punkt an das Bewährte anzunähern, damit ich überhaupt etwas in die Hand nehmen und bewegen, damit ich meine Traumvorstellung überhaupt ansatzweise verwirklichen kann. Wie praktikabel sind also meine Ideale? Oder wie mache ich sie praktikabel? Wie viel davon muss ich aufgeben? Wie viel davon kann ich erreichen? Ich muss meine Ideale alltagstauglich machen, ohne sie jedoch, und das ist der Kern der Sache, *ohne sie jedoch zu verraten*.

Pragmatismus gehört dazu, klar. Denn nur wer das Leben praktisch angeht und von den gegebenen Bedingungen ausgeht, anstatt sich in Traumwelten zu bewegen, ist überhaupt lebenstauglich. Ein gewisses Maß an Pragmatismus muss ich mir also aneignen. Und doch sehe ich mich in letzter Konsequenz immer noch als Idealist. Denn in diesem ganzen Zwiespalt geht es doch immer wieder darum, die Grenzen des Machbaren auszuloten. Nicht zu fragen: »Inwieweit muss ich meine Ideale aufgeben, um in der Wirklichkeit bestehen zu können?« Sondern: »Inwieweit kann ich meine Ideale mit viel Engagement und Optimismus in der Wirklichkeit umsetzen?«

Der erste Lebensbereich, in dem sich diese Frage stellt, ist der berufliche. Abitur, Zivildienst bei der Caritas, danach habe ich mich mit Begeisterung und Zielstrebigkeit in mein Studium in M. gestürzt. Geschichte und Spanisch auf Lehramt einschließlich eines siebenmonatigen Auslandsaufenthalts in Madrid, in wenigen Tagen beginnt mein Referendariat. Bis hierhin habe ich das alles durchgezogen ohne Sperenzchen, ohne Umwege, angetrieben von einem starken Ideal: *Ich würde später im Beruf vieles anders machen als die Lehrer, von denen ich gelernt hatte.* Davon war ich fest überzeugt. Ich würde unkonventionell sein, lieb und nett, kumpelhaft, schülerorientiert. Noten sind nun wahrlich nicht das einzig Wichtige an der Schule, in meinem Unterricht würde die gesellschaftliche Kompetenz meiner Schutzbefohlenen im Vordergrund stehen. Spaß am Lehren wollte ich haben und Spaß am Lernen vermitteln. Ich würde meinen Schülern den Freiraum geben, den sie brauchen, um sich zu entfalten. Das ganze Studium hindurch hat mich diese Aussicht getrieben, in fünfzehn Jahren mal ein sympathischer Lehrer zu sein. Dieses Bild vor meinem inneren Auge: Kommt ein junger Schüler nach der Stunde zu mir, zupft mich am Arm und sagt: »Sie sind mein Lieblingslehrer, Sie sind so nett, Sie gehen so toll auf uns ein, bitte bleiben Sie so!«

Mir ist auch klar, dass ich das so nie erleben werde. Zum einen, weil Jugendliche nun einmal von Natur aus eher auf die Barrikaden gehen und dich kritisieren, als dass sie dich loben würden. Oder haben Sie schon mal von einem Schüler gehört, der zu seinem Lehrer geht und sagt: »Danke für die Eins!« Und selbst wenn das einer täte, dann müsste ich ihm erwidern: »Die Eins hast du nicht mir zu verdanken, die hast du dir selbst erarbeitet.« Aber tatsächlich kommen Jugendliche im Allgemeinen doch immer nur an, um uns Erwachsene anzunörgeln: »Boa, ist das langweilig! Mann, ist das ätzend! Scheiße, ist das ungerecht!«

Das ist das Eine. Aber dann gibt es da noch eine zweite, viel bitterere Erkenntnis, die ich zum Teil meiner Erfahrung mit Jugendlichen als ehrenamtlicher Gruppenleiter bei den Pfadfindern und zum Teil meiner Lebenspartnerin Silvia verdanke. Sie wird auch Lehrerin, allerdings für die Fächer Englisch und Geschichte, steckt, weil sie ein Jahr älter ist als ich, schon mittendrin in ihrem Referendariat. »Jugendliche brauchen Führung«, sagt sie. »Wir können es uns als Lehrer nicht erlauben, uns aus ihrer Erziehung herauszuhalten oder ihnen alles selbst zu überlassen.« Natürlich war mir klar, dass ich als Lehrer auch Erzieher bin und Leitfigur, dass ich meinen Schülern Aufgaben stellen und Grenzen stecken muss. Aber ich hatte bis dahin immer das Gefühl gehabt, dass man als Lehrer seinen Schülern viel früher viel mehr Selbstverantwortung zutrauen könnte, als das im Schulalltag geschieht. Aber offenbar werde ich es mit meinem Ideal, dass meine Schüler mit wenig Anleitung und viel Freiraum zu guten Menschen heranwachsen werden, nicht weit bringen.

Wenn ich mir ansehe, wie sich Silvia durch ihr Referendariat quält, wird mir klar, dass ich schon verdammt viel Glück und Optimismus mitbringen müsste, um meins nur halb so souverän durchzustehen. Dir werden Steine in den Weg gelegt von den Kommilitonen, von den Kollegen, von den Eltern, von unwilligen Schülern, dir wird der Spaß verdorben dadurch, dass alles so vorgegeben und genormt ist und neue, eigene Wege oft boykottiert werden, du hast keine Zeit mehr zum Durchatmen und Auftanken, stattdessen kurze, unruhige Nächte. Ein furchtbarer Zustand, bei dem kein Ende abzusehen ist. Silvia meint, mit meiner enormen Begeisterungsfähigkeit und meiner nimmermüden Motivation könnte ich dem Stress eher gewachsen sein als sie. Das denken viele Freunde von mir: »Der Sven ist zufrieden, gelassen, hat immer eine Lösung parat, hat bisher immer noch alles geschafft, ist überall dabei, kann nie genug Wuselei und Trubel um sich herum haben.« Das stimmt auch. Aber was ihnen dabei völlig entgeht: Es kostet mich auch viel Kraft und Arbeit, diese Motivation aufzubringen. Und auch wenn es nicht den Anschein hat, ist auch mein Akku irgendwann leer.

Und dann versuch mal in so einem Moment, deine mühsam aufrechterhaltene Motivation an die Schüler weiterzugeben, indem du ihnen anbietest: »Wenn ihr ein Problem mit mir oder meinen Unterrichtsmethoden habt, dann sagt es ruhig!« Und dann sieh mal zu, wie du deine Motivation vor dem Zusammenbruch schützt, wenn sie sofort die Gelegenheit nutzen, die du ihnen bietest. Sie nutzen, um zu meckern. Und zu nörgeln. Und zu kritisieren. Die Jugendlichen sind offenbar überhaupt nicht mehr bereit, sich auf Neues einzulassen, über ihren Horizont hinaus zu blicken. Sie lernen heutzutage, dass sie jederzeit Kritik äußern dürfen, was ich als positiv empfinde, bloß: *Sich um andere zu kümmern ist nicht mehr cool.* Und was einem in den Schoß gelegt wird, hinterfragt man nicht.

Soviel zum Thema Motivation. Die fliegt mir auch nicht einfach zu. Silvia macht sich immer um jede Kleinigkeit einen Kopf, macht den Eindruck, als zerbreche sie an den Anforderungen, und zieht dann doch alles unheimlich souverän durch. Von mir dagegen denken die Leute, ich nähme das alles mit links, übersehen aber, dass dieser Eindruck eigentlich nichts als Fassade ist. Möglicherweise ein klassischer Männlein-Weiblein-Gegensatz? Keine Ahnung. Ich weiß nur, dass ich eben ein Optimist bin. Was ich tun kann, will ich gut machen, und was ich beeinflussen kann, will ich ändern. Ein gutes Vorbild zu sein und allein dadurch zu erziehen, das würde mich glücklich machen. Niemals wollte ich mich in die Rolle des ewig jammernden Lehrers drängen lassen, der sich ständig über die Probleme unserer Gesellschaft aufregt, anstatt Lösungsansätze zu bieten. Aber hier sitze ich nun und jammere doch mit all den anderen über all das, was in unserer Gesellschaft nicht richtig läuft. Rege mich auf über Politiker, auf die ich – wie viele andere auch – meine Hoffnung gesetzt hatte und die nun doch alles falsch machen.

Tja, und da stehe ich nun mit meinen Idealen und muss erkennen, dass sie nicht umsetzbar sind, oder jedenfalls nur zum Teil. Neunzig Prozent meines Lehrerdaseins wird davon bestimmt sein, Vorgesetzten oder Richtlinien gerecht zu werden. Idealisten sind nicht gefragt. Wenn ich zehn Prozent eigene Ideen einbringen, wenn ich zehn Prozent meiner Ideale umsetzen kann, werde ich schon froh und dankbar sein müssen. Wie zufrieden ich mit dem Ergebnis sein kann, wird auch zu einem großen Teil davon abhängen, welcher Schule ich zugeteilt werde. Täglich telefoniere ich der Entscheidung der zuständigen Gremien hinterher. Über meine Möglichkeiten und meine Chancen der kommenden zwei Jahre. Lass es bitte eine Schule sein, an der mir motivierte Kollegen in der Praxis zeigen, wie ich die Balance zwischen Schülerorientierung und meiner Verantwortung als Erzieher hinkriege! Unglaublich, dass das Höchste der Gefühle für mich jetzt so ausschaut. Noch vor ein paar Jahren habe ich mir vorgestellt, wie ich als junger, engagierter Lehrer mit meinen bahnbrechenden, alternativen Methoden die ganze graue Altherrenriege im Kollegium sprenge! So ändern sich die Ideale, so passen sie sich an.

Und ich muss wehmütig lächeln, wenn ich mich daran erinnere, wie ich irgendwann während des Hauptstudiums in einem Anflug von Enthusiasmus noch einen Nebenstudiengang belegt habe. *Interkulturelle Pädagogik.* Bestrebt, Qualifikationen und damit meine Chancen zu verbessern. Aber vor allem noch voller Ideale. In den Kursen sollten künftige Lehrer auf gemischte Klassen vorbereitet werden, in denen vielleicht mehr ausländische Kinder verschiedener Nationen als deutsche Kinder sitzen würden. Drei Semester Türkisch gehörten zum Pensum. Aber die Sprache ist ja nur ein Aspekt. Darüber hinaus ging es vor allem darum zu verstehen, inwiefern unser *gesamtes Schulsystem* mit seinem Rhythmus und seinen Inhalten auf die deutsche Kultur und die deutsche Mentalität zugeschnitten ist. Inwiefern die ausländischen Kinder, die möglicherweise in ihrer Heimat schon zur Schule oder in den Kindergarten gegangen sind, ganz anders als unsere deutschen Kinder gelernt haben zu lernen. Die Erkenntnis, dass es da ganz grundsätzliche Unterschiede gibt, ist sicher sehr, sehr wichtig. Aber leider ist es bei der Erkenntnis geblieben, mehr wurde in dem Studiengang letztendlich nicht vermittelt. Vor allem nichts Realitätsbezogenes, keine praktischen Tipps zum Umgang mit gemischten Klassen. Darum hab' ich's dann schleifen lassen, bin bis heute eingeschrieben. Wollte zwar wenigstens für die Akten irgendwann die Prüfungen machen, habe es aber nie getan. Und jetzt, nach meinem Umzug zu Silvia nach B., ist der Zug wohl endgültig abgefahren. So verläuft wieder ein Ideal im Sande. Macht mich das nun zum Verräter meiner eigenen Werte und Ideale, oder nicht? *Ich fühle mich jedenfalls wie einer.* Mein Vater und meine Schwester freuen sich, dass ich lebenspraktischer, pragmatischer geworden bin. Ich dagegen bin nicht so begeistert, sehe immer wieder nur meinen schwindenden Idealismus.

Dabei kennt mein Vater die Problematik, er ist auch Lehrer. In manchen Punkten kann er mir schon helfen, Tipps geben. Aber tatsächlich will ich dann doch vieles anders machen als er. Ohnehin ist er in letzter Zeit supernachdenklich und mit sich selbst beschäftigt. Jetzt zu Weihnachten hat sich der Todestag meiner Mutter zum zehnten Mal gejährt. Mein Vater ist die ganzen Tage über in sich gekehrt gewesen, hatte ganz offensichtlich seine Probleme damit, konnte sich aber wie immer nicht ausdrücken. Ich find's so schade. Versuche, ihn zum Reden zu bringen. »Papa, kommst du alleine klar, jetzt, wo deine Frau (meine Stiefmutter) im Urlaub ist?« – »Mit dem Wäschewaschen und meiner Zeiteinteilung nicht so«, sagt er. Darauf hatte meine Frage zwar eigentlich gar nicht abgezielt, aber seine Antwort hat mir doch einiges gezeigt. Dass sich die Zeiten eben ändern, genau wie die Jugendlichen, und dass ihm das bewusst ist. Ich mache mir Sorgen um seine Zufriedenheit, um seine Gesundheit. Nein, zu Hause ist es wirklich nicht mehr wie früher. Jedes Mal, wenn ich von einem Besuch

dort nach B. zurückkehre, beschleicht mich ein wehmütiges Gefühl. Wie soll ich wohl am klügsten auf meinen Vater reagieren?
Mich um ihn kümmern, fürsorglich sein? Mich distanzieren und
mir so die Erinnerung an früher erhalten? Oder mich verstellen
und ihm zuliebe so tun, als sei alles völlig normal, als würde er
mir helfen mit seinen Ratschlägen? Letztens habe ich ihm Dias
von meiner Bolivienreise gezeigt, da fiel er mir ständig ins Wort.
Um mir zu erklären, wie ich so einen Diavortrag am Gescheites-
ten aufbaue, damit meine Schüler dabei etwas lernen und nicht
einschlafen. »Papa«, habe ich irgendwann ganz verzweifelt gesagt,
»aber ich zeige die Dias doch jetzt einfach dir!« Hätte ich vielleicht besser sagen sollen: »Danke, Papa, du bist mir eine große
Hilfe!?« Er wäre glücklich gewesen, hätte sich gebraucht gefühlt.
Aber ich, ich wäre nicht ehrlich gewesen.

Alles läuft zurzeit auf die Angst hinaus, nicht ehrlich zu mir
selbst und zu meinen Werten zu sein. Meine Bolivienreise zum
Beispiel auch. Die habe ich mir gegönnt als Belohnung für mein
bestandenes erstes Staatsexamen. Einen Monat Bolivien mit den
Pfadfindern. Wir sind natürlich hingeflogen. Dabei fliege ich eigentlich aus Überzeugung nicht, wegen der Umweltverschmut-
zung. Sogar den ganzen weiten Weg nach Madrid bin ich damals
mit dem Bus gefahren. Aber nach Bolivien habe ich mich dann
doch ins Flugzeug gesetzt. Und schon wieder habe ich ein Ideal
verraten, war schrecklich inkonsequent, muss mich vor mir selber dafür rechtfertigen.

Warum das so schlimm ist? Der Flieger hätte auch ohne mich
an Bord abgehoben? Mein Ideal, in dieser modernen Welt ohne
Flugzeuge auszukommen, ist völlig wirklichkeitsfremd? Klar.
Aber ich wollte doch immer mit meinem Verhalten Zeichen setzen, ein Symbol, wollte nicht korrupt sein, das waren meine Werte, die mich bisher immer zu jemand Besonderem gemacht haben.
Alles vorbei mit einem einzigen Flug nach Bolivien. Jetzt bin ich
genauso ein Depp wie jeder andere auch. Absolut nichts Besonderes mehr.

Früher habe ich total aggressiv für mein Ideal gekämpft. Mit Freunden und Bekannten gestritten: »Fliegt nicht! Wie könnt ihr nur so selbstsüchtig und bequem sein?« Diese Einstellung ging natürlich auf Kosten der Beziehungen und Freundschaften. Heute sind mir die wichtiger, darum bin ich viel defensiver geworden. Ich werfe niemandem mehr Egoismus, Bequemlichkeit und Selbstsucht vor, der für ein Sightseeing-Wochenende nach New York jettet. Ich lasse mir sogar hinterher die Fotos zeigen. Finde es okay. Bin rational. Aber ideell betrachtet, finde ich so ein Verhalten immer noch im tiefsten Innern meines Herzens abscheulich. Das ist doch ein einziger großer Widerspruch. *Wie kann ich nur so ambivalent sein?*

Wenigstens habe ich in Bolivien nicht Urlaub gemacht. Eher eine Studienreise. Habe viel gelernt über mich und über andere. Möglicherweise wäre es für mich erfüllender, mit bolivianischen Kindern zu arbeiten als mit den wohlbehüteten Pfadfinderkindern aus guten Verhältnissen in Deutschland. Das werde ich ganz sicher so sehen, wenn ich als Referendar in irgendeinem versnobten Gymnasium lande. Dann kann ich mich wohl komplett von meinen Idealen verabschieden. Auf einer Gesamtschule hätte ich wenigstens noch das Gefühl, etwas bewirken zu können. So wie in Bolivien. Aber auch dort würde ich mich als Verräter fühlen. Ich, der große, schlaue, weise weiße Mann, der edelmütigerweise sein Wissen den armen Menschen in der Dritten Welt weitergibt. Das ist doch wieder so ein furchtbarer Widerspruch! Woher nehme ich das Recht, den Menschen dort etwas beizubringen?

Ein paar Leute, die mit mir nach Bolivien gereist sind, haben hinterher gesagt: »Wir sind denen doch in allem voraus.« Forschung, Technik und Wissen im Allgemeinen natürlich, aber in den typisch deutschen Klischee-Tugenden: Pünktlichkeit zum Beispiel. Ich sehe das anders. Ich würde mir sehr gerne die Ruhe und die Gelassenheit von den Bolivianern abgucken. Und ihre unglaubliche Gastfreundschaft. Zwei Freunden für eine Nacht einen Platz zum Schlafen bieten? Das ist doch nichts. Die Bolivianer bringen es fertig, mitten im größten Stress fünfundzwanzig Gäste zu bewirten, sich rund um die Uhr um sie zu kümmern und all das mit einem Lächeln auf den Lippen, sodass du dich absolut willkommen fühlst. Ich hätte das nicht drauf.

Aber selbst wenn es mir gelänge, als Mitarbeiter in der Entwicklungszusammenarbeit genauso selbstverständlich zu geben wie zu nehmen, zu lehren wie zu lernen, so würde mich doch das Gefühl nie loslassen, nicht ehrlich den Menschen dort und auch mir selbst gegenüber zu sein. Selbst dann nicht, wenn ich fünf Jahre in Bolivien tätig wäre oder sogar mein ganzes Leben der Hilfe in der Dritten Welt widmen würde. Denn es wäre doch immer klar, auf welcher Seite ich stehe. *Ich* wäre freiwillig dort in der Armut, *ich* würde sicherlich unter besseren Bedingungen leben als die Einheimischen, *ich hätte mir mein Schicksal selbst ausgesucht*. Und vor allem: *Ich* könnte jederzeit zurück nach Deutschland gehen. Die Bolivianer nicht. Diese Unehrlichkeit, dazu die unwillkürliche Abstumpfung gegenüber dem Elend, die Erkenntnis, einfach nicht allen Bedürftigen helfen zu können – ich weiß nicht, ob ich damit auf Dauer klarkäme. Andererseits darf ich mich nicht vor der Verantwortung verstecken, die mein Wissen, meine Ausbildung, meine Erfahrung mit sich bringen. Ich könnte den Menschen dort etwas vermitteln, das sie brauchen. Bin ich da nicht in der Pflicht, genau das zu tun? Selbst wenn der Druck so unendlich belastend ist, von den Einheimischen wie auch von den daheim gebliebenen Deutschen für den tollen Gutmenschen gehalten zu werden, der sein Leben *opfert*, um zu helfen. Da drüben engagieren sich viele Europäer, um anderen und sich selbst zu beweisen: *Ich habe etwas Gutes getan*. Helfen aus Eigennutz. Ist das verwerflich? Kann ich mich davon völlig frei machen? Nein.

Und wieder ein Akt im Drama mit dem gescheiterten Ideal, der Wirklichkeit und der Unehrlichkeit in den Hauptrollen. Am Ende ist es besser, mit einem Ideal zu scheitern, als niemals eins gehabt zu haben. Ohne Idealisten wird sich die Welt überhaupt nicht verändern. Und es bleibt die Frage offen: Wann ist ein Ideal gescheitert? Wenn es angepasst wird? Oder erst, wenn die Grenze verwischt und aus dem so genannten angepassten Ideal unmerklich ein aufgegebenes Ideal wird, das nur noch Ideal heißt, obwohl es längst purer Pragmatismus ist. Der ja auch wiederum nicht verwerflich ist, nur eben nicht mein Art. Einen gewissen Idealismus will ich mir schon bewahren. Gerade als ich aus Bolivien zurückgekommen bin und gemerkt habe, wie schnell ich mich wieder auf die alltäglichen Problemchen hier einstellen und die Sensibilität für die Probleme der Menschen in der Dritten Welt abstellen konnte, habe ich mich über mich selbst gewundert und geärgert. Genau dieses Verhalten habe ich doch anderen immer vorgeworfen!

Auf jeden Fall sind ein paar Jahre Entwicklungszusammenarbeit in Bolivien definitiv eine Option, wenn es denn für mich soweit ist, eine mittelfristige Lebensentscheidung zu treffen. Wenn alles so läuft wie erwartet, wird das in zwei Jahren sein. Nach dem Referendariat, da steht dann die große Frage an: Werde ich an meiner Schule übernommen? Bewerbe ich mich an einer anderen Schule, möglicherweise in einer anderen Stadt? Wechsele ich doch noch einmal komplett das Berufsfeld und engagiere mich hier in Deutschland sozial, lasse mich journalistisch weiterbilden, oder, oder, oder? Gehe ich nach Bolivien? Gründe ich eine Familie? Sind meine Pläne mit Silvias Plänen zu vereinbaren? Gerade die Koordination macht es so schwer. Ein junger Mensch alleine hat ja heutzutage schon so viele Möglichkeiten, wie soll man da erst die Möglichkeiten von zwei Lebenspartnern unter einen Hut bringen?

Mein Vorteil: Silvia ist mir immer dieses eine Jahr voraus und legt immer vor. Nimmt mir die Entscheidungen ab. So war das auch nach dem Examen, als ich ihr nach B. hinterher gezogen bin. Der Nachteil: Das macht es mir leicht. Und die Koordination wird trotzdem nicht einfacher. Nur weil ich mein Referendariat unbedingt in B. machen wollte, hätte es ja noch lange nicht so funktionieren müssen.

Jedenfalls macht das anstehende Referendariat alles momentan noch einfacher, beruhigt mich. Ich habe das Glück, fürs Erste noch alternativlos zu sein und nicht ständig Entscheidungen treffen zu müssen. Als Dauerzustand ist das natürlich nicht erstrebenswert, zum Kraftschöpfen zwischendurch aber ganz angenehm. Im Normalfall sind für mich die nächsten zwei Jahre noch vorgegeben, haben eine Struktur, der ich mich nicht entziehen kann, der ich folgen muss. Ich werde so viel zu tun, den Kopf so voll haben, dass ich über das Danach, über die *Entscheidung fürs Leben* nicht nachdenken kann und werde. Und so plane ich nicht weiter als bis zum zweiten Staatsexamen. Bin dankbar für den Aufschub. Nur ein paar Dinge stehen für die Zeit danach schon fest. Erstens: Ich werde bereits zwei Jahre privat versichert sein, und das wird alles einfacher machen. Haha. Zweitens: Egal was ich mache, ich muss mich davon ernähren können. Drittens: Das große Projekt in meinem Hinterkopf sind Kinder, eine eigene Familie. Mit Silvia plane ich definitiv langfristig. Ich könnte mir sogar vorstellen, für ein paar Jahre den Hausmann zu spielen. Viertens: Ich bin mir trotz aller möglicher Alternativen doch ziemlich sicher, dass Lehrer ein guter Beruf für mich ist, auch wenn ich den Job sicherlich nicht mein Leben lang machen sollte. *Nur* Schule, das kann keine Erfüllung sein. Aber ich habe mir das Ideal erhalten, dass ich an einer Schule im Umgang mit Jugendlichen tatsächlich etwas bewegen kann.

Tja, in ein paar Tagen geht's los. Im Moment habe ich zum letzten Mal für eine sehr lange Zeit die Freiheit, mir mein Leben so einzuteilen, wie ich es gerne möchte. Lesen, viel schlafen, bis zehn oder zwölf mittags, eher bis zwölf. Freunde treffen. Aber das ist nicht nur angenehm. In Gesprächen merke ich immer wieder, dass es nichts Besonderes mehr ist, das Examen bestanden zu haben. Ich brauche eine neue Herausforderung, und darum freue ich mich trotz aller Befürchtungen, dem nicht gewachsen zu sein, auf das Referendariat. Denn die Freiheit, tun und lassen zu können, was ich will, wird unbefriedigend, wenn ich das Gefühl bekomme, diese Chance nicht wirklich zu nutzen. Zuviel Zeit am selben Ort zu verbringen, zu viele Dinge aus Pflichtgefühl oder aus finanziellen Gründen zu tun, zu wenig Zeit mit Silvia genießen zu können. Nichts effektiv Nützliches für die Welt zu machen. Nicht den großen Wurf zu landen mit irgendetwas Außergewöhnlichem, Zeit und Erfahrung hatte ich ja genug. Dabei bin ich nicht faul gewesen, habe Seminare zur Gewaltprävention, zur religiösen Orientierung, zur Kooperationsförderung in Schulklassen abgehalten, aber damit kenne ich mich inzwischen so gut aus, dass diese Arbeit keine Herausforderung mehr darstellt, sondern als selbstverständlich betrachtet wird. Abgesehen davon habe ich mich darauf konzentriert, Kräfte zu sammeln für das, was kommt. Trotzdem lässt einen das mulmige Gefühl nicht los, doch irgendwie alles falsch zu machen. Das fängt schon bei den guten Vorsätzen an, die man dann doch nicht einhält. Ich wollte mich doch freischaufeln von vielen Projekten an der Universität und bei den Pfadfindern, um wirklich Freizeit zu haben. Und habe mich dann doch wieder mit viel zu vielen Aufgaben belastet.

Fast zehn Jahre habe ich mich bei den Pfadfindern ehrenamtlich engagiert. Lager organisiert, Gruppen geleitet, Ausbildungsveranstaltungen für Jungleiter abgehalten. Und bin dabei souverän geworden, genau wie ich es mir als junger Pfadfinder immer gewünscht hatte. Aber jetzt, wo die Erfahrung da ist, nach der ich mich früher immer so gesehnt habe, ist sie plötzlich unwichtig geworden. Was ich bei den Pfadfindern erreichen konnte, habe ich erreicht, da fehlt die Herausforderung. Früher haben mir die Arbeit und der Spaß in den Gruppenstunden, Lagern und Versammlungen soviel gegeben, heute fehlt einfach das Herzblut. Das ist mir besonders bei den letzten Veranstaltungen aufgegangen. Diözesanversammlung. Wie immer sehr anstrengend, wir haben viel diskutiert, viel getrunken. Und plötzlich, am zweiten Abend, fehlte mir von jetzt auf gleich jede Motivation. Jemand sagte zu mir: »Sven, du machst ein Gesicht, das sagt: Unterhalte mich!« Und das ist genau der Punkt. Sonst bin es immer ich, der die anderen unterhält, aufheiternde Sprüche macht, während die Runde sich zurücklehnt. Nervig ist das. Aber genauso war ich plötzlich auch drauf. Passiv. Dabei war ich im Vorfeld des Wochenendes so engagiert gewesen, hatte auf den letzten Metern richtig reingepowert, aber danach habe ich mich zum ersten Mal richtig ernsthaft gefragt: »*Wofür machst du eigentlich den ganzen Scheiß?*« Den inneren Kick gibt er mir so oder so nicht mehr.

Genauso bei meinem vierten Woodbadgekurs, das sind Ausbildungsveranstaltungen für junge Leiter, vor ein paar Wochen. Wo mir ganz deutlich aufging, dass die Leute bei den Pfadfindern alle so jung sind. Achtzehn, neunzehn. Sie haben die Probleme, die mich auch mit achtzehn oder neunzehn bewegt haben. Andere Probleme als die, die mich jetzt bewegen. Dazu kommt eine Entwicklung, die mir gar nicht passt. Früher als Gruppenleiter habe ich auf zwei Dinge Wert gelegt: Erstens, Spaß an der Sache zu vermitteln, und zweitens, den Nachwuchs zu motivieren, selbstständig zu werden, selbstständig Pläne für ihr Leben zu machen. Das mit dem Spaß hat funktioniert, sogar zu gut, denn inzwischen ist der *fun effect* so in den Vordergrund getreten, dass die gesellschaftliche Verantwortung nur noch als Nebeneffekt verkümmert. Das ist es nicht, was ich wollte. Also versuche ich in einem zwanzigminütigen Monolog, den jungen Leuten diesen Wert zu vermitteln. Merke schon während des Redens, dass ich auf sie einrede, wie ich es nie tun wollte, und dass ich sie kaum erreiche, weil ich einfach zu alt bin, um noch als ihresgleichen zu gelten. Realistischerweise hatte ich mir ja schon vor Monaten die Frist gesetzt, bis Ende dieses Jahres aufzuhören, und bin mir inzwischen im Klaren darüber, dass mir das wohl nicht schwer fallen wird.

Ein paar Rosinen werde ich mir noch herauspicken, und dann heißt es *Adios*. Damit verabschiede ich mich von einem Steckenpferd, das all die Jahre so wichtig für mich war. Vielleicht verabschiede ich mich aber auch tatsächlich endgültig von meiner Jugend.

Und auch das macht mir Angst. Mein neues, zweisames Leben mit Silvia, in unserer hübschen, kleinen Wohnung in B. mit eigener Badewanne, über die ich mir ein Loch in den Bauch gefreut habe. Wie schnell werden wir wohl typische spießige Züge annehmen? Wie schnell werden wir alles so machen wie alle anderen? Nach dem Motto: Es läuft zwar nicht gut in der Beziehung, aber es läuft. Das ist doch furchtbar egoistisch! Aber wir leben wohl doch zu alternativ, um wirklich unwiederbringlich im Spießersumpf zu versinken. Vielleicht kommt die Angst davor auch daher, dass wir hier in B. einfach noch nicht viele Leute kennen. Silvia hat kaum Zeit zum Ausgehen, ich fahre noch viel nach M., um mit Freunden zu reden oder Spaß zu haben. Dort ist immer jemand, der Lust auf einen netten Abend hat. Und gerade weil mich die Gefahr beunruhigt, mich hier in B. mit Silvia einzuigeln, fahre ich umso öfter nach M. auf der Suche nach alten Freunden. Obwohl ich genau weiß, dass ich gar nicht der Typ bin, der Stillstand und ewige Zweisamkeit ertragen könnte. Ich habe auch jetzt wieder viel zu viele Dinge im Kopf, habe mich in Projekte reingehängt, obwohl ich mich doch eigentlich freischaufeln wollte. Ich werde halt immer gefragt, ob ich nicht mitmachen will, weil die Leute wissen, dass ich ein engagierter Mensch bin. Und nicht merken, dass auch ich meine Grenzen habe, was ich ihnen natürlich nicht vorwerfen kann, schließlich bin ich selbst dafür verantwortlich, meine Grenzen einzuschätzen.

Trotzdem drohe ich jeden Moment, daran zu stoßen. Wenn ich noch in dieser Woche zu hören bekommen sollte, dass ich mein Referendariat an einer anderen als der erhofften Gesamtschule antreten muss, wird mich das total aus der Bahn werfen. Ich werde mein Selbstbewusstsein verlieren, meine Lust auf das Lehrersein, auf das ich mich während meines Studiums so lange und ausführlich vorbereitet habe. Dann müsste ich mich schon sehr zusammenreißen, um es durchzuziehen. Ich würde ganz dringend Silvias Unterstützung brauchen. Seit fünf Jahren sind wir nun schon ein Paar, kennen einander sehr, sehr gut, pflegen einen sehr,

sehr intensiven Austausch. Auch wenn sie oft der Meinung ist, dass ich mit meinem Scheiß lieber alleine klarkomme, anstatt sie um Hilfe zu bitten. Ohne sie würde ich nicht diese Zufriedenheit ausstrahlen, die alle immer glauben macht, ich hätte keine Sorgen. Sie gibt mir Sicherheit und Rückhalt, auch wenn sie selber am Rande ihrer Kräfte balanciert. Ich sage immer wieder gerne (lächelnd und besonnen): »Wir haben doch immer noch uns!« Und so empfinde ich das auch. Ich bin glücklich über die Beständigkeit unserer Beziehung, besonders, weil meine eigene Familie mir diese Beständigkeit nicht mehr geben kann. Der Tod meiner Mutter war sehr schwer für mich zu ertragen, aber ich habe gelernt, alleine klarzukommen, bin stark geworden, habe aus alldem sehr viel Kraft geschöpft. Ich weiß dadurch, dass es Schlimmeres im Leben gibt als das, was ich momentan durchmache. Trotzdem ist das Problem, das unmittelbar wie ein unüberwindlicher Berg vor einem steht, immer das größte.

Ich brauche viel Anerkennung, um das Leben mit seinen Herausforderungen durchzustehen. Aber von wem soll ich die bekommen. Sie bedeutet mir nur etwas aus dem Munde von Menschen, die mir etwas bedeuten. Außerdem ist bei mir ein gewisser Sättigungsgrad eingetreten dadurch, dass in letzter Zeit so ziemlich alles gut gelaufen ist. Andererseits bin ich noch lange nicht an dem Punkt angelangt, an dem ich von Stolz erfüllt zurückblicken und meine Memoiren schreiben kann über das, was ich geleistet habe. Okay, ich habe vielleicht einen gewissen Anteil daran, dass ein paar junge Pfadfinder zu selbstständigen Menschen herangereift sind. Aber das reicht nicht. Wenn ich eines Tages genauso stolz auf meine eigenen Kinder blicken kann, bin ich schon einen großen Schritt weiter. Aber dieser Tag wird schon kommen, da bin ich sicher, da schaue ich nach vorn. Ich werde meine Möglichkeiten schon nutzen, ich werde die momentane Krise schon durchstehen.

Abgesehen davon, dass ich nie zurückschaue, würde ich rückblickend auch nichts anders machen. Denn ich weiß, es ist noch nicht alles endgültig entschieden. Ich kann auch mit vierzig noch einmal mein ganzes Leben umkrempeln. Oder das Schicksal tut es für mich. Ich hoffe einfach, dass ich schnell herauskomme aus diesem Wintertief, das ich mir lange in die Tasche gelogen habe, bis es dann doch deutlich zum Vorschein gekommen ist, dass ich mit vielen Leuten gerade in meinem engeren Bekanntenkreis teile. Es ist schon traurig, dass so viele Leute nur noch Stress empfinden, nur noch am Machen und am Tun sind und das Gefühl haben, nicht von der Stelle zu kommen, ohne den einfachen Umkehrschluss zu ziehen und sich einfach mal auszuruhen. Ich hoffe, dass ich auch weiterhin in der Lage sein werde, die richtigen Schlüsse zu ziehen. Die nachdenkliche Stimmung des Moments scheint mir ein gutes Korrektiv zu sein, um nicht übermütig zu werden. Ich will mich davon aber auch nicht allzu sehr bremsen lassen.

MEIN KINDHEITSTRAUM MUSSTE SCHEITERN, DAMIT ICH GLÜCKLICH WERDEN KONNTE

Vor achteinhalb Jahren, als ich in einer Kleinstadt bei M. gerade an meinem Abitur bastelte, war ich wie eigentlich immer schon ein sehr glücklicher Mensch aus einer sehr glücklichen Familie. Vielleicht etwas introvertiert, trotzdem immer von vielen Freunden umgeben. Und vor allem wusste ich ganz genau, was ich will: Kommunikationsdesignerin werden. Das war mein Traum seit meiner Kindheit, und etliche Einträge in diesen *Meine-Schulfreunde*-Büchern, die damals in der Klasse herumgereicht wurden, zeugen davon.

Also war klar, was ich nach dem Abitur zu tun hatte: ein bisschen Berufspraxis schnuppern und meine Mappen für die Aufnahmeprüfungen vorbereiten. So entschied ich mich für eine Ausbildung zur Werbekauffrau, war eine der Besten in meinem Lehrjahr und mir sicherer denn je: Kommunikationsdesignerin ist mein absoluter Traumberuf. Im Nachhinein ist mir heute klar, dass mir außerdem sehr wichtig war, in den Augen meiner Freunde *cool* zu sein, wie ich überhaupt extrem darauf bedacht war, was andere von mir hielten, und immer einen Tick cooler zu sein. Trotzdem war es zu dem Zeitpunkt mein eigener Wunsch, nach Berlin zu gehen und dort Kommunikationsdesign zu studieren.

Das erste halbe Jahr, in dem ich mich an der Universität zurechtfinden musste und die Stadt erkunden konnte, war dann auch eigentlich ganz spannend, obwohl ich die ganze Zeit ein bisschen Heimweh hatte. Aus der Kleinstadt ins Hellersdorfer Plattenbau-Wohnheim – das kann man schon fast Kulturschock nennen. Und dann kam mein erster Winter im Ostteil Berlins: deprimierend, dreckig, hässlich, kalt, dazu die Anonymität der Großstadt. Heute ist mir gar nicht mehr klar, warum mich das so furchtbar heruntergezogen hat, zumal ich dann im Frühjahr in eine tolle Altbauwohnung in Mitte gezogen bin, wo ich meine Einstellung zu Berlin grundüberholen musste. Das Lebensumfeld, das so wichtig für mich ist, gefällt mir in Mitte richtig gut. Die Stadt konnte also nicht wirklich so sehr der Grund für meine miserable Stimmung sein, wie ich gedacht hatte, die Kälte, der Dreck und das Abhängen in Lichtenberg waren nur zusätzlich zu meinem Gefühlschaos ein Verstärker am Anfang meiner Sinnkrise, die langsam, aber sicher ins Rollen kam.

Einen weitaus größeren Anteil daran hatte sicherlich der Liebeskummer, den ich zu der Zeit so stark wie nie zuvor empfunden habe. Im Nachhinein habe ich oft gedacht: »Hätte ich Tobias doch bloß niemals kennen gelernt, dann wäre ich niemals in dieses Loch gefallen, dann wäre alles anders gelaufen!« Das redet man sich natürlich leicht ein. Ohne Steffen hätte es eben einen anderen Auslöser für meine Krise gegeben, denn ich war ja mit *meinem* Leben unzufrieden, da kann ich niemand anderen für verantwortlich machen.

Es ist nicht wichtig zu wissen, was für ein Mensch Tobias war, um meine *Quarterlife Crisis* zu verstehen. Viel wichtiger ist, dass ich vorher nie so intensive Gefühle entwickelt hatte, nie so verliebt und sicher war, dass ein Mann der absolut *Richtige* für mich ist. Heute kann ich sagen, dass ich mich damals geirrt habe, denn seit zwei Jahren führe ich eine wirklich glückliche Beziehung. Jedenfalls überfiel mich plötzlich eine wahnsinnige Angst davor, dass Tobias mich nicht mehr mögen könnte und zurückweisen würde, wenn er mich erst wirklich kennen gelernt hätte. Äußerlich wie innerlich fand ich mich einfach null liebenswert und habe trotz aller Verliebtheit jede Annäherung zwischen uns abgeblockt, mich nicht weiter auf Tobias eingelassen nach dem Motto: Lieber gar nichts anfangen als enttäuscht zu werden.

Ich habe wirklich keine Ahnung mehr, wie es soweit kommen konnte, aber schließlich habe ich nur noch zu Hause herumgehangen, an Tobias gedacht und mich infrage gestellt. Warum? Kann ich nicht sagen. Manchmal hat man eben einfach Minderwertigkeitskomplexe, blöde Gedanken und Selbstzweifel, fühlt sich dick und hässlich, obwohl das eindeutig nicht stimmt. Und so bin ich unmerklich immer tiefer in diese Krise hineingerutscht, fand alles scheiße, was ich gemacht, gesagt, getan habe. Die beginnende Unzufriedenheit mit meinem Studium, die Angst vor der Beziehung, das Heimweh – alles zusammen war eben zuviel für mich. Heute würde ich eine ähnliche Phase wohl mit mehr Haltung überstehen, aber mit dreiundzwanzig war ich einfach noch viel unsicherer.

Ich wurde total depressiv, habe ganze Tage im Bett verbracht, ferngesehen, geheult, bin dann auch nicht mehr zur Universität gegangen. Die Erfüllung meines größten Kindheitstraums, das Kommunikationsdesignstudium, konnte mich plötzlich null motivieren, im Gegenteil, ich habe diesen Traum zum ersten Mal grundsätzlich infrage gestellt. *Ist dieser Weg wirklich der richtige für mich? Oder bin ich ihn nur gegangen, weil ich so lange daraufhin gearbeitet hatte?*

Tatsächlich hatte ich immer nur dieses eine Ziel gehabt und kein einziges Mal seit meiner Kindheit wirklich in mich hineingehorcht und überprüft, ob dieses Ziel in mir überhaupt noch existierte oder ob ich mich möglicherweise inzwischen verändert und neu orientiert hatte und mein Streben der erwachsenen Maria hätte anpassen sollen. Unvermittelt habe ich mir mit dreiundzwanzig genau diese Frage gestellt, mit der übertriebenen Intensität, die ein Mensch nur aufbringt, wenn er etwas nachzuholen hat, das längst überfällig ist.

Plötzlich habe ich einfach *alles* hinterfragt: meine Lebensinhalte, meine Freundschaften, vor allem aber mich selbst, immer wieder mich selbst. *War das Leben, das ich lebte, das Leben, das ich leben wollte? Vielleicht hätte ich ganz andere Wege entdeckt, viel erfüllendere Wege, wenn ich mich nur einmal richtig umgesehen hätte?*

Andererseits bin ich auch nicht ohne weiteres bereit gewesen, die Fassade, die ich in der ganzen Zeit aufgebaut hatte, aufzugeben. Das *äußere Bild*, das von mir kursierte, hat mir ja eigentlich sehr gut gefallen. In den Augen ehemaliger Mitschüler war ich die tolle, immer fröhliche Maria, die inzwischen in Berlin wohnt und Kommunikationsdesign studiert: »War ja klar, dass sie mal ganz groß rauskommt.« Heute sehe ich auch, wie albern dieses Gefallenwollen ist, aber damals habe ich mich eben immer mehr hinter dieser schützenden Fassade versteckt. Und obwohl ich dann im dritten Semester vor lauter Verzweiflung gar nicht mehr zur Universität gegangen bin, habe ich das Bild mühsam aufrechterhalten und bei Besuchen in meiner Heimat die coole Designstudentin heraushängen lassen, die wahnsinnig viel zu tun hat. War vorher immer fett einkaufen, zu Hause dann immer superschick gekleidet – dass ich dafür einiges an Schulden gemacht habe, weil ich dauernd neue Klamotten brauchte, musste ja niemand wissen. Vor allem nicht meine Eltern, die mir mein Lotterleben ja nach wie vor finanzierten in dem Glauben, ihre fleißige Tochter bei der Erfüllung ihres Traums zu unterstützen. Das Höchste der Gefühle war, ihnen gegenüber zuzugeben, dass mir das Studium nicht mehr ganz soviel Spaß macht wie anfangs, aber ehrlich sagen, dass ich nur noch schwänze, konnte ich nicht. Dann hätten sie bloß gesagt: »Such dir doch etwas anderes«, aber ich wusste doch nicht, was! Außerdem kann man sich sehr gut an das Nichtstun gewöhnen, und so habe ich alles einfach vor sich hin laufen lassen.

In meiner Alltagsrealität aber wurde das Wetter immer dunkler, die Seminare immer langweiliger und meine innere Grundstimmung von Tag zu Tag mieser. Ein schleichender Prozess, bis mich das dunkle Loch so richtig fest im Griff hatte. Die totale Zerrissenheit. Verloren in meinen Vorstellungen, in meinem scheinbar ach so tollen Leben ohne Glück. Ich mochte mich selber nicht mehr leiden, konnte einfach keinen Respekt mehr empfinden vor mir oder vor dem, was ich erreicht hatte. Fand mich langweilig, unsicher und ambitionslos. Inzwischen war mir klar, dass mein Kindheitstraum mich nicht mehr erfüllen konnte, dass ich Chancen ergreifen musste, dass ich neue Ziele brauchte, einen anderen Weg gehen und zulassen musste, wenn sich dadurch auch mein Bild in den Augen der anderen verändern würde. Aber was sollte ich konkret ändern? Irgendetwas hat mich total gelähmt. Heute würde ich der Maria von damals ins Gesicht sagen: »Raff dich endlich auf, mach was, geh raus, such dir deinen Weg!«, aber damals war das einfach nicht möglich. Natürlich sagt einem der Verstand in solchen Situationen: »Stell dich nicht so an!«, und genau das macht es auch so schwer, anderen Leuten gegenüber die eigene Krise zuzugeben. Aber in einer depressiven Phase verschwimmen die Relationen, und die Welt erscheint einem genauso scheiße wie man selbst.

Ein typischer Tag sah ungefähr so aus: bis mittags schlafen, fernsehen, Süßes in mich reinstopfen, shoppen gehen, wieder fernsehen, apathisch im Sessel hocken, heulen, schlafen. Abends bin ich weiterhin manchmal mit Freunden ausgegangen, wieder um die Fassade aufrecht zu erhalten und mir selbst vorzumachen, dass alles in Ordnung ist. Hinterher dieser Druck im Magen, den ich rausheulen musste. In lichten Momenten war mir ja klar, in welchem Lügengebilde ich mich bewegt habe und dass ich daran dringend etwas ändern musste! Meistens hat es geholfen, ein Stündchen zu weinen, mir fest zu versprechen: »Morgen änderst du dich!«, und dann pseudo-fröhlich mit meinen Freunden in der nächsten Bar einen zu trinken. Und wieder hat die Fassade ein paar Stunden gehalten, bis ich mittags aufgestanden bin und mich wieder der Apathie hingegeben habe. Ein ordentlicher Arschtritt hätte mir gut getan, aber wer hätte mir den verpassen sollen? Es wusste ja niemand, wie es in mir aussah.

Nach fast sieben Monaten in dieser Krise habe ich mich endlich aufgerafft und mir selbst in den Arsch getreten. Nur ein Knall konnte den Knoten zum Platzen bringen, nur ein Neustart konnte alles Festgefahrene auflösen. Ich wollte Abstand gewinnen, um herauszufinden, was ich will und wer ich bin. Ich wollte mich selbst herausfordern, etwas Verrücktes tun, um mir zu beweisen, dass ich überlebensfähig war. Irgendwann ist der Gedanke aufgetaucht, für ein paar Wochen alleine ins Ausland zu gehen, und ziemlich spontan habe ich mich dazu entschlossen, den *Jakobsweg* in Nordspanien zu gehen, über den ich einige interessante Artikel gelesen hatte. Noch am selben Tag habe ich mir Wanderstiefel, Kartenmaterial und ein Flugticket besorgt, am nächsten Tag meine Eltern per Brief informiert, damit sie mich nicht zurückhalten konnten, und am übernächsten Tag bin ich dann losgepilgert.

Ziemlich spontan, die Aktion, ich weiß, aber auch wenn es nicht den Eindruck macht, hatte ich doch alles durchgeplant. Klar ist es riskant, über einen Monat allein in Spanien unterwegs zu sein, noch dazu ohne ein Wort Spanisch zu sprechen, ohne zu wissen, was mich erwartet, aber in mir hatte sich soviel Willen zur Veränderung angestaut, dass ich diesen Schritt einfach unbedingt gehen *wollte. Ich wollte raus*, wollte den Jakobsweg wandern, *wollte etwas wagen*. Außerdem bin ich schon immer sehr gut alleine klargekommen, deshalb habe ich auch kein einziges Mal Angst vor der eigenen Courage bekommen in den Wochen, in denen ich unterwegs war. *Alles* war besser als weiter depressiv in meiner Wohnung in Mitte zu hocken!

Am zweiten Tag meiner Reise habe ich während eines Telefonates mit meinem Bruder total losgeheult, plötzlich ist der ganze Druck abgeflossen. Es hat mir Leid getan, dass er und meine Eltern sich solche Sorgen gemacht haben, weil sie nicht wussten, wo ich bin und ob es mir gut geht. In meinem Brief hatte ich nur geschrieben, wie trostlos die letzten Monate für mich ausgesehen hatten, dass ich oft geschwänzt hatte, andere Details habe ich ausgelassen, weil sie mir zu peinlich waren, die ganze Geschichte kennt bis heute niemand. Heute verurteile ich diese egoistische und verantwortungslose Aktion, einfach einen Brief schreiben und abhauen. Aber damals konnte ich die Sorgen meiner Eltern nicht so nachvollziehen, dazu war ich zu sehr mit mir selbst beschäftigt. Heute ist mir diese kindische Nummer echt peinlich und ich erzähle nur ungern davon, aber ich bereue meine Spanienreise nicht und kann sie ohnehin nicht mehr rückgängig machen. Je länger ich über meine Ängste nachdenke, desto unwichtiger werden sie, und desto unwichtiger wird es, sie geheim zu halten. Wenn meine Eltern heute die volle Wahrheit erfahren würden, wäre das nicht mehr so dramatisch. Wir werden alle erwachsen und haben alle unsere Fehler gemacht. Jedenfalls habe ich während meiner Spanienreise wenigstens per SMS und Telefon den Kontakt zu meiner Familie gehalten.

Vier Wochen lang war ich auf dem *Jakobsweg* unterwegs, von Burgos bis Santiago de Compostela. Die ersten Tage waren hart: Blasen an den Füßen, der schwere Rucksack auf meinen Schultern, vierundzwanzig Stunden am Tag allein mit mir und meinen Gedanken. Aber nach einer Woche hat sich mein Tagesablauf eingependelt, gerade der immergleiche Rhythmus hat sich als unheimlich beruhigend herausgestellt: morgens um sieben Uhr aufstehen, Rucksack packen, loswandern. Dann nach fünf bis acht Stunden am Ziel der Tagesetappe: eine Herberge suchen, einkaufen gehen, schlafen. Der *Jakobsweg* ist im Sommer sehr gut bewandert, Menschen aller Altersklassen aus ganz Europa, ja sogar aus Amerika sind unterwegs. Da baut sich auch ohne viele Worte ein Gemeinschaftsgefühl auf und das Wissen, dass jeder dem anderen jederzeit helfen würde, was mir genauso gut getan hat wie die Ruhe beim Wandern, die etlichen Stunden alleine mit mir selbst. Zwar habe ich Kontakt zu anderen Pilgern gehabt, anfangs waren wir abends rund fünfundzwanzig in den Herbergen, am Ende oft an die hundert, doch die meiste Zeit über war ich allein. Beim Gehen schweifen die Gedanken, lassen sich ordnen, viele Probleme, über die ich vorher nie nachgedacht hatte, sind mir erst in Spanien überhaupt bewusst geworden und haben sich genauso leicht wieder in nichts aufgelöst. Es hat mir unheimlich gut getan, zu merken, dass ich alle meine Probleme alleine lösen kann. Ein echter Selbsterfahrungstrip.

Außerdem hätte ich nie gedacht, dass ich mit so wenig Besitz und Luxus auskommen könnte, aber mir hat es tatsächlich an nichts gefehlt. Erst als ich ohne alles dagestanden bin, ist mir klar geworden, wie viel ich zu Hause in Deutschland eigentlich hatte. Natürlich hat es auch schwache Momente gegeben, in denen ich mich überwinden musste weiterzugehen, aber im Großen und Ganzen war ich total glücklich, wohl weil ich endlich die Energie gespürt habe, die ich in den vorangegangenen zwei Jahren so vermisst hatte. Zwar war das Ziel, das es zu erreichen galt, nur eines für die nächsten vier Wochen meines Lebens, aber zum ersten Mal eines, für das ich mich engagiert und das ich durchgezogen habe, weil ich es wirklich schaffen wollte. Der ganze Druck der vergangenen Monate ist einfach abgefallen, mich hat ja niemand mehr gedrängt, ich hatte Zeit genug, wusste, dass ich wochenlang unterwegs sein würde. Der Abstand zu meinem Alltag und zu meiner depressiven Phase hat sich endgültig nach der Hälfte des Weges eingestellt. Plötzlich waren mein inneres Gleichgewicht und der Respekt vor mir selbst wieder da. Ich habe mir eine offenere Art angewöhnt, konnte auf einmal auf andere Menschen zugehen. Von dem Zeitpunkt an habe ich nur noch die beste Idee und die beste Zeit meines Lebens genossen und immer öfter über meine alberne Krise gelacht. Nach vier Wochen bin ich nicht nur in Santiago de Compostela, sondern auch in mir selbst angekommen und habe nichts als eine enorme innere Ruhe gespürt.

Obwohl ich eigentlich nicht religiös bin, habe ich doch während dieser Wochen auf dem *Jakobsweg* mehr an einen Gott geglaubt als sonst. Wobei Gott für mich eher eine ewig existente Kraft ist als ein Schöpfer im strengen religiösen Sinne. Vielleicht ist dieser Glaube nur da, weil ich ihn als Kind im Religionsunterricht eingeredet bekommen habe. Ob ich ihn wirklich für mich angenommen habe? Keine Ahnung. Ich weiß nur, dass es in manchen Situationen tröstlich und beruhigend ist, an *etwas* zu glauben, das immer existiert hat und immer existieren wird. Wenn ein geliebter Mensch stirbt oder ich mich einfach nur alleine fühle. Jedenfalls bin ich den *Jakobsweg* keinesfalls aus religiösen Gründen gewandert. Mich hat der Gedanke inspiriert, eine Herausforderung anzunehmen, die in den vergangenen Jahrhunderten schon Hunderttausende angenommen haben. Da hätte es auch in Italien oder in Irland Möglichkeiten gegeben, aber dort hätte ich mit mehr unbekannten Variablen kalkulieren müssen als auf dem fertigen *Jakobsweg* mit seinen Pfeilen, seinen Herbergen und seinem großen Ziel Santiago de Compostela.

Ob ich anderen Betroffenen zu so einem Extrem-Abenteuer raten würde? Kann ich schlecht pauschal sagen. Die Idee muss zu dir passen, du musst wirklich etwas wagen wollen, du musst dir selber den Arschtritt geben, du musst Durchhaltevermögen haben. Sonst kann so eine Reise auch ganz schön nach hinten losgehen, dann hängst du mutterseelenallein in Australien oder Irland und reitest dich eher noch tiefer in die Krise rein als aus ihr herauszufinden. Aber wenn du dich festgefahren fühlst und ein Kurs im Fitnessstudio oder ein neuer Job nicht reicht, dann ist ein extremer Schritt sicher ein Erfolg versprechendes Wagnis. In eine andere Stadt ziehen, die Beziehung überdenken oder für ein, zwei Monate ins Ausland gehen – wenn du richtig tief in ein Loch gerutscht bist, muss schon etwas Handfestes passieren, damit du deine Balance wieder findest.

Für mich hat der extreme Schritt jedenfalls funktioniert. Nach Spanien haben sich privat und beruflich viele Blockaden gelöst, und ich bin jetzt rundum glücklich – mit meiner Beziehung und mit meinen Karriereplänen. Zurück in Berlin habe ich zwar erst mein Kommunikationsdesignstudium wieder aufgenommen, weil ich der Meinung war, dass ich es immer noch machen will. Aber ich war zugleich offen für Alternativen, habe verschiedene Praktika gemacht und mich vor einem Jahr dann doch für ein Lehramtstudium entschieden. Das hat mich schon immer interessiert, kam mir aber früher zu unspektakulär, zu wenig künstlerisch vor. Inzwischen bin ich sehr glücklich mit dieser Entscheidung und kann mir auf jeden Fall vorstellen, mein Leben lang dabei zu bleiben. Vielleicht kann ich als Lehrerin sogar noch einmal ein paar Jahre ins Ausland gehen, das lasse ich einfach auf mich zukommen. Klar interessiert mich auch Kommunikationsdesign immer noch sehr, Ideen entwickeln, damit herumprobieren, sie verwerfen oder umsetzen – aber als Hobby. Nur manchmal denke ich ein bisschen wehmütig, dass Kommunikationsdesignerin ja schon ein toller Job wäre. Aber ich weiß, dass meine Idealvorstellung mit der Wirklichkeit nichts zu tun hat. Mit dem Druck, ständig etwas Neues und 1a kreative Leistung zu bringen, wäre ich ganz sicher nicht die nächsten vierzig Jahre lang klargekommen. Ich bereue meine Entscheidung nicht.

Berlin finde ich inzwischen sogar wunderschön, ich bin sehr glücklich hier und richtig verliebt in meine Wahlheimat. Klar gibt es hässliche Ecken, aber ich spreche auch nicht von einer äußerlichen Schönheit, wie sie mir in München oder Stuttgart aufgefallen ist. Die *innere* Schönheit Berlins liegt in der Atmosphäre. Berlin ist einmalig, inspiriert mich und nach über drei Jahren hier fühle ich mich wirklich zu Hause. Der Gedanke, irgendwann vielleicht einmal weggehen zu müssen, beispielsweise weil es hier keine Arbeit für mich gibt, ist furchtbar. Seit ich aus Spanien hierher zurückgekehrt bin, merke ich, dass gerade Berlin total gut zu mir passt. Die Stadt lässt jeden sein, wie er will. Sie bietet so unendlich viele Möglichkeiten. Und dieses Flair gibt es nirgendwo anders in Deutschland. Selbst Ecken wie den Alex oder Kreuzberg, die ich früher wirklich ausgesprochen hässlich fand, finde ich plötzlich schön. Das kann niemand verstehen, der nicht in Berlin wohnt.

Während meiner Krise war mir der Begriff *Quarterlife Crisis* noch nicht begegnet, ich hatte diese Phase als eine Art Depression definiert. Der Begriff mag meine Stimmung zum Teil auch getroffen haben, aber Auslöser waren eindeutig die Punkte, die eine *Quarterlife Crisis* ausmachen und die viele meiner Freunde auch nachdenklich gestimmt haben. *Quarterlife Crisis* bedeutet, dass du mit Mitte zwanzig nicht da gelandet bist, wo du hinwolltest, oder dass du erkennst, dass die Vorstellungen, die du vor zehn Jahren vom Leben hattest, sich verändert haben. Die *Quarterlife Crisis* trifft dich wie ein Schock, wenn du merkst, dass du dich in den ersten Jahren des Erwachsenseins nicht so verwirklicht oder entwickelt hast, wie es von dir erwartet wurde. Oder wie du es selbst von dir erwartet hast. *Quarterlife Crisis*, das ist, wenn du merkst, dass das Leben, das du mit all deiner Kraft aufgebaut hast, gar nicht das Leben ist, was dich glücklich machen und erfüllen kann. Dass da mehr sein muss, als du dir bisher vorstellen konntest. Klar weißt du, dass du es gut hast und von außen betrachtet ein tolles Leben führst. Aber das ersehnte Glücksgefühl stellt sich trotzdem nicht ein, vielleicht weil wir immer nach dem Kick streben und verlernt haben, im Alltag glücklich zu sein.

Ich persönlich habe auf meiner Reise unter anderem erkannt, dass ich mein Ziel nur aus den Augen verloren habe, weil es so viele Möglichkeiten gibt, sein Leben zu gestalten, und weil es so schwer ist, daraus die richtige zu wählen. Dass ich aber durchaus unheimlich viel Potenzial entwickeln kann, und zwar durchaus auch schon mit Mitte zwanzig. Heutzutage wird uns ständig vermittelt, wir müssten in unserem Alter mit dem Studium an einer Elite-Universität fertig, in unserem Fach herausragend sein und einen tollen Job an Land gezogen haben. Von diesen Erwartungen der Gesellschaft muss man sich lösen, und das habe ich auch endlich getan, ich mache jetzt mein Ding. Vielleicht werde ich erst mit neunundzwanzig mein Examen machen, na und? Ich habe viele Leute kennen gelernt, die mit sechsundzwanzig oder achtundzwanzig ihre Ausbildung oder ihr Studium oder ihren Job aufgegeben und noch eine ganz neue Karriere gestartet haben, die erst mit fünfunddreißig ihrem Traumpartner begegnet sind – das ist doch okay! Wir sollten uns freimachen von dem Anspruch, mit fünfundzwanzig schon alle Schiffe im Hafen haben zu müssen. Wir sollten es als positiven Aspekt unserer Zeit betrachten, dass wir so viele Möglichkeiten haben, nicht als Fluch. *Wir können und sollten uns alle ständig weiterentwickeln und unsere Träume und unser Streben an die veränderten Bedingungen anpassen.* Es ist doch völlig unrealistisch zu erwarten, dass wir nach der Schule eine Entscheidung treffen, die unser ganzes Leben bestimmt. Gerade die Entwicklung zwischen zwanzig und fünfundzwanzig, die geprägt ist von Erfahrungen wie Selbstständigkeit, Unabhängigkeit und Eigenverantwortung, kann die Persönlichkeit total verändern. Klar, dass dann die Vorstellungen, die wir als Kind oder Abiturient vom Leben hatten, nicht mehr zu uns passen. Logisch, dass wir uns nach ein paar Jahren erst an unser neues Ich gewöhnen müssen, dass wir uns hinterfragen und Angst haben, die Zeit nicht zurückdrehen zu können.

Aber Krisen gehen vorüber, das ist das Gute daran. Wie schnell sie vorübergehen, das hängt davon ab, wie engagiert du bist. Im Nachhinein betrachtet hätte ich mich schon viel eher aufraffen und mir etwas Neues suchen sollen, aber vielleicht ist es auch gut, das alles so gelaufen ist, wie es gelaufen ist. Sonst hätte ich die Erfahrung des *Jakobswegs* nicht gemacht, und gerade daraus schöpfe ich noch heute viel Kraft. Auch Krisen haben ihre Daseinsberechtigung, denn sie lehren uns, dass wir immer wieder aufstehen können. Krisen schaden niemandem, und wenn sie etwas verändern, sind sie sogar gut für dich. Wenn du das erkannt hast, wirst du auch kommende Krisen mit einem unbeschwerten Lächeln meistern. Ich glaube nicht, dass ich noch einmal in so ein tiefes Loch fallen werde wie mit dreiundzwanzig, vierundzwanzig. Vielleicht in der *Midlife Crisis*? Wenn, dann weiß ich jedenfalls besser damit umzugehen und herauszufinden.

Es gibt einen Satz, den ich in Spanien gelesen habe, der meine Reisegefühle genau trifft. Dieses Gefühl, das könne doch nicht alles gewesen sein. Diese Aufbruchstimmung, die mich damals bewegt hat: Trau dir etwas Neues zu! Ein Satz, der motiviert und aus jeder Krise heraushelfen kann: *Ein Schiff liegt sicherer im Hafen, aber dazu wurde es nicht gebaut.*

ZUFRIEDENHEIT REICHT MIR NICHT, ICH STREBE NACH GLÜCK!

Letztens unterhielt ich mich mit einem Kollegen und er meinte zu mir: »Objektiv gesehen geht es uns doch eigentlich wirklich gut. Mit einem Job, der uns fordert, aber auch Spaß macht, der uns gewisse Freiheiten lässt. Mit vielen Freunden, einem Dach über dem Kopf, ohne Geldprobleme. Im Leben geht es doch letztendlich größtenteils um Zufriedenheit.« Ich kann ihm da nur teilweise zustimmen. Job, Spaß, Freiheit, Freunde, Geld, Dach über dem Kopf, diese äußeren Faktoren, die er beschreibt, führen tatsächlich zur Zufriedenheit. *Nur* zur Zufriedenheit. Denn Zufriedenheit schön und gut, aber dass es darum und um nichts anderes geht im Leben, das würde ich so nicht unterschreiben. Vielleicht geht es für meinen Kollegen darum, aber nicht für mich. Ich will mich mit Zufriedenheit nicht abfinden, ich kann nicht. *Ich strebe nach Glück.* Zufriedenheit ist unbefriedigend für mich. Zufriedenheit, da schwingt immer ein Hauch von Mittelmaß mit. Zufriedenheit macht mich rastlos, unruhig, überall und immerzu. Nur ein kleines Beispiel: Auf Partys schweift mein Blick hektisch und ziellos durch den Raum. Kenne ich irgendjemanden? Ist irgendjemand interessanter als mein Gegenüber?

Nicht dass ich mir einbilden würde, ich wäre etwas Besonderes, in irgendeiner meiner Fähigkeiten herausragend. Ich habe durchaus gelernt, mich selbst einzuschätzen. Wenn ich ein Talent wählen könnte? Würde ich gerne wirklich gut schreiben, keine Frage. Wortspiele, Analogien, Schachtelsätze – ich liebe es, mit der Sprache zu jonglieren. Aber auch ohne besonderes Talent ist jeder Mensch etwas Besonderes. Darum ist es für mich nicht weiter schlimm, kein herausragendes Talent zu haben. Ich kann auch ohne glücklich sein.

Glück empfinde ich nur in Momenten, in denen ich mir voll über mich selbst und über die Situation, in der ich mich gerade befinde, bewusst bin. Mich mit hundertprozentiger Aufmerksamkeit auf ein Gespräch einlassen, in absoluter Ruhe auf dem Sofa einen Milchkaffee genießen, nachts spazieren gehen – das sind die Momente, in denen tatsächlich im wahrsten Sinne des Wortes ein Glücksgefühl wie ein wohliger Schauer meinen Rücken hinunterfließt. Die gibt es sogar, wenn es mir schlecht geht, so wie vor zwei Jahren. Unglücklich verliebt, naturgemäß beschissen drauf und trotzdem in der Lage, Glück zu empfinden. »Hey, eigentlich geht's dir beschissen«, hab' ich mir gesagt, »aber *sind es nicht gerade diese Momente extremer Gefühle, die das Leben ausmachen?*« Gefühlstiefs sind also nicht das Problem. Das Problem ist eher, jeden der zahllosen Glücksmomente im Alltag auch als solchen zu erkennen. Sich bewusst zu sein, dass man gerade einen Glücksmoment erlebt. Ich sehne mich so nach diesem wohligen Glücksschauer auf meinem Rücken, so verkrampft auf der Suche danach, dass ein Glücksmoment nach dem anderen unerkannt und ungenossen an mir vorüberzieht.

Glücksmomente, die ich tatsächlich bewusst erlebe, können auch Augenblicke sein, in denen ich mich endlich *ent*krampfen und loslassen kann. Kopf ausschalten, jemand anderem die Führung überlassen, kurz innehalten, wenn meine Gedanken sowieso erschöpft sind vom Hin und Herspringen. Oder einschlafen, sich dem Schlaf hingeben, sich langsam, aber sicher von ihm übermannen lassen. Doch selbst in diesen entrückten Zuständen sind sie immer noch da, die Gedanken. Die jeweilige Situation wird mir dann sogar so bewusst, dass ich das Glücksgefühl *denken* kann. *Warum finde ich dann das Glück nicht?* Glücksmomente so selten und dauerhaftes Glück überhaupt nicht?

Vielleicht, weil sich andauerndes Glück unweigerlich in Zufriedenheit verwandelt. Womit wir wieder an dem Punkt wären, an dem wir in diesen unendlichen Gedankenkreislauf eingestiegen sind. Dauerhaftes Glück kann der Mensch nicht so intensiv schätzen wie kurzzeitiges. Nur ein vergänglicher Glücksmoment kann die Energie, den Sprit liefern für das, was nach ihm kommt. Zufriedenheit dagegen ist wie eine Rakete, die in der Schwerelosigkeit den Antrieb ausschaltet. Sie düst zwar permanent mit derselben Geschwindigkeit weiter, aber eben antriebslos. Und in genau diesem Augenblick ist aus dauerhaftem Glück Zufriedenheit geworden. Die mich nicht weiterbringt. Wenn ich mich mit Zufriedenheit zufrieden geben würde, wäre ich seelisch tot. Um es mit *Goethes Faust* zu sagen: »*Werd ich zum Augenblicke sagen, verweile doch, Du bist so schön, dann magst Du mich in Ketten schlagen, dann will ich gern zugrunde gehen.*«

Die Rakete kann deswegen den Antrieb abschalten, weil im Weltraum keine Reibung existiert. Im wahren Leben aber gibt es Reibung, gegen die es anzukämpfen gilt, darum muss der Antrieb eingeschaltet bleiben. Vielleicht schaffen ja auch die Gedanken erst die Reibung, vielleicht bewirken Gedanken dasselbe, was eine angezogene Handbremse beim Autofahren bewirkt: Reibung eben. In einer Beziehung ist das auch nicht anders: Die Reibung ist da, und deshalb kann man sich nicht antriebslos in der Liebe treiben lassen, wenn einem die Beziehung etwas wert ist, auch da muss man immer etwas dafür tun, um sich das Glück zu erhalten. Viele Menschen, die sich mit Zufriedenheit begnügen, reden sich einfach ein, im luftleeren Raum zu sein. Oder provokanter gesagt: Sie denken einfach nicht weit genug, um zu erkennen, dass sie sich *eben nicht* im luftleeren Raum befinden. Wer sich keine Gedanken macht, hat es einfacher, glücklich zu sein. *Schweineglückseligkeit* nennt man das. Ein Schwein, das nicht darüber nachdenkt, dass es mehr im Leben geben könnte, als sich im Schlamm zu suhlen, ist eben schon glücklich, wenn es sich suhlen darf.

Menschen, die zufrieden sind mit dem, was sie haben, können offenbar diesen antriebslosen Zustand ertragen. Ich nicht. Mir fehlt dann ein Ziel, für das es sich zu kämpfen lohnt, eines, das ich unbedingt erreichen will. Und das ich vor allem nicht allzu einfach erreichen kann. Aber genau da liegt der Knackpunkt: Unsere Generation ist es gewöhnt, dass ihr alles vor die Füße geworfen wird, *sie braucht keinen inneren Antrieb*. Wir Wohlstandskinder, ohne Not aufgewachsen, das Schlimmste, was uns widerfahren konnte, war Spinat zum Abendbrot. Liebe, Aufmerksamkeit, Spielzeug, eine gute Erziehung und, ganz wichtig, Freiheit – alles haben wir bekommen. Wir brauchten nie zu wählen, nie nach dem Schönsten zu streben, denn selbst der ausgefallenste Wunsch wurde uns spätestens an Weihnachten oder zum Geburtstag erfüllt. Auf Weihnachten und Geburtstage warten, das ist alles, was wir an verkümmertem inneren Antrieb aufzubringen gelernt haben. Und was sich leicht erreichen lässt, das kann der Mensch nicht schätzen. Weder ein Spielzeug, noch einen Job, noch eine Beziehung. Vielleicht ist genau das mein Problem. Sobald ich etwas habe, interessiert es mich nicht mehr und etwas Neues muss her.

Nur das eine Mal, als etwas, das ich mir ersehnt habe, wirklich schwer zu erreichen war, da war er wieder da, der Antrieb. Meine große, unglückliche, heftige Liebe, an der ich immer noch knabbere, die mich immer noch stark berührt und die mit Sicherheit auch in letzter Zeit ein großer Grund für meine Unzufriedenheit war. Bis ich immerhin erkannt habe, dass einiges schief gelaufen ist, dass ich jemanden verloren habe, der es nicht verdient hat, von mir geliebt zu werden. Es tut trotzdem weh. Ich könnte ein Buch über die Frau schreiben. Ich tue es sogar gerade, obwohl schon einige Versuche vorher gescheitert sind. Ich war nie in der Lage, das Buch zu beenden, denn die Geschichte war gefühlsmäßig in mir noch nicht beendet, ich war nie wirklich darüber hinweg. Erst jetzt bin ich zum ersten Mal überzeugt, dass ich es geschafft habe, dass ich alles hinter mir lassen und von vorne beginnen kann. Zwar habe ich furchtbare Angst, meine Beziehungsfähigkeit verloren zu haben durch die tiefe Verletzung. Trotzdem kann ich wenigstens inzwischen träumen von einer zweiten großen, intensiven Liebe. Von einer Frau, die *gedanklich* auf meiner

Wellenlänge ist. Ein Linkshänder greift nach den meisten Gegen-
ständen automatisch mit der linken Hand. Ich suche eine Frau,
die genauso automatisch und unbewusst bestimmte Gedankengänge und Gefühlsentscheidungen erlebt und trifft, wie ich es tue.
Da bin ich Romantiker.

Alle reden von serieller Monogamie, auch ich lebe sie gerade,
finde aber nicht, dass sie besser in die heutige Zeit passt als das
traditionelle Beziehungsmodell. Ich bin mir sogar ziemlich sicher,
dass *die Richtige* für mich kommen wird. Nur habe ich solche
Angst, die Liebe nicht zu erkennen, genau wie ich oft Glücksmomente nicht erkenne. Ich habe Angst, mich selbst unbewusst zu-
rückzuziehen und diese zweite große Liebe im entscheidenden
Moment zurückzuweisen. Aber zusammen mit einer geliebten
Frau eine Familie zu gründen, das ist vielleicht noch ein Ziel, das
mir Antrieb geben, das mich glücklich machen könnte. Nur lassen sich dummerweise solche Ziele nicht erzwingen.

Vielleicht finde ich meine innere Ruhe, wenn ich einmal solch
ein *großes* Ziel erreicht habe. Vielleicht brauche ich aber auch die
Unruhe als Motor fürs Leben. Ich weiß es nicht, und vielleicht
macht mich genau das so unglücklich. Ist die Unruhe oder die Ruhe der Schlüssel zum Glück? Ohne Ziel habe ich keine Möglichkeit, das herauszufinden. Es hätte allerdings eine gewisse parado-
xe Komik, wenn ich definitiv wüsste, dass es die Unruhe ist, die
mich glücklich macht. Dann müsste ich ja gleichzeitig Ruhe *und*
Unruhe in mir spüren. Ruhe, weil ich endlich nicht mehr auf der
Suche nach dem Schlüssel zum Glück wäre, und Unruhe, weil sie
der Schlüssel zum Glück *ist*.

Wie bin ich eigentlich in diese nie enden wollenden Gedanken-
spiele, in diese Sinnkrise, in diese *Quarterlife Crisis* hineingerutscht? Das war eindeutig ein schleichender Prozess, darum ist
es auch schwer zu sagen, wie lange der Zustand schon anhält.

Eigentlich hätte alles ganz einfach sein können. Ich hatte nämlich den Lehrvertrag bei der örtlichen Sparkasse schon vor meinem Abitur in der Tasche. Entschied mich dann aber kurz vor

knapp doch noch für ein Studium: Internationale Betriebswirtschaftslehre, sehr chaotisch. Abgebrochen nach einem Jahr. Dann habe ich es anderswo mit Europäischer Betriebswirtschaftslehre versucht, dasselbe in Grün, nur dass ich es diesmal durchgezogen habe. Einschließlich einiger Praktika und Auslandsaufenthalte, alle sechs Monate musste ich umziehen. Irgendwann habe ich angefangen, mich nebenbei für Philosophie zu interessieren. Und da sind wir bei dem berühmten *Henne-Ei-Problem*: Habe ich mit Philosophie angefangen, weil ich mir Antworten auf meine Fragen erhofft habe, oder haben sich meine Fragen erst ergeben, weil ich Philosophie studiert habe? Wahrscheinlich Letzteres. Es klingt blöd, aber viele Gedanken werfen viele Probleme auf. Nur waren die damals noch nicht so abstrakt wie heute, sie waren sehr viel praktischer und damit lösbar.

Also bin ich nach dem Examen bei einer Hardware-Computerfirma eingestiegen, nach fünfzehn Monaten habe ich in die Software-Branche gewechselt, zunächst in den Bereich Business. Inzwischen bin ich Berater, und demnächst steht ein Auslandsprojekt an, ein typisches Beraterprojekt eben. Ich werde beim Kunden viele neue Menschen kennen lernen, die sind mir aber nicht so wichtig, Kollegen eben. Viel mehr freue ich mich darauf, eine andere Kultur kennen zu lernen. Wie sind die Leute dort wohl drauf? Werde ich vielleicht jemanden treffen, der mich wirklich versteht, der mit derselben Denkweise an das Leben herangeht, auch wenn sich unsere Meinungen unterscheiden mögen? Ich kenne so viele Leute, mit denen ich gut über bestimmte Dinge reden kann, aber jemanden, der in allen wichtigen Dingen genauso denkt wie ich, habe ich noch nicht getroffen. Okay, einmal schon, aber leider ist die Frau zum falschen Zeitpunkt in mein Leben getreten.

Jedenfalls kommt mir das Auslandsprojekt sehr entgegen, endlich wieder *on the road*. Das ist es, was ich brauche. Seit meiner ganzen studienbedingten Umzüge bin ich irgendwie gern in Bewegung. Ich muss raus, immer wieder weg, und wenn es nur ein

Wochenendtrip nach Nord- oder Süddeutschland ist oder eine Party. Ich habe wirklich alles mitgenommen, jede Party, jede größere deutsche Stadt, ihre Kneipen und ihre Discos. Meine Traumstadt ist momentan, solange ich noch keine Kinder habe, Hamburg. Mein Gefühl nach meinen bisherigen Besuchen sagt mir, dass ich dort am ehesten Leute finden würde, mit denen ich gut klarkäme. Irgendwie sind mir die Norddeutschen seelisch näher als die Süddeutschen. Alles in allem ist und bleibt Deutschland trotz all meiner Auslandsaufenthalte, trotz allem, was ich von der Welt schon gesehen habe, meine eigentliche Heimat, schon allein deswegen, weil ich die deutsche Sprache so liebe.

Aber ist das Leben, das ich als Software-Berater und Single lebe, das Leben, das ich leben will, das mich glücklich machen kann? Ich glaube, als ich mir diese Frage vor etwa drei Jahren zum ersten Mal gestellt habe und sie mit *nein* beantworten musste, hat meine *Quarterlife Crisis* mich so richtig überwältigt. Wenn ich den Beginn an einem Ereignis festmachen wollte, wäre es das Lesen des Buches *Elementarteilchen* von Michel Houellebecq. Ich würde das Buch allerdings nicht als Auslöser bezeichnen, sondern eher als den berühmten Tropfen, der das Fass zum Überlaufen gebracht hat.

Meine Gefühle seitdem sind wunderbar beschrieben im *Traktat vom Steppenwolf*. Dort heißt es: Die so genannte Bürgerlichkeit lebe von den Leuten, die mit einem Bein in der breiten Masse stehen, in einer Masse, die Bequemlichkeit, Ordnung und Zufriedenheit der Herausforderung und dem Chaos vorzieht, die Risiken scheut. Das andere Bein jedoch stecke tief drinnen in der Sehnsucht nach mehr, nach Risiko, nach Glück. Als ich diese Zeilen gelesen habe, kam es mir vor, als halte mir jemand einen Spiegel vor.

Genauso ist es! Viele Leute in meinem Umfeld sind mit dem, was sie haben, zufrieden – und vielleicht auch glücklich – und streben nicht nach mehr. Ich dagegen bin ein Pendler zwischen den Welten, einerseits schon zufrieden mit dem, was ich habe, andererseits immer nach mehr strebend, nach Veränderung. Nur, in welche der beiden Welten gehöre ich voll und ganz?

Meine Träume fallen zu lassen, weil sie sich nicht als das herausstellen, was ich ursprünglich erwartet habe, wäre okay für mich. Meine Träume aufzugeben, weil sie zu schwer erreichbar sind, das wäre das wahre Scheitern: aufgeben nach dem Motto: »Das schaffe ich sowieso nicht.« Ich bin zwar nicht unbedingt gläubig, aber wenn es so etwas wie ein jüngstes Gericht geben sollte, trete ich lieber vor Gott mit den Worten: »Ich hab' meine Träume zwar nicht erreicht, aber, hey, ich hab's zumindest probiert!« als mit den Worten: »Träume? Ja, hab' ich mal gehabt, aber ich hab's nicht gleich geschafft, sie zu verwirklichen, also hab' ich's lieber ganz sein lassen.« Wer unendliche Träume hat und sich zufrieden gibt, der ist nicht gescheitert, der hat resigniert. Denn Zufriedenheit und Träume schließen sich doch irgendwie gegenseitig aus. Träume in dem Sinne, wie wir jetzt darüber sprechen, sind ja eher Traum*ziele*. Und wer zufrieden ist, kann keine Ziele mehr haben, denn Unerreichtes würde ihn ja unzufrieden machen.

Da sind die Freunde – zu wenige, aber es gibt sie –, die in diesem Punkt ähnlich denken wie ich. Gespräche mit ihnen inspirieren mich, regen mich an, lassen meine Träume ins Unendliche wachsen. Leider, vielleicht liegt es am Alter, fangen einige dieser Freunde an, sich abzufinden mit den Gegebenheiten. Noch vor einigen Jahren haben wir uns gemeinsam den Himmel auf die Erde geträumt. Und heute? Reihenweise rechtfertigen sie vor mir ihr jetziges Dasein, den Verlust ihrer Träume. Und ich merke genau, dass sie sich eigentlich vor sich selbst rechtfertigen. Auch deswegen werden meine Freunde immer jünger.

Dann gibt es die Gesättigten, die sich Eigentumswohnungen kaufen, heiraten. So sehr ich mich für sie freue, jedes Mal, wenn das Gespräch in diese Richtung geht, weiß ich für mich sicher, dass ich einfach noch nicht reif bin dafür, dass ich innerlich einfach noch zu unruhig bin, um an diesen Dingen Gefallen zu finden. Und dann frage ich mich, ob ich jemals diese innere Ruhe

finden werde, ob ich dann auch Gefallen an Eigentumswohnungen und am Heiraten finden werde? Oder ob ich vorher nicht
doch noch einmal ein ganz neues Leben anfangen möchte, fern-
ab von IT, Wirtschaft und Karriere?

Unserer Generation wird doch immer erzählt, Wechseln sei
möglich, ja, sogar erwünscht. In der Zukunft gäbe es keinen ge-
raden Karrierepfad mehr. Projektarbeit und das Springen von Arbeitgeber zu Arbeitgeber sei die Zukunft. Das ist sicher richtig,
und theoretisch haben das auch die meisten Chefs erkannt. Aber
tatsächlich sind wir noch in der Übergangsphase, und nach dem
vierten Jobwechsel innerhalb von zwei Jahren bekommt niemand
mehr ein Angebot. Die Personalmanager suchen eben doch noch
nach Kontinuität. Ich bin Berater geworden, weil ich gehofft hatte, in diesem Job Kontinuität und Projektarbeit verbinden zu können. Kontinuität durch die Zugehörigkeit zu einer Firma und Projektarbeit durch die verschiedenen Kunden, die ich betreue. Bis
jetzt haben sich meine Hoffnungen noch nicht erfüllt, in diesem
Jahr sieht es tatsächlich besser aus. Dennoch ist der Beraterjob
wohl nicht das, was mich langfristig interessiert, was mein Leben
ausfüllen könnte. Verschiedene Projekte sind ja schön und gut.
Aber im Prinzip ist es doch überall dasselbe. Dieselbe Software,
dieselben Fragen.

In den USA sind sie meinem Ideal schon näher. Viele Leute dort
streben in ihrem Leben mehrere Karrieren an und ziehen sie auch
durch. Und damit meine ich nicht, als Buchhalter bei einer Klit-
sche anzufangen und sich dann hochzuarbeiten zum Finanzchef
von General Motors. Nein, ich meine Leute, die erst Buchhalter
sind und mit Mitte dreißig beschließen, Kunstlehrer zu werden,
und dann mit Mitte vierzig Automechaniker. Das stelle ich mir
unter einem erfüllten Berufsleben vor: den Horizont erweitern,
andere Perspektiven zulassen. Klar, mit ein bisschen Engagement
wäre das auch bei uns in Deutschland möglich. Aber da bin ich
dann doch noch zu risikoscheu, zu bequem, um alles aufs Spiel
zu setzen. Leider ist es doch das liebe Geld, das einem solche Träu-

me vergrault. Und genau da sitzt des Pudels Kern: In meinen Träumen will ich weg, woanders hin, alles riskieren, obwohl ich doch im Grunde meines Herzens und mit all meinem Verstand weiß, dass man als intelligenter Mensch in dem Job, der einem Spaß macht, langfristig immer Erfolg haben wird. Aber ist es wirklich so erstrebenswert, sein Hobby zum Beruf zu machen? Verliert es dadurch nicht seinen Anreiz? Kann ein Hobby noch seinen Zweck erfüllen, mir Ablenkung zu verschaffen, wenn ich es unter dem Zwang ausübe, damit Geld verdienen zu müssen? Vielleicht sollte ich mich damit abfinden, eine Arbeit zu haben, die Spaß macht, aber nicht mein Idealberuf ist, und mein Hobby, das Schreiben, ohne Druck und völlig frei ausüben.

Das klingt alles schon sehr kompliziert, aber in meinen Mußestunden habe ich diese Fragerei so manches Mal noch viel weiter getrieben. Nachgedacht. Viel nachgedacht. Soviel nachgedacht, dass es fast schon wehtat. Und das meine ich durchaus wörtlich: Manchmal, wenn ich ausnahmsweise viel Zeit zum Nachdenken habe, rufen meine Gedanken starke Gefühle hervor, wecken sogar physische Reaktionen. Wie oft habe ich schon auf der Autobahn geweint, scheinbar ohne Grund, nur weil meine Gedanken mich so gequält haben, dass ich einfach nicht anders konnte?

Offen zugegeben, oft stoße ich so weit an die Grenze des Erträglichen vor, dass ich meine Gedanken einfach abblocke, auf die einfachste Art und Weise – mit Drogen. Nichts Hartes, nur Gras, aber genug, um die Gedanken endlich abzuschalten, genug, um mich in eine gedankenleere Welt zu katapultieren. Dann lese ich, ohne zu verstehen, sehe, ohne aufzunehmen. Dieser Zustand macht keinen Spaß, behält immer einen bitteren Nachgeschmack, ist aber oft das kleinere Übel, als stundenlang von penetranten Gedanken gequält zu werden.

Was auch hilft: sie aufzuschreiben. In letzter Zeit habe ich wieder damit angefangen, banne ich meine Gedanken einfach auf Papier, *ver*banne sie. Da stehen sie gut, da schaukeln sie sich nicht zu mittelschweren Depressionen hoch. Und das Schreiben macht mir auch noch Spaß, da sind die Drogen dann plötzlich nur noch ein ganz schlechter Ersatz.

Schreiben, Gedanken verbannen, und plötzlich sehe ich auch Auswege aus der Krise, aus der Unruhe. Ich werde älter, ich lerne, langfristig zu planen. Während des Studiums hat man so einen Halbjahresblick entwickelt: Semester, Praktika, alles hat ein halbes Jahr gedauert. Man konnte sich sicher sein: Alle halbe Jahre passiert etwas Neues, Interessantes. Jetzt sind die Zeiträume anders, nichts ist mehr so kurzfristig überschaubar. Man muss sozusagen einen Masterplan entwickeln, einen Leitfaden, der flexibel genug ist, auf Probleme und Umstände zu reagieren, die heute noch gar nicht absehbar sind.

Gehen wir mal meine Möglichkeiten durch. Möglichkeit eins: der Journalismus, mein Hobby trotz aller Bedenken zum Beruf machen. Noch zwei, drei Jahre in der Software-Branche, dann zu einem Analysten, dann in die Wirtschaftsredaktion einer Zeitung – in fünf Jahren wäre ich am Ziel. Möglichkeit zwei: USA. Noch zwei, drei Jahre in der Software-Branche Geld verdienen, dann rüber und Literatur oder Philosophie studieren. Möglichkeit zwei a: USA. In die Filiale meiner Firma in Philadelphia wechseln, dort ein oder zwei Jahre bleiben, dann bei einem amerikanischen Unternehmen bewerben. Die Fülle meiner Möglichkeiten ist so groß, ich kann sie mir alle wunderbar ausmalen, nur bin ich noch nicht bereit für eine Entscheidung. Dabei wäre ich jetzt noch flexibel, dabei ist jetzt noch alles möglich. Was, wenn ich endlich *die Richtige* treffe und mir ihr eine Familie gründe? Dann wird das alles noch komplizierter.

Wenn ich heute ein Fazit ziehe und versuche, einen Ausweg aus meiner ganz persönlichen *Quarterlife Crisis* zu finden, kann ich mich zumindest an ein paar Grundsätzen orientieren, über die ich mir inzwischen klar geworden bin.

Erstens: Ich kann doch dauerhaftes Glück empfinden, ohne antriebslos zu sein. Und zwar in den Momenten, in denen ich mir bewusst werde, dass ich eine liebe Familie und viele Freunde habe. Ich erinnere mich an eine Geburtstagparty, auf der meine Geschenke total in Vergessenheit geraten sind, weil ich einfach so glücklich war, so viele Freunde um mich herum zu haben, dass mir die Tränen die Wangen herunter liefen.

Wenn meine Familie und all meine Freunde sich irgendwann einmal zusammenfänden, um sich über mich auszutauschen, würden sie wissen, wie es um mich steht. Ich habe die Tendenz, mich mitzuteilen, aber nur in Form von einem *Portiönchen Christoph* für jeden. Je näher mir jemand steht, desto größer wird die Ration. Je eher ich glaube, dass jemand mit meinen Gefühlen umgehen oder mir wirklich gute Ratschläge geben kann, desto größer die Ration. Aber wenn ich befürchte, dass sich jemand nur um mich sorgen würde, erfährt er nichts. Wenn es mich ganz schlimm erwischt, ziehe ich mich auch meistens zurück. Dann komme ich erst wieder aus meinem Loch hervor, wenn ich entweder nach stundenlangem Grübeln immer noch keinen Ausweg sehe und einen der wenigen Menschen, die dafür infrage kommen, um Rat fragen muss. Oder wenn ich meine Entscheidung bereits getroffen habe und mir nur noch eine zweite Meinung einholen möchte.

Zweitens: Entscheidungen brauchen sicher ihre Zeit. Aber manchmal muss man sie auch einfach treffen. Die eine hundertprozentig durchkalkulierte, hundertprozentig richtige Entscheidung wird es nie geben. Mit den Entscheidungen ist es wie mit Bundestagswahlen. Es gibt immer auch gute Gründe für die andere Partei, für die andere Möglichkeit. Natürlich kann sich die Entscheidung im Nachhinein als falsch herausstellen, aber wenn man sie nach bestem Wissen und Gewissen getroffen hat, hat man sich nichts vorzuwerfen. Wenn man sich das klar macht, verschwindet zumindest ein Teil der Unzufriedenheit ganz von selbst.

Drittens: Ich werde versuchen, Schritt für Schritt zu planen, eine Entscheidung nach der anderen zu treffen. Jobmäßig will ich in diesem Jahr erst mal das Schweden-Projekt durchziehen, danach wohl noch ein wenig Berater bleiben. Weiter gibt es keine

Pläne, eher einen Leitfaden, der in der Idee besteht, mich langfristig wieder der schreibenden Zunft anzuschließen.

Viertens: Es gibt nur zwei Möglichkeiten: Entweder ich finde auf irgendeine Art und Weise meine innere Ruhe, oder ich akzeptiere meine Unruhe und finde so in gewisser Hinsicht auch meine Ruhe. Wie lange dies noch dauern wird, kann ich allerdings nicht sagen, es können so viele Dinge geschehen, die die Krise verlängern oder verkürzen können. Aber ich glaube, ich bin zumindest auf einem guten Weg. Vielleicht gehören die vielen Gedanken ja auch zu dem Prozess, sich selbst zu finden, dazu. Im übertragenen Sinne könnte man hier das gute alte Sprichwort anbringen – Selbsterkenntnis ist der erste Weg zur Besserung.

Würde ich also gerne die Zeit zurückdrehen, um in meinem Leben einiges anders zu machen? Klar, oberflächlich gesehen kann ich das mit meiner Lebenserfahrung zum jetzigen Zeitpunkt unterschreiben. Angefangen beim Studium, über die Entscheidung für meinen ersten Job bis hin zu meinem Liebesleben, da hätte ich mich schon in einigen Situationen geschickter anstellen können. Aber wenn ich *ehrlich* zurückblicke … mit der Erfahrung, die ich damals hatte, würde ich dieselben Entscheidungen wieder treffen. Letztendlich kann ich auch gar nicht sagen, was ich konkret anders gemacht hätte. Wenn man einmal anfängt, darüber nachzudenken, muss man auch berücksichtigen: eine kleine Entscheidung in eine andere Richtung, und schon hätte ich viele Erfahrungen, die ich nicht missen möchte, nicht gemacht. Ehrlich gesagt, so schlecht ist es gar nicht gelaufen. *Regrets, I've had a few. But then again, too few to mention*, um es mit Frank Sinatra zu sagen.

ICH HOFFE, IN DEN USA WIRD SICH EINE PERSPEKTIVE ERGEBEN

Ich weiß nicht so recht, was ich eigentlich will, beruflich und privat. Aber ich weiß genau, dass ich bei weitem nicht die einzige bin, der es so geht. Ob ich diesen Zustand der Unsicherheit erträglich oder unerträglich finde, hängt von meiner jeweiligen Tagesform ab. Es gibt Momente, in denen treiben mich die unzähligen Wahlmöglichkeiten, die ich habe, in den Wahnsinn. Momente, in denen ich mich frage: »Machst du eigentlich das Richtige, oder wäre einer der neunundneunzig anderen Wege, die du noch nicht ausprobiert hast, nicht doch besser für dich als der, den du gehst?« Und es gibt Tage wie heute, Tage voll guter Laune und geprägt von einem recht optimistischen Grundgefühl, was die Zukunft angeht. An solchen Tagen empfinde ich es als Luxus, bei der Gestaltung meines Lebens die freie Wahl zu haben, und möchte auf keinen Fall mit früheren Generationen von Mittzwanzigern tauschen, bei denen so vieles einfach vorgegeben war. Mein Vater konnte es sich nicht erlauben, jahrelang über seinen Traumjob nachzugrübeln, und meine Mutter hat in meinem Alter sicher nicht darüber sinniert, ob ihre Ehe sie wirklich glücklich machte. Damals hatten sie handfestere Probleme, damals ging es um die Existenz. Ich dagegen darf oder muss darüber nachdenken, wie ich mein Leben gestalten soll, damit es mich erfüllt.

Meinem Lebenslauf sieht man meine Unentschlossenheit auf den ersten Blick nicht an. Nach dem Abitur in meiner Heimatstadt O. zog ich gleich nach M., um dort mein Jurastudium anzutreten und einschließlich eines siebenmonatigen Auslandsaufenthaltes in Kairo auch durchzuziehen. Daneben absolvierte ich ein Zusatzstudium in der Mediation sowie mehrere Fortbildungen im

Neurolinguistischen Programmieren. Vorletztes Jahr überstand ich dann mein erstes Staatsexamen in Jura und vertrieb mir danach mit ein paar Jobs und einer zweimonatigen Brasilienreise die Zeit, bis ich vor einem guten Jahr mein Referendariat in D. antreten konnte. Ende des Jahres werde ich damit fertig sein und für einige Zeit als Praktikantin in die USA gehen. Macht doch alles einen strukturierten und motivierten Eindruck, oder?

Motiviert bin ich ja auch, doch wer ein wenig genauer hinschaut, wird den Zweifel und die Unsicherheit innerhalb der einzelnen Schritte entdecken. So gehöre ich durchaus zu denjenigen, die eher später mit dem Jurastudium fertig geworden sind. Kommilitonen, die mit mir zusammen angefangen haben, arbeiten zum Teil schon als Anwälte. Ich empfinde aber keine Scham darüber, dass ich länger gebraucht habe. Das ist vollkommen okay, ich hatte meine Gründe. Zunächst galt es erst einmal, den Unterschied zwischen meinen Vorstellungen und der Realität zu verarbeiten. Die Schule hatte mich schließlich überhaupt nicht auf das Berufsfeld eines Juristen vorbereitet, wie sie das in den wenigsten Fällen tut. So blieben mir wie vielen anderen nichts als der ein oder andere Jurist im Bekanntenkreis, die ein oder andere Fernsehserie und die eigene Phantasie zur Orientierung. Man puzzelt sich sein Bild von dem, was auf einen zukommen könnte, halt so zusammen.

So lässt sich meine Entscheidung für das Jurastudium vor dem Hintergrund dessen, was ich damals über den Beruf des Juristen wusste, zwar nachvollziehen, entbehrte jedoch jeder soliden Grundlage. Wie kann man eine so weitreichende Entscheidung überhaupt mit siebzehn oder achtzehn treffen, während man noch die Schulbank drückt und nicht die leiseste Ahnung hat, wie die Realität da draußen aussieht? Gerade nach dem Abitur tut sich in Sachen Persönlichkeitsentwicklung so viel, dass man sich eigentlich erst ein wenig Zeit nehmen sollte, um sich auf die neue Situation und das neue Ich einzustellen, bevor man sich erneut die Frage stellt: »Was will ich eigentlich? Bin ich immer noch überzeugt von meinen Zukunftsvorstellungen?« Vielleicht hätte ich mich mit dieser Strategie nicht so naiv in das Jurastudium hineingestürzt, ohne dass mir die Inhalte klar waren. Doch damals motivierte mich der Idealismus, ich wollte für die Gerechtigkeit in der Welt eintreten und für die Menschen, die in ihr leben. Außerdem befriedigte diese Wahl mein Bedürfnis nach relativer Sicherheit, nahm ich doch an, dass die Berufschancen für Juristen gut seien. Die Realität erfüllte diese Vorstellungen nicht, im Gegenteil, das Studium war oft ernüchternd, frustrierend und demotivierend.

Ich hielt dennoch durch, vier Gründe bewogen mich dazu. Erstens meine Erziehung. »Was man anfängt, das macht man auch zu Ende«, hatte es zu Hause immer geheißen. Zweitens sah ich keine echte Alternative, für die es sich gelohnt hätte, noch einmal von vorn anzufangen. Drittens hing ich damals und hänge ich bis heute an der Vorstellung, in der Arbeit als Juristin selbst Befriedigung zu finden und gleichzeitig die Menschen, mit denen oder für die ich arbeite, davon profitieren zu lassen. Damals wie heute dachte ich: »Nachdem ich nun schon soviel Zeit und Energie in diese Laufbahn investiert habe, will ich nicht aufgeben, sondern noch einmal versuchen, mich darin zu verwirklichen.« Und viertens redete ich mir ein: »Das wird schon noch besser!«

Wurde es aber nicht. Stattdessen verflog ein Semester nach dem anderen, bis es irgendwann zu spät war, um noch einmal von vorn anzufangen. So schien es mir jedenfalls. Heute bin ich da anderer Ansicht: Wer hätte mich denn hindern wollen, nach fünf Semestern das Fach zu wechseln? Natürlich hätte ich jederzeit noch einmal etwas anderes ausprobieren können! Aber wie gesagt, soweit war ich damals noch nicht und zog lieber durch. Hoffte, dass sich vielleicht während des Referendariats eine bisher verborgen gebliebene Art der Erfüllung als Juristin für mich auftun würde. Und so wurde ich Referendarin, durchlief die verschiedensten Bereiche vom Gericht bis zur Verwaltung, fand aber nirgendwo so ganz das, was ich suchte. Oft standen nicht der Mensch und der Dienst an der Gesellschaft im Mittelpunkt, wie ich es naiverweise geglaubt hatte, sondern die Sache entwickelte sich zum Selbstzweck. Dennoch habe ich die Hoffnung bis heute nicht aufgegeben, versuche immer noch, meine Nische in diesem System zu finden. Vielleicht im Bereich Mediation. Dabei geht es darum, dass ein neutraler Dritter Streitparteien Hilfestellungen gibt, um neue Lösungsmöglichkeiten zu entwickeln, die den Interessen beider Parteien gerecht werden. Dieser Ansatz erscheint mir sinnvoll, und ich will jetzt sehen, ob er sich auch in die Realität umsetzen lässt. Das ist auch der Hintergrund für mein Praktikum in den USA, das Anfang nächsten Jahres ansteht, denn dort ist die Mediation bereits viel weiter verbreitet und als Mittel zur Konfliktlösung anerkannter als hier in Europa.

Aber zurück zu der Frage, warum ich trotz aller Unzufriedenheit während meines Studiums nicht eine andere Richtung eingeschlagen habe. Die Frage ist berechtigt, und obwohl ich so viele Erklärungen für meine Entscheidung liefern kann, doch nie abschließend und ausreichend beantwortet. Psychologie hätte mich interessiert, und die genauen Gründe, aus denen ich mir diese Idee schließlich aus dem Kopf schlug, habe ich inzwischen verdrängt. Ich weiß nur, dass meine Eltern dagegen waren und mir diesen Einfall schnell wieder ausredeten. Als Psychologe hat man ihrer Ansicht nach den lieben langen Tag nur mit Bekloppten zu tun. Heute würde ich mir nicht mehr von meinen Eltern in meine Entscheidungen reinreden lassen und sie würden das auch akzeptieren. Heute habe ich begriffen, dass das, was ich tue, nicht meinen Eltern, sondern *mir* gefallen muss. Damals jedoch wusste ich nur: »So wie deine Eltern willst du nicht leben!«, doch an der Formulierung einer Alternative und vor allem an der Umsetzung meiner vagen Vorstellungen haperte es. Ich scheute den Konflikt und stellte mich ihm erst zu Beginn meines Studiums. Und genau das ist wohl ein weiterer Grund dafür, dass ich die Jura nicht aufgab, obwohl sie mich nicht befriedigte: Ich hatte ohnehin vorrangig andere Dinge im Kopf, konnte mich nicht auf das eher zweitrangige Studium konzentrieren. Ich war damit beschäftigt zu klären: »Wer bin ich? Was will ich?«

Gerade im Fach Jura ist es nicht besonders schwierig, sich aus dem Universitätsbetrieb auszuklinken, ohne den Anschluss zu verlieren, indem man sich zu Hause vorbereitet. Genauso verfuhr ich also während der ersten Semester. Ich nahm wenig am Studentenleben teil, arbeitete stattdessen in Nebenjobs, traf Freunde, pflegte Hobbys, hing hin und wieder einfach nur herum. Auch in Kairo konzentrierte ich mich mehr auf mein Praktikum als auf die beiden Kurse, für die ich an der dortigen Universität eingeschrieben war. Die Hauptmotivation meines Auslandsaufenthaltes war die Erweiterung meines Horizonts, aber – ehrlich gesagt – war Kairo sicherlich auch ein Vorwand für eine Auszeit vor dem Examen, denn die Anmeldung dazu wäre die Alternative gewesen. Ich fühlte mich einfach noch nicht bereit für die Prüfungen und für das große Ungewisse danach.

Auch wenn ich mir das Motiv für meinen Ausstieg aus dem Alltag im Nachhinein eingestehen kann, bereue ich nichts, denn persönlich war Kairo sehr wichtig für mich. Die Entscheidung zu diesem Schritt treffen, den eigenen Trott bewusst hinter mir lassen, mich in einer fremden Kultur unter fremden Leute in einem fremden Land zurechtfinden, das alles gab mir viel Selbstbewusstsein, viel Kraft und viel Antrieb. Ich lernte, meine eigene Kultur und meine eigenen Werte objektiv zu reflektieren. Ich lernte Menschen kennen, die ihre Zeit damit verbrachten, als Aussteiger durch die Welt zu reisen, die ihr etabliertes Leben eingetauscht hatten gegen die Verwirklichung ihrer Träume, die mich zunächst faszinierten. Ich lernte aber auch, dass diese Lebensweise für mich nur ein Stück weit attraktiv ist. So gern ich auch reise und die Welt entdecke – alles aufgeben, alles hinter mir lassen könnte ich nicht. Ich möchte die Möglichkeit, zurückzukehren, in meiner Heimat zu leben und zu arbeiten, nicht missen. Aber ich stehe andererseits dazu, dass ich aus diesen vorgesehenen Strukturen noch einmal ausbrechen will, bevor ich mich darin festlege. In diesem Sinne sehe ich die USA nicht als Zeitverschwendung, sondern als wichtigen Entwicklungsschritt. Aussteigen aus dem Alltag, ohne dabei den Bezug zu meinen Plänen hier in der Heimat zu verlieren. Dieser Kompromiss macht es wohl meinen Freunden und meiner Familie leichter, meine »Eskapaden« zu tolerieren, obwohl es auch ablehnende Reaktionen gibt. Wer nicht studiert hat, sondern nach Abitur und Ausbildung gleich ins Berufsleben eingestiegen ist, findet es merkwürdig, dass ich mit achtundzwanzig noch nie einen »richtigen« Job gehabt habe, in meiner Studentenbude hause und ohne Auto auskomme. »Und jetzt will sie auch noch in die USA, anstatt ihr Leben langsam mal auf die Reihe zu kriegen!?« Mir macht diese Einstellung nicht zu schaffen, denn umgekehrt erfahre ich auch viel Bewunderung von meinen Altersgenossen. Einige bedauern sogar wehmütig: »Das hätte ich mich auch mal trauen sollen.«

Trotzdem haben die Zweifler natürlich nicht unrecht: In nächster Zukunft steht bei mir eine Zukunftsentscheidung an. Ich frage mich oft, wenn ich darüber nachdenke, was ich erreichen will, ob ich nicht zu anspruchsvoll bin. Andere Menschen sind viel einfacher zufrieden zu stellen, verlangen nicht mehr als einen »ganz netten« Job. Ich dagegen suche Erfüllung auf allen Ebenen. Ich will Sicherheit, ich will meine Wohnung bezahlen können, aber ich will auch das Gefühl haben, etwas Bedeutendes zu tun, anderen Menschen in Bezug auf ihr Einzelschicksal und der Gesellschaft als Gesamtheit etwas zu bringen. Andere Menschen haben auch viel weniger Probleme damit, sich für einen Beruf zu entscheiden, den sie dann ihr Leben lang ausüben werden. Mir macht allein die Vorstellung Angst! Ich plane lieber nur für die mittelfristige Zukunft, setze auf Veränderung und Wandel. Sollte ich wirklich irgendwann einen Beruf ergreifen und bis zur Rente beibehalten, dann nur, weil es sich eben von selbst so ergeben hat.

Ich habe sowieso schon immer auf das Schicksal vertraut. Mit zwanzig war meine große Hoffnung, dass sich meine Zukunft ganz von allein entfalten würde: »Irgendwann wird's passieren, wird sich schon etwas für mich ergeben, wird sich mein Leben wie von Zauberhand in die richtigen Bahnen lenken, ganz sicher!« Jetzt kann ich mich nicht mehr länger vor der Erkenntnis verschließen, dass ich die Dinge schon selber in die Wege leiten muss, wenn ich etwas Bestimmtes erreichen will. Nur genau an dieser Stelle komme ich nicht weiter. Fragen Sie mich, wo ich mich in zehn Jahren gerne sehen würde, worauf ich hinarbeite – ich weiß es einfach nicht! Und das macht mich nervös. Familie? Karriere? Ausland? Ich kann so vielen Lebensentwürfen ihre Vorteile und ihre spannenden Seiten abgewinnen, und genau das macht die Entscheidung so schwer!

Sicher weiß ich nur, was ich *nicht* will: Langeweile und Stagnation. Schlimm wäre, wenn ich in zehn Jahren die Bilanz ziehen müsste: Nichts hat sich verändert, bin in M. hängen geblieben, vertreibe mir meine Zeit mit Dingen, die weder für mich selbst, noch für andere wichtig sind. Bedrückende Vorstellung. Damit dieses Horrorszenario nicht eintritt, muss ich wohl selbst die Initiative ergreifen. Wo ich in zehn Jahren bin, hängt davon ab, was ich *jetzt* in die Wege leite. Dass mein Handeln so weitreichende Konsequenzen hat, ist beängstigend. Und vor dem Hintergrund klingt auch mein Praktikum in den USA nicht mehr so toll. Ja, ich bin motiviert. Ja, es ist alles in Sack und Tüten. Aber letztendlich werde ich mich dort weder zielgerichtet, noch zukunftsorientiert beschäftigen, sondern nur herumprobieren und hoffen, dass sich mir dort eine Perspektive eröffnet. Ich habe wirklich Angst, dass ich aus den USA zurückkomme und immer noch nicht weiß, wie es weitergehen soll.

Aber immerhin besteht die Möglichkeit, dass mir die Zeit, die ich in den USA verbringe, und die Erfahrungen, die ich dort machen werde, helfen werden. Immerhin gebe ich nicht auf und sitze nur zu Hause herum. Dabei trifft es sich ganz gut, dass ich zurzeit keinen Freund habe, sonst wäre es sicher nicht so leicht aufzubrechen. Mein Exfreund und ich sind noch gar nicht so lange auseinander. Wer sich von wem getrennt hat, kann ich gar nicht sagen. Ich habe das Thema angesprochen, aber meine Worte fielen auf fruchtbaren Boden. Gegenseitiges Einvernehmen also eher. Und darum stecke ich jetzt auch nicht in einer Trauerphase, sondern finde es okay, Single zu sein, genieße die Freiheit. Natürlich beobachte ich auch manchmal ein wenig neidisch die glücklichen Paare und wünsche mir eine langfristige Beziehung, aber andererseits will ich momentan nicht allzu viel Energie in Liebesdinge investieren, sondern erst einmal entscheiden, wie ich mein Leben gestalten möchte. Wenn mir aktuell jemand über den Weg liefe, der mich interessieren könnte, würde ich sicher anders reden, aber es gibt zurzeit niemanden und das belastet mich nicht.

Single sein heißt ja nicht zu Hause vor der Glotze hocken und Frust schieben, das wäre bescheuert. Ich versuche, das Beste aus meiner Situation zu machen. Mir Verständnis und Nähe bei meinen vielen Freunden zu holen, mit denen ich über alles reden kann. Und auf Sex muss ich auch nicht verzichten, im Gegenteil. Armin heißt der Mann, mit dem ich schlafe. Der Mann, mit dem ich vor ein paar Wochen auch kurz zusammen war, bis wir merkten, dass eine Beziehung nicht funktioniert, dass unsere Vorstellungen von Partnerschaft dafür zu unterschiedlich sind. Inzwischen ist Armin ein guter Freund und Liebhaber. »Affäre« möchte ich das, was uns verbindet, nicht nennen, dazu schätze ich ihn zu sehr als Mensch. Aber »Beziehung« wäre auch das falsche Wort, denn der Sex steht zwischen uns eindeutig im Vordergrund. Phantastischer Sex! Wirklich gut schon beim ersten Mal und dennoch steigerungsfähig! Eine solche Intensität erlebe ich zum ersten Mal. Es scheint, als ob sich unsere Bedürfnisse auf der psychischen wie auch auf der physischen Ebene perfekt ergänzen. Armin kann mich emotional gut einschätzen und daraus resultiert, dass er auch zu meinem Körper einen ganz besonderen Zugang hat. Er muss mich nicht fragen: »Wie geht's dir? Was ist los?« Er weiß es einfach. Und genauso muss er nicht fragen: »Was magst du? Wie willst du berührt werden?« Er weiß es einfach. Der Sex mit ihm ist selbstverständlich, unverkrampft und natürlich. Gigantisch gut. Das setzt natürlich Maßstäbe für die Zukunft. So sehr Armin und ich aneinander hängen, reden wir doch oft darüber, wie es mit uns weiterginge, wenn sich einer von uns verlieben würde.

Sex ist wichtig, darum könnte ich sicher keine Beziehung mit einem Mann führen, mit dem es im Bett nicht funktioniert. Andererseits weiß ich, dass das, was ich mit Armin erlebe, nicht das Maß aller Dinge sein kann. Dass ich mir nicht aus jedem Exfreund das Beste herauspicken und mir à la Frankenstein den perfekten Mann zusammensetzen kann. Möglicherweise werde ich mich also in einen Mann verlieben, der im Bett keine Granate ist, dafür aber anders als Armin mit mir eine Familie gründen möchte. Und ich werde diese Beziehung trotzdem genießen und den Sex mit Armin dafür aufgeben können, solange ich das Gefühl habe, zwischen mir und dem neuen Mann ist Entwicklungspotential vorhanden. Wenn man sich liebt, findet man auch im Bett zueinander, selbst wenn es Startschwierigkeiten gibt. Phantastischer Sex ist eben nicht alles. Geborgenheit und die Gewissheit: *Da ist jemand an meiner Seite, der wird auch nächstes Jahr noch da sein,* sind sehr wohl kostbarere Werte. Abgesehen davon vergisst der Mensch sowieso sehr schnell, wenn es um Gefühle geht. Nach ein paar Monaten Beziehung mit einem neuen Mann verblassen die Erinnerungen an den Sex mit dem Ex. Es war gut oder es war schlecht – das ist das Einzige, was man sich merken kann. Wie genau sich »gut« oder »schlecht« angefühlt hat, ist bald ausgelöscht. Das eigene Ich aus der Vergangenheit wird einem selbst fremd. Und das ist auch gut so, denn sonst wäre es ja nie möglich, Abstand zu gewinnen von Vergangenem.

Meine Beziehungen haben bisher nie länger als eineinhalb Jahre gedauert. Das mag daran liegen, dass ich mir privat genauso wenig wie beruflich schlüssig bin, was ich eigentlich will. Der einzige Fortschritt: Ich lerne mit jeder Beziehung dazu. Beispielsweise schaue ich mir inzwischen Männer, die ich früher keines Blickes gewürdigt hätte, durchaus genauer an. Und lasse mich von Männern, auf die ich früher sofort geflogen wäre, nicht mehr so ohne weiteres um den Finger wickeln. Was nicht heißen soll, dass ich jetzt auf der Suche nach einem treudoofen Langweiler bin. Nur ist mir Verlässlichkeit inzwischen wichtiger als ein ungewöhnlicher, unsolider Auftritt oder Lebensstil. Und beides lässt sich offenbar schlecht vereinbaren. Ein unsolider Mann ist immer auch nur bereit, eine unsolide Beziehung zu geben. Und das reicht mir nicht mehr. Da war zum Beispiel dieser Surfer. Unsolide im klassischen Sinne und wahnsinnig interessant, dachte ich anfangs. War begeistert, dass er sich weigerte, sich selbst Zwänge aufzuerlegen. Ich, die ich mit meinem Studium genau das tat, war beeindruckt von diesem anderen Extrem. Nur irgendwann entpuppten sich die Zwanglosigkeit als simple Perspektivlosigkeit und der Freiheitsdrang als Egoismus.

Heute brauche ich einen Partner, mit dem mich tiefe Freundschaft verbindet. Der Verständnis für mich aufbringt, sich in mich hineinzuversetzen versucht, sich um mich bemüht. Einen Partner, der seinen Lebensentwurf mit meinem kompatibel macht, anstatt einfach die Taschen zu packen und anzukündigen: »Ich ziehe jetzt nach München, um mich selbst zu verwirklichen«, ohne mich in seine Pläne einzubeziehen. Während mir früher der Moment und die Erfahrung wichtig waren, bin ich jetzt auf der Suche nach einer langfristigen Beziehung. Nach einem Mann, mit dem ich mir eine Zukunft, vielleicht auch gemeinsame Kinder vorstellen kann. An eine Heirat denke ich dabei nicht unbedingt, denn ich will mich nicht in eine Form hineinpressen lassen. Zumindest kommt sie aber inzwischen infrage, zumindest kann ich inzwischen verstehen, warum Paare heiraten, während ich das früher einfach nur spießig fand. Wahrscheinlich würde ich die Entscheidung davon abhängig machen, wie wichtig meinem Partner die Ehe ist. Mal sehen, was da auf mich zukommt. Was ich wirklich will, weiß ich nicht.

So geht es hin und her, beruflich und privat. Ich mache oft die Erfahrung, dass mir andere Mittzwanziger gestehen, dass es ihnen ähnlich geht wie mir, dass sie diesen Zweifel und diese Un-

entschlossenheit kennen, nachdem ich mich zuerst selbst offenbart habe. Gerade unter den Rechtsreferendaren bin ich garantiert kein Einzelfall. Aber ich habe vielleicht weniger als andere
ein Problem damit, über meine *Quarterlife Crisis* zu sprechen,
denn ich empfinde es nicht als Versagen oder Scheitern, dass ich
mir noch nicht schlüssig bin, was ich von meiner Zukunft erwarte. Ich bin eher *irritiert*. Oder *frustriert*. Erst neulich telefonierte
ich mit der künftigen Frau eines Bekannten, die ich bis dahin nie
gesprochen, geschweige denn gesehen hatte, um mich für die Ein-
ladung zur Hochzeit zu bedanken. »Was machst du eigentlich so?«,
fragte ich sie und bekam Geschichten von der Hochzeit und von
ihrem megaguten Juraexamen zu hören. Die Frau war offenbar
total straight. »Und was ist mit dir?«, fragte sie zurück. Ich hatte
nichts zu erzählen. Ich weiß nicht, was mit mir ist. Ihre Verständ-
nislosigkeit kroch fast durch den Hörer. Nach diesem deprimie-
renden Telefonat war ich versucht, mir für solche Fälle eine hübsche Geschichte auszudenken. Eine Notlüge über ehrgeizige Zu-
kunftspläne, damit ich diesen straighten Typen gegenüber nicht
so blöd dastehe.

Im Großen und Ganzen komme ich dennoch mit meiner *Quarterlife Crisis* klar, nehme meine Probleme nicht allzu schwer. *Aber
die Tiefs sind schon tiefer als in anderen Lebensphasen.* Darum
kann ich nachvollziehen, wenn andere dieses Gedankenchaos als
Krise empfinden. Mir hilft es in Momenten, in denen mich dieses bedrückende Gefühl überwältigt, mir immer wieder zu sagen,
dass es kein Drama ist, unsicher zu sein. Mir hilft es, mit Menschen zu sprechen, von denen ich weiß, dass es ihnen ähnlich geht.
Mir hilft es, eine Runde zu joggen. Dadurch bekomme ich wieder einen klaren Kopf und kann mich darauf konzentrieren, aktiv zu werden. Nur wer sich seine Optionen zumindest intensiver
anschaut – wie ich es bald in den USA tun werde – hat eine Chance, dass sich eine Entscheidung daraus entwickelt.

Ich versuche mir auch klarzumachen, wie wichtig diese Phase
für meine Persönlichkeitsfindung ist. Junge Erwachsene in mei-

nem Alter, die nicht von der *Quarterlife Crisis* geplagt sind, machen mich zwar manchmal ein wenig neidisch, freuen sich aber möglicherweise zu früh. Ich befürchte, dass ihnen ihre Krise noch bevorsteht, dass ihnen nur ein Aufschub gegönnt ist. Besonders Leute, die die Wahlmöglichkeiten nicht gesehen und stattdessen nach dem Schulabschluss eine Lehre gemacht und nun bereits mehrere Jahre Berufs- und vielleicht auch Ehe-Erfahrung auf dem Buckel haben, scheinen mir gefährdet zu sein. Im Moment läuft zwar alles, aber mich würde es nicht wundern, wenn sie in ein paar Jahren auf den Trichter kommen, sich zu fragen: »Ob ich den Richtigen oder die Richtige geheiratet haben? Ob ich womöglich doch in meinem Leben das ein oder andere verpasst habe? Ob ich mich zu früh festgelegt habe?« Ich dagegen muss zwar jetzt durch diese Phase durch, habe sie dann aber endgültig hinter mir.

Ein weiterer Trost während eines Tiefs ist folgender Gedanke: Besser, die *Quarterlife Crisis* hat mich jetzt erwischt, zu einem Zeitpunkt, zu dem ich noch flexibel bin, mich verändern und ausprobieren kann, als später, wenn ich durch Mann, Kinder oder festen Job gebunden bin. Heute steht mir die Welt noch weitestgehend offen, zwar nicht mehr so offen wie mit zwanzig, aber trotzdem sind meine Möglichkeiten noch zahlreich. Und das will und werde ich ausnutzen! Wenn ich dann beruflich und privat den Weg gefunden habe, der für mich der richtige ist, kann ich mit Sicherheit sagen: Ich habe mich ausgelebt und muss nichts mehr nachholen, sondern kann glücklich werden mit dem, was ich dann erreicht habe. Ich versuche, mir bewusst zu machen, dass ich hier gerade ein Abenteuer erlebe! Und dass ich es genießen will!

BISHER HABE ICH IMMER NUR REAGIERT, JETZT AGIERE ICH ENDLICH

Das Leben ist eine Kettenreaktion: Du befindest dich in einer bestimmten Grundsituation, bis ein neuer Aspekt einen äußeren Einfluss auf dich ausübt. Du reagierst auf diesen äußeren Einfluss, ziehst deine Konsequenzen und findest dich in einer den neuen Umständen angepassten Grundsituation wieder. Bis der nächste äußere Einfluss anklopft und dich zu Reaktionen drängt. Durch diesen Dominoeffekt entwickeln wir uns immer weiter. Dabei schlägt das Lebenspendel mal stärker, mal schwächer aus, aber es pendelt konsequent weiter. Die Frage ist nur, wie du damit umgehst. Ob du dich irritieren und ablenken lässt oder ob du dein Ziel im Auge behältst.

Nach meinem Abitur vor zwölf Jahren war erst einmal klar, wie es für mich weitergehen sollte: Raumdesign oder Innenarchitektur studieren, und zwar an einer Kunstakademie in Dänemark, wo meine Mutter herkommt. Aufnahmebedingung war eine praktische Ausbildung, also habe ich ohne lange zu zögern Raumausstatterin gelernt. Nach drei Jahren Lehre musste ich mir allerdings eingestehen, dass ich nicht mit dem künstlerischen Talent gesegnet bin, das für diese Arbeit notwendig ist. Ich habe Ideen, habe immer gerne meine Wohnungen schön eingerichtet, Geschenke gebastelt, doch dabei hat meine Kreativität zum Hobby, aber nicht zum Beruf gereicht. Der ständige Druck hätte mich zerfressen, eine finanzielle Sicherheit hätte mir die Arbeit auf Dauer auch nicht geboten. Allein die Aufnahmemappen für die Kunstakademie stellten schon ein schier unüberwindliches Hindernis für mich dar. Ein Irrweg war die Ausbildung zur Raumausstatterin trotzdem nicht. Ich habe schließlich einen Einblick in die Arbeitswelt bekommen und einige Erkenntnisse darüber gewonnen, was ich kann und was nicht. Aber es war eben klar, dass ich mein Glück in dieser Richtung nicht finden würde, dass ich mir eine andere Beschäftigung suchen musste.

Mein Vater war es dann, der auf die Idee kam, dass Theologie das Richtige für mich sein könnte. Und das Fach hatte tatsächlich seinen Reiz: Erstens war mir während der praktisch orientierten Ausbildung der geistige Anspruch ohnehin zu kurz gekommen, und zweitens hatte und habe ich eine starke Verknüpfung zur dänischen Gemeinde, und zwar durch meine Mutter, die dort bis heute sehr engagiert ist. Pfarrerin zu werden, das war auf einmal nicht nur ein Ziel, sondern eine Berufung für mich. Studienplatz und Wohnung an einer Universität in Dänemark waren schnell organisiert, nur konnte ich dort erst ein Jahr später anfangen. Und als es dann endlich soweit war, habe ich doch Muffensausen bekommen, so allein so weit weg zu gehen, war mir plötzlich nicht mehr sicher, ob ich die dänische Sprache gut genug beherrschte. Außerdem hatte ich inzwischen meinen späteren Mann Matthias kennen gelernt, von ihm erzähle ich gleich.

Das Dänemark-Projekt wurde abgeblasen, stattdessen habe ich mich an der ortsansässigen Universität für Theologie und Geschichte eingeschrieben, nach einiger Zeit dann von Geschichte auf Philosophie umgesattelt. Sechs Semester später, als ich die Pflicht schon fertig, nur die Kür noch vor mir hatte, war plötzlich die Luft raus. Wegen der komplizierten Bestimmungen hätte ich weder in Deutschland, noch in Dänemark als Pfarrerin arbeiten dürfen, damit war die Zielmotivation völlig verloren gegangen. Außerdem fühlte ich mich nicht wohl unter meinen KommilitonInnen, war ziemlich allein. Ein einschneidendes Erlebnis hat mich dann aus meiner unbefriedigenden Situation herausgerissen, der erste von einigen körperlichen Hilfeschreien, der krasseste: Es war während einer Vorlesung über Alte Kirchengeschichte im Berliner Dom. Alle Studenten hatten ihre Stifte und Blöcke gezückt und waren eifrig dabei, wie üblich zwanzig oder dreißig Seiten Notizen mitzukritzeln. Ich dagegen war plötzlich wie gelähmt, konnte den Stift nicht mehr bewegen, bekam keine Luft, stattdessen war mir schwindelig. Fluchtartig bin ich dann aus der Vorlesung gerannt, durch die Stadt geirrt, drei oder vier Stunden lang, an die ich kaum noch Erinnerungen habe. Erst auf einer Parkbank sitzend bin ich wieder zu mir gekommen.

Deutlicher hätte mein Körper mir nicht zeigen können, dass es so nicht weitergehen konnte. Eine Vorahnung wurde zur Gewissheit. Ich war gezwungen, meine Situation zu überdenken und zu ändern, *zu reagieren*. Viel zu spät eigentlich, aber es ist mir noch einige Male passiert, dass ich eine Veränderung erst in Angriff genommen habe, wenn sie längst überfällig war, wenn ich mit dem Rücken bereits zur Wand stand. In dem Moment war mir auch noch nicht klar, dass ich nicht nur ein karrieretechnisches Problem hatte, sondern auch mit meiner Beziehung zu Matthias unglücklich war. Ich hätte es merken müssen, mir eingestehen müssen, aber das Berufliche stand nach dem Erlebnis im Dom zu sehr im Vordergrund, als dass ich auch rechts und links davon nach Ursachen für meine Unzufriedenheit geschaut hätte.

Ich wollte mein komplettes Studium hinschmeißen, wovon mein Philosophie-Professor Wind bekam. Meine Rettung. Er lud mich in einem persönlichen Brief zu einer Beratung ein, schrieb, dass er es sehr schade fände, wenn ich aufhören würde, denn in Philosophie hätte ich ein enormes Potenzial. Tatsächlich habe ich sein Angebot angenommen, und er war goldig. Hat sich Zeit für mich genommen, mich darauf aufmerksam gemacht, dass Theologie und Philosophie eine schwer greifbare Fächerkombination ist. Er hat mit mir zusammen überlegt, was mich glücklich machen könnte, hat mir Grundsatzfragen gestellt, die ich mir schon viel früher hätte stellen sollen: Warum studierst du überhaupt? Willst du Karriere machen? Willst du Familie? Wie viel Druck kannst du ertragen? Und so wie mein Vater mich auf die Idee mit der Theologie gebracht hatte, brachte mich mein Professor nun auf die Idee, Philosophie mit Skandinavistik zu kombinieren. Nahe liegend bei meiner Herkunft, aber ich selber war nicht drauf gekommen. Sechsundzwanzig Jahre war ich alt, als ich meinem Erwachsenendasein zum dritten Mal eine neue Richtung gab. Zwar war der Wechsel nicht einfach, aber meine einzige Möglichkeit für den Moment. Und obwohl ich wieder nicht *agiert*, sondern nur auf äußere Einflüsse *reagiert* hatte, auf die Signale meines Körpers, auf die Ideen meines Professors, schien diesmal endlich alles leichter zu laufen. Während ich in den Theologie-Seminaren regelrecht die Sprache verloren hatte, wurde ich in der Skandinavistik wieder die Sandra, die ich als Schülerin gewesen war: aktiv dabei, selbstbewusst, hochmotiviert. Ein untrügliches Zeichen dafür, dass ich mich zumindest für den Augenblick auf dem richtigen Weg befand. Bis zu den Zwischenprüfungen lief alles blendend, im vertraulichen Umfeld des Skandinavistik-Instituts, in dem das Du untereinander üblich war, habe ich einige nette Bekanntschaften gemacht, sogar der Altersunterschied zwischen mir und den frisch aus der Schule dazu gestoßenen Erstsemestern war eher befruchtend als störend, außerdem haben sich Nebenjobs als Übersetzerin ergeben. Alles war gut. Bis die äußeren Einflüsse wieder einmal alles umwarfen und der nächste Hammer in diesem Fall auch viel kaputt machte.

Meine Schwiegermutter bekam eine Nervenkrankheit, konnte nicht mehr arbeiten. So musste ich das Büro der Baufirma ihres Mannes, indem ich seit einiger Zeit stundenweise arbeitete, vom einen auf den anderen Tag komplett übernehmen. Das hat mich ein komplettes Semester gekostet, in dem ich gar keine Kurse belegen konnte, und danach noch ein, zwei Semester, in denen ich nur hin und wieder Zeit hatte, im Institut vorbeizuschauen. So oft bin ich in meinem Leben die Feuerwehr im Notfalleinsatz gewesen, habe alle meine Pläne über den Haufen geworfen, meine eigenen Bedürfnisse völlig hinten angestellt, um anderen über Krisensituationen hinweg zu helfen. Ein Jahr nach dem anderen ist vergangen, ich bin siebenundzwanzig, achtundzwanzig, neunundzwanzig geworden, ohne dass ich wirklich weitergekommen wäre, während alle anderen ihre Ziele erreicht haben. Das ist nicht einfach gewesen, ihnen dabei zuzusehen, und selbst ein ums andere Mal aufgehalten zu werden, durch meine Unsicherheit und meine Hilfsbereitschaft. Sandra, der barmherzige Samariter. Immer haben alle erwartet, dass ich sofort alles stehen und liegen lasse, um im Notfall einzuspringen, andererseits kam aus denselben Mündern der Druck: »Warum kommst du nicht vorwärts?« Den Zusammenhang, dass das Samaritersein Zeit kostet, die mir bei der Verwirklichung meiner eigenen Vorstellungen fehlt, haben sie einfach ausgeblendet. Und die Tatsache, dass mich meine Feuerwehreinsätze völlig aus dem Rhythmus gebracht haben, haben sie nicht erkannt. Die Themen, die ich in der Universität vor so vielen Monaten hatte stehen und liegen lassen müssen, waren mir nicht mehr präsent, der Gesamtüberblick über die Studieninhalte nie da gewesen.

Meine Schwiegermutter hat sich von ihrer Nervenkrankheit nie richtig erholt, sie musste in Frührente gehen, ist immer noch in psychologischer Behandlung und einfach nicht mehr belastbar. Das Büro der Baufirma ihres Mannes schmeiße ich deshalb immer noch alleine. Dazu kommen die Sorgen um meine eigene Mutter. Solange ich mich erinnern kann, ist sie todkrank gewesen. Immer habe ich Angst um ihr Leben gehabt. Als ich noch ein ganz kleines Kind war, platzte ihre Lunge. Als ich acht oder neun war, bekam sie zum ersten Mal Brustkrebs und eine Chemotherapie. Als ich sechzehn oder siebzehn war, brach der Krebs wieder aus, sie verlor auch ihre zweite Brust und musste wieder zur Chemotherapie.

Jedes Mal haben die Ärzte uns gesagt: »Der Krebs ist besiegt, nach so langer Zeit ist die Wahrscheinlichkeit, dass er wieder ausbricht, gleich null.« Jedes Mal ist er doch wiedergekommen, zuletzt vor eineinhalb Jahren. Nur kann er diesmal nicht mehr operiert, nur noch in Schach gehalten werden. Ich habe meine Mutter zu ihrer dritten Chemotherapie begleitet und im Haushalt meiner Eltern geholfen. Ich war gern für sie da. Aber natürlich haben mich auch diese Ereignisse wieder in meinem eigenen Leben zurückgeworfen.

Krankheit und Tod – ich habe alle meine vier Großeltern sterben sehen – sind schon immer ein Teil meines Lebens gewesen und so zu einem »perversen« Stück Normalität geworden. Deshalb habe ich mich nie wirklich damit auseinander gesetzt, mich nie auf die Suche nach einem Weg begeben, damit umzugehen, so wie das viele Menschen wohl tun, nachdem sie eine schlimme Diagnose für sich oder einen geliebten Menschen mitgeteilt bekommen haben. Es gab nur eine kurze Phase, in der ich mich für Esoterik interessiert habe, für die Frage: »Inwiefern können Krankheiten Zeichen für Veränderungen im Leben sein?« Meistens aber habe ich dieses Thema ausgeblendet, denn ich habe Angst, daran zu zerbrechen, wenn ich es einmal wirklich an mich heranlasse. Trotzdem kommen in gewissen Augenblicken der Ruhe oder in nächtlichen Albträumen bestimmte Fragen hoch: Was ist der Tod für mich? Ein Übergang, kein Ende. Ein Übergang wohin? Da würde ich christlich antworten wollen. Wenn die Traurigkeit mich in solchen Momenten zu sehr zu übermannen droht, hilft mir der Lebensmut meiner Mutter, darüber hinwegzukommen. Sie geht mit einem permanenten Lächeln auf den Lippen durchs Leben, ist immer für andere da, selbst wenn sie selber von der Krankheit geschwächt ist. Sie liebt das Leben und lebt es nach dem Motto: »Lebe dein Leben! Hadere nicht mit dem Schicksal, denn das führt zu nichts.«

Erst in den letzten Jahren habe ich ab und zu ernsthaft mit meiner Mutter über die Angst vor dem Tod gesprochen. Dann sagt sie: »Ihr, meine Familie, habt mir die Kraft gegeben weiterzumachen.« Und: »Noch einmal würde ich das nicht durchstehen.« Aber ich glaube nicht, dass sie in der Lage wäre aufzugeben. Ausführlicher haben wir ihre Krankheit nicht diskutiert. Bei solchen Themen gibt es in meiner Familie ein einfaches Rezept: zurück zum »business as usual«, und zwar so schnell und unauffällig wie möglich.

Über Alltagsprobleme oder familiäre Konflikte sprechen wir dagegen schon. Oft freundschaftlich, dann genieße ich die Gespräche, oft können sie aber auch sehr erdrückend sein. Wenn meine Mutter mir zum Beispiel ihre Erwartungshaltung auferlegen will: »Mach nicht dieselben Fehler mit Männern wie ich, Kind.« Manchmal habe ich den Eindruck, sie will, dass ich *ihre* Wünsche und Ziele lebe. Ich lasse ihre Erwartungen jedenfalls nicht auf mich abwälzen und ich lasse mich nicht dadurch beeinflussen. *Meine Fehler sind meine Fehler, nicht ihre, und meine Suppe löffele ich selber aus.*

Ein Aspekt, den meine Mutter durch ihre Krankheit beeinflusst, ohne dass ich mich oder sie sich dagegen wehren könnte, ist meine tiefe Verlustangst, wegen der ich vielleicht wirklich zur Therapie gehen sollte. *Ich kann nicht hundertprozentig lieben – aus Angst, den Menschen, den ich liebe, zu verlieren.* Eine Mauer um mein Herz schützt mich davor, verletzt zu werden. Das funktioniert ganz gut, nur lebe ich dadurch zu wenig in mir selber, zu *exzentriert.* Mir scheint, *ich gehe eher als Objekt durchs Leben denn als Subjekt.* Man könnte auch den philosophischen Begriff der *mangelnden Leibhaftigkeit* gut auf mich übertragen, eine Erkenntnis, die mir wie viele andere durch das Studium gekommen ist. Ich habe mich viel mit Freud beschäftigt und seine Herausforderung angenommen, meine Erlebnisse und Gefühle immer wieder zu überdenken, zu analysieren. Alles infrage zu stellen, vor allem mich selbst. Irgendwann habe ich so übertrieben, dass mich die Gedanken sogar am Schlafen gehindert haben. Ich konnte schlecht einschlafen, schlecht durchschlafen, nur sehr unruhig schlafen. Wieder ein Zeichen meines Körpers: »Stopp, du steigerst dich da zu sehr in etwas hinein!« Obwohl nicht mehr so extrem, denke ich bis heute viel über mich nach, schaue in den sprichwörtlichen Spiegel, den *Seelenspiegel,* und frage mich dabei: »Bist du zufrieden mit dir? Bist du glücklich, Sandra?«

Glücklich? Mit meinem Mann war ich es nicht. Nach einem Jahr Beziehung führte mein erster, unsicherer Schritt aus meinem

Elternhaus hinaus in die gemeinsame Wohnung mit Matthias. Keine gute Idee. Im Nachhinein betrachtet ist mir dadurch ein entscheidender Schritt in meiner Persönlichkeitsbildung verloren gegangen, den ich später mühsam nachholen musste. Heute gebe ich jedem den Rat, sich mit neunzehn oder zwanzig erst einmal eine eigene Wohnung zu suchen: »Zeig, dass du auf eigenen Füßen stehen kannst, bevor du dich in die nächste Abhängigkeit begibst!« Ich selbst habe diesen Rat damals von einer Freundin bekommen und in den Wind geschlagen. Ausreden gibt es ja genug: »Aber wir lieben uns doch! Aber ich kann mir doch gar keine eigene Wohnung leisten!« Alles Quatsch. Irgendeine Möglichkeit hätte es schon gegeben. Vielleicht eine WG. So jedenfalls wurde ich von jetzt auf gleich von der Tochter zur Hausfrau. Das war fast ein eheähnlicher Zustand im traditionellen Sinne, gleich von Anfang an. Ich habe geputzt, gekocht und gebügelt, weil sich das eben so gehörte, weil ich es von zu Hause nicht anders kannte, weil ich als Studentin eben mehr Zeit zu Hause verbrachte als er. Und nicht zuletzt, weil Matthias einfach keinen Haushalt schmeißen kann. Schon damals hat er die Verantwortung immer mir übertragen, was mir zu dem Zeitpunkt nur noch nicht so bewusst war. Im Nachhinein erscheint mir sein Verhaltensmuster absolut vorhersehbar. Die Tatsache, dass er sich einen Tag vor dem geplanten Umzug in unsere gemeinsame Wohnung bei einem Arbeitsunfall das Bein brach, sodass ich jede verdammte Kiste alleine schleppen musste, ist ja schon fast symptomatisch für unsere weitere Beziehung.

Drei Jahre später haben wir geheiratet, obwohl mir eher nach Trennung zumute war. Klingt paradox? Tja, es gab für mich nur zwei Möglichkeiten, nachdem wir nun schon so lange zusammen waren: Heirat oder Trennung, Hauptsache vorwärts. Beide Möglichkeiten machten irgendwie Sinn, denn beide würden mich aus dieser unbefriedigenden Situation herausreißen und *mussten* doch zu etwas führen. Unsere Entscheidung zu heiraten war nicht wesentlich romantischer als die Entscheidung, einen Kleiderschrank zu kaufen, hätte sein können. Einen Antrag? Habe ich nie bekommen, unsere Verlobung war nichts Besonderes, sondern einfach nur der nächste logische Schritt. Und dann wieder so ein Symbol: Wir fanden partout keine Trauringe, die uns gefielen. Als wir uns dann endlich mit Mühe und Not für ein sehr teures Paar entschieden hatten, standen wir am nächsten Tag vor dem ausgeräumten Ladenlokal – der Juwelier hatte dicht gemacht. Die Geschichte haben wir unseren Eltern, erzählt und damit war mir das Ruder plötzlich aus der Hand genommen: »Jetzt wird geheiratet, sofort, und basta.« Innerhalb von zwei Tagen stand die Hochzeit so gut wie komplett, eine außergewöhnliche Feier in Dänemark sollte es werden. Es wurde organisiert, es wurden Ringe gekauft und ich, ich konnte nicht mehr zurück. Diese Riesenlawine ist mit rasender Geschwindigkeit auf mich zugerollt, und ich hatte nicht mehr die Kraft, sie aufzuhalten. Vielleicht auch zuviel Angst, jemanden zu kränken, und zu wenig Mut, »Stopp!« zu rufen, und so habe ich den Dingen einfach ihren Lauf gelassen. Die Hochzeit wurde dann trotz allem wunderschön, ein rauschender Ball, einer der schönsten Tage meines Lebens, an den ich auch heute noch gerne denke. Selbst die Fotos von Matthias im Anzug und mir im Brautkleid mit ausladender Schleppe schaue ich mir gerne an, sie sind so schön. In meiner Erinnerung lebt dieser Tag völlig losgelöst von allen anderen Tagen unserer Beziehung.

Matthias wusste übrigens von Anfang an von meinen Zweifeln. Wir haben sogar permanent darüber gesprochen, auch darüber, dass es sexuell zwischen uns nicht funktioniert hat. Zwar ist Sex nicht das entscheidende Kriterium für eine erfüllende Beziehung, aber doch ein wichtiges. Ich war die erste Frau, mit der Matthias geschlafen hat. Aber an seiner mangelnden Erfahrung ist der Sex nicht gescheitert, sondern an seiner mangelnden Phantasie. Ich habe wirklich alles versucht! Ihm ausführlich erklärt, was ich brauche, wonach sich mein Körper sehnt. Ihm vorgeschlagen: »Überrasch mich doch mal! Organisier doch mal einen romantischen Abend für uns beide!« – »Klar, mach' ich«, hat er versprochen,

und zwei Tage später gebettelt: »Kannst du das nicht machen?«
Wieder einmal hatte ich die gesamte Verantwortung für unsere
Beziehung an der Backe. Es war immer dasselbe: Wir haben über
ein Problem diskutiert, uns versprochen: »Wir arbeiten dran! Wir
schaffen das schon!«, aber geändert hat sich nichts. Klar gab es
auch Dinge, die uns verbunden haben. Klar habe ich auch Nähe
gespürt. Wenn ich einmal mit einem Mann Silberhochzeit feiern
sollte und wir uns dann immer noch so nah sind wie Matthias und
ich es bei unserer Hochzeit waren, dann werde ich wirklich dankbar für diese perfekte Ehe sein! Aber wir waren doch noch so
jung! Immer öfter stellte ich mir die Frage: »Kann das alles gewesen sein?«

Je stärker meine Zweifel wurden, desto weniger Chancen habe
ich Matthias gegeben, unsere Ehe zu retten. Ein drittes Mal hat
mir mein Körper zu verstehen gegeben, dass ich ganz bestimmt
nicht auf dem richtigen Weg war, indem er mit einer Gänsehaut
der Abneigung auf jede Berührung reagiert hat. Sex spielt sich ja
nicht nur im Bett ab, das Begehren fängt in einer gesunden Beziehung viel früher an. Nicht bei mir. Ich habe Matthias von mir weg
geschoben, mich aus seinen Umarmungen gewunden, weil ich seine körperliche Nähe nicht ertragen konnte. Heute erkenne ich
darin ein deutliches Zeichen für mein seelisches Ungleichgewicht.
Matthias hat sich jedenfalls gar nicht mehr getraut, mich anzufassen. Obwohl – ich weiß, das klingt paradox – es wahrscheinlich
geholfen hätte, wenn er sich wenigstens ein einziges Mal über meine Abwehr hinweggesetzt hätte! Wenn er ein einziges Mal seinen
Mann gestanden und sich genommen hätte, worauf er Lust hatte! Aber nein, Matthias hat wie so oft klein beigegeben, und ich
habe immer mehr den Respekt vor ihm verloren.

Auch mein Vertrauen in ihn wurde immer kleiner statt größer.
Da könnte ich etliche Situationen aufzählen, in denen er es ver-
spielt hat. Wir sind auf einer Party eingeladen, sprechen ab, dass
er keinen Alkohol trinkt, damit er uns nach Hause fahren kann,
und ich überrasche ihn beim dritten Bier. Oder ich muss dringend

los, bitte ihn, dem Hund Futter und Wasser zu geben, komme später nach Hause und finde die Näpfe unberührt in der Küche. Obwohl ich Matthias extra den Telefonhörer aus der Hand genommen und ihm mehrmals eingeschärft hatte, an den Hund zu denken, weil mir klar war, dass er es sonst definitiv vergessen würde. Man muss sich doch hundertprozentig auf den anderen verlassen können! Wenn ich jemandem noch nicht einmal die Verantwortung für einen Hund übertragen kann, wie soll ich ihm dann ruhigen Gewissens ein Baby anvertrauen? Mein Kinderwunsch war zu der Zeit sehr stark, aber ich habe Matthias definitiv die Vaterrolle nicht zugetraut. In meiner Vorstellung vergaß er ständig, das Kleine zu füttern, das Kleine vom Kindergarten abzuholen. Er lebt einfach zu sehr in seiner Traumwelt, die sowohl mit *meiner* Traumwelt, als auch mit der Realität kollidiert. Er ist selber noch nicht erwachsen, und ich wollte mir nicht zumuten, gleich zwei Kinder am Hals zu haben, um die ich mich kümmern muss. Außerdem kann Nachwuchs kein Kitt für eine Beziehung sein, die bröckelt. Anfangs hatte ich Matthias' unschuldige Art noch für etwas Besonderes gehalten. Aber auf Dauer war seine ständige Selbstüberschätzung aus mangelnder innerer Stärke nicht zu ertragen. Er hat immer geglaubt, er wäre eine starke Schulter zum Anlehnen für mich, aber das war er nie. Ein ums andere Mal habe ich gedacht: »Du schmeißt hier alles alleine, Sandra: den Haushalt, die Beziehung, einfach alles.«

Ich habe meinen Ehemann nach den falschen Kriterien ausgewählt. »Der geht nicht an meine Grundsubstanz«, habe ich gedacht, »der kann mich nicht verletzten, der wird mich nicht verlassen.« Auf emotionaler Ebene habe ich einen Freund geheiratet, auf sexueller Ebene einen Mann, der überhaupt nicht zu mir passt. Ich will nicht unfair sein, Matthias hat sich durchaus mit den Jahren zu seinem Vorteil verändert, aber es hat *mich* einfach zuviel Energie gekostet und am Ende trotz allem nicht gereicht. Vielleicht war der Versuch, ihn passend zu machen, auch vom ersten Tag an sinnlos. Denn noch nicht einmal am ersten Tag war ich hin und weg verliebt, keine Schmetterlinge im Bauch, kein Kribbeln. Einfach gute Gespräche, eine gutgeistige Beziehung. Darauf werde ich mich ganz sicher nicht noch einmal einlassen, auch wenn wir Menschen gerne immer wieder in dieselben Schienen hineinrutschen, aus denen wir uns gerade mühsam hinausmanövriert haben.

Der Trennungsgedanke war also allgegenwärtig, andererseits gab es aber auch immer genug Dinge, die mich davon abgelenkt haben. Eine tolle neue Wohnung, die mich in Atem gehalten hat, die Feuerwehreinsätze bei meiner Mutter und meiner Schwiegermutter, die Umorientierungsphase im Studium – immer hat mich irgendetwas beschäftigt und von unserer Krise abgelenkt. Bis ich dann vor einem Jahr gemerkt habe, dass ich empfänglich für die Blicke anderer Männer geworden bin. Dass ich meine Weiblichkeit wieder entdeckt habe. Damit zu spielen, war ein wunderschönes, aufregendes Gefühl. Es kam, wie es kommen musste, in Gestalt von Tom. Äußerlich war eine gewisse Ähnlichkeit mit Matthias da, aber vom Wesen her hätte er nicht unterschiedlicher sein können. Ich war nicht verknallt in Tom, höchstens interessiert, aber voller Drang auszubrechen aus der Enge, in die ich mich zu lange hatte einpferchen lassen. Mein Betrug an Matthias ist nicht zu rechtfertigen, zumal er auf eine äußerst blöde Weise davon erfahren hat, anstatt aus meinem Mund. Aber ich bereue nicht, was ich getan habe, denn auch wenn die Affäre mit Tom nur einen Monat gedauert hat, so war sie doch gut. Drei- oder viermal haben wir miteinander geschlafen, und dabei konnte ich endlich meine Sexualität so ausleben, wie ich es mir während meiner Ehe gewünscht hatte, endlich konnte ich mir holen, was ich brauchte, und endlich hat mein Körper wieder Berührungen zugelassen. Es hat mich keinesfalls überrascht, dass ich zu solchen Empfindungen fähig bin, denn ich hatte meine Lust schon vor meiner Ehe entdeckt und währenddessen nur begraben. Sie wieder ans Tageslicht zu holen, war so befreiend, vor allem weil die Fronten zwischen Tom und mir absolut geklärt waren. Er kannte meine

311

Geschichte, stellte keine Ansprüche. Es gab absolut keine Verbind-
lichkeiten, nur Spaß.

Natürlich hat mich mein schlechtes Gewissen gegenüber Matthias schnell eingeholt, genauso mein schlechtes Gewissen gegenüber unserem christlichen Eheversprechen. Besonders wegen der
kirchlichen Trauung konnte ich meine Affäre sehr schlecht mit
meiner Religion vereinbaren, mir fehlte die christliche Argumen-
tationsebene. Aber zu keinem Zeitpunkt habe ich mich von Gott
abgestoßen gefühlt, denn er weiß, dass wir Menschen alle Fehler
machen. Dadurch gibt er uns natürlich trotzdem nicht den Frei-
fahrtschein, nach Lust und Laune zu sündigen, nach dem Motto:
»Gott wird's schon verzeihen!« Aber ich bin sicher, Gott weiß
mehr über mich als ich selbst und versteht darum viel besser als
ich selbst, warum alles so kommen musste, wie es gekommen ist.
Ob ich meinen Glauben an die Ehe verloren habe? Ich weiß nicht,
das wird sich mit der Zeit herausstellen. So schnell werde ich diesen Schritt jedenfalls nicht noch einmal gehen.

Die Scheidung ist inzwischen in Vorbereitung. Sie fühlt sich
nicht wie ein einschneidender Bruch an, sondern eher wie die
nächste logische Folge, der nächste Dominostein meines Lebens,
obwohl viele Freunde geschockt waren: »Was für ein Bruch! Hätten wir nicht von dir gedacht!« Wieder einmal bleibt die Organisation an mir hängen. Kurz nach dem lange überfälligen Bruch
zwischen Matthias und mir hatte ich noch gehofft, die räumliche
Trennung und eine Paartherapie aus der Distanz zueinander könnten zu einer zweiten Chance für uns führen. Aber die Tatsache,
dass Matthias sich auch darum nicht kümmerte, sondern einfach
nur darauf wartete, dass ich wieder zurückkommen würde, hat
mich dann nur in meiner Erkenntnis bestätigt, dass dieser Mann
meine Bedürfnisse nie befriedigen wird. Außerdem habe ich mich
nach meinem Befreiungsschlag richtig gut gefühlt. Natürlich hat
es Tränen, Zweifel und Zukunftsängste gegeben, aber mein Herz
hat mir ganz deutlich gesagt: »Ich will nicht zurück! Ich will mir
meine neu gewonnene Freiheit nicht wieder nehmen lassen!« Mir

ist klar geworden, dass ich von Anfang an nur platonische Liebe für Matthias empfunden habe und dass da deshalb auch nichts zwischen uns ist, was wieder belebt werden könnte. Ich liebe ihn heute, wie ich ihn immer geliebt habe: als Freund, nur eben jetzt ohne eheliche Verpflichtungen.

Der Abstand zu mir wird Matthias gut tun, auch wenn er das sicher momentan noch nicht so sieht. Aber er muss genau wie ich lernen, auf eigenen Füßen zu stehen. Wir haben uns immer zu sehr aneinander geklammert, aus Angst vor den Gefahren, die in der bösen Welt da draußen auf uns lauern könnten. Das kann ich inzwischen zugeben, weil ich in den letzten Monaten seit unserer Trennung sehr ehrlich zu mir selbst gewesen bin. Genauso kann ich zugeben, dass ich wieder einmal erst *reagiert* habe, als mir ein äußerer Reiz – in diesem Fall Tom – die Entscheidung abgenommen hat. Die Zeit für den Bruch mit Matthias war überreif, auch ohne Tom wäre es dazu gekommen, aber die Affäre hat den Stein schneller ins Rollen gebracht. Ich wünschte, ich hätte diesmal von mir aus agiert, ohne erst darauf zu warten, dass das Schicksal die Sache selbst in die Hand nimmt. »Du zögerst zu lange!«, diesen Vorwurf muss ich mir gefallen lassen und daraus lernen, meinen Weg ab jetzt mutig zu gehen, ohne mich vorher an die Wand drängen zu lassen, bis ich keine Luft mehr bekomme.

Trotz allem bringt es nichts, meine Ehe mit Matthias im Nachhinein als überflüssigen Irrweg anzusehen, den ich mir hätte sparen können. Ich will seine guten Seiten und unsere schönen gemeinsamen Erlebnisse in Erinnerung behalten, denn bis auf zwei große Streits hatten wir in den vier Jahren auch viel Spaß miteinander. Im Skiurlaub, im Segelurlaub und auch im Alltag, auf langen Spaziergängen mit dem Hund. Nur das Gefühl, auf der Stelle zu treten, mein Potenzial nicht auszuschöpfen, konnte ich eben nicht länger ertragen. Was hätte ich denn meiner eigenen Tochter in fünfzehn Jahren als guten Rat mit auf den Weg geben sollen? »Nimm dein Leben in die Hand!«? Ohne es ihr vorzumachen? Als alte Frau auf dem Totenbett will ich sagen können: »Ja, ich habe mein Leben gelebt. Trotz aller Fehler, die ich gemacht habe, war ich immer aufrichtig zu mir selbst und habe die Zeit, die mir geschenkt worden ist, nicht vergeudet.«

Meine neue Freiheit ist manchmal schon erschlagend und beängstigend, aber definitiv besser als sich aus Schiss davor an einen Menschen zu klammern, zu dem man nicht gehört. Ich versuche, positiv zu sein, alles auf mich zukommen zu lassen, meinem Leben eine neue Perspektive zu geben, aber indem ich mir kleine Ziele setze, anstatt in Riesenbahnen zu denken. Manchmal verfalle ich trotzdem in alte Denkstrukturen und muss mich am Riemen reißen. Manchmal rauben mir die immer wiederkehrenden Fragen den Schlaf: Ich bin schon dreißig – wo sind all die Jahre geblieben? Wie lange wird die Trauerarbeit dauern, bis ich über diese gescheiterte Ehe hinweg bin? Werde ich mein Studium jetzt wirklich zügig zu Ende bringen? Werde ich in der Lage sein, meinen Kredit zurückzuzahlen? *Was kommt danach?* An solchen Tagen erscheint mir die Zukunft wie ein großes schwarzes Loch und ich bin wie gelähmt. Dann versuche ich mir klar zu machen, dass ich erst seit einem dreiviertel Jahr alleine wohne und alles noch sehr frisch ist. Dass es sicher noch seine Zeit brauchen wird, bis ich wirklich sagen kann: »Ich bin in meinem neuen Leben angekommen.« Jedenfalls werde ich wohl auch dann meine Gewohnheit des permanenten Nachdenkens und Infragestellens nicht ablegen können. Dabei stelle ich es mir wirklich als Genuss vor, *nicht* mehr nachdenken zu müssen, weil man gut »zentriert« ist und in sich ruht. Das muss sich ähnlich anfühlen wie der Zustand kurz vor dem Einschlafen, wenn sich die Gedanken verflüchtigt haben und man sich nur noch leiblich fühlt.

Vielleicht ist es aber auch normal, dass man sich diesem Stadium erst in meinem Alter so langsam nähert. Nach dem Abitur lassen wir uns einfach treiben, während Tausende neuer Eindrücke auf uns wirken. Das Leben läuft so vor sich hin, bis irgendwann Mitte oder Ende zwanzig der Punkt kommt, an dem wir so nicht weiterleben können, und das ist dann wohl die *Quarterlife Cri-*

sis. Dann haben wir zwei Möglichkeiten: entweder alles verdrängen oder die Situation ändern. Ich bin zweimal an diesen Punkt gekommen, durch mein Theologiestudium und durch meine Ehe. Meine *Quarterlife Crisis* kam also nicht als *eine* Umbruchphase, sondern in *zwei* großen und mehreren kleinen Portionen zwischendurch, obwohl ich sie alle nicht als Krisen, sondern eher als permanenten Entwicklungsprozess des Lebens bezeichnen würde. Die jetzige Umbruchphase ist noch nicht ganz gelaufen, es wird noch der ein oder andere schwierige Moment auf mich zukommen, bis ich meinem Leben die vorerst »endgültige« Richtung gegeben und meine Selbstfindungsphase abgeschlossen und meine eigene Individualität entwickelt habe. Dabei will ich nicht über Leichen gehen, sondern diesem Prozess die Zeit zugestehen, die er braucht, auch wenn ich schon dreißig bin.

Mit vierzig möchte ich meinen Magister in der Tasche und mich finanziell behauptet haben. Nach einer großen Karriere strebe ich nicht, lieber will ich mich gut fühlen, wenn ich mir den Seelenspiegel vorhalte. Mein Vorbild ist Mutter Theresa, denn ein Leben ohne den sozialen Aspekt ist nicht wertvoll, obwohl er, wie ich aus eigener Erfahrung weiß, die Gefahr der Selbstaufgabe birgt. Eine gewisse Portion Egoismus ist gesund, aber letztendlich ist es doch viel wertvoller, ein Teil von einem Ganzen zu sein. Den Kinderwunsch habe ich immer noch nicht aufgegeben, obwohl ich keine allein erziehende und auch keine alte Mutter sein möchte. Die Familie ist mein Ideal, aber ehe ich auf Teufel komm raus Kinder in die Welt setze, obwohl die Umstände dagegen sprechen, werde ich mich lieber damit abfinden, kinderlos zu bleiben.

Die Gefahr, dass ich mich wieder zu sehr über eine Partnerschaft definieren könnte, besteht immer, *aber ich sehe sie jetzt.* Den Blick dafür versuche ich mir auch in meiner neuen Beziehung zu bewahren, die seit zwei Monaten läuft. Alles ist noch sehr frisch, darum kann ich noch nicht wirklich viel darüber erzählen, aber es *könnte* der Richtige sein. Für den Moment erlebe ich eine andere Form von Liebe als bisher, eine Liebe, in der ich loslassen und glücklich sein kann. Ich, die ich mich nie für kuschelig gehalten habe, die ich immer genervt war, wenn Matthias permanent an mir herumgefummelt hat, suche plötzlich die Nähe zu einem anderen Körper, schmiege mich an. Das kann nur ein gutes Zeichen sein. Bevor ich meine neue Liebe wirklich unbeschwert genießen kann, muss ich allerdings endlich Matthias davon erzählen, aber davor habe ich noch zuviel Angst.

Ich bin bisher nicht so direkt auf mein Glück zugesteuert wie ein Hund auf seinen Lieblingsknochen. Mein vermeintlicher Lieblingsknochen sah immer wieder lecker aus, bis ich dann eine Weile darauf herumgekaut und gemerkt habe, er ist doch etwas zäh. Noch habe ich den Knochen, der mir langfristig schmecken wird, nicht gefunden. Dafür weiß ich inzwischen ziemlich gut, welche Knochen ich garantiert nicht mehr will. Und das bringt mich dem ultimativen Lieblingsknochen doch viel näher, als ich bisher zu hoffen gewagt hatte.

Der Kick im Kopf

Erotische Rollenspiele um Macht und Unterwerfung
Das neue Buch von Arne Hoffmann, Autor des Bestsellers »Dirty Talking«

»Der Kick im Kopf« ist der erste deutsche Ratgeber speziell über erotische Rollenspiele im Zusammenhang mit Dominanz und Unterwerfung. Dabei stellt er ebenso eine schrittweise aufgebaute Anleitung für Anfänger dar, wie auch eine breite Palette einfallsreicher neuer Praktiken für Profis. Der Kick im Kopf, das ist jener Kitzel, bei dem die Seele, die Gedanken, Empfindungen und Phantasien eine größere Rolle spielen als der Körper. Das Buch erklärt, wie man ein solches Abenteuer lustvoll-prickelnd gestaltet und trotzdem noch im Rahmen des Verantwortbaren bleibt, damit es keine »Abstürze« gibt, keine seelischen Schädigungen und keine Beziehungskrisen. Es verrät wertvolle Tipps und Anregungen zu den verschiedensten sexuellen Praktiken, die überwiegend auf der psychischen Ebene ablaufen.

Welche grundsätzlichen Regeln gibt es, um ein erotisches Rollenspiel zu gestalten? Wie baue ich auch ungewöhnlichere Vorlieben darin ein? Wie kann ich Kleidung und Accessoires gezielt einsetzen? Wie bilde ich meinen Partner zu meinem »Sklaven« aus? An welchen Kennzeichen merke ich, dass der Missbrauch beginnt? Worauf muss ich beim Fesseln achten? Worauf beim Kitzeln oder wenn ich mit Augenbinden spielen möchte? Welche Möglichkeiten bestehen, was erotische Demütigungen betrifft? Worum geht es bei Depersonalisierungs-Spielen? Was ist ein Humbler und wie fertigt man ihn an? Mit welchen psychologischen Methoden kann ich meinen Partner erotisch beherrschen? Wie kann ich damit umgehen, wenn mein Partner danach besonders aufgewühlt ist? Was versteht man unter »Orgasmuskontrolle«, und warum finden das manche Menschen so toll? Wie kann ich einen passenden Partner kennen lernen? Welche Vorsichtsmaßnahmen sind sinnvoll, wenn ich mich auf ein erstes Treffen einlasse? »Der Kick im Kopf« beantwortet alle diese Fragen – und viele, viele mehr.

Arne Hoffmann
DER KICK IM KOPF
Erotische Rollenspiele
um Macht und Unterwerfung
ca. 384 Seiten, Taschenbuch
ISBN 3-89602-455-8, ca. 14,90 EUR
Das Buch erscheint im Oktober 2003

Das Gesamtprogramm des Verlages finden Sie im Internet:

Ich bin meines Vaters Sohn

Zweiundzwanzig Männer erzählen über
eine ganz besondere Beziehung

Jeder Sohn hat ihn: einen Vater. Ob leiblich oder sozial, dauerhaft oder temporär, gemocht oder abgelehnt. Für manche ist er Lehrer, Freund, Begleiter, für andere Unterdrücker und Despot. Und egal, ob der Vater anwesend ist oder aufgrund von Trennung nicht – der Vater ist eine grundlegende Bezugsperson, in Anziehung wie Abstoßung.

Jahrtausende lang war der Vater der Ernährer und »Bestimmer« in der Familie und gab diese Rolle an seinen Sohn weiter. Heute bricht dieses Verständnis allmählich auf. Daraus entsteht eine Reihe von Fragen: Wie sieht ein »modernes« Verständnis von Vaterschaft aus? Können Väter noch Vorbilder sein? Wollen Väter überhaupt Vorbilder sein?

Einige Söhne treten in Vaters Fußstapfen, andere grenzen sich bewusst ab. Wie sich Väter und Söhne gegenseitig empfinden, hängt unter anderem stark davon ab, wie Väter ihren Söhnen begegneten, als diese es am nötigsten hatten: in den Kindertagen und der Pubertät. Das ist das Fatale an der vaterlosen Gesellschaft: Viele Väter wissen nicht, wer ihre Söhne sind, und Söhne nicht, was ihre Väter ausmacht.

»Er ließ mir alle Freiheiten und Freiräume, mich so entwickeln zu können, wie es für mich passte ... Mein Vater besaß die nötige Klugheit und Weisheit, die allen Vätern eigen sein sollte, die sie aber nur selten besitzen: Er ließ seinen Sohn so sein, wie er war, und projizierte auf ihn nicht eigene unerfüllte Träume.« Der das erzählt, ist einer der wenigen Söhne, die von ihrem Vater sagen: Er war und ist mein Freund.

Andere Beziehungen sind geprägt von Hass und Zerstörung. Die Geschichten im vorliegenden Buch spiegeln die Bandbreite der Beziehungsgeflechte von Vätern und Söhnen wider: Adoption, soziale und biologische Vaterschaft, Homosexualität, Abwesenheit, Unterdrückung, Akzeptanz. 20 Söhne und Väter erzählen gefühlvoll von Liebe und Abscheu, Tod und Verlassensein, Ängsten und Hoffnungen.

Simone Schmollack
ICH BIN MEINES VATERS SOHN
Zweiundzwanzig Männer erzählen
über eine ganz besondere Beziehung
268 Seiten, Taschenbuch
ISBN 3-89602-429-9, 12,90 EUR
Das Buch ist bereits erschienen.

www.schwarzkopf-schwarzkopf.de

IMPRESSUM
Maja Roedenbeck
GESCHICHTEN VON DER QUARTERLIFE CRISIS
*Junge Erwachsene zwischen 20 und 30 erzählen
über Träume, Lebensentwürfe und Entscheidungen*

ISBN 3-89602-453-1

© bei Schwarzkopf & Schwarzkopf Verlag GmbH, Berlin 2003

BILDNACHWEIS
Titelfoto: Georg Guillemin
Foto der Autorin: Silke Rudolph

KATALOG
Wir senden Ihnen gern unseren kostenlosen Katalog.
Schwarzkopf & Schwarzkopf Verlag GmbH / Abt. Service
Kastanienallee 32, 10435 Berlin
Service-Telefon: 030 – 44 33 63 00
Fax: 030 – 44 33 63 044

INTERNET
Ausführliche Informationen zum Verlagsprogramm finden Sie im Internet.
www.schwarzkopf-schwarzkopf.de

E-MAIL
info@schwarzkopf-schwarzkopf.de